儒家典籍與思想研究

第十一輯

北京大學《儒藏》編纂與研究中心　編

圖書在版編目 (CIP) 數據

儒家典籍與思想研究 . 第十一輯 / 北京大學《儒藏》編纂與研究中心編 . —北京：北京大學出版社，2019.3
ISBN 978-7-301-30427-3

Ⅰ．①儒⋯ Ⅱ．①北⋯ Ⅲ．① 儒家—文集 Ⅳ．① B222.05-53

中國版本圖書館 CIP 數據核字 (2019) 第 062915 號

書　　　名	儒家典籍與思想研究（第十一輯）
	Rujia Dianji yu Sixiang Yanjiu (Di-shiyi Ji)
著作責任者	北京大學《儒藏》編纂與研究中心　編
責 任 編 輯	王長民
標 準 書 號	ISBN 978-7-301-30427-3
出 版 發 行	北京大學出版社
地　　　址	北京市海淀區成府路 205 號　100871
網　　　址	http://www.pup.cn　　新浪微博：@ 北京大學出版社
電 子 信 箱	dianjiwenhua@163.com
電　　　話	郵購部 010-62752015　發行部 010-62750672　編輯部 010-62756694
印 刷 者	北京大學印刷廠
經 銷 者	新華書店
	787 毫米 ×1092 毫米　16 開本　20 印張　332 千字
	2019 年 3 月第 1 版　2019 年 3 月第 1 次印刷
定　　　價	64.00 圓

未經許可，不得以任何方式複製或抄襲本書之部分或全部內容。
版權所有，侵權必究
舉報電話：010-62752024　電子信箱：fd@pup.pku.edu.cn
圖書如有印裝質量問題，請與出版部聯繫，電話：010-62756370

《儒家典籍與思想研究》編委會

編　　委：（按姓氏筆畫排列）
　　　　　安平秋　李中華　吳同瑞　馬辛民　孫通海
　　　　　孫欽善　陳　來　陳蘇鎮　張玉範　張忱石
　　　　　張衍田　程郁綴　湯一介　駢宇騫　魏常海
　　　　　龐　樸

名譽主編：孫欽善
主　　編：陳蘇鎮
副 主 編：甘祥滿

編　　輯：王豐先　李峻岫　李暢然　谷　建　沙志利
　　　　　胡仲平　馬月華　張麗娟　楊　浩　楊韶蓉
校　　對：曹　建

目　錄

• 儒藏講壇 •

"對文則別，散文則通"
　　——"十三經"形成的縱横可綫與傳記升經機制的類型學 …… 李暢然（1）
馮友蘭、熊十力"良知公案"解讀 …………………………………… 甘祥滿（20）
"更禮以教"
　　——《詩·商頌·那》的傳箋歧解與經義建構 ………………… 李若暉（42）

• 專人專書 •

北宋國子監校刊《五經正義》次序析疑
　　——以《上五經正義表》校勘爲中心 ……………………… 顧永新（64）
《詩經新義》成書考 ……………………………………………………… 王劍婭（77）
興國軍學本與早期和刻本《春秋經傳集解》 ………………………… 張麗娟（93）
毛應龍《周禮集傳》體例、引文與輯佚問題考辨 …………………… 謝繼帥（106）
陽明師事尹真人考 ……………………………………………………… 田智忠（122）
清代《周禮》學文獻述論 ……………………………………………… 李文艷（133）

• 儒學新論 •

惟德動天
　　——《書》教的天人合一 ……………………………………… 黃靖雅（167）
《易傳》"三陳九卦"的義理結構及其德性修養論 …………………… 周廣友（179）
"儒學代數學"
　　——從《大學》到"《大學》學"芻議 ……………………… 程　旺（194）
目的共同體
　　——社會分工視角下孟子的仁義禮 …………………………… 李暢然（209）
"印證吾心"與"本義自足"
　　——王艮對四書的理解 ………………………………………… 楊　浩（228）

· 1 ·

《石經大學略議》和王時槐的"主意"思想 …………………… 周丰堇（245）
水足博泉的統治構想
　　——徂徠以後的"禮樂"論 ……［日］高山大毅/文　劉　瑩/譯（264）

• 《儒藏》編纂與研究 •
古籍編校中應當注意的幾個問題
　　——《儒藏》精華編編校手劄 …………………………… 王長民（283）

《儒藏》精華編新出書目（43册） ………………………………………（298）
《儒家典籍與思想研究》第一輯至第十輯總目録 ……………………（302）

徵稿啓事（附　撰稿體例）

儒家典籍與思想研究（第十一輯）
北京大學出版社，2019年3月

• 儒 藏 講 壇 (第三期) •

"對文則別，散文則通"
——"十三經"形成的縱橫兩綫與傳記升經機制的類型學

主講人：北京大學《儒藏》編纂與研究中心　李暢然副研究員
主持人：北京大學《儒藏》編纂與研究中心　甘祥滿副研究員
時　間：2018年4月26日
地　點：北京大學紅二樓

　　主持人：各位老師和同學，今天咱們進行儒藏論壇的第三期活動，感謝各位來參加。今天的主講人是北大《儒藏》中心的李暢然老師。他的這個題目有些拗口，而關鍵詞就在"類型學"和"模型"這兩個上，所以這個主題很有吸引力。下面有請李老師開講。

　　主講人：首先非常感謝各位老師和同學來參加報告會。要先澄清一點，就是本次講座不是研究"十三經"全部書目形成過程的類型，而只是關注傳記升經機制的類型問題。"十三經"要減掉最經典的"五經"，剩下八經，指《禮記》《周禮》《春秋》三傳、《論語》《孟子》《孝經》《爾雅》；當然這實際上是九經，因爲經傳合寫導致《春秋》三傳可以計爲三目也可以計爲四目，講座第二部分會展開。我們把五經看作既成事實，不可動搖。關於"六"經的自身結構，最關鍵的是要對六經兩兩分組，《詩》和《書》一組，禮和樂一組，《易》和《春秋》可算一組。剩餘八部書的升經機制可以歸納成三個類型，歸納的意義在於想在文化、學派交融衝突方面做些思考。這還得有一個詮釋學的底子。我在2009年寫過一篇《經部與諸子》的文章，本次講的內容相當於爲適應傳記升經的問題，把其中的思想重新呈現了一遍。儘管現在詮釋學非常熱，但注釋學比較冷，注釋學裏面很多基礎理論問題並未得到很好呈現，比如拿到一本注釋的時候，首先要看它是不是涉及全書，是不是把經文也寫在裏面，而泛泛的詮釋學不會涉及。這次講座主要關注兩個注釋學問題，一個是在何種條件下甲書可以稱作乙書的注釋，二是在何種條件下兩本書可以合會爲一個傳本。在處理這些問題時，我運用了語言學特別是語用學的原理，主要是對文·散文，以尋找關於"十三經"形成過程的最合理的敘述框架。在這種理論的思考當中，會注意到個別史實也許起到關鍵性作用，主要是指九經三傳和十一經變換的問題，這也是貫穿本次講座的一個綫索。

首先看經的本義。"經"字本義是紡織工藝中的縱綫。經綫儘管用量上較緯綫爲少，卻規定了一塊織物的長度暨基本形狀。因爲經後來發展成經書的意思，主題是"道"，所以很多人認爲"經"從"徑"而來，但"徑"經常指小路、徑路，與"經"的意思不太符合。在織布時經綫比緯綫輕，所以經也可以考慮是不是來自輕。但經綫和緯綫具有（索緒爾所謂的）"聯想關係"，但緯綫的作用不過是"圍"繞經綫暨經軸的框架對該織物的完成。經引申出經書的意思，但紡織工藝中具有聯想關係的緯既沒有引申出經書的意思，也沒有與經書相配之意，與經相配的主要是傳記。歷史上也出現過緯書，但有特定內容，流行時間也受限。

"經"在春秋時引申出社會基本法規的含義，在戰國中後期開始指某一學科中足以奠定該學科，需要學科從業者反覆研習的經典文獻，也即經書。這個敘述有意忽略了一條材料——《國語·吳語》"挾經秉枹"。若干經書因地位相當又聯繫緊密，形成固定的合稱，包括官定"經目"，總的來說以自然計數爲基礎。諸子百家、佛道回耶各有經典。

"五經"成爲漢代以降儒家經典最穩定的經目。漢代將與五經相關的文獻概稱爲傳記，意謂有關五經的傳說、記載，既包括古典目錄中的經部著作，也包括諸子著作。漢文帝時，《論語》《孝經》《孟子》《爾雅》都立過傳記博士，但武帝起"獨立五經而已"；《孟子》屬諸子，餘三歸經部。

以往經學史關於從"五經"到"十三經"之經目的主流敘述，是漢代五經中《禮》和《春秋》各析爲三，成爲唐代"九經"；唐後期石經列入《論語》《孝經》《爾雅》，成"十二經"；至北宋又加入《孟子》，成"十三經"。這個敘述大體成立，但亦有難解處。一則《論語》很可能早在東漢即列入"七經"之目，《隋志》述熹平石經亦作"七經"，何以唐代"九經"又不列入？二則唐代即備十二經之實，卻未見"十二經"之名；宋代神宗朝即備十三經之實，也直到南宋後期才零星稱"十三經"。且"十三經"之稱未見宋元官方文件，作爲經目直到元代仍不甚流行，甚至連同"十一經"一道被宋末廖瑩中和元初岳氏譏爲"俗"："《左傳》本不可以言'經'，今從俗所謂'汴本十三經'、'建本十一經'稱之。"廖瑩中刻經約在南宋景定、咸淳年間，上距現存史料中最早提及"十三經"的淳祐九年（1249），也就十幾年的時間。

本次報告分兩大部分，一是五經擴展爲十三經的縱橫兩綫暨不同著作的關聯序列，分三個小部分。橫綫是重點。

首先來看第一個小部分："散文則通"——傳記隨時稱"經"的語用機制。

今日的經學史研究對從"五經"跳躍到"七經"，特別是從"九經"跳躍到"十二/十三經"並不敏感，是因爲存在着"對文則別，散文則通"的語用學原理。例如"赴""告"義近，倘仔細區分，則"赴"專用於凶禮；但不作區分時，"告"也可用於凶禮。這表明近義詞如果不是區別使用，則可以隨機混用，其中任意一詞都可以表示同樣的意思。"經"與"傳"因爲存在地位高低之別，並非典型的近義詞；不過二者既然密切關聯，其稱謂還是可能"散文則通"，只不過通常只能混傳稱"經"。儒學範圍内經傳區別時"經"用其狹義，也即先秦特定之成説；經傳混稱時"經"是取其廣義——五經九經暨相關的傳記。

最早也最習見的傳混稱經是在古典目錄，無論"六藝略"還是後世的"經部"，都没有在名稱中提示傳記的納入。但與佛道經書的汗牛充棟不同，儒家經典無論五經還是十三經，其數量均不足以支撐起圖書的第一級類目，除非把關係相對緊密的傳記也包括在内。

第二個例子是緯書。緯書作爲特殊類型的傳記，也可以混稱經。東晉周續之有通"十經"的名聲，即是"五經五緯"。關於《莊子·天道》"十二經"，《經典釋文》列三説，首説即六經加六緯，成玄英疏用之。可見東晉至唐，人們是接受經書連同緯書概稱爲"經"的。

"對文則別，散文則通"在經目具體形態上也有典型例證。最早非《易傳》莫屬。《漢志》著録"《易經》一二篇"，這只可能是經上下篇加七種十翼，後者"對文"則屬傳而非經。其次有南宋至元"九經三傳"與"十一經"的變换。本次講座導言引《九經三傳沿革例》有"建本十一經"之稱，"十一經"有理據可講。同文（岳浚續作）《公羊穀梁傳》節謂："《春秋》三傳於經互有發明，世所傳'十一經'，蓋合三傳並稱。"也就是説，"十一經"不過是"九經三傳"不區別經傳時的另一種叫法。實際上宋元建陽兩次刻行注疏十行本，於十三經唯缺《儀禮》和《爾雅》，計十一種，並不是偶然的，只是爲配合當時流行的"九經三傳"之目。"九經三傳"之名將《春秋左氏傳》分計爲經、傳二目，"十一經"則從其傳本之實只計一目，避免了認知特別是收藏上可能的困惑。

元以後的科場興起了"五經四書"的經目，基本取代了南宋同樣區分經傳，然而具體維度卻不相容的"六經三傳""九經三傳"，同不區分經傳的"十三經"一道成爲元明清最通行的經目。然而二目卻無從構成變換關係。要強調的一點是，五經四書已經是經傳的格局，因此三傳的地位只能忽略，五經四書的稱呼逐漸流行，取代了"六經三傳""九經三傳"，這就叫作同類邏輯之排擠。"十三經"理想的變換是唐宋經典"九經"加《論》《孟》《孝經》《爾雅》，可惜四部書宋以後從未並列作爲考試科目，且當時唯單經的内外傳能稱"傳"，四部書則否。元明清"五經四書"同"十三經"兩個名目的並舉，主要是由背後的經典注本暨通行年代來支撑。區別經傳的"五經四書"之目主要配合宋元人新注，適用於元明清科場；略去枝蔓、簡單直捷的"十三經"之目則主要配合漢晉古注暨唐宋義疏，適用於唐宋科場。

需要說明的是《春秋》三傳列入"九經"，粗看是反過來混經稱"傳"，其實這個"傳"不具廣義性，故非出自"散文則通"，而是出於借代修辭。三傳的完整書題都冠以"春秋"二字，且魏晉以後傳本都包含《春秋》經文；在《春秋》學領域内部，"春秋"二字起不到區別作用，只能分別省稱爲《左傳》《公羊》和《穀梁》，而在五經或九經論域内，以唐宋官定的《左傳》或《公》《穀》來指稱《春秋》學，以與《易》《書》《詩》《禮》相區別，即是借代。這就像聽到《毛傳》就知道論域在《詩經》一樣。

下面討論第二個小部分，即五經擴展爲十三經的縱橫兩綫。

經目發展史不是單綫條的，大致可區分爲"縱向"和"横向"兩條綫索。縱綫是從"五經"到"九經"，也即《禮》和《春秋》各分爲三；横綫則主要是從漢"五經"到東漢"七經"，從唐"九經"到宋末"十三經"，以及從南宋"六經"到同期民間"九經"。縱綫主要涉及單經義的衍生、擴展，而横綫則涉及外圍的群經總義性質的幾部書在整體上的擴展。這一區分存在歷史依據。例如在唐宋科舉中，縱綫所涉諸書稱爲"正經"，地位雖尊，並不要求士人兼習，相關的傳記升經過程往往獨立進行；横綫所涉《論》《孟》《孝經》《爾雅》稱爲"兼經"，即考正經時兼考之書，要麽集體稱經，要麽則集體皆否。當然所謂"集體"，《爾雅》有時不計，《孝經》則有時被"拉壯丁"。

其實兩條綫索的傳記升經都受"散文則通"這一基本語用原理的支配，但只有區別了單經義縱綫與群經義横綫才會理解何以東漢七經在從漢五經到唐九經的過程中未留任何痕跡。這是因爲先秦六經有特定的内容限制，外圍的入門教材無論内容與多少單經有密切關聯，卻因扣不住既定六目中的任何一目，反而只能穩居外圍，惟有在"散文則通"、"經"取廣義時，方可計入經目總數。橫綫升經典型體現了"散文則通"的日常性，儘管縱綫也受其支配，這主要表現在六經三傳。

下面我們把歷史上主要的橫綫梳理一下。

首先，東漢七經和劉宋十經。東漢有"七經"之稱，一般認爲是有《論語》，甚至有《孝經》的。東漢至隋讖緯流行，應該對"經"之概念的寬泛使用有一定推動作用。到了東晉和劉宋，均爲《論語》《孝經》專立太學博士或國子助教。既然東漢和晉宋都有《論語》乃至《孝經》入經的痕跡，何以唐代九經不含《論語》《孝經》，也另無"十二經"或者"十經""十一經"之稱？這正是因爲"七經""十經"均與"十三經"的性質類似，"經"僅泛指"一部經典著作"，十經更可能僅屬臨時計數，以合國子助教十人之制。所以《論語》《孝經》在唐九經中均無痕跡。

第二個例子，南宋官定"六經"是《易》《書》《詩》《周禮》《禮記》《春秋（左傳）》，民間包括地方刻書時爲湊足唐宋長期流行的"九經"之數，於是配上《論語》《孟子》和《孝經》三部兼經。這個"九經"之目在性質上已與"十三經"之目無別，已經是"散文則通"，但在進一步擴展時又出現"九經三傳"之稱。《公》《穀》乃至《左傳》本屬正經，在"九經三傳"格局裏卻居兼經之後，構成倒置。"九經三傳"進一步"散文則通"則變換、扁平化爲"十一經"，這很可能爲"十三經"的提出形成鋪墊，因爲九經自身已經經歷一次扁平化。

無論陸德明《經典釋文》還是中唐壁經石經，均可構成九經加《論語》《孝經》《爾雅》計十二部的格局，但現存唐代文獻無"十二經"之稱。這如果不是文獻不足造成的，那麼除了"對文則別，散文則通"的偶然性以外，還有一兩個話語因素作爲鋪墊，這個問題打算另寫一文。唐代是正經從"五經"正式擴展到"九經"的時期，"九經"之名本身即爲新鮮事物，二禮三傳作爲傳記之稱"經"，本身即需要廟堂觀念的放寬暨大衆接受過程；至於《論語》以下，唐代尚未形成一個像宋代"兼經""小經"那樣的合稱而只用列舉法。事實上，宋代仍然以列舉法爲主流。到了南宋，唐至熙寧以前的"九經"觀念已深入人心，《論語》以下也有了"兼經"等合稱，加之"九經三傳"和"十一經"的變換，以及兩宋官板經注本和單疏本早已足十三部之目，"十三經"之稱也就呼之欲出了。

下面進入第三個小部分，即縱橫兩綫在目錄的不同表現暨不同著作的内容關聯序列。

單經義縱綫與群經義橫綫在古典目錄中的表現是不同的，反映出經書原典與其他著作在内容關聯上的遠近差序，以及在儒學教育和科舉中的不同地位。我們先以《漢書·藝文志》爲主要參考，編制了如下的示意圖：

表一 古典目錄經部結構示意圖

經部/六藝略										餘部
六經暨單經義——正經縱綫						群經總義——兼經橫綫				史
易	書	詩	禮 分三禮	樂	春秋 分三傳	論語	孝經 爾雅等	小學 爾雅	後起： 孟子	子 集

如圖表所示，古典目錄的經部主要分兩大塊，前一板塊是經典的六經或五經，後世衍生爲九經，後一板塊是研習五經前的入門教材。後者的地位雖高於群書，但由於内容不限於五經的任何一目，所以無法進入第一板塊，只能另組。後一板塊不妨叫"群經總義"，它與諸子存在千絲萬縷的聯繫。這其中《孟子》本來就是由子部升至經部的，而《論語》與《孟子》均屬諸子語録。二書儘管大量涉及六經内容，然而佔全書篇幅有限，而且在總的章句結構上與六經中任何一經都無密切聯繫。《孝經》雖有人認爲性質近似《禮記》中的一篇，其實對五經均敞開。關於《論語》《孝經》之近子書，導言已述及漢文帝時與《孟子》同立傳記博士；在唐代道舉中也有體現，如新添《老子》時，地位即與二書相同。《孟子》屬諸子則更不用論，如唐末皮日休想用《孟子》替換掉道舉的《莊》《列》。

再看《爾雅》，雖涉及《莊子》等很多先秦雜書，但總體上還是配合五經，所以在《漢書·藝文志》附於孝經類，孝經類之後始列小學類。其實孝經類還附有《五經雜議》《弟子職》，不妨認爲《漢志》孝經類就是群經總義類的濫觴。《爾雅》本質上是字典，後世也有歸小學的；而字典韻書其實都是類書，在四部分類法中屬子部。事實上，小學類典籍適用全部文獻，可以叫"群'書'總義"，不僅是群經總義。

再看單經義縱綫，三傳與三禮主要是内傳與外傳之别。《春秋》分三傳屬於内傳升經，《禮》分三禮可以算是外傳升經。内傳不妨叫"注疏體著作"，針對單經的外傳和不針對單經的群經總義著作不妨叫"諸子體著作"。注疏體著作原則上附着在相關經書的類目之内，而非獨立，如《毛傳》在詩類；《春秋》

三傳由於體量巨大，資料價值獨到，所以就獨立爲二級類目了。禮類本以《儀禮》爲經，《禮記》爲傳記。但《禮記》内容龐雜，與《儀禮》在章句上的聯繫並不密切，《中庸》等篇目直接來源於諸子。因此即便把二戴《記》全歸於子部，也有其合理性。不過換更大的參照系來看，與《論語》《孟子》等遍涉群經的諸子體著作不同的是，《禮記》在内容上畢竟扣緊了六經中禮之一目，因而宜視爲外傳，作爲"單經義"的著作而輕易進入經部第一板塊。《周禮》與《儀禮》完全是不同的著作，在這一點上與《論》《孟》相類；唯因可歸入廣義上的"禮"，進入了經部的第一板塊。單經義特別是内傳佔據後世傳記的主流，比如六經三傳、九經三傳指的就是内傳，而群經義常改用其他名目，比如叫諸子或文集。

　　通過比較經目擴展的縱橫兩綫可見，某一著作與既定五經子目之關係越密切，則越具入經的優勢。我曾經爲不同著作按内容相關度排出一個從經到集再到子的序列，考慮到單經義與群經義在傳記升經上的不同表現，適當突出了内外傳的相似性，加強了對經典作爲著作群的強調，做出如下的示意圖表。

表二　著作羣從經到子集的内容關聯度序列

部類	廣義經典著作羣（經部）				最外圍著作羣（集部子部）	
板塊	狹義經典著作羣		外圍群經總義著作羣		個人非經典著作	本學派後學經典羣或其他學派經典羣
原典	原典甲	原典N	群經總義甲	群經總義N	別集和雜著	諸子甲	諸子N
下屬著作	内傳：注疏	外傳：單經總義	内外傳	（内外傳）	（内外傳）	（内外傳）	（内外傳）
例	詩毛氏傳 春秋三傳	韓詩外傳 尚書大傳 禮記周禮		白虎通義	論語孝經爾雅（孟子）	（不煩舉）	孟子荀子 程朱性理著作	先秦諸子 佛道回耶 西學經典 數術方技
著作體式	（單經）注疏體解經著作	單經諸子體解經著作		群經總義級諸子體解經著作（及自己的單經義解經著作）		諸子體著作（及自己的單經義解經著作）	
	單經下屬著作的著作體式		原典的著作體式			

居於兩極的"狹義經典著作群"板塊與"本學派後學經典群或其他學派經典群"板塊在外延上重合，都是經典的諸子著作，只是前者偏向指較古老的社會認同度高的經典，後者更多指後起的或者另一學科的經典。兩極之間存在著諸多形態的過渡："注疏體解經著作"（如《毛傳》《春秋》三傳）大體上步趨原典，而"諸子體解經著作"，包括單經總義（如《韓詩外傳》、《周禮》和大部分《禮記》）和群經總義（如《白虎通義》《論》《孟》《孝經》《爾雅》），作爲更高一級的理解有更大的脫離經書本文之傾向，最終會向原經書群宣告獨立。事實上，個人的別集往往思想來源複雜，很難局限於一書、一學派乃至一個大的文化系統，雖然原創性通常不高，卻因其獨特的配比而具個性，這種個性反而是其潛在升經的必要條件。

由此也可以發現，大率屬群經總義的著作，其難度一般較低，適合作爲入門讀物。這雖非必然，概率卻可觀，因爲大衆化的個人文集不過是原創著作群的日常表達罷了。

關於以上第一部分的討論，大家有沒有問題？

沙志利老師：如果《周禮》和《儀禮》沒有太大關聯，爲什麼把《周禮》看作《儀禮》的單經呢？它們兩個本來是並列的關係，除非在官制的解釋上，《周禮》可以看作是對《儀禮》性質的解釋，否則兩者就沒什麼關係。在古文家，尤其是鄭玄看來，《周禮》反而是最重要的。

主講人：《周禮》跟《儀禮》完全是不同的著作，二者沒有必然關係。《儀禮》主要是講各種各樣儀式的，而《周禮》是講官制，所以可以把它們看作兩部書。古人把《周禮》與《儀禮》並列，《周禮》一直排在《儀禮》前面，地位超過了《儀禮》，只不過從敘述方式來講，我把它叫做外傳，但實質上《周禮》是另一部書，二者間是諸子的關係。三禮並稱從鄭玄開始，它們都叫禮，而《周禮》畢竟是後面加進去的，所以就把它算在傳記升經裏了。

王豐先老師：爲什麼漢代那種結構的五經變成唐代這種結構的五經，《禮記》《左傳》都進了？

主講人：具體經目調整涉及很多因素，有一個因素是政府財力問題，當財力不足的時候，所設的經就會壓縮。還有就是內容方面，比如《春秋》字數太少，必須要配合傳來讀，這可能就是《左傳》上來的一個因素。至於禮，主要是因爲《禮記》超越性比較强，而現實的禮不斷變化，這在後面也會涉及。

第二部分是講傳記升經的四類機制，兼談注疏的隱性升經，這裏面涉及比較多的注釋學考慮。前四小部分是討論傳記升經的三大機制，最後一小部分是第四機制，看起來像一個機制，但也可以消解掉。

通過分析縱橫兩條綫索，並考慮到傳本合會的因素，我們可以把傳記升經的機制劃分爲"另行擴展"、"替代"和"附着"三大類型，大致可以構成一個經書與傳記密合程度的完整序列。其中只有附着型跟傳本合會有關係，當然即便沒有傳本合會，附着型也成立。此外還有"空位吸引"，不妨視爲"替代型"的一種推廣，但本質上仍是另行擴展。

傳記升經主要機制有三：一、另行擴展型，在本經之外增補其他著作；二、替代型，傳記直接替代本經；三、附着型，傳記名義上升爲經，實際上與本經在傳本上合會爲一，從而並未影響本經的實際地位，只不過該傳記框定和制約了經的解釋，甚至有時掩蓋了本經之名，比如《左傳》。這裏我有一個疑問，替代型與另行擴展型哪一個更爲接近附着型？我當時做這個排序主要考慮到《論語》《孝經》《爾雅》的問題，它們進不了第一板塊，很明顯要把它們放在離附着型最遠的位置；但只看單經義的話，《禮記》的替代比《周禮》的另行擴展應該是一個更大的事件。

"附着型"可以細分爲簡單附着和打散附着兩型，其中打散附着型又分爲依篇打散、依章節打散和依文句打散三類，由此簡單附着型顯然可以認爲是打散附着型的極端形式——依書之整體附着。三類都可以細分出單書升經與群書升經。

整體另行擴展，整體替代，整體簡單附着，依篇打散附着，依章節打散附着和依文句打散附着，這構成傳記與經書密合程度的六個層階，如下表所示。關於附着型的四個小類還反映了相應的傳本合一所可能採取的形式，因而對於注疏《釋文》合寫合刻和經注（傳）合寫也具宏觀上的認識價值。

表三　傳記升經機制的三大類、六小類暨相關例證舉要

大類（入經由難到易）	小類暨傳記與經書密合程度階序	易傳升經例	其他傳記升經例	C乙群書打散附着釋文附經注例 附釋文注疏合刻例附	C乙群書打散附着注疏合會例
A另行擴展型	1甲群書整體另行擴展	/	西學中傳經典附論孟孝經爾雅	/	/
	1乙單書整體另行擴展	/	周禮	/	/
B替代型	2甲A群書整體替代	/	西學傳中美洲等附	/	/
	2甲B群書整體空位吸引	/	南宋九經中的論孟孝經	/	/
	2乙單書整體替代	/	禮記	/	/
C附着型	3甲單書簡單附着：依整體附着	古本七種十翼（以下俱論今本）繫辭 説卦 序卦 雜卦	（禮記升經前可算毛傳、三傳合會前可算）	北宋經注本 南宋部分經注本，如撫州本禮記公羊 周易兼義附 元貞本論語注疏附	（經注本、單疏本同皮一處可算）
	4甲單書打散附着a 依篇打散附着	文言 乾之象（依卦）	—	蒙古本尚書注疏附	—
	5甲單書打散附着b 依章節打散附着	象 乾以外象（依卦爻辭）	春秋左傳（依年）（"顯性"）	南宋興國于氏經注本	日傳唐鈔本《毛詩正義》殘本一件 唐寫摘改本《論語義疏》一件 南宋至除《周易兼義》、浙刻八行本《周禮疏》以外的十三經注疏合刻本 唐寫本《永徽律疏》一件

續表

大類（入經由難到易）	小類暨傳記與經書密合程度階序	易傳升經例	其他傳記升經例	C乙群書打散附着釋文附經注例附釋文注疏合刻例附	C乙群書打散附着注疏合會例
6甲單書打散附着c依文句打散附着		—	春秋公穀（依事）（"顯性"） 漢晉古傳注（隱性）	毛傳鄭箋合寫、《史記》二家注三家注合寫附 南宋、元經注本主流（儀禮、爾雅無），包括建陽余仁仲本 宋元建刻十行附（釋）音注疏七種附 元九行本爾雅注疏附	刻本《周易兼義》 浙刻八行本《周禮疏》 日鈔《論語義疏》三十六件 刻本《唐律疏議》 唐寫本《開元律疏》四件 日傳寫本《禮記子本疏義》一件 日傳舊鈔卷子本《玉燭寶典》背記之《禮記正義》一件

不妨在這個架構下梳理一遍傳記升經的現象。其中關於縱綫裏《禮記》《周禮》和三傳升經機制的歸類只是粗綫條的，歷史上相關博士或助教之廢立要複雜得多。

如上所論，諸子體著作與經書原典始終存在不可逾越的鴻溝，注疏體著作則不同，注疏就是對經書内容逐章逐句的複述。在文本載體上，注疏體著作起先也大多與原典分開別行。先秦漢初的傳體，外傳自古至今別行，内傳如《毛傳》和《春秋》三傳起初亦別行；南北朝至北宋的義疏、中古的音義體包括《經典釋文》亦然。但由於其内容分佈是步趨原典之章句的，因此最晚在兩晉南北朝時期，内傳體著作已經實現與原典在傳本上的合寫；到南宋時期，注疏合刻或者説疏文附着在經注的傳本上也流行開來，導致宋末新疏即不再與經注傳本別行。傳與疏作爲獨立的著作，之所以能夠在傳本形式上附着於經書，不僅在於内容聯繫的緊密，更在於内容的綫性分佈或者説章句形式上的步趨。通過傳本附着，進一步減小了原本即在内容上附着的《彖》《象》《文言》和《春秋》三傳升經的阻力。傳本是實在的物質形式，而綫性的章句則屬於"內容的形式"，是不同來源的內容可能共有同一物質載體形式的橋樑。

因此凡與經書在章句上同構的注疏皆存在"隱性升經"——名義上不是經，卻在著錄事實甚至傳本事實上與經密不可分。傳本合會條件下古傳注之隱性升經，主要的邏輯表現在於書題暨作者題名。這以狹義"注"體最爲典型，因爲它天生是依文句打散於經文之中的，注的傳本包括了經文，而不純然是注家文字，導致①其書題依然以本經爲題，篇題下方題"某氏注"而非"某氏撰"。②相應地，早期史志目錄也經常以原經著錄，注曰某某注，如《隋書·經籍志》"《論語》十卷 鄭玄注"，或者著錄爲某某注某經，如《新唐書·藝文志》"王肅注《論語》十卷"。③就連序亦以經名爲題而不作"某經'注'序"，因爲注並不佔有獨立書名。經傳包括疏合會後，內傳體也具有了類似的特點，如疏的撰人題漸漸由"某人撰"改題"某人疏"，與注的撰人題風格統一了。

以上是論所有的注疏體著作皆有隱性升經。對於儒學教育暨科舉而言，又有特定的漢晉古注暨唐宋義疏、宋元人新注暨相關義疏的隱性升經，所以顧永新老師的《經學文獻的衍生和通俗化》把"唐宋以降正經的其他注釋"歸爲"四次文獻"，不具論；唯需提示，凡經傳合寫本身屬於單書打散附着升經，至於諸如經注本附《釋文》、經注本與單疏合會、經注附《釋文》本與單疏合會、毛傳鄭箋合寫、《史記》二家注三家注合會，以及凡集注集疏，均屬於群書打散附着升經。

下面我們主要梳理一下與經目發展關係更大的《易傳》和《春秋》三傳。

《易傳》七種傳統上認爲是孔子所作，且篇幅不大，凡提及《周易》，一般是包括《易傳》在內的。其入經大約在五經時代即已完成，最晚不過《漢志》。起初全傳的流傳只是簡單地整體附着在《周易》傳本之末，這時疑似於"群書整體另行擴展"，但鑒於《易傳》是分有《易經》之名的，故屬附着。大致到了費直、鄭玄、王弼期間，具有內傳性質的《彖》《象》和《文言》因與經文有較理想的章句對應，由簡單附着改爲打散附着——《彖》《象》依章節，《文言》依篇；這其中《象》傳又可以細分，《坤》卦以下是依章節打散，而居首之《乾》卦，《象》只依篇（卦）打散爲一條，並未像餘卦那樣依卦爻辭分立爲七條。剩下的《繫辭》《説卦》《序卦》《雜卦》具有外傳性質，與卦爻辭無法對應，依然維持整書簡單附着。當然理論上《序卦》也可以打散。

縱綫裏的《春秋》分三傳，或者説《左傳》以及《公》《穀》之立經，名近"替代"，實皆屬"附着"。中古以來經傳合寫的大背景爲混稱拆除了外延上的區別意義。既然《春秋》與三傳久已各自實現傳本合寫，無論經、傳都不具備傳本獨立性。名曰《春秋》三傳升經，其實經附着在傳的傳本當中，"名不正"而在傳本事實上依然是"順"的。所以說漢代五經到唐代五經，《左傳》並非完全取代《春秋》，只不過把《左傳》正宗地位確立下來了。上一節第一小部分已經辨析過，《春秋》以"某傳"稱時更多屬於借代，而不是出自"散文則通"；所以相較於一般注疏的隱性升經，三傳看上去是相反的情況，不妨稱爲"顯性升經"，當然那只是名號上的，本質上依然屬於隱性。也就是說，名義上屬於借代，而實質上屬於附着，所以顯性升經就是一個虛概念，只不過有隱性升經就配了一個顯性。這跟經傳合會的背景有關係，因爲經傳合會造成以經稱傳和以傳稱經沒有什麼差別。《左傳》典型地是從隱性升經發展爲顯性升經的，孔穎達《春秋左傳正義》本來徑名《"春秋"正義》，並沒有"左傳"的稱呼。

《禮記》立經較之大致同步的《左傳》立經更爲醒目和動人心魄，因爲《左傳》屬附着，阻力小，《禮記》屬替代，阻力大。事實上，《禮記》和《周禮》相對於《儀禮》都屬於諸子體的外傳，無法與經文在傳本上完美貼合。因此當政府資源有限時，三禮既無法並立，也無法通過附着共用資源，只能做出取捨。

《禮記》最初名爲《儀禮》的傳記，不立博士，直到西晉也只立《周禮》《儀禮》。東晉開始立博士，與《周禮》並立，因而是首次替代《儀禮》，只不過劉宋又補立《儀禮》。當唐初單立《禮記》時，不妨認爲《禮記》取代的是《儀禮》與《周禮》二經；在隨後的九經制裏，則是《儀禮》作爲古經、《周禮》作爲後起之經返回經目，是對《禮記》"僭越"在一個較弱程度上的"優雅糾偏"。這裏存在一個糾結，唐初到底有沒有一個五經的制度，程蘇東老師在其新書中直接說九經，根本沒提五經，他的主要證據是出土文獻有一則貞觀多少年的材料提到大經小經的區分，而大經小經只可能出現在九經制裏。但唐初有《五經定本》，又有《五經正義》，所以似乎有一個從五經到九經的過程。

《禮記》之所以能替代本經升經，是因爲它明文揭示出禮各方面之意義、功能，而《儀禮》和《周禮》都只記載外在的具體制度。制度習俗以時因革，而意義功能則無本質不同，所以《禮記》反更具超越性。事實上，中唐至宋初，廣義上的明經科目都包含《開元禮》，雖與《儀禮》《周禮》同屬質實，卻更具實效性。

群書整體發生替代，如西學替代中美洲印第安人信仰，與本次講座關係較遠，不具論。南宋官定六經，民間爲湊足唐宋九經之數，補入《論》《孟》《孝經》，形式上也近替代，但實屬另行擴展過程中的一個鋪墊。

下面再看另行擴展。縱綫裏的《周禮》入經屬於"另行擴展型"，事屬經典因而不可複製。它原名《周官》，因而以《儀禮》爲基準，屬於比《禮記》更遠的傳記，謂之子史亦不爲過。但由於"禮"的觀念既以象徵性爲典型，也可以擴展到實質性的社會資源配置，後者對政權統治更具實際意義；《儀禮》無法涵蓋禮更寬泛的這一面意義，即便在象徵意義的禮儀方面，《儀禮》十七篇又於天子、諸侯級別基本闕如，從而導致《周官》乘虛而入，而且一入禮學即躍居首位。《周禮》入經之強勢，在另行擴展諸例中空前絶後。附辨：曹元弼認爲《周禮》是經，是大經大法，而《儀禮》指的是大經大法規定下面的具體事件，所以他説"《儀禮》則達乎諸侯、大夫及士庶人"，但這裏就遇到一個困難，因爲禮是不下庶人的，比如説《周禮》會講收税問題，而《儀禮》則不可能有，因爲收税是與庶人之間發生的事務。

如果説還有類似強勢的另行擴展，那就是西學在晚清傳入後新的學科建制了，因與本次講座關係不大，不贅。從類型學上，西學屬於與《論語》等四"兼經"類似的"群書整體另行擴展型"，發展到民國，其勢頭卻一度近乎中美洲原住民遭遇的"群書整體替代"。西學並非與儒學截然無關，二者之間的聯繫是學派級別的，因而其經典文獻的聯繫屬於群書對群書。

再次的例子是橫綫中《論語》《孝經》《爾雅》《孟子》四大"兼經"，由於上節討論的核心即是橫綫，兹不贅，本節末還會涉及。"兼經"對"正經"的聯繫同樣屬於群書對群書級別，唯兩批書同屬一個學派。

不妨對三大升經機制的難易度暨穩固性做一個評估。附着、替代和另行擴展這三類傳注升經的機制，大體取決於傳注與經書從内容到章句形式上的關聯度，並由此大致決定了其升經的難易度，至於穩固性則約略同升經難易呈反比。

先看附着型的傳記升經，它的阻力最小，卻比較容易動搖。之所以會如此，正是因爲附着雖便，卻也牢固了其傳注的地位。可見無論三傳那樣的經名隱於傳注名的"顯性"升經，還是漢魏古注以及《春秋左傳》那樣的傳注名隱附於經名的"隱性"升經，都不能作爲傳注經典地位的根本保障。附着型中屬

《易傳》地位最穩固，但不僅現代學術注意區別經傳層次，連朱熹也講究"《易》本卜筮之書"。

替代型的傳記升經較難，卻更穩固。《禮記》自東晉、唐代立經以後，基本上佔據了禮類的第一級；倘非唯一一目，即與《周禮》並列爲二目。

另行擴展型的傳記升經比較複雜，總體上較之附着型和替代型，阻力最大，升經地位的穩固性則有強有弱。其一，《周禮》入經過程中雖有極大阻力，一旦入經，即永遠遮掩掉了《儀禮》作爲傳統《禮》經的光芒。其二，西學在清末學制中也屬於另行擴展，阻力也顯而易見，然而其穩固性至今仍然無法忽視。其三，《論語》等入門教材類像群經總義，沒有與五經九經特定品種的對應，因此地位並不穩固，即便在"七經""十三經"等經目之下，也並未真正擺脫傳記地位，不過是"散文則通"而已。

一方面，單經注疏無論升沉，其在經部的著錄依然優先於《論語》等類目；而另一方面，除三傳外的任何注疏都不具備獨立的類目，而《周禮》《禮記》等準外傳和更外圍的《論語》等則享有單立類目之權利。可見注疏體著作跨越鴻溝較易，只不過附着型升經決非最穩固的升經方式；諸子體著作——外傳、群經總義乃至純粹子書，跨越鴻溝很難，但一旦跨越，反而地位穩固，因爲那些著作本來就更爲獨立。這更是依附型與獨立型著作地位之辯證法。

最後一個小問題：以補位之名行擴展之實——傳統經目空位對周邊傳記的吸引。

以上論列的傳記升經的三類機制，替代型其實可以描述爲減一而增一。替代具體的機制，由此大致可以區分出三個小類：以減一爲主要推動力，以增一爲主導，兩方面因素相當。本小節討論的傳統經目空位對周邊傳記的吸引造成的傳記升經屬於前一小類。它與習見替代的區別主要在於，替代的經目增減大致同時發生，出於主事者同一時段內有意識的舉措；而空位吸引造成的經目增減往往存在時間差，主事者減目在先，而補目補位則出於繼事者的完形心理。

空位吸引典型的例子是唐宋傳統的"九經"經目在北宋後期至南宋減少爲六或五，形成空位，吸引了地方及民間刻書業以外圍的傳記進行升經補位。熙寧四年（1071）到紹興六年（1136），貢舉法屢變，然而總數非五即六。在唐宋"九經"減目爲熙寧"五經"的背景下，司馬光曾建議補入《儀禮》《春秋（左傳）》和《孝經》《論語》四部書"爲九經"。此劄影響不大。然而在唐宋"九經"減目爲南宋"六經"的大背景下，民間又出現了在官方六經的基礎上將《論語》《孟子》《孝經》"三小經"計入的"九經",見諸鄭耕老《勸學》文、孫奕《示兒編》及《九經直音》(後者是配合某種九經巾箱本);撫州公使庫刻九經三傳、廖瑩中世綵堂刊九經暨元初荊溪岳氏刻"九經三傳"也有相關文字傳世;實物傳世的則有南宋浙刊八行注疏合刻本九經(已採納李霖說加《孝經》),福建某家刻白文巾箱本九經和宋元兩次十行注疏合刻本九經三傳。同時期王應麟《玉海》在述畢唐九經後說:"國朝方以三傳合爲一,又捨《儀禮》而以《易》《詩》《書》《周禮》《禮記》《春秋》爲'六經',又以《孟子》升經,《論語》《孝經》爲三小經,今所謂'九經'也。"可見這個"九經"之目已屬於博學鴻詞科需要掌握的常識。相反,關於十三經,《玉海》只錄石室十三經;《小學紺珠》則完全沒有,閻若璩指其"且缺"。

舊的經目制度已廢棄或者屢易,然而相應的經目名號在一段歷史時期内,對當時的文化活動仍具號召力。唐以來已成爲傳統之"九經"觀念,在北宋後期至南宋正經之目不足的情況下,對《論語》等兼經整體升格稱爲"經"起到了吸引和助力。南宋"九經"作爲非正式的習稱,已然放棄了經傳在名號上的區分,進而對"十一經""十三經"這樣的俗稱之出現,有促進、誘導的作用;因爲從橫綫角度看,這個"九經"在性質上已與"十一經""十三經"無別。儘管在誘導的過程中出現過名目的反覆,也即"九經三傳";然而以三傳居外,改以外圍的兼經湊"九經"之數,實際上背離、破壞了本次講座反覆强調的經傳之間自然的遠近關係。像六經三傳就非常妥帖,九經三傳則很不好,唯一可以爲此"倒行逆施"辯護的是據上一小節所指,南宋新九經之目均爲獨立類目,而《春秋》三傳則原則上是"附着"品。其實很多問題都可以從傳統目錄學來解決,在目錄學裏九經依然是六經,當算成九經的時候實際上計入了二級類目。

解决這種背離的一個出路就是徹底忽視經傳之別,徑稱"十一經";倘再補上科場最爲寂寥的《儀禮》《爾雅》,即達成終極的"十三經"之名目。導言引《沿革例》有"汴本十三經"之稱,假如指北宋國子監經注本或南宋初單疏本,則在書籍流通收藏領域,"十三經"之合稱或許能早至兩宋之交,而南宋"十一經"的鋪墊作用則可忽略;可以注意的是《沿革例》此處列十三經於前,十一經於後,如果不說明名號的早晚,則說明在認知上十三經的名號還是更響亮。然而《沿革例》於監本例稱"監本",故"汴本十三經"具體所指待考,王天然老師推測只是"京本"一樣的俗本。不過拋開"汴本十三經",北宋監刻經注本和南宋初單疏本皆足十三部的規模了,所以對書籍流通收藏領域還是可以憧憬。程蘇東老師認爲十四經早於十三經，但我認爲十三經地位更成熟。程老師之所以這麼認爲，跟他對十三經形成時間的判斷有關，他認爲明代中期以後十三經稱呼才成熟，但這個觀點站不住，因爲程老師不太關心版本學材料。從版本學看，從宋代到元代的十三經注疏，不管是合刻本還是單行本，彙印一直在進行，所以我認爲十三經名稱應該是在宋末而不是明代形成的。

南宋民間"九經"表面上屬於廣義的替代型，但本質上卻屬於兼經的另行擴展，因爲三部入門教材並未具體地取代《儀禮》《公》《穀》三部書。這樣一個類型學上的搖擺暨它對"十三經"可能具有的鋪墊，或許可以認爲是元明清儒學在古典學上的重心由五經向四書嬗變的一個階段性先導。

我這篇文章的核心思想就是區別經傳與不區別經傳，只要從這個角度去分析一個名稱，很多基本問題就可以解決了。謝謝大家聆聽，歡迎賜教。

主持人：謝謝暢然老師。這是信息量特別大、文獻材料特別豐富的一次講座，無論在內容還是在形式上都和我預想的不太一樣。現在請大家提問交流。

主講人：我建的這個模型，只看經目可能比較無聊，但從比如行政單位的人事變動看可能會有意義，只不過與學術關係不大。總的來說，詮釋學如今是顯學，它並非純粹文本上的東西，不然其爲顯學就不合理了。

張麗娟老師：是不是可能北宋的時候是刻了《孟子》的？南宋的單行本其實也發揮了積極的作用。北宋監本先刻了經書，再刻的諸子，《孟子》是作爲諸子來刻的，而沒有進入十三經。

主講人：可以改稱"官刻本"，避開國子監那個問題。《四部叢刊》影印的《孟子》大字本是八行嗎？（張麗娟老師答：是八行。不光是《孟子》，更晚一些諸子也有八行的。）王應麟認爲《經典釋文》是九經體系，其實《釋文》在《次第》的確是按照九經來介紹的，但在講《注解傳述人》時還是按照十二經的體系。之所以如此，是因爲"對文則別，散文則通"的彈性問題，數到十二經的時候把二級類目數進去了，不數二級類目就是九經。唐代的十二經存在了三百年，到宋才有"十三經"的稱呼；熙寧變法時《孟子》已進入儒家經書體系，過了180年才找到大量"十三經"的文例，而且還是俗稱；所以在話語形成方面可能有些鋪墊，但這次報告只是附帶提一下。程蘇東老師在討論《孟子》那篇文章裏的解釋是宋人看重大義，不太喜歡章句，傾向於簡化經目。三傳在過去的考試中相當於經的地位，宋人慢慢轉變觀念，只把《春秋》本經看作經，考試只能以《春秋》本經爲內容，從《春秋》學來講應該有這方面因素。至於禮的部分，《儀禮》一直非常弱，《周禮》在魏晉南北朝就非常强勢。後來開始編新的禮，到唐代形成《開元禮》，成爲明經考試科目。王安石做了别人不敢做的事，即把《儀禮》踢掉了。舒大剛老師認爲是從經學向子學過渡，五經比較實，與制度關係密切，四書哲學性更强，經學總體的發展大勢是從一步一個腳印到天花亂墜的地步。我個人反對四書取代五經地位的看法，包括清代之前任何人都不敢這麼説，四書代五經只是一個趨向，並未實際發生。"兼經"這個名稱是北宋才開始有，唐代材料裏説兼《孝經》《論語》，兼是一個動詞或副詞，作爲一個名詞從北宋開始有。所以"兼經"和"小經"是一個鋪墊，宋代時三個兼經也可以稱作小經，這也是北宋開始的一個用法。

王豐先老師：現在流行的宋本有没有三傳合刻本？

主講人：可能是從明朝開始的。古人膽子相對比較小，三傳並論在宋代《春秋》學裏已經是主流了，但刻書的時候没人敢這麼幹，只是寫書的時候大家會這麼寫，最後三傳合編的時候就比較晚了。根據你的觀察，《春秋傳説彙纂》的底本跟《春秋大全》是一脈相承的。元代科舉考試把胡傳作爲標準，但傳統三傳也可以用；宋代的時候官方膽子還没有那麼大，比較保守，跟唐代更接近。

張麗娟老師：《左傳》在宋代是最流行的，這該怎麼解釋？

主講人：《左傳》信息量最大，《左傳》的流行不光從唐代開始，在東晉的時候就已經佔據上風了。唐初究竟是五經還是九經？因爲從東晉孝武帝開始，包括劉宋，已經是九經的格局了，所以如果説唐初就是九經還是並不意外的。

王豐先老師：爲什麼官方搞《五經正義》出來，而不是九經？

主講人：賈公彦、楊士勛參與過《五經正義》的編纂，所以年代很接近。可是他們兩個人編的這三部疏一般還被認爲是私撰。

王豐先老師：宋初《七經疏義》就是經過官修之後認可的，加上唐代的五種就是十二種，就缺的《孟子》。

主講人：我2008年就挺關注這個題目，想寫篇文章，因爲各種原因擱下去了。去年瞭解到程蘇東老師把這方面問題基本都解決了，但就是唐初九經、五經的問題一直没有回應。大家有興趣的話可以關注下。

主持人：剛才幾位老師提到了好幾個問題，我這個文獻學外行覺得，這幾個問題都是文獻學、史學、版本學上的問題，但不是暢然老師這篇文章的問題。從題目看，這是要研究整個"十三經"中傳怎麼升經的模式［當作"（機制的）類型"，下同］，所以很難對這篇論文提出一個問題。我只有一個小的疑問，講座材料中多次提到"西學東傳"這種升經模式，但語焉不詳，我不知道你提出這個的意義是什麽，爲什麽把這個放在升經模式裏面來説？

主講人：如果看我那篇《經注與諸子》，雖然拿着傳統目録説事，但骨子裏不是完全盯在中國文獻學上。在西學傳播，包括漢文化傳播過程中，多數會遇到替代、另行擴展、附着這些過程，所以我想把這個架構放到文化交流傳播甚至是衝突這個大的視野下。

主持人：在西學背景下，在中西學術交流過程中，在傳統經學目録和發展中，也爲西學的注入，比如用西學解釋某些經傳做了準備，在重新安排目録的時候可以套入你所説的這幾種模式之中，是這個意思吧？

主講人：可以這麽理解，雖然我没有重編目録的野心。（主講人事後按，其實不應該叫"西學解釋某些經傳"，而叫"西學解釋同樣的生活世界"）我考慮的時候希望越寬泛越好，適應面越廣越好。我文章的精華就在表格二，這個表是我思考文化問題的模型。現在西學非常强勢，中華人民共和國成立以來大家都反對儒家，直到前幾年才史無前例地開始肯定儒家。但另一方面來看，要注意到漢文化一直在傳播過程中，我們把很多亞文化或異質的文化也全都給吃掉了，才造就這麽大一個文化體系。我這個架構想爲它們都留下一個位置。

主持人：感謝暢然老師的講解和解答。也感謝各位老師和同學參加這一期的儒藏講壇，今天的活動就到此結束。

（感謝汪博博士録音整理）

馮友蘭、熊十力"良知公案"解讀

主講人：北京大學《儒藏》編纂與研究中心　甘祥滿 副研究員
主持人：北京大學《儒藏》編纂與研究中心　楊　浩 副教授
時　間：2018 年 6 月 7 日
地　點：北京大學紅二樓

　　主持人：大家下午好！"儒藏講壇"第四期現在開始。"儒藏講壇"是由甘祥滿老師組織的，那麼，他今天又是本期的主講人，他的情況就不用多介紹了。今天的講題是從良知是假設還是呈現的角度，對馮友蘭、熊十力"良知公案"進行解讀，這是一個很好的題目，很吸引人，我個人也很期待甘老師的講解。現在就有請甘老師爲我們開講。

　　主講人：謝謝主持人楊浩老師。歡迎大家參加這次"儒藏講壇"活動。今天，我要講的是發生在上世紀 30 年代初馮友蘭與熊十力先生關於"良知"的一次對話，馮友蘭認爲"良知是一個假設"，而熊十力認爲"良知是呈現"，我們可以把這次討論稱爲"良知公案"。

　　首先，我們可以先看這樣兩組問題。第一組："你有沒有良知？""你有沒有一點時間觀念啊？"第二組："你有沒有一些版本學的知識？""火星上有沒有生命？"這些在我們日常生活中可能經常問到的問題，都用到了"有"這個詞。但是大家是否看得出來，第一組問題中的"有"與第二組中的"有"，它們的義涵是不一樣的。第一組的"有"，它是可以有、可以沒有，也可以是即便有而仍然表現爲没有；第二組的"有"，是要麼有，要麼没有，可以檢測、可以明確地做出分別。我們可以把第一組的"有"叫"應然的有"，第二組的叫"實然的有"。應然的有，是價值上的應當有，但它不是像知識那樣的可以實實在在地儲備或保存的有。這兩種"有"的區分，將有利於我們理解今天要講的主題。

一、問題的提出與構成

上世紀 30 年代初，北京大學學者馮友蘭與熊十力二位先生關於"良知"的一次對話，可謂中國現代哲學的一個"公案"：前者認爲"良知是一個假設"，後者認爲"良知是呈現"。這宗公案，是由當時還是北大學生、後來成爲現代新儒家著名學者的牟宗三追述出來的，他在《心體與性體》一書中，回憶起"二三十年前"①熊十力與馮友蘭的這場討論：

> 依原始儒家的開發及宋明儒者之大宗的發展，性體心體乃至康德所說的自由、意志之因果性，自始即不是對於我們爲不可理解的一個隔絕的預定，乃是在實踐的體證中的一個呈現。這是自孔子起直到今日的熊先生止，凡真以生命滲透此學者所共契，並無一人能有異辭。是以二三十年前，當吾在北大時，一日熊先生與馮友蘭氏談，馮氏謂王陽明所講的良知是一個假設，熊先生聽之，即大爲驚訝說："良知是呈現，你怎麼說是假設！"吾當時在旁靜聽，知馮氏之語的根據是康德。（馮氏終生不解康德，亦只是這樣學着說而已。至對於一良知，則更茫然。）而聞熊先生言，則大爲震動，耳目一新。吾當時雖不甚了了，然"良知是呈現"之義，則總牢記心中，從未忘也。今乃知其必然。②

對於這段記載"良知公案"的文字，我們先要做一些基本的說明和分析。

第一，首先要說明的是，熊十力、馮友蘭的遺作都沒有明確地討論過良知是假設還是呈現這個問題。而牟宗三則花了很大篇幅專門分析康德的"自由意志"概念，並相應地闡發了良知不是假設而是呈現的命題。所以，完整地解讀"良知公案"，先要對王陽明的良知說做基礎性的瞭解；然後利用熊十力、馮友蘭現有的著作及其思想體系，試圖去推測他們各自在良知是呈現或假設問題上可能的意涵；最後，也有必要去考察牟宗三及其批判對象康德二人的相關觀點。

第二，當熊十力說"良知是呈現，你怎麼說是假設"時，我們很容易得出這樣的判斷，即熊十力認爲良知要麼是呈現，要麼是假設，二者不能都爲真，

---

① 按，《心體與性體》初次出版於 1968 年，牟宗三在北大哲學系求學時間爲 1929—1933 年，1932 年正式師從熊十力。

② 牟宗三《心體與性體》，上海：上海古籍出版社 1999 年版，第 153 頁。

也就是說，在熊十力看來，"呈現"與"假設"是一組矛盾的、對立的概念。那麼，我們非常有必要澄清這則公案語境下"假設"與"呈現"兩個概念可能的內涵是什麼。中文語境下，"假設"一詞基本上是與"實有""實存"相對而言的，我們只有否定了某物某事的現實性、實有性，才會"假設"其存在。基於"假設"的這一含義，那麼"呈現"就是與之相反的"實有""現實"的意思。問題是，"假設"是否只此一義？當馮友蘭說"良知是假設"時，此"假設"是何義？假如牟宗三的按語是正確的，即馮友蘭的"假設"說是"根據康德"，那麼康德說自由是假設，此"假設"又是何義？相應地，"呈現"除了作爲"假設"反面即實有、真實之意外，在"良知"學問題域下，它還有與"隱微""內在"相對的顯露、外化、表現等意涵——在此意義上，"良知是呈現"就意味着良知是由內而外或由體顯用的意思。

第三，牟宗三記述這段"良知公案"的思想背景，是他認爲，儒家的心體性體、良知等概念與康德所謂的自由、意志因果性概念是同一的。因此，"良知是呈現，不是假設"這個問題，在牟宗三那裏，就轉變或展現爲"（康德的）意志自由不是假設，而是真實"。問題是，康德的自由、意志因果性，是否等同於良知？"意志自由"之"假設"是必須的嗎？

經過上面的分析，我們可知，"良知公案"問題，由多個相互獨立的子問題構成。我們先把這些基本問題列示出來，以便進一步加以分析和討論。

1. 王陽明所說的良知有哪些內涵，良知在王陽明那裏是假設還是呈現？或者說，良知是假設還是呈現的問題在王陽明那裏是否爲一問題？

2. "良知是假設"與"良知是呈現"，這兩個命題是矛盾的，還是可以並存的？

3. 熊十力在何種意義上說"良知是呈現"？

4. 馮友蘭又是在何種意義上認爲良知是假設？他是否錯誤地移用了康德的"自由意志"，而把它當作了"良知"？

5. 牟宗三是否完滿地解決了這個公案？他對康德自由意志的理解有無問題？

二、王陽明：良知三義

我們知道，"良知"這個概念來自孟子："人之所不學而能者，其良能也；所不慮而知者，其良知也。孩提之童，無不知愛其親者；及其長也，無不知敬其兄也。親親，仁也；敬長，義也。無他，達之天下也。"（《孟子·盡心上》）孟子說"良能""良知"，一方面可以理解爲一種與生俱來、先天所賦的能力與知識，所謂"人之有是四端也，猶其有四體也"。另一方面，從"不學而能""不慮而知"一面來考察，又更像是強調一種內生的、自覺的道德意識。總而言之，在孟子那裏，仁義禮智以及"惻隱之心""羞惡之心""恭敬之心""是非之心"四端是最基本也最被強調的觀念，良知只是藉以說明這些觀念之內在必然性的一個概念。

王陽明講良知與孟子所講，在其本義上沒有區別，只不過王陽明將這個概念提到了更高的地位，並且擴展了它的內涵。圍繞討論的主題，擇要歸納出王陽明良知說的三方面涵義。

（一）不慮而知義

在《大學問》中王陽明主張：

> 良知者，孟子所謂"是非之心，人皆有之"者也。是非之心，不待慮而知，不待學而能，是故謂之良知。是乃天命之性，吾心之本體，自然靈昭明覺者也。凡意念之發，吾心之良知無有不自知者。其善歟，惟吾心之良知自知之；其不善歟，亦惟吾心之良知自知之。是皆無所與於他人者也。故雖小人之爲不善，既已無所不至，然其見君子，則必厭然掩其不善而著其善者，是亦可以見其良知之有不容於自昧者也。①

又說：

> 心自然會知，見父自然知孝，見兄自然知弟，見孺子入井自然知惻隱，此便是良知，不假外求。②

從這些描述可以看出，不慮而知義又包含了多層涵義：

(1) 不假思索，而能知是非、善惡，這是"本能的"良知，自發的知；

(2) 不假外求，意味着無需後天的教育和實踐積累，是先天的知；

(3) 不容自欺，這是"行"善、"行"惡後的一種自知，是一種反省的知，自覺的知。

我們知道，陽明有所謂四句教："無善無惡心之體，有善有惡意之動，知善知惡是良知，爲善去惡是格物"。從文本來解讀，本心是無善惡的，善惡是

---

① （明）王守仁《王陽明全集》，上海：上海古籍出版社1992年版，第971—972頁。
② 同上書，第39頁。

意動之後才出現的,也就是後天的,良知是知善知惡的能力。那麼,善惡的出現和分別是後天的,不是先天的。然而,邏輯上,善惡的出現必賴於分辨善惡的標準之建立,無規矩不成方圓,惟有先有規矩才有方圓的稱謂和判別。善惡的標準,就是道德的立法。必先有道德的立法,才能有道德的分判。從心體的無善惡,到良知的知善惡,我們先須問:善惡從哪裏來?如何確立分辨善惡的標準?良知究竟是道德的立法者,還是道德的分別者?對這些問題,陽明沒有講清楚,而是混二爲一的,即以爲良知既是立法者,又是判別者。實際上建立是非的標準,與判別是非的能力,這是兩回事,對於人的理性來説,這必然是兩方面的能力或品質。

(二) 心之本體義

在《大學問》中,王陽明説:"(良知)是乃天命之性,吾心之本體,自然靈昭明覺者也。""至善者,明德親民之極則也。天命之性,粹然至善,其靈昭不昧者,此其至善之發見,是乃明德之本體,而即所謂良知也。"按照這些説法,良知不僅能不慮而知、知善知惡,而且,它本質上是天命之性在人"心"上的表現,因此它就是"心之本體",是明德。這裏的明德和心本體,仍然是從價值層面即道德層面講的,是道德本體,但這個本體是超越於善惡的,也就是無所謂善惡可言的,因此是至善,也就是四句教第一句所言"無善無惡心之體"。那麼,這就意味著,在王陽明看來,良知既是知善知惡的理性能力,又是更本原的無善無惡的本體。

顯然,這裏是有矛盾的。良知作爲本體,是至善,是無善無惡,也就是完全無涉於經驗世界;而良知作爲不慮而知的"知",卻是能知善、能知惡的,這是在善惡已分之後的經驗界的能力。這二者絕不可能是同一的,至少,是不能用同一個稱謂指稱它們的。從無善無惡的心體到知善知惡的良知,對於人的整體的"精神"或"心靈"來説,必然是兩個不同的內容,或兩個不同的狀態。

那麼,從無善無惡的心體到知善知惡的良知,它們是如何過渡的?也就是説,王陽明是怎樣來圓通上面所指出的這個矛盾的?王陽明説:"心之本體即是天理。"(《傳習錄》中)"良知是天理之昭明靈覺處,故良知即是天理。"(《傳習錄》中)前面講心之本體就是天命之性,這裏又講心之本體即是天理,然後,天理即是良知,良知即是天理,於是性、心體、天理、良知在本體層面完全貫通,也可以説是完全等同。照王陽明的説法,這個本體的良知(性、天理)不只是純客觀的、存有的理,而且還有"昭明靈覺",也就是説它還是靈動的，有主觀性在裏面——這就是牟宗三所說的"既存有，又活動"。基於這樣精巧的"設計"，從無善無惡的心體過渡到知善知惡的良知，就能很圓通。進一步，他又從心本體過渡成為宇宙的本體，這就是良知的第三層含義。

（三）生天生地義

> 人的良知，就是草木瓦石的良知。若草木瓦石無人的良知，不可以為草木瓦石矣。豈惟草木瓦石為然，天地無人的良知，亦不可為天地矣。①
>
> 良知是造化的精靈，這些精靈，生天生地，成鬼成帝，皆從此出，真是與物無對。②

良知不僅是安放人的靈魂的處所，是處理人的社會實踐的根本法則，而且，如這裏所說，還是萬事萬物處於良好秩序的根據。良知突破"人"的界限，進入到"物"的世界，人倫秩序和自然秩序都根基於良知。把"人"的"良知"這樣一個道德範疇的術語，用來作為建構"物"（自然界）秩序的基石，從而"生天生地""與物無對"，也即是說，把良知的道德功能（知善知惡）擴展為存在功能（生天生地），良知從"道德本體"跨越到了"存在本體"，這是無意或有意地抹消了德性論與存在論的差別。良知從不慮而知的知性能力，擴展到無善無惡、知善知惡的心本體，進而又擴展為生天生地的宇宙本體，"良知"概念被隨意地、不確定地擴大或遷移。核心的問題是，在陽明那裏，德性論上良知，與本體論甚至宇宙論上的良知，是完全貫通的、合一的。在陽明那裏，甚至在中國傳統典籍中，這種思維和表達，是很自然而又普遍的。但在今天的我們來看，德性論和存在論是不可以這麼混著一團地講的，二者之間是一定有區別的。

從以上歸納的良知三義看，顯然，在王陽明那裏，不存在良知是假設還是呈現的問題，因為在他看來，良知是確然存在的，而致良知也是可以實現的。因為良知既是體，也是用，也可以說既是未發，也是已發。不過，我們要問：作為呈現或作為生而具有的良知，在道德理論及其實踐機制中究竟代表什麼？它究竟是我們能分辨是非和善惡的知性能力，還是因人而異的道德情感，抑或是為實踐理性確立起道德法則的意志？如果良知可以代表一切，那麼良知就什麼都沒有代表。王陽明沒有分別這些概念，或者說他把良知看成了兼具三者的某個實體：它不僅是道德本體、是知是知非的道德能力，還是萬物存在之體，

---

① （明）王守仁《王陽明全集》，第107頁。
② 同上書，第104頁。

甚至還是"好惡"之情。① 這種含混一切之"良知",與其説是對人類理性能力的一種讚美,不如説是一種嘲諷。

我們還可以問:良知作爲"有",它是實然的有,還是應然的有?如果是實然的有,是人人具有,還是只是部分人具有?是伴隨人生始終的有,還是只在某個年齡階段的有?實然的有的良知,又是從哪裏來的?是自然意義上的天賦的,還是後天習得的?人類社會普遍的經驗事實是,並非人人生而皆有良知,知識論意義上的實然良知是人的一種理性能力,倫理學意義上實然具有良知者只是經驗的,而非先天的。如果是應然的有,那就意味着在現實層面上,確實存在有的人有良知、有的人沒有良知的情況,也就是説,它是可以有、可以沒有的。應然的有,也就是應該有,即使你現在表現爲沒有;應該有,也就可以理解爲預設的有,從而也就是"假設"的有。預設的有,一旦給予其必要的條件,就能激發出實際的有來。問題恰恰在於,王陽明認爲良知是實然的有,而非應然的有。

三、新理學與新唯識學

首先我們要明確,這一則"良知公案"只是在牟宗三追述的這一段對話中保留下來的,它沒有更多的文本依據。也就是説,無論是在馮友蘭還是熊十力的早期或晚期著作中,都沒有二人之間討論良知是呈現還是假設這個問題的文獻記録。因此,我們只能從他們各自的著作中,根據相關的內容來推測或推論他們在這個問題上可能的理解和解釋。

我們知道,馮友蘭先生的"新理學"有一組基本概念,就是"實際"與"真際"。馮友蘭認爲:"人的知識,都是從經驗中得來底。我們經驗中所有者,都是有事實底存在底事物,即實際底事物。哲學始於分析、解釋經驗,换言之,即分析、解釋經驗中之實際底事物。由分析實際底事物而知實際。由知實際而知真際。"② "實際"是指經驗的、現象的世界,"真際"是指超驗的、理的世界。這兩個世界是相互聯繫的,但也有區別,"真際"中有的,"實際"中並不一定有;但"實際"中有的,則"真際"中必然有。

---

① 如《傳習録下》説:"良知只是個是非之心,是非只是個好惡。只好惡就盡了是非,只是非就盡了萬事萬變。"
② 馮友蘭《新理學》,《貞元六書》,《三松堂全集》(第三版)第五卷,北京:中華書局2014年版,第19頁。

本着這樣的理論，馮友蘭認爲："陽明知行合一之説，在心理學上，實有其根據。不過其所謂知，意多指良知，而良知之有無，則心理學不能定也。"①心理學作爲一門科學，它可以解釋人的知與行之間的對應關係，比如"行得不好，只是知得不透"，所以説知行合一可以在心理學上得到解釋。但是作爲道德本體、心本體的良知，究竟有還是沒有，這不能從心理學上得到證明，因爲某人做出一件合符道德規範的行爲，可能只是一種本能，也可能是假裝這麼做的，由此不能推測到他本心中有沒有所謂的道德良知。

王陽明《大學問》中有言："至善者，明德親民之極則也。天命之性，粹然至善，其靈昭不昧者，此其至善之發見，是乃明德之本體，而即所謂良知也。至善之發見，是而是焉，非而非焉，輕重厚薄，隨感隨應，變動不居，而亦莫不自有天然之中，是乃民彝物則之極，而不容少有議擬增損於其間也。"馮友蘭分析説，陽明之意，我們有良知，良知是我們遇見事物時自然而然知其至當處置之辦法，但是：

> 究竟我們是否有如此底良知，現姑不論。我們只問：此所謂至當處置之辦法，或所謂"天然之中"，本是本然底有，不過我們的良知能知之？抑或是此所謂至當或"天然之中"，不是本然底有，而是我們的良知所規定者？②

馮友蘭接着分析説，如果是後者，則良知之規定，不能是隨便的規定，而必須是於具體之事物和具體情況下，做出具體的正當處置之規定。這就是説，良知是經驗的，是經驗生活的總結。若是前者，即至當或"天然之中"乃是"本然底有"，是民彝物則之極，則我們自然不能"有議擬增損於其間"；但若是説"對於我們對於所謂至當或'天然之中'之知識，不能議擬增損"，則我們不能贊同，"因我們對於所謂至當或'天然之中'之知識，不但可有錯誤，而且事實上常有錯誤，所以我們對之，不能不有議擬增損也。"③ 從這一精細的分析中，我們可以看出兩層意思來。其一，馮友蘭先生承認有所謂真際層面的"至當之辦法"，或最理想、最道德的原則之存在；其二，我們"人"的認知能力，所能認識到的這個至當辦法，一定與至當辦法之間存在差距，也就是説我們的理性認知能力可以無限地趨於最終真理，但不必然達到最終真理。由此，

---

① 馮友蘭《中國哲學史》（下册），上海：華東師範大學出版社 2000 年版，第 289 頁。
② 馮友蘭《新理學》，《貞元六書》，第 143 頁。
③ 同上書，第 143—144 頁。

馮先生做結論說：

> 假如我們承認，我們有如陽明所說之良知，我們當然亦如陽明所主張。不過我們只說，我們有知，可以知所謂至當或"天然之中"，但此知可有錯誤，而且事實上常有錯誤。我們有知，此知亦可說是相當地"良"，但不是如陽明所說那樣地"良"。①

顯然，馮友蘭只承認我們理性中具有的基本認知力、判斷力，也就是我們的知性能力，而不承認有王陽明所說的那種無所不能的良知，更不能接受良知生天生地這種修辭性說法。

在《新原人》裏，馮友蘭又從另一個角度對良知提出了質疑。我們知道，《新原人》的哲學體系建立在"覺解"說的基礎上，所以在開篇第一章題目即曰"覺解"。覺是自覺，解是瞭解。人對事物、對世界、對自己的瞭解，有程度上高低之差別。人不僅能瞭解事物，還能自覺其瞭解，所以說"人生是有覺解底生活，或有較高程度覺解底生活。這是人之所以異於禽獸，人生之所以異於別底動物的生活者。"② 四境界說正是建立在此覺解說之上。

根據《新原人》的理論框架，馮友蘭解讀說，良知就是對至善的覺解，"人覺解有良知，或對於良知有覺解"③。王陽明說的本心，是人本來所有，且本來如此的，而所有的道德工夫只是要"復見其天地萬物一體之本然而已耳"（《大學問》）。對此，馮友蘭分析說："因此他們有時忽視自發底合乎道德底行爲，與由學養得來底道德行爲的分別，忽視自然境界與道德境界或天地境界的分別。"④ 也就是說，本心本來所有的狀態以及經過修爲工夫後回復到的本然狀態，在陽明看來是一樣的，而實際上，正如馮友蘭所分析的，前者是自發的"合乎道德"的行爲，後者則是自覺的"出乎道德"的行爲。馮友蘭看到了陸王心學在這個問題上的疏漏。他還進一步舉例做出分析：

> 孩提之童，知愛其親，知敬其兄，可以是：事實上也愛其親，敬其兄。亦可以是：他不但愛其親，敬其兄，而且他自覺他愛其親，敬其兄，

---

① 馮友蘭《新理學》，《貞元六書》，第144頁。
② 馮友蘭《新原人》，《貞元六書》，第570—571頁。
③ 同上書，第707頁。
④ 同上書，第709頁。按，自發的、合乎道德的行爲與道德行爲這一分別，顯然來自康德——康德在其《道德形而上學的奠基》中反復地講到了這兩者的區分，而馮友蘭也經常提到此種分別。

並且瞭解，愛其親，敬其兄是應該底。①

若只是前者，則愛親、敬兄的行爲是自發的，合乎道德的，但它"是合乎道德底行爲，而不是道德行爲"②。實際上，我們或可更進一步說，即便在"合乎道德"的層面上說，孩提之童之愛其親、敬其兄，也並不一定是普遍的、必然的——不愛其親、不敬其兄的現象不僅常常有，而且似乎也發乎自然。由此可見，在馮友蘭看來，道德行爲必須是經過人的理性的自覺抉擇以及後天的努力而做出的行爲，先天而本然地具有的道德行爲是不存在的。因此，馮友蘭明確地說，人縱有"現成良知"③，然待工夫修證而後得的良知，雖亦不異於"現成良知"，但對於有修證工夫者：其意義不同。④ 也就是說，所謂現成的、本心自發地流露出來的良知及其行爲，只是"合乎道德"的，經過後天修爲和理性反思（覺解）所做出的行爲才是"出乎道德"的。而"縱有"二字，預示着馮友蘭對"不慮而知""不假外求"、本心所有之"良知"持有懷疑的態度。

可以說，馮友蘭基本上認爲，良知只是一個假設的存在，也就是說良知之有無，憑我們的經驗和理性，都是無法斷定的。這是一個懷疑論的立場。牟宗三說馮友蘭是學着康德的說法而持"良知是假設"一說的，但從上面的分析來看，馮友蘭對良知的懷疑態度，並不是從康德那裏得來的。因爲，康德說的是意志自由是假設，而沒說良知是假設；更重要的是，康德對自由的假設並不是在懷疑論立場上說的，而是從實踐理性之可能的條件上說的，而馮友蘭對良知存在的懷疑則是從經驗分析及其"覺解"說角度來說的。

熊十力明言其生平之學窮探大乘而通之於《易》，《新唯識論》即是其融唯識學於《易》爲一體的代表作。《新唯識論》無論是文言文本還是語體文本，其目標，熊十力開宗明義地給出了答案："哲學建本立極，只是本體論"，因而"哲學所窮究的，即是本體"⑤。在他看來，雖然一切物理現象、心理現象，都

---

① 馮友蘭《新原人》，《貞元六書》，第710頁。
② 同上。
③ 按，馮友蘭此處"現成良知"的說法是從明儒羅念庵"未有見成良知"說借用來的。陽明後學王龍溪曾有一段批評羅念菴的話："念菴謂'世間無有見成良知，非萬死工夫，斷不能生。'以此較勘虛見附和之輩，未爲不可。若必以見在良知與堯、舜不同，必待工夫修證，而後可得，則未免矯枉之過。"（《明儒學案》卷十二，《浙中王門學案二》）羅念菴所說的"見成良知"不可完全等同於馮友蘭所指的"現成良知"，羅念菴與聶雙江一樣，是從分別未發、已發的意義上，強調良知不是已發，而是未發（詳見王龍溪《致知議辯》）。
④ 馮友蘭《新原人》，《貞元六書》，第710頁。
⑤ 熊十力《新唯識論》（語體文本），北京：中華書局1985年版，第248頁。

没有自性，没有實體，而只不過是人們將這些假像執著爲真實存在，但本體是實有的，不是虚幻的。什麽是本體呢？"本體是萬理賅備之全體，而無有一毫虧乏的。如其有所虧乏，便不成爲本體。須知本體是圓滿至極，德無不全，理無不備。"①本體被"規定"而不是"建立"起來，而且這個本體是兼具道德本體和存在本體於一者。這個絕對、唯一、圓滿、整全的本體，不是"離吾心而外在的物事"，那麽，"設有問言：'本體非外在，當於何求？'應答彼言：求諸己而已矣。求諸己者，反之於心而即是。豈遠乎哉？"② 反之於心而得到的即是本心，本心就是這個終極的宇宙本體。"萬物本原與吾人真性，元非有二。此中真性，即謂本心。以其爲吾人所以生之理，則云真性。以其主乎身，則曰本心。"③ 這樣，在熊十力看來，本心、本體、真性，都是同一個本體概念，而且必然地，"良知"也與這些概念等同。

確立本體是《新唯識論》的根本目標，而其論證的方法則是"以體用不二立宗"。體用不二就是指體用既可分又不可分。可分是指體無差別，而用乃萬殊；不可分是指于萬殊之用中，必存其無差別之體，而本無差別之體必顯現爲萬殊之用。總之，"用依體現，體待用存"。由體用不二，故本心即體即用、即用即體。在熊十力的新唯識學體系裏，事物及其表象，雖然不是世界的本體，没有自性，但它並非空無，只不過是非離心而獨存的。因此，萬事萬物不是要完全抛棄的對象，而乃是大用之流行，本體之呈現。良知，作爲本心、本體，就好像是大海水，而良知之用則是衆漚；衆漚以大海水爲體，而大海水則以衆漚爲表現。這就是説，良知本體是最真實的本心，而人在生活中的灑掃應對以及一切社會行爲都表現出良知，也就都是良知之發用。正是在這個意義上，熊十力説："良知是真真實實的，而且是個呈現，這須要直下自覺，直下肯定。"④

那麽如何去把握、確證這個真而不妄的本體呢？換言之，如何從我們的生活世界、從表象世界去把握内在的本體？内在本體又如何發用、呈現於經驗世界中？爲此，熊十力分别了"性智"與"量智"——

> 性智者，即是真的自己的覺悟。此中真的自己一詞，即謂本體。在宇宙論中，賅萬有而言其本原，則云本體。即此本體，以其爲吾人所以生之理而言，則亦名真的自己。……量智是思量和推度，或明辨事物之理則，

---

① 熊十力《新唯識論》（語體文本），第536頁。
② 同上書，第251頁。
③ 同上。
④ 轉引自牟宗三《生命的學問》，桂林：廣西師範大學出版社2005年版，第108頁。

及於所行所歷，簡擇得失等等的作用故，故説名量智，亦名理智。①

"量智"是指經驗的認識和邏輯的推理，憑量智只能認識現象界，不能認識本體界。東方哲學家則注重"性智"，只有通過"性智"才能認識本體。"性智"是指一種直覺地認識本體、直接地把握本體的能力。對良知、本心的體認必須依靠性智而非量智來獲得。顯然，這個性智的體認，是神秘的、個人的、直覺式的認識。體認所把握到的是"直下自覺"的本體之知，是良知，因此良知不是假設，而是真實的體認。

在良知問題上，可以説熊十力與王陽明沒有大的不同，都是以本心為良知，以體用不二、知行合一為原則，故良知即體即用，因體發用，因用顯體，皆是良知。二者的差別，在於王陽明更強調"致良知"，而熊十力先生發揮較多的，是體認良知。正因為良知本就是我的心體，那麼，只要通過性智體認到了良知，則良知無不真實，無不通體顯露。因此，在熊十力的認知體系裏，良知是真實的呈現，而絕不是假設。但是，在相對於馮友蘭先生的意義上，熊十力與馮友蘭的良知説，是在兩列平行的軌道上——雖然二人看似有過理論的交鋒，但只是在立體空間裏的一種看似相交、實則平行的兩條軌道。因為，熊十力、馮友蘭對彼此所言的"假設"或"呈現"都沒有給出正面的回應，熊十力所言的良知本體在馮友蘭看來恐怕是不可理解的，而馮友蘭説良知是假設的意義恐怕熊十力也沒有領會。

單就熊十力依體用不二的原則以及性智體認良知本體這一種學説而言，把道德本體和存在本體捆綁在一起，並且，把存在的終極真理或道德的終極至善的獲得，寄託於"性智"上，這種理論是有問題的。良知被直接設定為本體，而認識它、把握它的唯一方式又被設定為神秘的體認，倘若芸芸衆生並不都能修證到這種體認的能力，則良知之有無以及良知之是否發用，我們全然不得而知。那麼，這種寄託於自我本心靈光一現的良知理論，對於人的道德實踐，尤其對於"性智"不夠發達的人的道德實踐，到底能發揮多大的作用，是很值得懷疑的。

那麼，"良知公案"這個主題的內容以及所涉及的當事主體雙方，我們已經有了比較清晰的瞭解。也就是説，馮友蘭、熊十力各自表達了關於良知是假設或是呈現的觀點，以及在各自思想體系中的意義，但是作為一場學術對話，他們並沒有深入的、實質性的交流和互動。而後來追述這宗公案的牟宗三，則

---

① 熊十力《新唯識論》（語體文本），第249頁。

花費了大量的筆墨來試圖解讀和破解這則公案。

四、牟宗三對康德：從假設的自由到良知的呈現

牟宗三對馮、熊"良知公案"頗爲在意，而其立場也十分明確，就是繼承並弘揚其師熊十力的觀點。在其巨著《心體與性體》中，牟宗三專門辟出一章來討論康德，批評康德，並借此闡發其"良知是呈現"的思想。

《心體與性體》開篇確立了四個基本概念，就是性體、心體、實體、道體。他是從《中庸》"天命之謂性"中界定此"性"爲超越面的性，它是以理言之性，又以其内容爲天所命與吾人而定然如此者，故是道德創生之"實體"，此道德實體最終必與"天命不已"之存有實體同一，故實體即性體，性體即實體。① 而由孟子所確立的"心"乃是道德之心，亦是本心，"本心即是吾人之性"。本心是道德的，形上的，又是絶對普遍的，此心即是體，故曰心體。性體、心體、實體、道體，在牟宗三看來都是同一的，而且也都是"即活動即存有"的。不僅如此，"陽明的良知，後來劉蕺山的意，乃至康德的自由、意志之因果性，都是這性體心體之異名。"② 在此認知基礎上，牟宗三認爲，康德的"自由意志"與儒家的"良知"是相通的，"自由意志"在康德哲學中的基礎地位正同如"良知"在儒學中的地位，"自由意志"既可以看作是"良知"的本質屬性，也可以直接視爲"良知"本身。因此，康德的"自由意志的自我立法"，就可轉進爲儒家之"良知的自我立法"。但是康德的道德理論，是否如牟宗三所理解的那樣，他的"自由意志"是否可相當於儒家所説的"良知"？我們需要做仔細的分析。

按照康德的理論，道德行爲一定是經由意志准許的、自覺的行爲，自發的、不自覺的行爲即便是合乎道德原則的，也不能算做道德行爲。康德説，一個客觀的原則對於意志而言具有强制性，這就叫理性的誡命，誡命的公式叫命令（式）。命令（式）要麽是假言的，要麽是定言的。假言的，就是有條件的，定言的就是絶對的、無條件的。行爲僅僅爲了别的目的而作爲手段是善的，該命令就是假言的；行爲就自身而言是善的，從而在意志中是必然的，該命令就

---

① 參牟宗三《心體與性體》，第 26 頁。
② 同上書，第 153 頁。

是定言的。① 假言命令無論就其行動的對象還是目的而言，其行爲都不是絕對必然地被要求的；定言命令是在抽去其行爲的目的、結果和對象後，也就是只剩下產生這種行爲的形式和原則後，仍然有着不得不如此的、普遍的要求（義務），這就是道德命令、道德法則。

道德法則要成爲定言命令，必須有這樣一種意志，即普遍立法的意志，它不以任何興趣和前提爲根據，它是無條件的，也就是說它根據它自身、並且爲了它自身而確立準則。這就是自律原則。意志能夠自己立法，能夠不以任何其他條件爲根據，其前提是意志本身是自由的。意志如果是不自由的，它就無法根據自身去下命令而行動，也就是只能根據別的條件來指使，它就不能成爲定言命令。說意志是自由的，也就是說它是無條件的，它是它自己的原因。但是，"自由是這樣一個理念，它的客觀實在性不能以任何方式按照自然法則來闡明，從而也不能在任何可能的經驗中被闡明"，因此，"它只是被視爲理性在一個存在者裏面的必要預設"②。換言之，自由是理性的理念，不是知性的範疇，因而我們不能對它有任何知識，因此，它就是一個"假設"的自由。

牟宗三說，康德所說的自由意志是最純正、最道德的意志，但"不幸地是他視'自由意志'爲一假定，爲'設准'"③。所以，這樣的意志自律只成了空說，道德法則也不能落實。爲什麼？因爲，"道德是真實，道德生活亦是真實，不是虛構的空理論。所以這樣的意志也必須是真實，是呈現。"④ 康德在《實踐理性批判·序言》中曾說自由是我們所知道的道德律的條件，也就是說，必須把自由歸於我們的意志，"但我們卻無法證明自由在我們自己裏面和在人性裏面是某種現實的東西。"⑤因此必須預設自由。據此，牟宗三說："如果自由只是一假設，不是一呈現（因非經驗知識之所及），則道德律、定然命令等必全部落空，而吾人亦不知其何以會是一呈現。"⑥ 很顯然，牟先生對康德視意志自由爲一假定，而不是呈現，很是糾結，甚至於耿耿於懷。之所以如此，緣於牟宗三是在存在論的意義上來理解康德所謂的自由之"假設"的，在這個意義上，"假設"與"呈現"成爲一對非此即彼的矛盾概念，是假設則不能是呈現，

---

① ［德］康德《道德形而上學的奠基》，李秋零譯注，北京：中國人民大學出版社 2013 年版，第 32 頁。
② 同上書，第 84 頁。
③ 牟宗三《心體與性體》，第 113 頁。
④ 同上書，第 114 頁。
⑤ ［德］康德《道德形而上學的奠基》，第 72 頁。
⑥ 牟宗三《心體與性體》，第 133 頁。

是呈現則不能是假設。

實際上，對於康德的意志自由而言，假設與呈現，並不在同一層面上相反對。呈現只是在經驗領域、在現象界而呈現出來的表象，假設則是在純粹理性、在本體界中的理念，繼而在實踐理性裏成爲必要的先天條件。因此，假設與呈現，並不矛盾，也不對立。更爲重要的是，在《實踐理性批判·序言》裏，康德明確地說："道德律使人認識到人在實踐中事實上是自由的。""自由"雖然是意志自律必要的"假設"，但一經由此"假設"而確立起道德法則、定言命令，則道德法則和義務在道德實踐中即會在我們的經驗生活世界裏真真實實地呈現出來。這一點，不需要論證，也無需假設，它就是當下的真實。所以康德說："對於自由，那本身不需要任何辯護理由的道德律不僅證明它是可能的，而且證明它在那些認識到這個法則對自己約束的存在者身上是現實的。"①可以說，自由的概念對於康德，並不像因果性概念之於休謨那樣是虛構的或主觀的錯覺，而是實踐理性普遍立法的必然前提。所以，牟宗三對康德自由之"假設"的不滿和批評，其實可謂無的放矢。

既然自由不能是"假設"，不允許是"假設"，因此它必然是真實，是呈現——這是牟宗三的觀點。所以，他說：

> 依原始儒家的開發及宋明儒者之大宗的發展，性體心體乃至康德所說的自由、意志之因果性，自始即不是對於我們爲不可理解的一個隔絕的預定，乃是在實踐的體證中的一個呈現。

良知不僅可以在時間中呈現，而且還能在主體本心中自我觀照到，也就是體證到。關於這一點，牟宗三還有更詳細的說明：

> 宋、明儒所講的性體心體，乃至康德所講的自由自律的意志，依宋、明儒看來，其真實性（不只是一個理念）自始就是要在踐仁盡性的真實實踐的工夫中步步呈現的：步步呈現其真實性，即是步步呈現其絕對的必然性；而步步呈現其絕對的必然性，亦就是步步與之觀面相當而澈盡其內蘊，此就是實踐意義的理解，因而亦就是實踐的德性之知。②

這段話，其文字上的環環相扣，與其內心的極度自信以及邏輯上的似是而非是互爲表裏的。不可否認，踐仁盡性的道德實踐是可能的，也就是說，我們

---

① ［德］康德《實踐理性批判》，鄧曉芒譯，北京：人民出版社2016年版，第58頁。
② 牟宗三《心體與性體》，第145頁。

作爲道德主體完全可以在現實中踐行仁愛、正義、禮讓等善行，這些善行也必然是遵守某種（如儒家的）道德準則的結果或表現，這說明人是有實踐理性的，道德行爲和道德理想是完全可能的。但是，由這些經驗性的道德實踐，我們可以正確地、必然地反推出什麼？我們說，這種真實的道德實踐（不是康德意義上的道德實踐）未必然呈現了心體性體或意志自由作爲本體的真實性，呈現出真實性也未必然呈現其絕對必然性。總之，由經驗性的實踐行爲，不能必然地回溯到道德本體（性體、心體、意志自由以及作爲至善的良知）的真實性、必然性。

在方法論上，牟宗三繼承了王陽明、熊十力的内心體證法。他說，自由意志、絕對命令"不是可以用'概念思考'底理性去理解去辨識，但不能說不能用任何方式去理解，不能用任何理性去辨識"①。於是，他通過徵引道家之"道"和佛家之"真如佛性"的真實性可以通過道心、般若智、菩提心而呈現、而體證爲例，主張自由意志也可以依這種方式在道德踐履中去理解（證悟）、去辨識（默識），因而它可以真實地呈現於道德本心中。很顯然，這是一種内觀的、擺脫概念思維的體悟的方法。這種證悟、默識的方法，與其師熊十力所強調的體認法如出一轍。然而我們也看到，這種富於中國傳統文化特色的證悟、默識等體悟式的方法，是一種非理性的、神秘的方式，而不是理性的方式，對於康德而言，這不是他所關注的領域，也可以說這不是他所認可的科學的方式。一切非理性的、神秘的所謂對某種根本實體的體悟或體證，歸根到底，都是不可交流、不可共享、不可普遍化、也不可判別真僞的個體性感受或心理。

那麼，康德是如何理解"良知"的？

良知（良心）（Gewissen/conscience）這個概念，在康德那裏是與榮譽感、同情心、仁慈心等聯繫在一起的道德情感。康德也承認，人自然而然有良心，其差別只是強弱而已。比如有的人富有同情心或很仁慈，有的人則心地剛硬。作爲一種情感，良知是經驗性的。所謂經驗性，就是說在某種條件或環境下，我們可能會觸發起某種情感，而在另一種環境下則可能觸發起別的不同的情感，情感的觸發或者是有的，或者是可以沒有的，因人而異，因環境而異。因此，康德認爲，良知作爲一種道德情感，只是接受道德義務的主觀條件，而不是客觀條件，換言之，良心能使人在主觀上自覺地遵循道德律令，但它不是道

---

① 牟宗三《心體與性體》，第137頁。

德律令的來源和客觀依據。或者説，良知有助於人主動地置於道德律令之下，能使人心悦誠服地傾聽和執行道德規範，但良知不是道德規範的來源，即它不是道德的立法者。所以，康德説："人對道德法則實際上還是有一種興趣。我們把這種興趣在我們裏面的基礎稱之爲道德情感，它曾被一些人錯誤地説成是我們的道德判斷的標準，其實它必須被視爲法則對意志施加的主觀作用，惟有理性才爲它提供客觀根據。"① 那麼很顯然，在康德看來，在道德實踐中，良知是第二位的，第一位的是自由意志，是最高的道德律令。

　　針對這一點，牟宗三也不同意康德的説法。他認爲康德所説的這種道德情感是着眼於其實然的層面，而未注意到其超越的層面。他還認爲，康德所謂的道德感、道德情感，其最終所指是"心"，所以最後的關鍵是"心"。"但問題是'心'可以上下其講"②，道德情感也"可以上下其講"。"上下其講"四個字，讓我特别感歎中文的無窮魅力！如何上下其講？下講，是實然的、經驗的道德情感，不能建立起道德法則；上講，則上提至超越的層面，使之成爲道德法則、道德理性之表現最爲本質的一環③，從而成爲普遍的道德之情與道德之心。我個人認爲，無論怎樣"上下其講"，道德情感終究是道德情感，决不會因爲你上下其"講"，就成爲超越的道德法則了。倘若道德情感果真能"上提"而成爲道德法則，成爲道德生活的指南針，則社會的道德秩序恐怕不會因此而變得更好，只會因此而變得更糟。當個體性、經驗性的情感被冠以普遍性、超越性之名而作爲道德實踐之準則時，我們可以想見其混亂的現實後果。這正如康德所説："如果我們在道德律之前把任何一個客體以某種善的名義假定爲意志的規定根據，然後又從它引出至上的實踐原則，那麼這種原則任何時候都會帶來他律並排斥道德原則。"④

　　那麼，换個角度説，良知如果不作爲道德情感，而是作爲理性（知性）的一種判斷力或直覺力，也就是説，單純地把它理解爲知善知惡的能力，那麼它能否上升爲道德法則——即道德行爲的普遍的、絕對的根據和標準？按照康德的觀點，答案也是否定的。因爲，當我們説"知善知惡""知是知非"時，那個"善惡""是非"並不是由我的"知"知出來的，它必須是先行具有的。也就是説，必須先有所謂善惡或先有善惡之成爲善惡的標準，我們才能談得上

---

① ［德］康德《道德形而上學的奠基》，第85頁。
② 牟宗三《心體與性體》，第140頁。
③ 參看《心體與性體》，第108頁。
④ ［德］康德《實踐理性批判》，第137頁。

"知"善惡，即分辨善惡。用康德的話説，"善和惡的概念必須不先於道德的法則（哪怕這法則表面看來似乎必須由善惡概念提供基礎），而只在這法則之後並通過它來得到規定。"① 也就是説，我們只能從道德法則推出善，而不能從善推出道德法則。道德法則是由"預設"爲自由的意志因自律的原則而訂立的，它是先驗的。在此之後，才有是否按照道德法則（義務）行事——即善或惡——的發生。良知正是在後一個環節中發生作用的。

康德説："預先把人們應當首先去決定的東西已經假定爲決定了的東西，這是違背哲學研究的一切基本規則的。"② 王陽明以及牟宗三的"良知"之學，其問題之一即在於在未先給出法則的前提下，先給出了是非判斷，即認爲良知先於法則而知是非善惡，從而也就是把良知同時假定爲立法者，假定爲道德意志的最終根據。在此意義上，即在良知本來只是根據道德準則進行善惡判斷的能力，而被預先假定爲已經是道德法則的立法者這一意義上，"良知"倒是成了真正的"假設"。

五、結語

綜合以上涉及"良知公案"的五個當事人的不同説法，我們會發現，"假設"這個詞的意義其實是不統一的，也就是説，就本公案討論所涉及諸家的觀點而論，"假設"有三種含義：（1）虛假、虛構（illusory）；（2）空有其名、名不副實（nominal）；（3）假定、前提（hypothesis）。三者的英文詞義或許更清晰地表達了它們之間的區別。在第一義（illusory）、第二義（nominal）的意義上，"假設"與"呈現"（作爲"真實"、"實有"義）形成對立的矛盾關係，而在第三義（hypothesis）上，"假設"與"呈現"並不矛盾，而可以相融或並存。熊十力是在第一義上理解馮友蘭的"假設"一詞的意義的，而馮友蘭説"良知是假設"，也可以在第一義上來理解，但其立場是懷疑論的，不是獨斷論的；牟宗三是在第一以及第二義上理解康德的自由之作爲"假設"的，而康德講意志自由之爲假設，其實是在第三義上使用的。

還有一個關鍵的概念，就是"良知"。同樣地，這個核心的概念，在"公案"所涉相關各家的理解裏也是不僅相同、甚至迥然有別的。在中文語境下，

---

① ［德］康德《實踐理性批判》，第79頁。

② 同上。

良知最原始的含義是知是非、知善惡的理性能力，馮友蘭正是在、並且僅限於這個意義上承認王陽明的良知說的；到宋明儒者，無論是理學派或是心學派，良知又被賦予"天理""本心"等本體義，熊十力、牟宗三繼承了這個說法；在康德的批判體系裏，良知（良心）是作爲一種道德情感來理解的，這種道德情感對於踐行道德義務起着輔助的、主觀的作用。

最後一句總結：對於哲學研究、特別是對於中國傳統哲學研究來說，對一個概念尤其是關鍵性的概念，非常必要做出清晰的、準確的界定，否則，就此概念而進行的任何討論都不會有深入的、積極的成果。這不僅是研究者個人思想學說得以成立和發展的基礎，也是主體間對話得以真正展開和互動的前提。

我今天的主題就講到這裏。請大家批評指正。

主持人：甘老師的這個話題是非常具有普遍性的，我自己也瞭解一點佛教方面的東西。比如在南北朝時期，佛教討論過佛性是"本有"還是"實有"的問題，"實有"就像是說本來就存在的，"本有"則是說本來它應該有但還需要一個實現它的過程。甘老師今天講的這個"良知公案"問題，實際上有一種普遍的框架，這個框架在近代學者裏已經提出過。比如日本學者荒木見悟在他的名著《佛教與儒教》裏面就建構了"本來性"與"現實性"這樣一種對立的框架，他的這個"本來性"可能也就是"假設"，然後我們去實現它；現實性是說，對於聖人來說它（比如良知）是已經在他身上實現了的，是現實的、實在的。所以說，甘老師今天的講的這個問題，是很有普遍性的。

我想問一個問題：因爲甘老師剛才講到的問題是從陽明學而來的，陽明學自然要涉及他的四句教，四句教中有兩句，一句是"無善無惡心之體"，一句是"有善有惡意之動"。我剛才聽甘老師說到，這裏的"心"與"意"好像有一種關係。那麼我想問甘老師，有沒有可能，就是說"心"與"意"是一種並列關係，而不是說"意"是從"心"產生或衍化出來。因爲，如果有那種關係，"心"是最根本的，"意"是沒那麼根本的，那麼就好像要打破"意"，然後才能回到或認識"心"的目的。如果心與意是並列的、二元的，它們就不存在這種關係了。

主講人：按我的理解，心意二元論是不可能的，在陽明那裏，在他的四句教裏，心與意不可能是並列的關係。"意者，心之動"，意就是心之動、心的發用，或者也可以從未發與已發的關係來理解它們的關係。

主持人：我說的"並列"的意思是說，"心"是真，"意"是假。因爲在佛教教義裏，"心"與"意"如果是相關聯的，就會出現一個悖論：一個本體清淨的"心"，怎麼可能過渡爲一種不清淨的"意"？

主講人：你這個是佛教的說法，跟儒家、跟陽明所講是不一樣的。在陽明那裏，無善無惡的心是真實的，有善有惡的意也同樣是真實的，二者不是並列關係，而是體用關係。

李暢然老師：我覺得今天的這個題目非常好，是一個非常學術的問題。我有兩個問題。一個是對應關係的問題，在康德的著作裏面，的確可以把conscience翻譯成良知，問題是，就你今天所講的主題而言，是不是有必要把康德的這個概念作爲"良知"的對應物？嚴格來講，應該用康德的"自由意志"作爲"良知"的對應物，有沒有這種理論的可能性？第二個問題，康德的思想是一種西方的東西，他的理論性很強，形式也是非常精緻，那麼有沒有一種可能性，就是用它來理解或者分析中國傳統的東西的時候，能不能換一種方式，這樣能更接近中國的文化和語言的方式？比如說康德說的"法則""定言命令""假言命令"這些術語，有沒有可能把它換成一種中國人比較習慣的說法？

主講人：李暢然老師的第一個問題是說，康德的"良知"（conscience）是不是可以在我們的"良知公案"裏面成爲作爲一個對應的詞來使用和理解，也許應該用"意志自由"更能具有對應性。這個是沒有問題的。牟宗三就是像你說的那樣認定的，就是說康德的"意志自由"正如同陽明的"良知"。其實這也正是我所要強調的，就是大家都講"良知"，究竟"良知"是個什麼東西？是什麼意思？陽明講良知有多種含義，這樣也是良知，那樣也是良知，那麼這樣一個"良知"概念有沒有問題？這是值得討論的。我們說，一個語詞，它必定有它確定的指謂。如果一個語詞的指謂不能確定，而是可以指任何東西，可以指宇宙本體，可以指主體本心，可以是情感，可以是理性能力，那麼是不是可以說我們的詞彙太貧乏了？我的意思就是，"良知"所包含的不同意義，可以用不同的概念來說。但是在"良知公案"裏大家說的都是同一個詞，而實際上表達的又是各不相同的意思。那麼就同一個詞——"良知"——的同一個意思來說，康德著作裏與之對應的就是這個"良心"（conscience）。而且，在牟宗三那裏，他認爲康德的作爲情感的良知也是有意義的，也是可以通過"上下其講"而成爲與"良知"一樣的本體概念。這是第一個問題。

第二個問題，就是西學概念如何使用的問題，這是一個很好的建議，而且也是具有普遍意義的、具有中國哲學方法論性質的建議。如何用更易於中國人理解、更適合中國習慣的語言來移用"西學",使之更好地與"中學"對接,這是一個值得思考的問題,也是一個奮鬥目標。不過就我個人目前的水平來說,我很難做得更好。

楊韶蓉老師:我接着李暢然老師的問題說一點感想,就是今天講的"良知公案"中幾個關鍵人物,他們的學理背景是不是應該要注意到。我們說,馮友蘭和熊十力,他們都是屬於深受傳統文化薰陶的學者,包括牟宗三也是用很傳統的方式講中國哲學的。就學理背景而言,馮友蘭可以說是"道問學"的一路,而熊十力則是"尊德性"的一路,他們關於"良知"問題的觀點一定是在"新理學"或"新唯識論"的體系之下的,如果放在他們各自的學理背景下來解讀"良知公案",那麼他們的觀點一定會是不同的。還有,"良知公案"涉事的主要人物應該只有馮友蘭、熊十力和牟宗三,康德只是被牟宗三帶出來的,他本身並不是公案的涉事人,所以我們的關注重點應該是前面三個人。

主講人:楊老師提的想法,我認為是很好的,研究一個學者的某個觀點,一定要把它放在他整個的思想體系下來考察。我講馮友蘭、熊十力的"良知公案",也點到了這個問題,就是馮友蘭的學理是新理學的,熊十力則是新唯識學的。我完全同意,在這樣的背景下來分析或評判馮友蘭、熊十力的"良知公案",是完全可行的,也是合理的。不過我本人並不"喜好"這樣一種學術思考方式,就是在討論某個具體的問題、具體的概念時,試圖把作者的整個思想體系、甚至生平履歷都翻出來,全面"包圍"這個具體概念、具體問題,從它們之間看似有某種相似性的說法來證明其必然的決定關係。我個人其實很懷疑這種"聯繫"的必然性和有效性。我的習慣是,討論某個概念、某個問題,就集中於這個問題或概念本身的內涵進行分析,而採用的文本主要只是當事人直接就這個問題或概念而提出的明確的說法;同時,我也不太在意,這個問題或概念是屬於中國的還是西方的、古代的還是現在的,只要他們討論、言說的對象是同一個問題或同一個問題域中的問題,我就可以採用它,以便使這個問題、這個概念可以看得更清楚。

至於"良知公案"涉事人有幾個,把康德牽扯進來是否合理,這個問題,我有兩點意見。第一,康德被牽扯進來,的確是因為牟宗三。討論這個公案,必然要討論到牟宗三,因為他是這個公案的見證者、敘述者,也是這個公案的第一個解讀者。而既然要討論到牟宗三,則必然要討論到康德,因為牟宗三解讀這個公案的時候是"通過"批判康德而進行的。第二,我們要思考,為什麼牟宗三這樣一個篤信傳統的學者在解讀"良知公案"時非得要大量地討論到康德？我的理解是，因爲通過康德，可以更好地來考察"良知公案"。事實上，如果我們撇開康德來討論這個公案，很多問題將會是像馮友蘭和熊十力在關於良知是假設還是呈現這個問題上的表現那樣，彼此自説自話，如平行的兩列軌道。

王豐先老師：我也認爲討論康德是完全可以的。雖然説，馮友蘭、熊十力以及牟宗三都有傳統文化的背景，但其實他們談論良知的時候，還是就良知本身來談的。王陽明講良知也是有多種説法的，比如他講良知是有成色的，聖人的良知是成色足金，賢人或一般人的良知就有雜質，成色不那麽好。馮友蘭是從自己的立場來談良知的，所以對王陽明的這個説法也沒有特別注意。我覺得今天甘老師的這個講法是沒問題的，把幾個當事人的觀點提出來，都是就良知來談良知。我們不要以爲用了很多西學的、康德的説法來做分析，就好像把中國的傳統都拋棄了，並不是這樣。之所以把康德引進來，其實是因爲康德是牟宗三的（一個）學理背景，加上前面馮友蘭的新實在論的背景、熊十力的唯識學背景，今天的問題一共涉及三個學理背景。從這個角度來說，甘老師今天的解讀是比較成功的，他清楚地把這些背景和立場都呈現了出來，分析得也非常到位。

主持人：謝謝王老師的精彩點評。時間已經超過了，那麽今天的講壇就此結束。再次感謝甘老師。也謝謝大家！

儒家典籍與思想研究（第十一輯）
北京大學出版社，2019年3月

• 儒 藏 講 壇（第五期）•

"更禮以教"
——《詩·商頌·那》的傳箋歧解與經義建構

主講人：廈門大學人文學院　李若暉教授
主持人：北京大學《儒藏》編纂與研究中心　李峻岫副研究員
時　間：2018年11月5日
地　點：北京大學紅二樓

　　主持人：各位老師、同學，下午好。今天是我們《儒藏》編纂中心主辦的儒藏講壇的第五期。今天我們有幸請到廈門大學人文學院哲學系的李若暉教授。對於李老師，在座的有些老師和同學是比較瞭解的，他是北大中文系古典文獻專業畢業的博士。李老師的治學領域非常廣泛，不局限於文獻學，還有語言學、政治哲學等方面，近年來尤其關注先秦兩漢哲學史和中國德性政治史。李老師已經出版多部專著，在我的印象中幾乎是每年都有一部，是一位非常高產的學者。像《老子集注匯考》《道論九章：新道家的"道德"與"行動"》《久曠大儀——漢代儒學政制研究》，這都是近三年來出版的專著。今天的講題是"更禮以教——《詩·商頌·那》的傳箋歧解與經義建構"。這是李老師最近在做的漢代經學研究，尤其是鄭玄經學研究的成果之一。李老師前不久剛發表了一篇關於《小雅·鹿鳴》的傳箋歧解與經義建構的文章，① 那我們今天期待他對《商頌·那》這一篇做出更爲精彩的闡發。下面我們就有請李老師正式開講。

　　主講人：謝謝李老師。非常榮幸，也非常高興能夠回母校與大家一起交流切磋，向大家請教。首先做一個小小的廣告，我在今年的5月份剛剛出版了一本《久曠大儀——漢代儒學政制研究》。這本書對漢代的今古文的經學，我自己覺得有一個與以往的研究不同的看法。它的核心就是認爲今古文經學的分歧，實際上是君主制國體之下究竟實行何種政體。我們以往形成一個固定的思

---

① 《"忠臣盡心"：〈鹿鳴〉傳箋歧解與經義建構》，載《哲學動態》2018年第5期。

路，就是説研究今古文從經書、禮義等等一些細節問題入手，去考證今古文經學的區别，但是這樣的一種做法，最後得到的結論卻是説今古文經學是爲了爭學官的利用，這種結論在實質上就等於説今古文經學没有根本性的區别。

我的入手點是把今古文經學，也就是漢代經學史和漢代政治制度史結合起來做考察，認爲今文經學在漢初是没有一套天子禮，因爲它禮學的整個體系是依據《儀禮》。我們知道《儀禮》的核心是士禮，是推士禮以致於天子禮的做法。今文經學跟漢承秦制的律令體系始終不合拍。尤其是它在推致的過程當中，表現出今文經學長期浸潤月於社會的中下層，而没有高層政治的決斷力，也就是所謂直接以家人之禮的"親親"來制定經國大典，缺乏"尊尊"一維。對此我在書裏面有些詳細的研究，那麼這裏限於時間我就不展開了。

由此導致朝廷對今文經學極其不滿，這個時候代之而起的是古文經學。我認爲古文經學的興起與古文經毫無關係，一個重要的表徵就是在東漢古文經學最爲興盛的時期，古文《逸禮》瀕於失傳，没有人傳授，没有人研究。所以古文經學實際上是以現行體制爲基準，在儒學内構建超絶性的天子之禮。也就是今文經學推士禮以致於天子，導致天子之禮和士禮在結構上是一致的；而古文經學所要建構的是一個今文經文所不具備的單獨性的天子之禮，比如説封禪、巡狩、明堂、辟雍等等的天子之禮，這些禮是不可能由士禮來推致的。古文經學以《春秋》學居於禮學之上，將《春秋》之"尊尊"替換爲秦制之"尊卑"，並進而以《周禮》爲核心重建經學，由此糅合古今，形成了鄭玄"禮法雙修"與何休"君天同尊"的經學體系。至此，今文經學中對天子進行制約的"天囚"學説被抛棄，"喪服決獄"導致作爲喪服根基的"報"之雙向性倫理被置換爲"尊卑"服從的單向性倫理。最終，標誌"天下非一人之天下"的君相分權也隨着丞相職權的萎縮以至罷廢退變爲君主專制。

關於何休的"君天同尊"，主要是根據《公羊傳》的昭公二十五年子家駒對於魯昭公的批評，説"諸侯僭於天子，大夫僭於諸侯"，但是鄭玄的引用多了一句"天子僭天"。我經過考察，當然主要是根據清人惠棟的考察，這一句話在子家駒的原本，也就是"天子僭於天，諸侯僭於天子，大夫僭於諸侯"，有一個完整的體系。這句話應該是何休注《公羊》的時候删掉的，何休之所以删除"天子僭天"，意在與《左傳》"崇君父"爭勝，並得以構造"君天同尊"之新經義。由此追蹤《公羊》"天子僭天"之舊經義，則以天子爲天所囚禁，不得僭越於天。"天子"爲爵之一位，有職有責。倘若天子背棄職責，以位足欲，役天下以奉天子，即是"天子僭天"。漢儒明確將諸侯貪、大夫鄙、庶人盜竊之亂象歸因於天子僭天。因此，"孔子成《春秋》而亂臣賊子懼"之本義當爲"子帥以正，孰敢不正"，也就是說它首先是一個正天子的學說。然自武帝尊崇《公羊》之時起，經師即已諱言此義，至何休靦顏删削，遂致斯義湮滅，幸得清儒之力，"天子僭天"一義方重見天日。

　　以《周禮》統合群經的努力在鄭玄達到頂峰。劉歆就認爲《周禮》乃"周公致太平之跡"，鄭君更篤信《周禮》爲周公所作。稽考鄭玄平生業績，其遍注群經之外，兼注漢律，見《晉書》卷三十《刑法志》。由此，鄭玄構建了一個經律同相、禮法雙修的儒學體系。

　　我認爲對鄭玄注漢律關注不夠，但是我們注意到鄭玄没有注《春秋》，當然《世説新語》有個説法，説他把自己的《左傳注》稿送給了服虔，但是我們要注意到鄭玄的老師馬融也没有注《春秋》而注漢律，所以這裏有一個結構性對應。因此王充在《論衡·程材》講以《春秋》"稽合於律，無乖異者。然則《春秋》，漢之經，孔子制作，垂遺於漢"，實際上是《春秋》與律令合一。因此馬融、鄭玄師徒遍注群經而不注《春秋》卻注漢律，實際上是以漢律在經學體系當中取代了《春秋》之位。我們注意到，鄭玄在他的《詩箋》當中，屢次以"禮法"來解釋"周禮"。這也就是説，既然《春秋》大義已明著於律，亦即費勁曲折闡釋《春秋》微言的最終結果就是得到漢律所已明言者，那麽自然没有必要空勞心力去注釋《春秋》了！

　　《後漢書·馬融列傳》記載"嘗欲訓《左氏春秋》，及見賈逵、鄭衆注，乃曰：'賈君精而不博，鄭君博而不精，既精既博，吾何加焉！'但著《三傳異同説》"。我們可以看到，馬融也是遍注群經而不注《春秋》，當然也是有另外的原因可以解釋的，但是我們如果跳過這樣一個外在性的原因，看他注律之後所客觀形成的經學體系，那麽顯然律是居於《春秋》之位。而且師徒有着共同的結構對應，對於這一點我們不應該輕輕放過。

　　程樹德的《九朝律考》專門有一則就是講魏晉之世，禮律並重，這樣一個禮律並重的，顯然來源於鄭玄的以"禮法"釋"禮"。所以我的《久曠大儀》這本書目前來説有一個最大的缺陷，就是講了何休的"天子僭天"，但是對鄭玄講的不夠深入，這個當然有一個原因，就是我覺得對鄭玄可能要大動干戈。如果大動干戈的話，將不是這樣一本書在結構上所能容納的。因爲若把鄭玄做出一個很大部分來，放在這本書之中，會使這本書顯得頭重腳輕，結構不對應。

　　我在本書出版了之後，我覺得以後專門把鄭玄作爲一個專題來做，可能更加合適。這樣的話，實際上我可以把《久曠大儀》看作是鄭玄研究的一個導論。做鄭玄研究從哪裹入手比較好？我考慮來考慮去，可能還是從《詩經》入手比較好。有以下幾點考慮：

第一，鄭玄曾經兩注《毛詩》，但是今天的《毛詩箋》是他晚年作品，他晚年的著作即便不視爲他的定論，至少也代表着他比較成熟的看法，早年鄭玄對於三禮的注釋有很多，至少有相當一部分在《詩箋》裹面，觀點有了改變。

第二，我們關注鄭學的經學，就是具體的經書的研究上、經文的注釋上，對於漢代經學有一些什麼樣的改變，而三禮注是鄭玄完整，但是其他漢注是不完整的，這是一個無可奈何的事情。那麼剛好《詩經》是有毛傳與鄭箋相對，我們比較容易對比着看，通過毛鄭的歧義的比較容易上手，更容易得到體系性的理解，其他的零章斷簡偶爾的一兩個字詞的差異，我們看不出雙方的經義建構在哪裹。

第三，我們還應該注意經學的核心是十三經，十三經注疏的核心當然是孔穎達的《五經正義》。在《五經正義》裹面，真正是由鄭玄爲主的、純漢學爲底的，其實就是《詩》了。因爲《禮記》在西漢的時候，它不是一部正經，《尚書》是依據僞古文孔傳，《周易》是用的王弼注，這已經進入到玄學，《左傳》是用的杜預注。所以就是説這幾種注疏，要麼不是漢儒所作，要麼不是大經，所以從《詩經》入手是最合適的。今年我在《哲學動態》發表的一篇關於《詩經》的文章，這也是我寫的第一篇《詩經》研究的論文。因爲始終找不到入手點，講一些人云亦云的話也沒什麼意思。

我們先來看《詩經·鹿鳴》小序中提到"《鹿鳴》，燕群臣嘉賓也"。

如果按照毛傳的解釋，應該標點爲，"宴群臣"，逗號，"嘉賓也"。以嘉賓解釋群臣，這樣的話群臣和嘉賓是同一撥人，是一體的，是一撥人的兩個不同稱呼。因此，毛傳所闡釋出來的經義，"君以賓之位待群臣，群臣方以臣之分報君"。賓之位是高於臣之位的。像樂毅《報燕王書》就明確講到"先王過舉，擢之乎賓客之中，而立之乎群臣之上"，群臣當以臣之分（位）報君，這就意味着君不以一己之智治國，而是尊重群臣，倚仗群臣治國，由此必然導向虛君。

若依鄭玄的標點來做，應該是"宴群臣"，頓號，"嘉賓"，嘉賓和群臣是兩撥人，不是一撥人，是群臣邀請賢人來赴宴而成爲嘉賓，然後在宴會之上將嘉賓置於周之列位而成爲群臣。依據鄭玄的經義，乃是國家制度中只允許存在君臣之分，你不能以臣爲賓，要麼就是賓，要麼就是臣。絕對不許有非臣之賓師，於是他的君主乃是一個絕對的君尊臣卑的觀念。

現在我們來看《那》篇。《那》小序最關鍵的一句話就是"祀成湯"，但是我們看到鄭玄恰恰没有解釋"祀成湯"。前面的《鹿鳴》的小序，最關鍵的就是"宴群臣嘉賓也"。但是鄭玄箋的篇幅全部是在解釋"幣帛筐篚"一句，對於"宴群臣嘉賓"也是没有一個字的注釋。

那麽對小序，我們問幾個問題。

第一個問題，"祀成湯"是以何種方式祀？

我們看到孔穎達的正義明確指出來毛鄭的解釋歧義。毛以終篇皆論湯之生存所行之事。鄭以"奏鼓"以下，言湯孫太甲祭湯之時，有此美事，所以毛講的是事，"詩在禮中，祀湯之禮用敘湯之詩"，也就是說祭祀成湯的事情沒有出現在詩篇當中。《那》的詩篇所歌詠的是成湯在活着的時候祭祀他自己祖先，然後詩人在歌詠成湯祭祀他自己祖先的時候這樣一首詩，站在後世祭禮當中把它歌詠出來用以祭祀成湯。所以祭祀成湯的不是《那》詩的内容，而是對於《那》詩在禮之中的運用。《那》詩的内容不是祀成湯，而是《那》的運用、用於祀成湯。這個祀成湯的禮在《那》詩之外，而不在《那》詩之内。《那》詩的語句與祀成湯無關，所以"祀湯之禮用敘湯之詩"，這是我的一個總結。

鄭的意思乃是詩之言就是祀成湯的，"禮在詩中，詩所敘者祀湯之禮"。鄭所理解的《那》詩之言祀成湯，就是說《那》詩就是在歌詠對於成湯的祭祀，祀湯之禮就是《那》詩詩句的內容。所以"詩所敘者就是祀湯之禮"。這是毛鄭對祀成湯這句話的不同理解。

那麽由《小序》所看到第二個的問題。"至戴公之時，其大夫有名曰正考父者，得《商頌》十二篇於周之太師。此十二篇以《那》爲首。"

我這裏提前聲明一下，就是說今天由我來講《詩經》，並不是說把《詩經》放在一個大的平臺下來講，《詩經》應該怎麼正確的理解。今天講我們只講毛鄭是怎麼理解《詩經》的。你哪怕有證據，毛鄭的理解都是錯誤的，這個不是本次講座要解決的問題，在講座中我們要一定要把握住這一點。要不然大家等下提問的話，你比如說，就會存在說正考父是什麼時候的人對吧？像《史記》，還有三家詩，又有其他的說法，還有比如說《那》不是商詩，而是宋詩的問題。像王國維所提的那樣，王國維就講整個的《商頌》是在宋國的時候所做的，不是商代時候所做的詩，還有就是宋襄公稱霸之時又如何如何，各家的說法多如牛毛。所有的這些說法我今天都不進行討論，我今天只就毛鄭如何理解《商頌》進行講解，同時把毛鄭爲何這樣解釋講清楚。至於毛鄭在整個《詩經》

學上所講的是否正確，那有待賡明，不是我這個講座的任務。

鄭箋所記載："禮樂廢壞者，君怠慢於爲政，不修祭祀、朝聘、養賢、待賓之事，有司忘其禮之儀制，樂師失其聲之曲折，由是散亡也。自正考甫至孔子之時，又無七篇矣。"我們來看孔疏的解釋："知孔子之時，七篇已亡者，以其考甫校之太師，歸以祀其先王，則非煩重蕪穢，不是可棄者也。而子夏作序，已無七篇，明是孔子之前已亡滅也。"這就是說不是孔子刪《詩》刪掉了，而是孔子見到《詩》的時候已經亡逸了。《商頌》有亡逸，正考甫得十二篇，到孔子的時候又亡七篇，那麽我就要問，孔子爲什麽不盡力去搜求？

我以爲這是孔子有意爲之，否則他盡可以再去周太師那裏，就算周太師處也有散逸，但是不可能周宋散逸的詩篇是一致的。所以孔子得到了五篇已亡七篇，他就用這五篇編成《商頌》，不再去重新搜求。之所以如此，就是說孔子認爲頌之亡，在政不在書。假設要《商頌》再搜集起來，若他的政不行一樣會亡，又何必去搜。就如同對於一個敗家子而言，不是沒完沒了的給錢，品性不改即便給了再多的錢也會被敗光，那就讓敗家子去敗了好，沒有必要給錢。所以這也是《詩·大雅·抑》篇所謂"無言不讎，無德不報"，漢人的理解就是報當如之，不如非報也。

第三，我們要提出一個問題，爲什麽要特別點出來是周太師以《那》爲首？

得知周太師以《那》爲首，孔穎達特別指出來，是周太師先以《那》爲首，孔疏提到"且殷之創基，成湯爲首，《那》序云'祀成湯'，明知無先《那》者，故知太師以《那》爲首也。"

我們可以做出一個推論，就是殷禮所傳的《商頌》不以《那》爲首，否則特別強調"周太師以《那》爲首"就是無意義的話。既然要特別聲明周太師以《那》爲首，顯然就是說明殷禮之《商頌》與周禮之《商頌》的篇首是不同的，不以《那》爲首。也就意味着殷禮《商頌》不以湯爲首，當是殷禮《商頌》仍然以湯的先祖爲首，即所謂"殷道親親，周道尊尊"。我們看周道尊尊的理解就是"殷之創基，成湯爲首"，這是周道尊尊。就是商朝的開創者是商湯，所以《商頌》以成湯爲首。

第四，我們來看殷道親親的說法。《禮記》所記載，《禮記·祭法》"殷人禘嚳而郊冥"，則殷禮的《商頌》應該以嚳居首。這是一個推測，不一定正確，但是有一點我想應該是可以確定的，就是因殷禮的《商頌》，不是以湯爲首，也就是說祭禮不以湯爲首，篇章不以《那》爲首。我們可以看到這個在《周頌》有結構對應。《周頌》篇首第一首就是《清廟》，清廟就是祀文王！顯然周太師編商頌以《那》爲首，乃是摹仿《周頌》，重編《商頌》，以周禮改造殷禮。

那麼下面我們進入到《那》篇的詩句，整個《那》就是一章，沒有分章。《那》篇毛傳"烈祖湯有功烈之祖"，有兩種不同的標點。

北大本：烈祖，湯，有功烈之祖。

《儒藏》本：烈祖，湯，有功烈之祖。

上古本：烈祖，湯有功烈之祖。

李學勤先生主編的《十三經注疏》標點和《儒藏》的標點是"烈祖，湯，有功烈之祖"。上海古籍出版社的標點是"烈祖，湯有功烈之祖"。

顯然，"湯"後面加一個逗號，是以鄭箋來理解毛傳。這是一種現代理解。即以求文本原意作爲所有注釋的當然目的，而忽略古代注釋家各自有各自的經義建構的目標。不要輕易的以鄭去理解毛。依照鄭玄，把這個"列祖"理解爲湯，然後說湯是有功烈之祖，這個標點，放在這一句來看，還是可以的。

我們看後面孔疏對於毛傳的解釋："湯之上祖有功烈者，謂契、冥、相土（土）之屬也。"很顯然，這個烈祖不是指湯，是湯之祖。然後下面，"美湯之祭而云'烈祖'，則是美湯之先公有功烈者，故云'烈祖，湯有功烈之祖'。湯之前有功烈者，止契、冥、相土之屬也。"

所以我們回過頭來看，上海古籍的標點是正確的，是湯的有功烈之祖。

我想，在孔疏只能做出這樣理解的時候，卻只依照鄭玄的理解（而不顧毛傳的原意），把標點要那樣斷開。那麼對於鄭玄來說，把這個"烈祖"理解成湯。我們看到，也是《周頌》的這個《雝》小序所提到的太祖，鄭玄也認爲是文王。

《周頌·雝》小序：《雝》，禘大祖也。

鄭箋：禘，大祭也。大於四時，而小於祫。大祖，謂文王。

同樣的，至少在鄭玄這裏有一個結構對應。《周頌》在《斯文》的小序還講到，"郊祀后稷以配天"。孔疏把它分開了。就是說南郊祭天的時候以后稷爲配，這是周祖，然後在明堂裏是祭文王。孔疏所言："后稷之配南郊，與文王之配明堂，其義一也。"我們看到，孔疏把它們（南郊和明堂）分別開來，然後加個"其義一也"，這個根據應該是《漢書·郊祀志》的"郊祀后稷以配天，宗祀文王於明堂以配上帝"。我們看到，鄭玄也把禘禮理解成爲郊祭天，所以孔疏的這種理解未必符合鄭玄的原意，就是說把后稷放在南郊祭天，然後把文王放在明堂祭上帝，這種分別未必符合鄭玄的原意。當然這只是我們這個推測，可能背後還有很複雜的東西，我才疏學淺，也不敢做過多的挖掘。

關於禘祭祭天，我想這是一個很複雜的問題，我們這裏沒有這個時間過多做辨析。那麼引這一段我們要注意的是什麼？

馬昭云："《長發》，大禘者，宋爲殷後，郊祭天以契配。不郊冥者，異於先王，故其詩詠契之德。"

那麼宋郊是以契配，大家注意宋郊是以契配，契是所謂殷人的始祖，而周人的始祖是后稷。周人祭天的時候是以后稷配。現在馬昭認爲，殷人祭天，宋爲殷後，郊祭天，以契配。這實際上是模擬周禮的格局，然後把殷禮以嚳配改爲以契配。所以我們看，孔穎達認爲"而馬昭雖出鄭門，其言非鄭意也"。

我們要看到，馬昭爲何要有以契配的説法，就在於他要秉承鄭玄的經義，把以周禮改造殷禮的原則貫徹到底。不是以嚳配，而是以契配，這是對周禮后稷配的一個模擬。馬昭作爲鄭玄的弟子，所言要麼直接就是秉承師説，要麼是鄭玄未曾明言，但是馬昭心知其意。馬昭至少是根據鄭玄的經義推出來的，不是他自己瞎編亂造的。

好，那麼我們再看下面的湯孫這句，第一句"湯孫"，毛無傳，但是下文"於赫湯孫"，毛傳的解釋是"盛矣，湯爲人子孫也"。就是説毛傳認爲，"湯孫"還是指的湯。但是我們看孔疏的解釋："毛以此篇祀成湯，美湯之德，而云湯孫，故云'湯善爲人之子孫'也。以上句言"衎我烈祖"，陳湯之祭祖，故以孫對之。子孫祭祖，而謂祖善爲人之子孫。"等於湯後人祭祀的時候，歌《那》詩，是認爲湯能夠善爲人之子孫，孔疏"猶《閔予小子》言皇考之'念兹皇祖，永世克孝'也"，這也是講皇祖能夠孝。

孔疏所言："此篇三云'湯孫'，於此爲傳者，舉中以明上下也。"

這個等於説是湯的後人祭祀湯歌《那》詩，是認爲湯能夠善爲人之子孫，"猶《閔予小子》言皇考之'念兹皇祖，永世克孝'也"，這也是講皇祖能夠孝的意思。"此篇三云'湯孫'，於此爲傳者，舉中以明上下也。"出現了三次，在第二次的時候做解釋是舉中以明上下，他解釋爲什麼剛出來的時候不解釋，所以毛傳是以"湯孫"就是湯，那麼鄭玄不同，鄭玄認爲湯孫就是湯的孫，所以是太甲。

孔穎達認爲"'湯生太丁，太丁生太甲'。太甲，成湯嫡長孫也，故知湯孫謂太甲也。孫之爲言，雖可以關之後世，以其追述成湯，當在初崩之後。太甲是殷之賢王，湯之親孫，故知指謂太甲也"。孔穎達這個話是把鄭玄的幽隱之意發掘無餘，最關鍵的是"以其追述成湯，當在初崩之後"。也就是説太甲祭湯，作《那》詩，這個是在湯剛剛死的時候，那麽這就會有一個問題了。

那我們回來看《史記·殷本紀》的説法：

> 湯崩，太子太丁未立而卒，於是乃立太丁之弟外丙，是爲帝外丙。帝外丙即位三年，崩，立外丙之弟中壬，是爲帝中壬。帝中壬即位四年，崩，伊尹乃立太丁之子太甲。太甲，成湯嫡長孫也，是爲帝太甲。

《史記》是説湯崩之後，太子太丁的兩個弟弟先後繼位，中間經歷多少年？經歷了七年之久，然後等到仲壬死後，伊尹再回過頭來把太丁之子太甲立爲天子。這個跟剛才孔穎達所説的，"以其追述成湯，當在初崩之後"是完全不同的。那麽怎麽理解？我們看《史記正義》引《尚書》序云"成湯既没，太甲元年"。没有外丙和仲壬這兩個殷王，商湯死後直接就是太甲以嫡長孫繼位。

我們看看《史記》裏的這段話："殷道親親者，立弟。周道尊尊者，立子。殷道質，質者法天，親其所親，故立弟。周道文，文者法地，尊者敬也，敬其本始，故立長子。周道，太子死，立嫡孫。殷道，太子死，立其弟。"

表面上看是這只是古史記述的不同，但實際上是殷周禮制的不同。鄭玄之意一定是湯死後，太甲繼位，祭祀成湯之時做《那》篇。所以太甲是以嫡長孫繼位，不傳給太甲的叔叔（太丁的兩個弟弟），不傳弟，子死傳孫。所以這不是像張守節所説的"信則傳信，疑則傳疑"問題，這個後面還是一個殷周禮制的歧異。鄭玄是堅持要以周禮來改造殷禮，所以鄭玄把湯孫解爲太甲，是較之周太師和毛傳更爲徹底的以周禮來改造殷禮。

我們看來看鄭玄的《周頌譜》："《周頌》者，周室成功致太平德洽之詩。其作在周公攝政、成王即位之初。"

這也是一個模擬。武王崩後，周公作爲弟弟不能繼位，要讓成王繼位，然後周的太祖是文王。成王剛好是文王之嫡孫。鄭玄以《商頌》之太甲比擬《周頌》之成王，太甲剛好是湯之嫡孫，所以《商頌》作在伊尹攝政，太甲即位之初。孔穎達的正義中將《那》認爲是成湯初崩之後，祭祀成湯所做的這個《那》篇，所以是伊尹攝政，太甲即位之初，完全是在模擬《周頌》。

那麽我們再看秦制，這是第三個制度，秦制和周制還不同。我們來看《史記·秦始皇本紀》的記載：

> 二世下詔，增始皇寢廟犧牲及山川百祀之禮。令群臣議尊始皇廟。群臣皆頓首言曰："古者天子七廟，諸侯五，大夫三，雖萬世世不軼毀。今

始皇爲極廟，四海之内皆獻貢職，增犧牲，禮咸備，毋以加。先王廟或在西雍，或在咸陽。天子儀當獨奉酌祠始皇廟。自襄公已下軼毁。所置凡七廟。群臣以禮進祠，以尊始皇廟爲帝者祖廟。皇帝復自稱'朕'。"

我們可以看到，在秦制當中嚴格限定，天子禮只能用來祭祀天子，天子的先祖不是天子者，不能以天子禮祭祀。這是秦制和周制不同的地方。所以以始皇廟爲極廟。始皇以前的歷代秦公秦王，不是天子，不能用天子禮祭祀。我們再看這樣一個原則，在漢代的廟議當中逐步的落實下來。在漢元帝的時候，丞相韋玄成與群臣曾經發生過一次非常激烈的廟議，我在《久曠大儀》一書裏面專門有一章來討論這次廟議，限於講座的時間這裏我就不展開了，詳細的内容大家可以參看。

韋玄成在廟議中提到："周之所以七廟者，以后稷始封，文王、武王受命而王，是以三廟不毁，與親廟四而七。"這是一個周制，周制始祖的后稷和受命立國的文、武是不毁的，是三祖。"非有后稷始封，文、武受命之功者，皆當親盡而毁。"高祖曾經尊他的老爸劉太公爲太上皇，但是"太上皇、孝惠、孝文、孝景廟皆親盡宜毁，皇考廟親未盡，如故"。這是以親盡爲理由而毁，注意不是以尊尊，而是以親親。所以韋玄成的説法是典型的今文經學的推致論，也就是説從士的祖廟推到天子的祖廟，每加一級多兩個廟，然後每加一級多兩個祖，親盡而毁的一種制度。

這就是一個簡單的以士禮來推天子禮。那麼我們看這種觀點受到尹更始等人的反駁。我們注意，韋玄成的經學背景是魯詩，而尹更始的經學背景是《穀梁傳》，就是説在今文經學之内是《春秋》學對《詩》學提出了批評。

"皇考廟上序於昭穆，非正禮，宜毁"，這什麼意思？這個皇考廟是宣帝的父親，就是所謂的史皇孫，漢宣帝的父親。巫蠱之亂，漢武帝的戾太子劉據兵敗自殺。他的兒子史皇孫，也被亂兵所殺，留下一個宣帝，但是還是嬰兒養在詔獄之中。那麼作爲宣帝的父親是否該有廟？如果按照親親的原則，顯然應該有廟，元帝是宣帝的兒子，他是元帝的爺爺；但是按照尊尊的原則，史皇孫不是天子，不應該在天子廟中受到祭祀，就不能夠享受天子禮，這就是秦制的原則"天子儀當獨奉酌祠始皇廟"，因爲這是二世的詔書，這個時候對秦二世而言需要去祭祀的天子只有秦始皇一個人。它的原則説只有立爲天子者，死後能夠受到天子禮的祭祀。

這個原則現在被用來討論皇考廟，皇考不是天子，"皇考廟上序於昭穆，非正禮，宜毁"。我們看漢制，高祖以上無廟，高祖以下非天子不得立廟，這就是秦制只有天子才能夠享受天子禮的祭祀的原則。如果按照周制的話，后稷就不是天子。以秦制來看周制，后稷就不是天子，不該立廟。文王不是天子？不是，文王都不是，不能做太祖。所以這個原則進一步落實下來，又成爲東漢歷朝的基本原則。也就是説在東漢重新確立天子廟制之後，光武帝建武十九年（43），《後漢書》記載"今禘祫高廟，陳序昭穆，而舂陵四世，君臣並列，以卑廁尊，不合禮意"。光武帝的親生父祖是臣而不是君，不能祀於漢之祖廟之中。曾經被尊爲太上皇的劉太公，該不該立廟呢？"昔高帝以自受命，不由太上，宣帝以孫後祖，不敢私親，故爲父立廟，獨群臣侍祠"，把這兩個問題解掉。漢高祖的爸爸和漢宣帝的父親，這兩個没有立爲天子的父親怎麽處理？單獨立一個家廟，不用天子廟，立家廟由群臣祭祀。由群臣祭祀是什麽意思？皇帝本人不祭祀，因爲皇帝是天子，天子不能去祭祀臣，君不祭臣，只能由群臣替皇帝去祭祀他們。皇帝本人作爲天子，不祀非天子，那麽光武帝親生父祖就仿照這個禮儀，是"别爲南頓君立皇考廟，其祭上至舂陵節侯，群臣奉祠，以明尊尊之敬，親親之恩"，是這樣來處理的。群臣奉祠，皇帝本人不祭，就成爲東漢的一個定制，整個東漢都是這樣處理的。

我們來看看《商頌》裹面也有祭祀先祖的詩，首先就是契作爲殷祖。

《長發》：玄王桓撥。

毛傳：玄王，契也。

鄭箋：承黑帝而立子，故謂契爲玄王。

毛傳把玄王解釋成爲契就完了，我們來看鄭箋怎麽解釋的。

孔疏：箋以契不爲王，玄又非謚，解其稱玄王之意。玄，黑色之别。以其承黑帝立子，故謂契爲玄王也。以湯有天下而稱王，契即湯之始祖，亦以王言之。《尚書·武成》云："昔先王后稷。"《國語》亦云："昔我先王后稷。"又曰："我先王不窋。"韋昭云："周之禘祫文、武，不先不窋，故通謂之王。《商頌》亦以契爲玄王，是其爲王之祖，故呼爲王，非追號爲王也。"

就是説將契稱呼爲"王"，乃是一個通俗的稱呼，並不是在朝廷典制的尊稱。也就是説契不是天子，也没有被追封爲天子。這就跟秦不祭非子、不祭襄公一樣。鄭玄以《那》爲太甲祀湯，而非湯祀契等先祖，貶契不得稱王，實際上是將本於秦制的漢制原則引入，進而將《商頌》禮制從周禮轉向漢制。所以《那》詩實際上是三代禮制的重疊，既爲《商頌》，首先它是殷制；周太師重加編次，以及毛傳之闡釋，乃以周禮改造殷禮；鄭玄則不僅將周禮之改造貫徹得更爲徹底，更進而以本朝的秦漢之制再次改造《商頌》之周禮闡釋。

鄭玄把湯孫解釋成爲太甲,把《那》篇的商湯祭祖解釋成太甲祭祀湯,實際上是不允許商湯以天子去祭祀其作爲非天子的先祖,而必須以作爲天子的太甲去祭祀作爲天子的商湯。這就是一個漢制原則。等同於把光武帝的親生父祖從宗廟裏拿開,等同於把漢高祖的父親劉太公,把漢宣帝的父親史皇孫從宗廟裏拿開,天子不再祭祀,所以我們看到鄭玄所做的改動。那麼鄭玄爲了能夠達到的目的,對於《詩經》注釋上也做了很多工夫,做了很多很細緻的改動工作。鄭玄很多改易毛傳的工作,實際上就是爲了把這個用於改造禮制,他不但解釋了幾個關鍵字,比如說"烈祖""湯孫"等詞重新作解釋。

　　毛傳是"詩在禮中",鄭箋是"禮在詩中",所以他必須把整個《詩》的語境敘述從"詩在禮中"轉換爲"禮在詩中",那麼就必須對很多相關的詩句也重新作出解釋。所以整個《那》篇的毛鄭歧異,我認爲都應該從這個角度去理解他的經義建構,他不是基於一個所謂的正確訓詁,找到這個詞的真正意義,不是以此爲目的,而是以新的經義建構的目的去重新解釋語句。這個也是我們讀鄭箋所特別應該注意的地方。我們常常看到很多學者一研究就説毛怎麼樣,然後鄭怎麼樣,然後説去找他們的訓詁根據,乃至於考古,又文物怎麼怎麼樣,費很大工夫來做考據和研究,以回到《詩經》的原意看毛鄭誰講得更好,通過搞錦標賽的這種做法,去理解(毛鄭歧異)。我覺得他們不是錦標賽,不是比誰對《詩經》的解釋更好更正確,而是指他爲了當時的政治目的而建構的經義體系來重新解釋詩句。

　　我們來看《那》的詩句:"湯孫奏假,綏我思成。"

　　毛傳把"假"解釋成爲"大也",鄭玄把"假"解做"升"。孔穎達有一個很複雜的注釋"言湯之能爲人子孫也,奏此大樂,以祭鬼神,故得降福"。我們看王肅的理解也同意毛。王肅認爲:"湯之爲人子孫,能奏其大樂,以安我思之所成,謂萬福來宜,天下和平。"對於鄭玄把"假"解做"升",孔穎達認爲:"鄭以'奏鼓'以下皆述湯孫祭湯之事。烈祖正謂成湯,是殷家有功烈之祖也。湯孫奏假,謂太甲奏升堂之樂。綏我思成,謂神明來格,安我所思得成也。於赫湯孫,美太甲之盛。顧予烝嘗,謂嘉客念太甲之祭。湯孫之將,言來爲扶助太甲。唯此爲異。其文義略同。"

　　孔疏還提到:"以奏者作樂之名,假又正訓爲升,故易傳以奏假爲'奏升堂之樂',對鼓在堂下,故言'奏升堂之樂'。"《釋文》有一個有一點莫名其妙的解釋。《釋文》:"假,毛古雅反,鄭作格,升也。"

　　我認爲"鄭作格"並不是鄭玄寫作格,因爲鄭箋明確寫了"假,升",而是説鄭把"假"讀作"格",此與鄭箋文異而義通。鄭以鐘鼓在堂下,琴瑟在堂上。《關雎》之"琴瑟友之","鐘鼓樂之",鄭箋以爲同時之事:"琴瑟在堂,鐘鼓在庭,言共荇菜之時,上下之樂皆作,盛其禮也。"

從語法上看,原詩"奏假"中"奏"的賓語是"假",而"奏升堂之樂"中"奏"的賓語是"樂",並且"升"甚至都並不是直接修飾"樂"的,"升堂"才是"樂"的修飾語。因此在語法上鄭玄把"奏假"理解爲"奏升堂之樂"就已經對不上了。鄭玄把"假"解爲"升",爲了解釋"升"又把"升"解釋成"升堂之樂",在這一過程中語義實際上已經發生了轉移,而各種問題和矛盾也隨之出現了。雖然鄭玄將"假"解作"升"是有問題的,但是毛傳中將"假"解作"大"卻是可以説得通的。"大"是指"大樂",可以作爲樂的一種特徵來指代樂。以特徵來代替事物本身,在修辭上就是"指代"。但是不能説"升"就可以指代"升堂之樂"了,這在語法上是對不上的。之所以鄭玄非要易傳,即在於要將詩句解釋爲祭祀的過程。即通過"奏堂下之鼓"使神明來到庭中,再通過"奏升堂之樂"使神明來到堂上,此即"神明來格"。陸德明可謂洞悉鄭玄闡述的經義,認爲神明之來應該是"降"而非"升",他認爲神是從天上降下來的,而不是從地底下升上來的,我們從來都説降神,哪裏有説升神的呢,因此謂鄭讀"假"爲"格",即取"來格"之意。這雖然與鄭氏經義相符,卻與經文的語言學意義並不貼切。

我們來看王肅的解釋,王肅曰:"湯之爲人子孫,能奏其大樂,以安我思之所成,謂萬福來宜,天下和平。"這是與毛傳的解釋一樣的。最後的"以安我思之所成"與鄭玄的"乃安我心所思而成"則有很大的不同。鄭玄的核心是"所思"。不同於"思","所思"指的是"思的對象",即後文所説的"神明來格"中的"神明",因爲於祭之時所思爲神。而王肅這句話的中心是"所成",即接下來他所謂的"萬福來宜,天下和平"。由此可以看到,鄭玄致力於將經文解釋爲祭祀過程,所以他的重點是神明這一祭祀對象,即所謂的"祭如在,祭神如神在";王肅則將經文理解爲稱頌成湯功業,所以他關注的是"萬福來宜,天下和平"這一結果,也就是"所成"。但是這只是字面上的區別,背後還有更深一層次的區別:按照鄭玄的理解,太甲祭湯的時候一門心思想着湯,便會如"儀刑文王"一樣效仿湯施政,這有利於他一以貫之地闡釋他暗中引入秦制,從而以湯爲殷商之極廟。而照毛詩的解釋,湯祭祖先是"湯不居功",即湯立爲天子以後祭祀祖先,是將功歸於宗廟,這種不居功的表現所以能夠達到王肅所説的"萬福來宜,天下和平"。

那麽需要注意的是，如果把鄭、王的解釋放回到《詩經》原文裏去，鄭玄把"思"解作"所思"在一定程度上是偏離原文的，但是王肅把"成"解作"所成"卻是可以的。即"安我思之成"與"安我思之所成"是對應的，但是與"安我所思而成之"實際上是不同的。前者"安"對應的是"成"，後者中"安"對應的卻是"所思"。即"綏我思成"按照毛和王的理解其結構是"綏成"，"我思"是作爲"成"的描述語、形容語；按照鄭玄的解釋則語法意義變成了"綏我思而後成"。再換一個角度說，即毛和王將這一句讀作"綏／我思／成"，而鄭將之讀作"綏我思／成"。顯然，前一種讀法要順暢得多——即"安"的是"成"而不是"思"，何況在鄭玄這裏還不僅僅是"思"而是"所思"。"成"和"所成"是過程和結果的關係，故而二者可以視爲一體，但是"思"是不等於"所思"的，一個是"我的心理狀態"、一個是"我思的對象"，這是兩個不同的事物。在鄭玄的體系下，"思"這一動作指的是太甲，"所思"指的是太甲思的對象即湯，二者並不指同一個人。所以在這裏鄭玄實際上也是做了改動的。

毛傳未釋"綏我思成"，我們用的是王肅的解釋。毛傳沒有給出專門的文字解釋，意味着他認爲文句沒有文字之外的意義。這是讀毛傳特別需要注意的一點，毛沒有給出注釋不代表他沒有作解釋，他的解釋就是經文字面意義，或者是傳世舊說。如《詩·小雅·角弓》"莫肯下遺"，毛無傳。鄭箋："遺讀曰隨。"釋文："遺，王申毛如字，鄭讀曰隨。"孔疏釋經曰："小人皆爲惡行，莫肯自卑下而遺去……鄭唯以下二句爲異，言……故莫肯自謙虛，以禮相卑下，隨從於人者。"孔疏又釋箋曰："箋以遺棄之義不與謙下相類，故讀曰隨。隨從於人，先人後己，以相卑下之義也……此二句毛不爲傳，但毛無改字之理……故別爲毛說焉。"正是其例。

根據毛的原則，他沒有改字就是如字讀，我們後世就可以根據如字讀來述毛說。所以毛傳對於"綏我思成"沒有注釋，但是王肅講出一番意思來，大家都認爲是符合毛意的。

那麽接下來我們看可以孔穎達的正義後面講出一個無尸之祭來。

我們知道正常的祭通常都是要有一個尸主，這個尸通常是以被祭之人的嫡孫來擔任的。但是孔穎達爲何講出"無尸之祭"呢？這是有原因的。

"孫行"的"行"應讀作 háng，與後面的"孫列"是同一個意思。孔疏爲什麽要講到有無"尸"的區別？"有尸"是對尸而祭，這樣的話是有一個活人作爲"尸"出現在祭祀中的，便不需要再通過"尸"來想象祖先的音容笑貌；

"無尸"的時候才需要去想象一個神的音容笑貌。同時，"尸"爲嫡孫，自然就應當是太甲。如他人祭湯，則以太甲爲"尸"。問題在於鄭玄既以此詩爲太甲祭湯，斷無以己爲尸的道理。所以孔穎達以爲當是無尸之祭。這個就是孔穎達爲什麼要講一個無尸之祭。

下面的詩句，毛傳没有解釋嘉客。

《那》：我有嘉客，亦不夷懌。自古在昔，先民有作。温恭朝夕，執事有恪。顧予烝嘗，湯孫之將。

毛傳：夷，説也。先王稱之曰自古，古曰在昔，昔曰先民。有作，有所作也。恪，敬也。

鄭箋：嘉客，謂二王後及諸侯來助祭者。我客之來助祭者，亦不説懌乎。言説懌也。乃大古而有此助祭禮，禮非專於今也。其禮儀温温然恭敬，執事薦饌則又敬也。顧，猶念也。將，猶扶助也。嘉客念我殷家有時祭之事而來者，乃太甲之扶助也，序助者來之意也。

鄭玄解釋嘉客是"二王後及諸侯來助祭者"。王肅的解釋和鄭玄不同，孔疏記載："《箋》以湯孫爲太甲，故言太甲之扶助。《傳》以湯爲人之子孫，則將當訓爲大，不得與鄭同也。王肅云：言嘉客顧我烝嘗而來者，乃湯爲人子孫顯大之所致也。"

這就相當於周德有"越裳氏重譯來朝"，這麼一個意義來解釋嘉客。"所致也"，招致也，所謂的遠人來朝，而不是諸侯助祭。那麼鄭玄把它解釋成諸侯助祭，同樣的是爲了模擬《周頌》格局，周成王祭祀諸侯助祭祀，二王後來助祭。所以鄭玄要講什麼？"謂二王後及諸侯來助祭者"，所以這也是比照的《周頌》來解釋《商頌》。

下面我來説説"更禮以教"。《商君書·更法》記載的這個秦孝公最早開始變法，曾經有過一次庭議。秦孝公在開啓變法的時候，講過這樣一段話。《商君書·更法》：

> 孝公平畫，公孫鞅、甘龍、杜摯三大夫御於君。慮世事之變，討正法之本，求使民之道。君曰："代立不忘社稷，君之道也；錯法務明主長，臣之行也。今吾欲變法以治，更禮以教百姓，恐天下之議我也。"公孫鞅曰："臣聞之：'疑行無成，疑事無功。'君亟定變法之慮，殆無顧天下之議之也。且夫有高人之行者，固見負於世；有獨知之慮者，必見驁於民。語曰：'愚者暗於成事，知者見於未萌。民不可與慮始，而可與樂成。'郭偃之法曰：'論至德者，不和於俗；成大功者，不謀於衆。'法者所以愛民

也，禮者所以便事也。是以聖人苟可以強國，不法其故；苟可以利民，不循其禮。"孝公曰："善！"

大家讀這段話的時候往往注意到"變法以治"，但是秦孝公還講"更禮以教"。我們注意到，這個格局（禮法相備的格局）正是鄭玄所要達到的目的，他的禮法之制。

所以，在《那》這樣一篇裏面，鄭玄把"更禮以教"作爲一個最爲根本的原則貫徹到底，不但以周制徹底改造殷制，而且還要進而以秦制來改造周禮。實際上，我們知道秦制的核心是法而不是禮，所以以秦制改造周禮所形成的禮，事實上就是禮法之教。這就是鄭玄注《那》篇所要達到的經義建構。

《那》爲《商頌》之首，據小序乃是周太師所定，則《商頌》原當以祀譽之詩居首。周太師乃是以周禮改殷禮。毛傳承之，以《那》爲湯祀先祖，於是合血脈與功業爲一。鄭箋以《那》爲太甲祀湯，是取秦漢極廟之制改釋，崇功業而廢血脈，將"更禮以教"作爲原則貫徹到底。

好，那麼今天我就講到這裏，請大家多多指教，非常感謝。

主持人：謝謝李老師的精彩講解。那我們還有半個小時左右的時間，下面就進入討論的環節。各位老師和同學看看有什麼問題想向李老師請教的。

同學甲：李老師好，我是來自中國人民大學哲學院的學生。我有一個問題想向李老師請教一下，就是您在講座時候提到鄭玄將"更禮以教"作爲注解的一個基本原則，或者說來達到他自己的一個理論目的，我在想他這樣的一種做法是不是基於一種現實的考慮？因爲《論語》提到禮也需要"因革損益"，需要根據現實的情況進行一些調整。李老師的講座中提到，假如天子的父祖他不是天子，就不能以這個天子禮來祭祀之，漢代人會這樣主張，然而周人並不如此，比如后稷不是天子依舊要被祭祀。並且在宗法分封制的情況下，它們會非常強調這個天子具有這個祭祀先祖的權利，因爲他只有通過祭祀始祖，他才能獲得這個號召，獲得權威。從周代的宗法分封制到秦漢的郡縣制有一個很大的轉變，請問李老師怎麼看這個現實政治制度變化與禮制的關係？

主講人：當然也是有這方面的原因，實際上就是說秦制的。這個我們講兩點，秦制是這個尊君卑臣，對吧？就是說哪怕皇帝的父親，假設不是天子，那麼皇帝也不能夠祭祀。這是一個，就是說尊君卑臣的。周禮裏面也是尊爵的，對吧？但是一個限閾，是什麼呢？我們讀這個先秦典籍，比如說郭店簡《六德篇》裏有提到"爲父絕君，不爲君絕父。門內之治恩掩義，門外之治義斷恩"。

在家裏面是講究血緣的，講究親情的。就是說假使天子和父親同時死了，子女當爲父服喪不爲君服喪。因此說天子不祭非天子的父親，事實上是在門內就是義斷恩，也就是說把國家原則貫徹到底。

這也就是我的《久曠大儀》這本書裏面所提到的，我們以往的一個理解，我把它顛倒過來。要說我們以家的原則來構造國，如何如何進行的，但是我們實際上以國的原則來構造家，在家裏構造的是君臣，而不是父子。曾經有學者，比如李澤厚先生，講中國是在氏族血緣沒有斷裂的情況下進入了國家，所以在國家裏面保留着大量的這個原始血緣的這個殘餘，導致了中國的國家形態與西方不同。那麼還有比如說金景芳先生，認爲我們的國家發展超越了氏族之後，就不再是以祖廟來說團結國家，而是以地緣性的社稷來團結國家。

這些說法實際上都是基於一種西方的史學框架來理解中國。我們舉一個例子，就是說孔子講"子生三年，然後免於父母之懷。夫三年之喪，天下之通喪也"，他是怎麼論證的？子生三年，然後免於父母之懷。所以你要報這個三年之喪。那麼我可不可以問一個問題，我覺得不是鑽牛角尖的，就是說假如父母沒有撫養子女，子女是否要報父母三年之喪？回答這個問題的是董仲舒。《春秋決獄》裏面有一個案例，就是說有一個人乙，就是甲生子乙，甲沒有撫養乙而由丙撫養乙長大。長大後的乙不知道丙是養父，也不知道甲是生父。有一天甲過來跟乙講"我是你爸爸"，乙就以爲甲是在佔他的便宜，結果一怒之下就把甲給打了。後來這個案件鬧到了官府。我們知道秦漢律令有規定，父告子不孝，這個子罪重可以殺頭的。那審理這個案子關鍵在哪裏？關鍵在於得確認這個甲到底是不是乙的父親。這個案子後來到了董仲舒那裏，他怎麼處理呢？他認爲沒有養就不是爹，打了活該。誰說儒家重視血緣的？儒家認爲的父子，是在父位者和在子位者成爲父子，生和養是構成父位子位的關聯性之一，所以中國古代的這種所謂的血緣建構是一種模擬血緣，而不是真血緣。就是說我們用模擬血緣這個概念可以包含血緣和非血緣。只是我們日常見過的絕大部分父子是血緣父子而已。中國歷史就是說是超越血緣性的國家結構是以類比血緣方式來構造的，而不是以社稷的方式來構造。我覺得我們就是說要顛覆傳統的這個理解。

主持人：我想向李老師請教一下，您在講座中提到鄭玄以周禮代替殷禮，又以秦漢之制來改造周禮，跟"更禮以教"的關係能不能進一步闡釋一下？

主講人：他認爲周太師的時候，就根據周禮把《商頌》重編了。原來不是以《那》爲首，而周太師就根據周禮編出一個以《那》爲首來，他不重編

《那》，他不重編《商頌》的次序，對吧？但是他通過對於《那》的解釋，就是說把湯以天子祭非天子的先祖的經義給取消掉了，太甲祭湯就是完全符合漢制的，天子只祭作爲天子的父祖，不祭不是天子的父祖。這樣的話，就等於說是用漢制重新解釋了《商頌》，也就是爲漢制找到了經典依據，你說這個漢制是從哪來的，我拿給你看，《商頌·那》應當如此解釋，可見自從殷商期開始，就已經是有這樣一個原則的。是不是的？這是有經典依據的。那不然的話你可以說這個漢承秦制，這個秦制非經亂法，那我現在根據我重新理解重新解釋的《那》，漢代的制度就不是一個非經的，不是一個反儒的，而恰恰是先儒聖典，那不就有經典根據的，那不就是"更禮以教"嗎？

學生乙：我想請問老師，對於祭祀中的"萬舞"，我覺得有一點很奇怪，無論祭祀哪個祖先，爲何要去跳萬舞，這在《左傳》裏有一些記載。這個萬舞是不是指一個有挑逗性的舞？

主講人：你說的那個萬舞，是爲了勾引息嬀，息嬀本來要嫁給息侯做夫人的，她出嫁的時候經過蔡國，對吧？結果被蔡侯調戲了她，後來引發息蔡之間國家糾紛。後來息侯向楚國求救，楚國趁機就把這個息國給滅了，然後納息嬀爲自己的夫人，《左傳》記載了萬舞的事情。跳萬舞來顯示男性力量，相當於說孔雀開屏，那這個萬舞本身的話，就是一個舞干戚之舞，如此而已。我們知道，就是說因爲這個祭天或者說祭始祖，就是說禘祭或者郊祀的時候，是需要作文武之樂，以文得天下是先文後武，以武得天下，就是先武後文，但是當時在後世，比如周禮體系裏面，他的文舞是"簫韶"，武舞是"大武"，也就是武王伐紂之樂，那麼顯然武王伐紂之樂不可能在商朝作爲武舞。那商朝武舞就是萬舞，是這麼一回事。

學生乙：還有一個問題就是《那》"綏我思成"，您剛剛講的時候，在毛傳裏面他沒有解釋，然後王肅的解釋是"我思"是一種狀態，不是我所思考的對象。但我還是覺着鄭玄的解釋更符合語法。就是假如說用鄭玄的來解釋，就是說贈與，然後我思考的意見那個對象成功或者是隨我思。如果按照王肅的解釋，就是我思考那種狀態成功，王肅的解釋就變得非常奇怪，然後我想這個思能不能按照那個"今我來思"的"思"直接當做一個助詞。

主講人：那你這個的話你等於把毛鄭都改，這個的話我已經強調了，不是我所要做的工作。我在講座中只關注毛鄭怎麼想的，至於毛鄭的説法是否正確，那個是你做的工作，不是我做的工作。謝謝。

李暢然老師：鄭玄有一個解經的現象，就是説遇到古籍相關的記載不一樣的時候的話,他就習慣性地會把它當作那個三代的禮制的不同,以這種模式來去解釋。那麽爲什麽,他在這個問題上就一定要用周禮?

主講人:所以我就説了,鄭玄注三《禮》的時候跟最後一次注《毛詩》的時候,他的思想已經不同了。他注《禮》的時候,他只是想把自己的禮講出來,所以遇到不同的話是以不同時代的禮來解釋掉,就是説使它不會構成我的障礙就完了。鄭玄在注《詩》的時候是這樣一種思路,一定要把所有的不同都納入到我的框裹來解決掉。所以我爲什麽覺得一定要從《詩》入手來講鄭玄的"更禮",因爲他的這個思路做法已經不同了,他已經不是説把不同就留在那裹,我只不過是把你講成什麼是虞禮、夏禮、殷禮之類。現在的思路不一樣了,他一定要把這些都不同全部納進來,在一個框架裹重新予以解釋,不是一個這個禮,一個那個禮,就是只有一個禮。我覺得鄭玄注《詩》厲害的地方就厲害在這裹。鄭玄已經把自己變成了經學領域的秦始皇。

李暢然老師:那當然。但是從文字的解釋來講的話,比如説那個"湯孫",(鄭玄)講的那個湯是一個很好的子孫,我覺得毛傳的解釋反而是有點怪,從《詩序》來講的話,好像也有一些不一樣。

主講人:我今天的講座主要來講他們(毛鄭)各自的構建的經義是什麽,至於説你覺得他們解《詩》不對,那是你做的工作,不是我做的工作。我在講座中也提到一些毛鄭解釋一些語法上的問題,但我主要是指出來他的不圓融問題,這個是説他有不圓融的問題,就等於説他用這個去强解釋有不圓融的問題。

李暢然老師:我的另一個問題,就是説制度的改變,郡縣制和分封制有一個大的邏輯不同,分封制的祖先雖然没有做天下的共主,但如果他的祖先得到分封的話,他確實是就是説他是那個在分封制的情況下他確實是做了君了。

主講人:不是天子,他只是諸侯。

李暢然老師:從他那個國家來講的話,它完全是可以祭祀的。

主講人:關於鄭玄我就説了,他要把秦制作進來。秦制就是規定了,"天子儀當獨奉酌祠始皇廟"。就是漢光武帝的這個四世祖也是個諸侯,同樣不會對他進行祭祀。假設你説講漢制本身不合理,這個就不是我要考慮的問題。鄭玄以郡縣制的制度套到分封制裹的一種做法,對於這種做法我只是指出來,這是一個歷史事實,就是鄭玄解釋的,鄭玄之所以一定要把湯孫解釋爲太甲,就是不允許湯去祭祀他的祖先。這個背後是秦漢現實制度的考慮。他的這種禮制是哪來的?我要考慮的是這個問題,至於説秦漢的這個禮制是否合理,可不可以做一種通融性的改造,這個是你的工作。

楊韶蓉老師:我想爭取一個提問的機會,能跟李老師交流的機會太難得了。我就想請您給我們解釋一下,就是說范曄在《鄭玄傳》裏頭就提出了鄭玄之學,也就是說范曄在寫《後漢書》的年代,鄭學已經是一門學說。鄭玄的學說一直到清人那裏都是非常重要的,在清代許鄭學說可以說是風行天下。一直到今天,仍有很多學者非常關注鄭玄的學說,比如說過去張舜徽先生對鄭玄的校讎學方面有很深的研究,解釋得非常詳細,最近非常引人注目的學者像橋本秀美、華喆等人,那基本上都是想去給大家解釋鄭玄的整個體系。我想請教一下李老師,那麼究竟鄭玄的體系還有哪些項目,請您給我們講講從范曄的時代開始鄭玄的體系有哪些要素,直到今天經過您的研究之後,您覺得鄭學是哪些要素構成的,我們還能不能把它給研究清楚、說明白。

主講人:您這個題目的話是足夠若干學者窮盡一生的題目,不是我在這裏短短幾句話能夠言明的。就是說到了鄭玄這裏,經學跟王朝政治才是真正的合一的。

楊韶蓉老師:可是也有一種說法,鄭玄是一個獨立學者,他因爲沒有這個入仕的背景,所以他基本上這一輩子沒真正做官,所以他的學術是一個純學者,正因爲如此,所以才建構走了鄭學,您覺得這種說法如何?他跟王朝體制結合得是否真的如此緊密?

主講人:可以說是一種沒有必然性的解釋。我們看以賽亞·伯林寫過一本書《自由及其背叛》,這本書分六章來寫六個人,其中第六個是麥斯特,麥斯特的話,他一生其實也是顛沛沉離,最多是做過他那個小公國駐莫斯科的一個外交官,但是他的所有的思想學說全部聚焦在怎樣建構一個強大的國家機器。他的著作最讓人毛骨悚然的地方就是說,以最偉大的詞彙歌頌那個拿起斧頭砍你頭顱的劊子手。這就是他作爲一個民間學者的主動行爲,他也沒有因此獲得任何這個官方的報酬。

楊韶蓉老師:就是說那您覺得您經過研究鄭玄,他的這個體系中有哪些要素,您覺得可能是我們當代人能夠說得清楚?

主講人:我不知道您具體的說是哪方面?

楊韶蓉老師:比如說像張舜徽先生,他就在這個校讎學方面,橋本和華喆作爲師徒二人,從禮學入手,對鄭玄的禮學體系來做了很多的研究。

主講人:我覺得我在做的工作是在剝鄭玄的皮,他們做的研究的對象是研究鄭玄的皮兒,我做的工作是剝鄭玄的皮。

楊韶蓉老師：剥完這層皮後我們要看到是怎樣的一種情形呢？

主講人：就是說他們是在鄭玄的這個經學解釋上，經典解釋的這層皮，就是說怎麽樣把這層皮做到富麗堂皇，做到這個巧奪天工上。而我是把這些皮剥開，讓你看到裏面血淋淋的東西。用戴震的話就是說"人死於法，猶有憐之者，死於理，其誰憐之"。他這一套體系成爲王朝政治的話是要殺人的，而且是光明正大的數其罪而誅之。

甘祥滿老師：我說兩句我的感想，因爲我對詩學、禮學都不懂。您在和楊老師的交流中也提到，通過您層層的解剖和分析，您認爲鄭玄對《詩經》的解讀是有意建構一種政治制度，所以您把鄭玄定位爲一種狂熱的政治建構型的學者。我是這麼理解的，從您今天的講義或者從您其他以前的著作來說，他（鄭玄）用周禮去替換殷禮，在他對《詩》的詮釋中。但是無論是周禮還是秦制，或者是後世的漢制，對於學者來說都是一個先行的、事實的、社會的存在，對不對？他只是去説明解釋，但是解釋一定是有目的的，或者說他是一種現代派，主張一種詮釋，和毛傳或者王肅他們所主張的傳統派的解釋，有學派意義上的一個分歧。但是你要說他是一種有抱負的，要以某種方式來建構某種制度，那我就有這樣一個疑問，就是一個建制無論你是作爲一個真正的改革者，還是作爲鄭玄這種學者，建制一定要基於現有的制度上期待和展望未來的社會實行的制度與現行的有所差異。那麼我現在看到的是，鄭玄注疏中所出現的這些新的、不同於以往的傳統解釋的經義，都只是過去的或者現在存在的。如果是建構的話，他應該表達和現行不同，也許更好的一個制度，這是我的一個疑問。

由此我就說涉及鄭玄的身份定位的問題，就是說他只是一個附和現行政治制度的一個經學家，還說他有更高的期望，他以一個學者的身份，以"更禮以教"的方式，寄望於後代甚至於今人？

主講人：可以分兩方面來說。一方面來說我們已經講了，他是在經學體系裏面；另一方面是以漢律替代《春秋》，最後達到一個禮法雙修，這個禮法雙修就是一個新體系。對不對？

甘祥滿老師：這個體系只是在一個經學層面，僅僅在學術層面是一個新體系？

主講人：他也付諸實踐了。在魏晉時期，我們看到大量的以禮法成爲人的這個規範的雙軌，大量的判決直接就是禮法同時引用。這個的話我想前輩學者有很多的成果，我們都是可以參考的。所以爲什麼我在這本書中講漢代經學的經義建構，最後一直是講到杜預，因爲杜預是司馬師的女婿，同時也是平吳的主將，又是經學家，《春秋》學的大師，還是《晉律》的注釋者。這幾重身份合一，所以真正是在杜預這裏的話，才做到了《春秋》與律的圓融，他教學生的話都是經律同教。我認爲正是在杜預這裏完成的一個就是轉向——儒學宗師從孔子轉向周公。儒學的着重點不再是六經，而是制禮作樂，周禮和漢律，禮律合一，以禮爲律的一個過程。所以就是説，鄭玄的事業在杜預這裏達到頂峰。爲什麽説晉初平吳之後，西晉君臣能夠認爲致太平，就是基於這樣一種觀念，但是我就説他們最大的問題就是"無其德而行其事"。《中庸》治國九經才行末二，"懷諸侯"而八王禍國，"柔遠人"而五胡亂華，以致社稷傾覆，神州陸沉，黎民塗炭，中華之脈幾絶於一旦，這都是"無其德而行其事"。

　　主持人：時間差不多到了，如果大家還有什麽問題，可以和李老師在私下交流。今天李老師通過對《商頌·那》中毛傳、鄭箋的訓詁釋義進行分析比較，讓我們看到在漢代經學中《詩經》的主旨是如何被解讀的，尤其是毛傳、鄭箋他們各自如何構建經義以及他們之間的差異，同時李老師也將鄭玄解經體系的目的和特點給揭示出來，讓我們獲益匪淺。我想本次講座的内容非常豐富，不單是一個《詩》學解釋的問題，還包括了漢代儒學政制中很多關鍵性的問題，包括宗廟祭祀改革、禘祫制度，以及今古文經學的實質分歧等問題。相信大家都會有很多的啓發。再次感謝李老師非常精彩的講座，也感謝各位老師同學的來臨。今天的活動就到此結束。

（感謝黄越泓博士録音整理）

北宋國子監校刊《五經正義》次序析疑
——以《上五經正義表》校勘爲中心*

顧永新

【内容提要】 北宋太宗朝國子監校定刊行《五經正義》，據《玉海》記載，《易》《書》分別成於端拱元年（988）十月和二年十月，以下分別是《春秋》《詩》《禮》。由傳世的宋刻單疏本或南宋前期兩浙東路茶鹽司刻八行本保存下來的校勘經進銜名，可以印證後三者的次序和時間無誤，《易》的完成時間也是明確的。而《書》單疏本和八行本卷末皆無校勘經進銜名，故無法證實其確切時間。同樣是單疏本，《書》卷首分別有長孫無忌進表（《上五經正義表》）和孔維進表（《上校定五經正義表》），而《易》《春秋》卷首只有長孫進表而無孔維進表，這可以説明《書》的特殊性。而通過校勘長孫進表，我們發現《書》和《易》《春秋》的文本分別屬於兩個不同的系統，《書》文本明顯優長，知其形成最早，最爲原始；《易》文本誤、改竄較多，明顯晚出。由此所反映出來的《書》和《易》單疏本校刊的先後次序是十分明確的，可以訂正《玉海》的錯誤記載。本文旨在嘗試運用文獻學的方法來解決學術史的問題。

【關鍵詞】 五經正義 上五經正義表 校勘

北宋國子監校刊《五經正義》

唐太宗貞觀十二年（638），孔穎達等修纂《五經義疏》（名曰《義贊》，有詔改爲《五經正義》），"太學博士馬嘉運每掎摭之，有詔更令詳定，未就而

---

* 本文係教育部人文社會科學重點研究基地北京大學中國古文獻研究中心重大項目"經學文獻學研究"和"儒家經典整理與研究（《周易》經傳注疏定本附校勘記）"的階段性成果。

卒"。至高宗永徽二年（651）三月十四日①，"詔太尉趙國公長孫無忌及中書門下、及國子三館博士、宏文學士：故國子祭酒孔穎達所撰《五經正義》，事有遺謬，仰即刊正"。四年三月一日，"太尉無忌、左僕射張行成、侍中高季輔及國子監官，先受詔修改《五經正義》，至是功畢，進之，詔頒於天下，每年明經依此考試"②。《玉海》引《會要》作"四年三月一日，進之，頒于天下，以爲定式"。王氏自注："《正義表》永徽四年二月二十四日上。"③ 所謂《正義表》即長孫無忌等所進《上五經正義表》。

《五經正義》編定、頒行之後，一直以寫本形態流傳，直至北宋太宗朝始由國子監校定刊行。據《玉海·藝文·唐五經正義》，端拱元年（988）三月，"司業孔維等校《五經正義》百八十卷，五月四日鏤板頒行"。並引孔維表曰："貞觀中，祭酒孔穎達考前代之文，採衆家之説，隨經析理，去短從長，用功二十餘年，書成一百八十卷。"④ 所謂"孔維表"即端拱元年三月孔維所進《上校定五經正義表》，見於宋刻單疏本和八行本《尚書正義》卷首，進表提及"臣等先奉勅校勘《五經正義》，今已見有成，堪雕印版行用者"，"儻令雕印以頒行，乞降絲綸之明命"，知其時《五經正義》已校定完成，故上表請求刊行。如上所述，國子監正式啟動鏤版刊行是在五月四日。不過，《玉海·藝文·端拱校五經正義》的記載較爲含糊，"端拱元年三月，司業孔維等奉敕校勘孔穎達《五經正義》百八十卷，詔國子監鏤板行之"，似乎三月既已啟動。

據《宋史》孔維本傳，維"受詔與學官校定五經疏義，刻板行用，功未及畢，被病。……維將終，召其壻鄭革口授遺表，以五經疏未畢爲恨"⑤。維卒於淳化二年（991），而淳化五年《五經正義》才基本校刊完成，故有此恨。嗣

---

① （宋）王應麟著，武秀成、趙庶洋校證《玉海藝文校證》卷八《唐五經正義　五經義訓　義贊》引作三年三月十四日。《校證》曰："三年，《唐會要》卷七七、《冊府元龜》卷六〇八及《新唐書》卷一九八《孔穎達傳》作二年，疑此字誤。"（南京：鳳凰出版社 2013 年版，第 377 頁）

② 以上（宋）王溥《唐會要》卷七七《論經義》，北京：中華書局 1998 年重印 1955 年版，第 1405 頁。《五經正義》頒行天下，明經依此考試，又見於《舊唐書》卷四《高宗本紀上》（北京：中華書局 2002 年重印 1975 年版，第 71 頁）。

③ 《玉海藝文校證》卷八《唐五經正義　五經義訓　義贊》，第 377 頁。

④ 《玉海藝文校證》卷八《唐五經正義　五經義訓　義贊》，第 377 頁。宋刻單疏本《尚書正義》卷首孔維進表"貞觀"上有唐字，"説"作"善"，"餘"作"四五"，"書"作"撰"。

⑤ 《宋史》卷四三一，北京：中華書局 2004 年重印 1977 年版，第 12812 頁。

儒家典籍與思想研究（第十一輯）

後，又不斷地進行覆校①，直至咸平三年（1000）告竣，先後歷時十二年。《五經正義》以及大致同時校定完成的（太宗至道二年［996］至真宗咸平四年）《七經疏義》都是在杭州刊刻的，主持這項工作的是王煥，至少後期工作都是由他主導的②。《五經正義》寫版，"淳化三年以前印板，召前資官或進士寫之"③。其中，最著名的就是趙安仁④。

那麼，北宋國子監校刊《五經正義》的次序是怎樣的呢？《玉海·藝文·端拱校五經正義》有明確記載，其文有曰：

> 端拱元年三月，司業孔維等奉敕校勘孔穎達《五經正義》百八十卷，詔國子監鏤板行之。《易》則維等四人校勘，李說等六人詳勘，又再校，十月板成以獻。《書》亦如之，二年十月以獻。《春秋》則維等二人校，王

---

① 就在《五經正義》校刊基本完成之年——太宗淳化五年（994），判國子監李至言："義疏、《釋文》尚有訛舛，宜更加刊定。杜鎬、孫奭、崔頤正，苦學強記，請命之覆校。"真宗咸平元年（998），蔡州學究劉可名上言諸經板本多誤，"上令（崔）頤正詳校可名奏《詩》《書正義》差誤事"。二年，"命祭酒邢昺代領其事，舒雅、李維、李慕清、王煥（元刻本、清刻本《玉海》皆誤作"渙"，據宋刻八行本《春秋左傳正義》卷末校勘經進銜名及《玉海·藝文·咸平校定七經疏義》當作"煥"）、劉士元（玄）預焉，《五經正義》始畢"（以上《玉海藝文校證》卷九《端拱校五經正義》，第411頁）。關於《五經正義》校定、刊行的詳盡過程，詳見拙作《經學文獻的衍生和通俗化》第一章 "正經注疏的衍生和傳刻"第二節 "北宋國子監校刻群經考"（北京：北京大學出版社2014年版）。

② 咸平四年九月，《七經疏義》"以獻。賜宴國子監，進秩有差。十月九日，命杭州刻板"（《玉海藝文校證》卷七《咸平孝經論語正義》，第329頁。其事亦見於卷九《咸平校定七經疏義》，第413—414頁）。最終全部刊刻完成是在景德二年（1005）六月，"國子監上新刻《公》《穀傳》《周禮》《儀禮正義》印板。先是，後唐長興中雕九經板本，而《正義》傳寫踳駁，太宗命刊校雕印，而四經未畢。上遣直講王煥就杭州刊板，至是皆備"（《玉海藝文校證》卷八《咸平校定七經疏義》，第388頁）。

③ 《玉海藝文校證》卷九《端拱校五經正義》，第411頁。

④ 趙安仁字樂道，洛陽人。《宋史》卷二八七有傳，其中提及"會國子監刻《五經正義》板本，以安仁善楷隸，遂奏留書之"（《玉海藝文校證》卷九《端拱校五經正義》所記悉同）。王國維先生注意到趙安仁寫版，指出"宋初《五經正義》，趙安仁所書最多。《詩疏》安仁與張致用、陳元吉、韋宿等四人書，《左傳疏》安仁一人書。想所書尚有他種，然銜名不存，無從考證矣。"（《五代兩宋監本考》卷中，《王國維全集》第七卷，杭州、廣州：浙江教育出版社、廣東教育出版社，2009年，第220頁）覆驗南宋翻刻北宋國子監單疏本，卷末校勘經進銜名首題寫版人銜名，如《周易正義》首題 "鄉貢進士臣張壽書"，《毛詩正義》首四行分別題 "廣文館進士臣韋宿書" "鄉貢進士臣陳兀（當作元）吉書"（以上二人低十字書）"承奉郎守大理評事臣張致用書" "承奉郎守光祿寺丞臣趙安仁書"（以上二人低八字書），《禮記正義》首題 "祕閣寫（空一字）御書臣王文懿、臣孟佑書"，《春秋左傳正義》首題 "承奉郎守光祿寺丞臣趙安仁書"。我們推測，除趙安仁和張致用外，餘者當爲南宋翻刻之時的寫版人。

炳等三人詳校，邵世隆再校，淳化元年十月板成。《詩》則李覺等五人再校，畢道昇等五人詳勘，孔維等五人校勘，淳化三年壬辰四月以獻。《禮記》則胡迪等五人校勘，紀自成等七人再校，李至等詳定，淳化五年五月以獻。①

也就是説，《五經正義》校刊的先後次序是《易》《書》《春秋》《詩》《禮記》。王國維先生《五代兩宋監本考》亦引用《玉海》這條記載②，未加辨證，當亦認同其説。當下研究者也都認同《玉海》之説。

除《玉海》外，未見其他有關《五經正義》校刊次序的文獻記載。所幸天佑斯文，由傳世的宋刻單疏本（南宋翻刻北宋監本）或南宋前期兩浙東路茶鹽司刻八行本保存下來的《五經正義》各經校勘經進銜名，尚可窺見北宋國子監校刊《五經正義》的次序以及校勘人員的構成情況。中國國家圖書館（以下簡稱國圖）藏南宋刻遞修單疏本《周易正義》（以下簡稱《易》單疏本）卷末校勘經進銜名，時間題"端拱元年戊子十月日"。日本宮内廳書陵部藏南宋刻單疏本《尚書正義》卷首孔維進表後開列校勘銜名，時間題"端拱元年三月日勘官承奉郎守大理評事臣秦奭等上表"。日本武田科學振興財團杏雨書屋藏南宋紹興九年紹興府刻單疏本《毛詩正義》卷末淳化校勘經進銜名，時間題"淳化三年壬辰四月日"。日本身延山久遠寺藏南宋刻單疏本《禮記正義》卷末校勘經進銜名，時間題"淳化五年五月日"。國圖藏南宋慶元六年（1200）紹興府刻宋元遞修八行本《春秋左傳正義》卷末迻録單疏本校勘經進銜名，時間題"淳化元年庚寅十月日"。不難看出，《春秋》《詩》《禮》三經《正義》的刊刻時間和次序均與《玉海》所記吻合，這是沒有問題的。《易》完成於端拱元年十月，單疏本校勘經進銜名和《玉海》可以相互印證，也沒問題。關鍵是《書》的完成時間，因爲傳世宋刻單疏本和八行本卷末均無校勘經進銜名（之所以這樣處理，是因爲孔維進表後已有校勘銜名，故不再重複出現），換言之，只有校刊開始的時間而無完成的時間，所以無從印證《玉海》的相關記載。而通過校勘長孫進表，我們發現《玉海》所記《書》的校刊時間以及《易》《書》二經的次序存在着疑義。

---

① 《玉海藝文校證》卷九《端拱校五經正義》，第411頁。
② 《五代兩宋監本考》卷中，《王國維全集》第七卷，第210頁。

《上五經正義表》校勘

  在唐高宗永徽四年（653）三月一日《五經正義》頒行天下之前，二月二十四日長孫無忌等表上《五經正義》，進表就是本文着重討論的《上五經正義表》。進表宋代未收入《文苑英華》等總集，只是附在部分國子監刻單疏本（據傳世本知有《易》《書》《春秋》三經《正義》）及個別官刻注疏合刻本（傳世本僅有八行本《尚書正義》）卷首，或次於孔維進表之後（《書》單疏本和八行本），或不與孔維進表並行而單獨冠於卷首（《易》《春秋》單疏本），至明清已近乎遺逸，幾成佚文。幸有明末清初藏書家錢求赤鈔本《周易注疏》（以下簡稱錢本）①，乾嘉時入藏周錫瓚香嚴書屋，其書卷首迻錄長孫進表。當時載錄進表的《易》《書》《春秋》單疏本或八行本皆未爲明人所獲見，是故只有錢本一綫之傳。陳鱣據之迻錄卷首和卷一，以補配己藏宋刻宋元遞修八行本《周易注疏》之缺。此本今藏國圖（以下簡稱《易》八行本），卷首即有《上五經正義表》。此外，還有另外一個渠道，盧文弨曾以錢本校勘毛本《周易兼義》，其《群書拾補》卷首迻錄長孫進表全文，文後識語云：

    此表《文苑英華》不載，見明錢孫保求赤影鈔宋本《周易注疏》首。今所傳梓本皆無之，故備載於此。元本半葉九行，每行十七字。其"勅"字，唐人皆作"勑"，今並提行，皆仍之，以不失其舊。唯宋人避諱缺筆之處，今皆改寫正字。東里盧文弨紹弓識。②

《易》八行本卷首抄配和《拾補》所錄實際上同出一源，都是從錢本來的，而錢本當出自單疏本《周易正義》。繼陳鱣和盧文弨之後，進表亦見載於嘉慶時編修的《全唐文》卷一三六③。孫星衍輯《續古文苑》卷六和王鳴盛撰《蛾術編》卷一説錄一亦皆迻錄進表全文，並於文末引述《群書拾補》云云，知其源出《拾補》。徐松撰《登科記考》卷二亦全錄進表，末題出處爲"北宋《周易》

---

  ① 清人多稱其書爲"影宋鈔本"，我們研究發現，其實並非影宋鈔本，而是總合各本、重新建構的校定本，整體架構悉依八行本，卷首進表錄自單疏本，卷末《略例》錄自經注本，具體行款則多從明萬曆北監本，文本以宋刻宋元遞修八行本和北監本爲主體，兼及單疏本和經注本，匯校、雜糅各本異文，擇善而從。參見拙作《錢求赤鈔本〈周易注疏〉考實》（《文獻》2018年第一期）。

  ② 《續修四庫全書》影印清乾隆中《抱經堂叢書》本，上海：上海古籍出版社1995年版，第1149册，第219頁。

  ③ 《續修四庫全書》影印清嘉慶中內府刊本，第1636册，第250—251頁。

單疏本",或出自《易》八行本歟?

我們嘗試運用文獻學的方法,通過校勘長孫進表,分析歸納異文,進而推斷《易》《書》二經《正義》校刊的先後次序①。長孫《上五經正義表》以日本宮內廳書陵部藏宋刻單疏本《尚書正義》(以下簡稱《書》單疏本)爲底本,校以國圖藏宋刻宋印八行本《尚書正義》(楊守敬舊藏,以下簡稱國圖《書》八行本)、日本足利學校遺蹟圖書館藏宋刻宋元遞修八行本《尚書正義》(足利學舊藏,以下簡稱足利《書》八行本)、國圖藏《易》單疏本《周易正義》(傅增湘舊藏)、國圖藏《易》八行本《周易注疏》(陳鱣舊藏)、日本文化中近藤守重影鈔常陸國久慈郡萬秀山正宗寺影宋鈔單疏本《春秋正義》(《四部叢刊續編》影印本,以下簡稱《春秋》單疏本)、國圖藏南宋淳祐十二年(1252)魏克愚刻本《周易要義》(以下簡稱《要義》)、盧文弨《群書拾補》(以下簡稱《拾補》)。此外,法國國家圖書館藏敦煌文獻"永徽四年二月廿四日《五經正義》經進銜名殘頁"(伯3311)②,與進表所列銜名多有重合,故亦作爲參校本

---

① 在本文即將完成之時,我們偶然發現蘇瑩輝先生早在五十年前曾撰寫《上五經正義表之板本及其相關問題》(原載《"國立中央圖書館"館刊》特刊《慶祝蔣慰堂先生七十榮慶論文集》,1968年。後收入《敦煌論集續編》,臺北:臺灣學生書局,1983年)。蘇文注意到《上五經正義表》的不同版本(《易》《書》《春秋》),並校出重要異文,通過分析進表人結銜,主要研究唐代《五經正義》的修纂與刊定。本文切入點和着重點與之不同,旨在通過文本校勘來揭示北宋國子監校刊《五經正義》的先後次序,故不揣譾陋,不因前賢佳作而廢棄拙作,就教於海內方家。

② 劉復《敦煌掇瑣》九五著錄,擬題"永徽四年二月廿四日弘文館用紙數",岑仲勉先生已辨其非是,稱之爲"銜名殘頁",並以爲當繫屬於《尚書正義》(《唐史餘瀋》卷一"《敦煌掇瑣》之銜名殘頁",上海:上海古籍出版社1960年版,第32—35頁)。蘇瑩輝先生認同其說,但認爲"蓋殘頁縱非《五經正義》之總刊定銜名如上文所述者,然亦不致爲《尚書》之刊定銜名頁";"則永徽四年二月二十四,乃《五經正義》書成進上之期,並非各經《正義》之刊定,先後不同其時也"(《從敦煌本銜名頁論五經正義之刊定》,原載《孔孟學報》第十六期,1968年9月;後收入《敦煌論集續編》,第37—56頁)。經進銜名之後,提行題"用紙卅張",次行題"凡一萬四千二百言",以下四行分別提行署"國子監俊士潘元珍初校"(劉復按曰:"此上精鈔,此下另一手筆所寫,字較草率。")"國子監四門學生張德淹再校""太學博士薛伯□覆勘""禮部員外郎孫"(劉復按曰:"此行未完全。")。姜亮夫先生題作"刊定《尚書正義》銜名卷"[《敦煌學論文集·敦煌本尚書校錄》,上海古籍出版社1987年版,第152頁;後收入《姜亮夫全集》(十三),昆明:雲南人民出版社2002年版,第140—141頁]。《敦煌寶藏》同編號重出(臺北:新文豐出版公司1986年版,第127冊第408頁和第140冊第272頁),題名均作"《春秋正義》銜名"。《法國國家圖書館藏敦煌西域文獻》(上海:上海古籍出版社1994年版,第23冊第162頁)題名作"《春秋正義》永徽四年二月廿四日抄寫題記"。我們認爲,從長孫進表來看,《五經正義》書成進呈,是作爲整體,一次性完成的,經進銜名當附著於某一經(從宋代目錄著錄和宋刻本實物來看必爲《尚書》),故擬名"永徽四年二月廿四日《五經正義》經進銜名殘頁"。

（以下簡稱敦煌本）。《書》單疏本和國圖《書》八行本、足利《書》八行本長孫進表之前有孔維端拱元年三月日進表，《易》單疏本、《春秋》單疏本則無孔維進表，這可以確鑿地證明《書》是最早刊行的單疏本。説詳下文。《書》單疏本、國圖《書》八行本、足利《書》八行本、《春秋》單疏本篇題同，皆作《上五經正義表》；《易》單疏本、《易》八行本、《拾補》篇題作《五經正義表》，《要義》篇題作《上六經正義表》。由是知原本篇題當作《上五經正義表》。各本行款大體相同，篇題《（上）五經正義表》首行頂格，次行起正文平書。《書》單疏本和國圖《書》八行本、足利《書》八行本分别於"皇帝"和"宸旨"兩處提行；《春秋》單疏本除以上兩處提行外，"奉詔修撰"詔作勅，提行；《易》單疏本除以上三處提行外，"更令刊定"下"勅太尉楊州……"提行，《易》八行本當與之相同。

《上五經正義表》

　　臣無忌等言①：臣聞混元初闢，三極之道分焉；醇德既醨，六籍之文著矣。於是龜書浮於温洛，爰演九疇；龍圖出於榮河，以彰八卦②。故能範圍天地，埏埴陰陽，道濟四溟，知周萬物，所以七教八政垂灯戒於百王③，五始六虚貽徽範於千古。詠歌明得失之跡，雅頌表廢興之由④，寔刑政之紀綱⑤，乃人倫之隱括。昔雲官司契之后，火紀建極之君，雖步驟不同，質文有異，莫不開兹

---

① 敦煌本、國圖《書》八行本、足利《書》八行本、《要義》同，《易》單疏本、《春秋》單疏本、《易》八行本、《拾補》"無"作"无"。下同。《舊唐書》均作"無"，《新唐書》均作"无"。朱彝尊《曝書亭集》卷四九《唐太宗晉祠碑銘跋》所録碑陰銜名作"无"（《四部叢刊初編》影印清康熙中刻本）；王昶《金石萃編》卷四六《晉祠銘》轉引作"無"（《石刻史料新編》（一般類）影印清嘉慶十年（1805）王氏經訓堂刊同治十年（1871）補刊本，臺北：新文豐出版公司1982年版，第2册，第793頁）。

② 國圖《書》八行本、足利《書》八行本、《易》單疏本、《易》八行本、《拾補》同，《春秋》單疏本"彰"作"章"。

③ 國圖《書》八行本同，《易》單疏本、《春秋》單疏本、《易》八行本"灯"作"烱"，足利《書》八行本、《拾補》"灯"作"炯"。"烱"作"灯"，係避宋太宗趙炅嫌名。烱，古同"炯"。《易》單疏本"戒"作"誡"，其他參校本皆與底本同。

④ 國圖《書》八行本、足利《書》八行本同，《易》單疏本、《春秋》單疏本、《易》八行本、《拾補》"廢興"作"興廢"。

⑤ 國圖《書》八行本、足利《書》八行本、《易》單疏本、《春秋》單疏本、《拾補》同，《易》八行本"寔"作"實"。"寔"通"實"。

膠序，(崇)以典墳①，敦稽古以弘風，闡儒雅以立訓。啟含靈之耳目②，贊神(化)之丹青③，姬孔發揮於前，荀孟抑揚於後。馬鄭迭進，成均之望鬱興；蕭戴同升④，石渠之業愈峻。歷夷險，其教不墜⑤；經隆替，其道彌尊。斯乃邦家之基，王化之本者也。伏惟

皇帝陛下得一繼明，通三撫運，乘天地之正，齊日月之暉，敷四術而緯俗經邦，蘊九德而辯方軌物⑥，禦紫宸而訪道⑦，坐玄扈以裁仁。化被丹澤，政洽幽陵。三秀六穗之祥，府無虛月；集囿巢閣之瑞，史不絕書。照金鏡而泰階平，運玉衡而景宿麗⑧，可謂鴻名軼於軒昊，茂績貫於勳華⑨。而垂拱無為，遊心經典，以為聖教幽賾，妙理深玄，訓詁紛紜⑩，文疏躊駁⑪，先儒競生別見，後進爭出異端，未辯三豕之疑⑫，莫祛五日之惑。故祭酒上護軍曲阜縣開

---

① "崇"字殘缺，國圖《書》八行本、足利《書》八行本俱作"崇"，據補。《春秋》單疏本同，《易》單疏本、《易》八行本、《拾補》"崇"作"樂"。

② 國圖《書》八行本、足利《書》八行本、《春秋》單疏本、《易》八行本、《拾補》同，《易》單疏本"目"誤"自"。

③ "化"字殘缺，國圖《書》八行本、足利《書》八行本俱作"化"，據補。《易》單疏本、《春秋》單疏本、《易》八行本、《拾補》悉同。

④ 國圖《書》八行本、足利《書》八行本、《春秋》單疏本同，《易》單疏本、《易》八行本、《拾補》"升"作"昇"。

⑤ 國圖《書》八行本、足利《書》八行本同，《易》單疏本、《春秋》單疏本、《易》八行本、《拾補》"墜"作"隊"。

⑥ 國圖《書》八行本、足利《書》八行本同，《春秋》單疏本"蘊"作"韞"，《易》單疏本、《易》八行本、《拾補》"辯"作"辨"。

⑦ 國圖《書》八行本、足利《書》八行本同，《易》單疏本、《春秋》單疏本、《易》八行本、《拾補》"禦"作"御"。

⑧ 國圖《書》八行本、足利《書》八行本、《春秋》單疏本、《易》八行本、《拾補》同，《易》單疏本"玉"誤"王"。

⑨ 國圖《書》八行本、足利《書》八行本同，《易》單疏本、《春秋》單疏本、《易》八行本、《拾補》"貫"作"冠"。

⑩ 國圖《書》八行本、足利《書》八行本同，《易》單疏本、《春秋》單疏本、《易》八行本、《拾補》"紜"誤"綸"。

⑪ 國圖《書》八行本、足利《書》八行本同，《易》單疏本、《春秋》單疏本、《易》八行本、《拾補》"駁"作"駮"。

⑫ 國圖《書》八行本、足利《書》八行本同，《易》單疏本、《春秋》單疏本、《易》八行本、《拾補》"辯"作"辨"。

國子臣孔穎達①，宏材碩學②，名振當時。貞觀年中，奉詔修撰③，雖加討覈，尚有未周，爰降絲綸，更令刊定。勑太尉揚州都督監修國史上柱國趙國公臣無忌④、司空上柱國英國公臣勣⑤、尚書左僕射兼太子少師監修國史上柱國燕國公臣志寧⑥、尚書右僕射兼太子少傅監修國史上護軍北平縣開國公臣行成⑦、光禄大夫吏部尚書侍中兼太子少保監修國史上護軍蓚縣開國公臣季輔⑧、光禄大夫吏部尚書監修國史上柱國河南郡開國公臣褚遂良、銀青光禄大夫守中書令監修國史上騎都尉臣柳奭⑨、前諫議大夫弘文館學士臣谷那律、國子博士弘文館學士臣劉伯莊⑩、朝議大夫守國子博士臣王德韶⑪、朝散大夫行太學博士臣

---

① 國圖《書》八行本、足利《書》八行本同，《易》單疏本、《春秋》單疏本、《易》八行本、《要義》《拾補》"子"下脱"臣"字。國圖《書》八行本、足利《書》八行本、《春秋》單疏本、《易》八行本、《要義》作"穎"同，《易》單疏本"穎"作"頴"，《拾補》"穎"作"穎"。《易》八行本"穎達"二字出以小字，下"志寧"等同。

② 國圖《書》八行本、足利《書》八行本同，《易》單疏本、《春秋》單疏本、《易》八行本、《要義》《拾補》"材"作"才"。

③ 國圖《書》八行本、足利《書》八行本、《要義》同，《易》單疏本、《春秋》單疏本、《易》八行本、《拾補》"詔"作"勑"（勅）。

④ 國圖《書》八行本、足利《書》八行本、《拾補》同，敦煌本（劉復録文作"揚"，後人多從其説；詳審其字，當爲"楊"字）、《易》單疏本、《易》八行本、《要義》"揚"作"楊"。《春秋》單疏本"太"作"大"，以下凡"太"字均作"大"。

⑤ 敦煌本、國圖《書》八行本、足利《書》八行本、《易》單疏本、《春秋》單疏本、《易》八行本、《拾補》同，《要義》"空"誤"馬"。

⑥ 敦煌本、國圖《書》八行本、足利《書》八行本、《易》單疏本、《春秋》單疏本、《要義》同，《易》八行本、《拾補》"左"作"右"，據《舊唐書》卷七八本傳知其非是。

⑦ 敦煌本、國圖《書》八行本、足利《書》八行本、《春秋》單疏本同，《易》單疏本、《易》八行本、《拾補》作"右"同，"北平"作"曲阜"；《要義》"右"作"左"，作"北平"同。據《舊唐書》卷四《高宗本紀》知作"右"、作"北平"是。

⑧ 國圖《書》八行本、足利《書》八行本同，敦煌本、《易》單疏本、《春秋》單疏本、《易》八行本、《要義》《拾補》"大夫"下無"吏部尚書"四字；《易》八行本"蓚"作"蓚"；《春秋》單疏本"修"作"脩"。《新唐書·藝文志》高季輔結銜爲"吏部尚書侍中"，可知有此四字者爲是。

⑨ 敦煌本、國圖《書》八行本、足利《書》八行本、《易》單疏本、《易》八行本、《要義》《拾補》同，《春秋》單疏本"修"作"脩"。

⑩ 國圖《書》八行本、足利《書》八行本、《易》單疏本、《春秋》單疏本、《易》八行本、《拾補》同，《要義》脱"劉"字。敦煌本"臣"上有"上輕車都尉"五字。

⑪ 國圖《書》八行本、足利《書》八行本同，《易》單疏本、《春秋》單疏本、《易》八行本、《要義》《拾補》"大夫"下脱"守"字。

賈公彥①、朝散大夫行太學博士弘文館直學士臣范義頵、朝散大夫行太常博士臣柳宣②、通直郎守太學博士臣齊威③、宣德郎守國子助教臣史士弘、宣德郎行太常博士臣孔志約④、右内率府長史弘文館直學士臣薛伯珍⑤、兼太學助教臣鄭祖玄⑥、徵事郎守太學助教臣隨德素、徵事郎守四門博士臣趙君贊、承務郎守太學助教臣周玄達、承務郎守四門助教臣李玄植、儒林郎守四門助教臣王眞儒等，上禀

宸旨，旁摭羣書⑦，釋左氏之膏肓，剪古文之煩亂，探曲臺之奧趣，索《連山》之玄言。囊括百家，森羅萬有，比之天象，與七政而長（懸）⑧；方之地軸，將五嶽而永久。筆削已了，繕寫如前。臣等學謝伏（恭）⑨，業慙張禹，雖磬庸淺，懼乖正典⑩，謹以上聞，伏增戰越，謹言。

永徽四年二月二十四日，太尉揚州都督上柱國趙國公臣無忌等上表⑪。

---

① 敦煌本、國圖《書》八行本、足利《書》八行本、《要義》同，《易》單疏本、《春秋》單疏本、《易》八行本、《拾補》"太學"作"大學"。下同。

② 國圖《書》八行本、足利《書》八行本、《易》單疏本、《春秋》單疏本、《易》八行本、《要義》《拾補》同，敦煌本"臣"上有"上騎都尉"四字。《舊唐書·經籍志》名作"柳宣"，與敦煌本、進表同；《新唐書·藝文志》和孔穎達《禮記正義序》名作"柳士宣"。

③ 國圖《書》八行本、足利《書》八行本、《春秋》單疏本、《要義》同，《易》單疏本、《易》八行本、《拾補》"通直郎"下脱"守"字。

④ 敦煌本、國圖《書》八行本、足利《書》八行本同，《春秋》單疏本、《要義》"行"作"守"，《易》單疏本、《易》八行本、《拾補》"行太常"作"守大學"。趙超先生亦注意到《敦煌掇瑣》九五著録永徽四年二月刊定《五經正義》殘頁，考證孔志約職官（《新唐書宰相世系表集校》卷五，北京：中華書局1998年版，第911頁）。

⑤ 國圖《書》八行本、足利《書》八行本、《易》單疏本、《春秋》單疏本、《易》八行本、《要義》《拾補》同，敦煌本缺"臣薛伯珍"四字。

⑥ 國圖《書》八行本、足利《書》八行本、《春秋》單疏本、《要義》同，《易》單疏本、《易》八行本、《拾補》"大學"上脱"兼"字。

⑦ 國圖《書》八行本、足利《書》八行本、《春秋》單疏本同，《易》單疏本、《易》八行本、《要義》《拾補》"旁"誤"傍"。

⑧ "懸"字殘缺，國圖《書》八行本、足利《書》八行本俱作"懸"，據補。《易》單疏本、《易》八行本、《要義》《拾補》同，《春秋》單疏本"懸"作"縣"。

⑨ "恭"字殘缺，國圖《書》八行本、足利《書》八行本俱作"恭"，據補。《易》單疏本、《春秋》單疏本、《易》八行本、《拾補》悉同。

⑩ 國圖《書》八行本、足利《書》八行本同，《易》單疏本、《春秋》單疏本、《易》八行本、《拾補》"正典"作"典正"。

⑪ 國圖《書》八行本、足利《書》八行本同，《易》單疏本、《春秋》單疏本、《易》八行本、《拾補》"等上"下無"表"字，《春秋》單疏本、《易》八行本"太"誤"大"，《易》單疏本、《易》八行本"揚"作"楊"。

分析異文，明顯地可以看出分爲兩個系統，一個是《書》系統，單疏本和八行本幾乎全同（在出校的 39 處異文當中，有 38 處相同，僅"所以七教八政垂灯戒於百王"一處不同，《書》單疏本和國圖《書》八行本避太宗諱缺筆；而足利《書》八行本"灯"作"烔"，說明《書》八行本宋代補版（刻工丁之才）已不避諱），可以確切地判定八行本照録單疏本進表，二者有明顯的遞承關係；而且從文本來看，這個系統表現出更早的特徵，總體上最爲正確，當爲原始文本；另一個是《易》和《春秋》系統，有效異文凡 32 處（所謂"有效異文"，指能夠反映兩個系統之間以及各系統內部異同的異文），其中二者不同的有 13 處，餘者 19 處則爲二者相同而不同於《書》系統；除了明確的異文，他如無與无、辯與辨、大與太、駁與駮、墜與隊等異體字或通假字的使用，二者也表現出較爲明確的一致性，由此可見二者更爲接近，可視爲同一系統。而通過分析二者不同的異文，又可以看出二者與祖本——《書》系統還是存在着遠近之別。除明顯誤字或通假字、異體字外（"以彰八卦"《春秋》單疏本"彰"作"章"，"啟含靈之耳目"《易》單疏本"目"誤"自"，"蘊九德而辯方軌物"《春秋》單疏本"蘊"作"韞"，"運玉衡而景宿麗"《易》單疏本"玉"誤"王"，"監修國史"（高）季輔和柳奭《春秋》單疏本"修"作"脩"，"與七政而長懸"《春秋》單疏本"懸"作"縣"），餘者皆爲《春秋》單疏本與《書》系統相同而不同於《易》單疏本（"崇以典墳"《易》單疏本"崇"作"樂"，"蕭戴同升"《易》單疏本"升"作"昇"，"尚書右僕射兼太子少傅監修國史上護軍北平縣開國公臣行成"《易》單疏本"北平"誤作"曲阜"，"通直郎守太學博士臣齊威"《易》單疏本脫"守"字，"兼太學助教臣鄭祖玄"《易》單疏本脫"兼"字，"旁摭羣書"《易》單疏本"旁"誤"傍"），這可以說明二者雖同出於《書》系統，但《易》單疏本較之《春秋》單疏本譌誤更多，改易更大。一個典型的例子就是"宣德郎行太常博士臣孔志約"，《春秋》單疏本"行"作"守"，《易》單疏本"行太常"作"守大學"，可見《易》已全誤，而《春秋》介乎祖本和《易》單疏本之間，更多地保留了原始文本的樣貌。至於《易》系統內部，單疏本和八行本高度吻合，除個別明顯誤字或通假字外（如"所以七教八政垂灯戒於百王"，八行本同，單疏本"戒"作"誡"。"寔刑政之紀綱"，單疏本同，八行本"寔"作"實"。"啟含靈之耳目"，單疏本"目"誤"自"，八行本不誤。"運玉衡而景宿麗"，單疏本"玉"誤"王"，八行本不誤。"尚書左僕射兼太子少師監修國史上柱國燕國公臣志寧"，八行本"左"誤

"右",單疏本不誤),餘者全同。南宋魏了翁《周易要義》係節錄、刪省《正義》而成(間有經、注文、《釋文》),在一定程度上當可反映《易》系統的原始面貌,與《易》單疏本、八行本同者、異者參半,其中異者多同於《書》系統,更爲精確,足見其淵源甚早。

從兩個系統的文本差異來看,《書》系統毫無疑義更爲優長,較之《易》《春秋》單疏本,明顯地表現出更早、更原始的特徵。如《易》《春秋》單疏本"雅頌表廢興之由"廢興作興廢,"茂績貫於勳華"貫作冠,"訓詁紛紜"紜作綸,"故祭酒上護軍曲阜縣開國子臣孔穎達"脱"臣"字,"宏材碩學"材作才,"奉詔修撰"詔作勅,"光禄大夫吏部尚書侍中兼太子少保監修國史上護軍蓨縣開國公臣季輔"脱"吏部尚書"四字,"朝議大夫守國子博士臣王德韶"脱"守"字,"懼乖正典"正典作典正,"太尉揚州都督上柱國趙國公臣無忌等上表"脱"表"字等等,尤其是"所以七教八政垂炯戒於百王",《書》單疏本和八行本原刻版葉皆缺筆,而《易》《春秋》單疏本已作"炯",知其晚出。但也有個別反例,如"禦紫宸而訪道"《易》《春秋》單疏本"禦"作"御",《書》系統作"禦"顯誤,當以《易》《春秋》單疏爲是。總之,《書》系統是祖本,最早付梓的,而《易》《春秋》單疏本是依照《書》重刻的,相對晚出。其中,《春秋》相對而言更加忠實於底本,而《易》表現出更多的差異性,多爲刊刻過程中滋生的、新出的譌誤。當然,這些錯誤可能是根據《書》系統重刻時造成的,也可能是南宋翻刻北宋監本過程中造成的。如上所述,《要義》在一定程度上反映了《易》單疏本的原始面貌,所以我們就可以利用它做出判斷。如"奉詔修撰",《易》單疏本"詔"作"勅",《要義》與《書》系統同。"尚書右僕射兼太子少傅監修國史上護軍北平縣開國公臣行成",《易》單疏本"北平"誤作"曲阜",《要義》雖"右"誤"左",但作"北平"與敦煌本、《書》系統、《春秋》單疏本同。"通直郎守太學博士臣齊威",《易》單疏本"通直郎"下脱"守"字,而《要義》與《書》系統、《春秋》單疏本同。"宣德郎行太常博士臣孔志約",《易》單疏本"行太常"作"守大學",《要義》同與《春秋》單疏本"行"作"守","太常"不誤。"兼太學助教臣鄭祖玄",《易》單疏本脱"兼"字,《要義》與《書》系統、《春秋》單疏本同。以上數例,皆可説明《易》系統早期刊本尚不誤,異文當產生於南宋翻刻過程中。至於《易》《春秋》單疏本相同而不同於《書》系統的異文,我們有理由相信,至少這些異文應該不是產生於南宋翻刻過程中。

結　語

　　同樣是單疏本，《書》卷首長孫進表（《上五經正義表》）之前有孔維進表（《上校定五經正義表》），而《易》《春秋》卷首只有長孫進表而無孔維進表。長孫進表是長孫無忌等刊定孔穎達等修纂的《五經正義》告竣、進呈之時所上，孔維進表是孔維等重新校定《五經正義》告竣、進呈並請求刊行之時所上，所以這兩個進表的有無就足以説明《書》是最早刊行的單疏本。北宋官修正史《新唐書·藝文志》著録《五經正義》，只有《尚書正義》自注修纂、覆審、刊定者最爲周詳，多與長孫進表相合，其餘四經《正義》僅據孔（穎達）序録出修纂、覆審者而已；南宋官修《中興館閣書目》著録《尚書正義》，解題稱"永徽四年，長孫無忌等承詔刊定"①，不同於其他各經《正義》，亦可見《書》單疏本在《五經正義》中的起首地位。

　　通過校勘長孫進表，可以證實《書》和《易》《春秋》的文本分別屬於兩個不同的系統，其中《書》的文本從單疏本到八行本絕對地穩定，全無改易，且其異文明顯優長，知其形成最早，最爲原始；而《易》《春秋》晚出，滋生出不少新的譌誤，當然也有個別訂正《書》系統錯譌之處。其中，《易》表現出更大的差異性，異文更多，《春秋》則介於《書》和《易》之間。根據異文來判斷，《書》和《易》校刊的先後次序是十分明確、毫無疑義的。而《易》單疏本卷末校勘經進銜名所題時間端拱元年十月，與《玉海》所記吻合，也就是説這個時間點是絕對可靠，可以作爲坐標的；那麼，《書》的校刊時間就可以據此推知。據《玉海》，《書》校勘、詳勘、再校之人"亦如之"，知其與《易》同時進行，但"二年十月以獻"，與《易》的完成時間相差一年，於理不通。《書》單疏本卷首孔維進表時間是端拱元年三月，既然它是最先完成並進呈的，那麼我們就可以推斷，《書》的完成時間當在端拱元年三月至十月之間，必定先於《易》。

（作者單位：北京大學中文系、中國古文獻研究中心）

---

① 《玉海藝文校證》卷三《唐尚書正義》引，第148頁。

《詩經新義》成書考

王劍婭

【内容提要】 《詩經新義》是北宋熙豐之際由王安石提舉修撰的一部官學著作，是北宋《詩經》學發展的重要成果。同時，該書也是王安石主持修撰的《三經新義》的重要組成部分，而較之《周禮》《尚書》二經，此書的成書更加複雜，修撰的時間也更長。它前有王雱①的《詩》義，陸佃、沈季長的《詩》講義以及國子監直講所上"口義"爲基礎，中經經義局多人編繕，後由王安石親自刪削改定，可以説經衆人之手，傳王安石一人之思想。

【關鍵詞】 《詩經新義》 成書 王安石 經義局

《詩經新義》，本名《詩義》，因王安石實行新法，故時人稱其學爲"新學"，名其經義爲"新義"或"新經"。該書在傳世書目中亦被著録爲《詩新義》《新經毛詩義》《新經詩義》。②《詩經新義》是宋神宗時期由王安石提舉修撰的一部官方經學著作，在當時有很大的影響力，所謂"學者無敢不傳習，主司純用以取士"③，十分形象地表達了它在當時的風靡程度和尊崇地位。但是，靖康之亂後，由於王安石的政治、學術受到猛烈的抨擊，《詩經新義》隨之散佚。今存輯佚本，有邱漢生輯《詩義鉤沉》④、程元敏輯《三經新義輯考匯評——詩經》⑤。由於《詩經新義》是北宋《詩經》學發展過程中的重要成果，

---

① 王雱，字元澤，王安石之子。
② 陳善《捫虱新話》中稱之爲"《詩新義》"。《郡齋讀書志》載："《新經毛詩義》。二十卷。"《宋史·藝文志》《四庫全書總目》《經義考》皆本其説。《直齋書録解題》載："《新經詩義》，三十卷。"《文獻通考》本其説。
③ （元）脱脱《宋史》卷三二七《王安石傳》，北京：中華書局 2011 年版，第 10550 頁。
④ 邱漢生《詩義鉤沉》，北京：中華書局 1982 年版。
⑤ 程元敏《三經新義輯考匯評〔二〕——詩經》，臺北："國立"編譯館 1986 年版；程元敏《三經新義輯考匯評——詩經》，上海：華東師範大學出版社 2010 年版。

在《詩經》學史上有着重要地位，因此加强這一方面的研究有重要的學術價值和意義，考證、梳理該書的成書過程，也有助於我們更加客觀、深入地認識《詩經新義》的撰述特點和著述旨趣。關於《詩經新義》的成書，已有一些學者做過不同程度的研究，① 爲我們提供了一定的研究基礎。但是目前從時間的軸綫專門研究該書成書的文章較少，而這樣的研究也是十分必要的。

《詩經新義》的成書過程大致可分爲三個階段。第一階段爲熙寧四年（1071）八月至熙寧六年三月修撰經義局成立前夕，王雱撰《詩》義，陸佃、沈季長撰《詩》講義，加之國子監直講的《詩經》"口義"等，構成了修撰《詩經新義》的基礎。第二階段爲熙寧六年三月至熙寧八年六月，朝廷成立修撰經義局，專司《三經新義》修撰事宜，由王安石總領其事，吕惠卿、王雱等多人參與編修。《詩經新義》在這一時期基本成書，並上奏進呈，由國子監鏤板刊行。第三階段爲熙寧八年九月到元豐三年（1080）八月，王安石對此前奏進的、曾被吕惠卿等篡改的《詩經新義》頗爲不滿，因此奏請改復舊義②，親自删削改定吕升卿所訓解的《詩序》，並多次對《詩經新義》（舊本）進行修改删正，是爲《詩經新義》的修正和完善階段。

---

① 程元敏《〈三經新義〉修撰人考》《三經新義版本與流傳》，從整體上對《三經新義》的編撰人員、版本和流傳進行了一定的考證。（程元敏《三經新義輯考匯評》，上海：華東師範大學出版社 2011 年版。）于大成《王安石三經新義》一文，對熙寧年間王安石提舉設局修撰《詩經新義》一事有簡單的介紹，認爲《詩經新義》爲王雱草創，安石删訂、潤色，其後吕惠卿、吕升卿兄弟輒易其説也。（王靜芝等著《經學論文集》，臺北：黎明文化事業有限公司 1981 年版。）劉成國《荆公新學研究》一書析論《詩經新義》的成書背景，並且認爲《詩經新義》是由王安石與其子王雱及門人共同撰作而成。（劉成國《荆公新學研究》，上海：上海古籍出版社 2006 年版。）此外，有些碩博士論文，如王書華《荆公新學初探》、介金嶸《王安石〈詩經新義〉研究》、朱慧《王安石〈詩經新義〉（輯佚本）研究》，也介紹並分析了《詩經新義》的成書背景和編撰概況。（王書華《荆公新學初探》，河北大學博士論文，2001 年。朱慧《王安石〈詩經新義〉（輯佚本）研究》，南京大學碩士論文，2006 年。介金嶸《王安石〈詩經新義〉研究》，河南大學碩士論文，2014 年。）又，劉成國著《王安石年譜長編》，爲本文提供了許多相關資料。（劉成國《王安石年譜長編》，北京：中華書局 2018 年版。）

② 《詩經新義》曾先後進呈兩個版本。熙寧八年六月所進呈的《詩經新義》，曾被吕惠卿等改篡，是爲新本；熙寧八年九月所進呈的《詩經新義》，未經吕惠卿等改篡，是爲舊本，又稱舊義。

一、《詩經新義》的前期準備

一般認爲，熙寧六年王安石奉旨提舉經義局，總領《三經義》修撰事宜，是《詩經新義》正式編撰之始。其實，早在此前，王安石已經指導其子及其弟子撰寫《詩經》義。宋神宗熙寧初，王安石行新法，異論紛然，上層統治者亟欲統一思想，"一道德而同風俗"，以便新法的順利推行。與此同時，現行科舉制難以提供變法需要的人才。因此通過科舉改革來實現這一目標成爲重要步驟。熙寧四年二月，朝廷頒布科舉新法，罷詩賦而考經義。爲了適應新的科舉制的需要，確立統一的取士標準，朝野多欲早修經義，以便傳習。爲此王安石令陸佃、沈季長編撰《詩》義，並親與商定。與此同時，由於王雱擔任皇帝講事，故而奉敕撰進《詩》義，以備聖覽。而這些後來皆構成修撰《詩經新義》的重要基礎。

首先，經義局設立前，王雱曾奉召撰進《詩》義，以備聖覽。王安石《詩義序》云："上既使臣雱訓其辭，又命臣某等訓其義。書成，以賜太學，布之天下；又使臣某爲之序。"① 具體言之，"又命臣某等訓其義"當指熙寧六年三月，神宗敕撰《詩經新義》一事，由王安石提舉設局，呂惠卿、王雱等參與編修。可見，在設立經義局之前，王雱已經開始奉旨訓釋《詩經》。

而這與王雱本人的身份、職務相契合。王雱，自熙寧四年八月起，擔任太子中允、崇政殿説書的職務，以向皇帝講説書史，解釋經義。這一點正如王安石《書義序》所言，"子雱實嗣講事，有旨爲之説以獻。八年，下其説太學，班焉。"② 可見，王雱曾奉詔撰進《詩》説、《書》説等，其目的在於供神宗皇帝閲覽。

更爲重要的是，根據《續資治通鑒長編》記載，熙寧八年九月辛未，王安石進言："臣子雱奉詔撰進《詩義》，臣以當備聖覽，故一一經臣手，乃敢奏御。及設官置局有所改定。"③ 這不僅説明在經義局設立之前，王雱已經奉詔撰進《詩》義，而且可明確兩點：其一，王雱所撰進的《詩》義内容，皆經王安

---

① （宋）王安石《臨川先生文集》卷八四《詩義序》，王水照主編《王安石全集》，上海：復旦大學出版社2016年版，第1479頁。
② （宋）王安石《臨川先生文集》卷八四《書義序》，第1480頁。
③ （宋）李燾《續資治通鑒長編》卷二六八《熙寧八年九月條》，北京：中華書局2004年版，第6563頁。

石——過目乃敢纂定進呈，因而也主要表達了王安石的《詩經》學思想；其二，經義局成立後，對王雱這一階段所進呈的《詩》義進行改定，使之成爲《詩經新義》的一部分。因此，王雱所撰進的《詩》義對《詩經新義》的修撰有重要的意義。

其次，王安石曾指導陸佃、沈季長撰寫《詩》義，作爲國子監學生的講義。而其淵源與熙寧四年太學撤换學官有很大關係。熙寧四年十一月，因學官在太學非議時政，王安石盡罷之，"獨留（蘇）液，更用陸佃、龔原等爲國子直講。"①《林希野史》的記載更爲詳細，云王安石"盡逐諸學官，以李定、常秩同判監，令選用學官，非執政（王安石）喜者不預。陸佃、黎宗孟、葉濤、曾肇、沈季長……"② 由此，太學裁撤了舊學官，而换成了王安石信任的人擔任新學官。這些人中陸佃、龔原是王安石的學生，葉濤爲王安石的侄壻，曾肇爲曾布的弟弟，沈季長爲王安石的妹婿。

這一時期，太學主講《詩經》的學官，應爲陸佃、沈季長二人。這是因爲，其一，根據熙寧四年十月太學直講的編制，"直講以十員爲額，每二員共講一經。"③ 其二，熙寧四年十一月起，陸佃、沈季長等始擔任國子直講，在此期間，"佃等夜在介齋，授口義，旦至學講之，無一語出己者"④。其三，熙寧五年正月戊戌，即陸、沈等人被徵爲學官月餘之後，"安石曰：'《詩》，已令陸佃、沈季長作義。'上曰：'恐不能發明。'安石曰：'臣每與商量。'"⑤ 其四，陸佃、沈季長二人後來皆撰有《詩講義》⑥。這樣，就形成了一個合理的發展鏈條，即熙寧四年十一月，陸佃、沈季長等同被詔爲國子監直講，根據國子監二人主講一經的要求，陸、沈二人主講《詩經》，他們夜學於安石私邸，"授口義"，次日至太學講之，所講皆安石所授。並且在王安石要求下，二人對此"口義"進行整理，即王安石所指命陸、沈二人編撰《詩》義一事。此後二人

---

① （宋）李燾《續資治通鑒長編》卷二二八《熙寧四年十一月條》，第5545頁。
② 同上書，第5546頁。
③ （宋）李燾《續資治通鑒長編》卷二二七《熙寧四年冬十月條》，第5529頁。
④ （宋）李燾《續資治通鑒長編》卷二二八《熙寧四年十一月條》，第5546頁。
⑤ （宋）李燾《續資治通鑒長編》卷二二九《熙寧五年春正月條》，第5570頁。
⑥ 陸佃《詩講義》載於其子陸宰《埤雅序》一篇，有"先公獨以説《詩》得名，其於鳥獸草木蟲魚尤所多識。熙寧後，始以經術革辭賦，先公《詩講義》遂盛傳於時，學校爭相筆受，如恐不及"云云。（宋）陸宰《埤雅·序》，杭州：浙江大學出版社2008年版，第1頁。沈季長《詩講義》載於朱彝尊《經義考》一書，有"沈氏季長，《詩講義》，十卷"云云。（清）朱彝尊《經義考新校》卷一〇四《詩》，上海：上海古籍出版社2010年版，第1949頁。

皆以此"口義"爲基礎，撰成《詩講義》，風靡一時。如此，無論是國子監人員編制的限制，還是他們的時間安排、職位要求、學術活動都甚爲契合。此外，這一時期以"講義"爲名的書籍，還有龔原《易講義》。① 陸佃、龔原、沈季長等皆在相同的背景下被召爲國子直講，在擔任國子直講期間，同受學於王安石，而且其所著書題名相仿，只是講授的經典不同。因此，我們可以認爲，該類著作的編寫初衷、成書背景一致。只是由於他們所教授的經典不一樣，因此形成不同的經書講義。

　　以上可知，熙寧四年十一月，因太學學官進行調整，陸佃、沈季長同被徵爲國子監直講，同主講《詩經》。他們多將王安石所講授《詩經》經義之旨，教授於太學學生，並在王安石要求下，將其撰寫成文。而二人《詩》講義的撰述旨趣就在於爲太學學生提供新的經義解釋。在《詩經新義》問世之前，二人的《詩講義》曾風靡一時，爲學子爭相閱讀。並且作爲王安石親與商定的《詩》義講本，極有可能作爲新修《詩經新義》的參用文本。

　　此外，國子監直講的《詩經》口義，也是修撰《詩經新義》的重要基礎。熙寧六年四月辛卯，經義局剛剛設立，吕惠卿等啟奏並獲准修撰國子監經義，由"直講月輪兩員供本經口義二卷"②。口義是指"講經者執卷而口説"③，經過書寫後進呈，便爲太學講義。根據吕惠卿所言，"自置局以來，先檢討官分定篇目，大抵以講義爲本，其所删潤，具如聖旨。"④ 可見，太學直講之"口義"是《詩經新義》修撰的重要基礎和參考。陸佃，於熙寧四年十一月被詔爲國子直講，主講《詩經》，並且在"太學三年"⑤。熙寧六年四月，修撰經義局成立之初，陸佃仍授書太學。沈季長，於熙寧四年十一月被詔爲國子直講，至熙寧七年五月，因王雱隨王安石出知江寧府，崇政殿説書闕，他由國子直講升爲崇政殿説書。因此我們有理由懷疑這一時期所上的、與《詩經》相關的講義也多是陸、沈等教於太學之口義。

　　總而言之，熙寧四年至熙寧六年三月，王安石提舉置局之前，王雱、陸

---

　　① 該書見載於宋陳振孫《直齋書録解題》、宋俞琰《讀易舉要》、元馬端臨《文獻通考》等書中。
　　② （宋）李燾《續資治通鑑長編》卷二四四《熙寧六年夏四月條》，第5938頁。
　　③ （宋）王應麟《困學紀聞》卷八《經説》，上海：上海古籍出版社2008年版，第1094頁。
　　④ （宋）李燾《續資治通鑑長編》卷二六八《熙寧八年九月條》，第6565頁。
　　⑤ （宋）陸佃《陶山集》卷十三《除中書舍人謝二府啟》，第八十三頁，清武英殿聚珍版叢書。

佃、沈季長等已開始撰《詩》義，這是後來《詩經新義》修撰的重要基礎。其中，王雱所撰《詩》義的主要目的是供皇帝閱覽。陸佃、沈季長所撰《詩》講義的撰述宗旨在於教授太學學生。他們所撰《詩》義皆與王安石一一商定，故而主要體現了王安石的《詩經》學思想。

二、經義局的設立與《詩經新義》的基本成書

王雱、陸佃、沈季長的工作可以説爲《詩經新義》的修撰提供了可能和條件。而真正意義上修撰《詩經新義》，主要是由熙寧年間修撰經義局①來完成的。熙寧六年（1073）至八年，王安石奉旨設局修撰《詩經新義》，其編撰過程主要分爲三個階段。第一階段爲熙寧六年三月至熙寧七年（1074）四月，爲在京師修撰階段。第二階段爲熙寧七年四月至熙寧八年二月，爲京師、江寧兩地修撰階段。第三階段爲熙寧八年二月至熙寧八年六月，爲重返京師修撰階段。

（一）第一階段：熙寧六年三月至七年四月，於經義局修撰《詩經新義》。

宋神宗熙寧六年三月，王安石等奉旨修撰《詩經新義》，是爲《詩經新義》正式修撰之始。根據記載，熙寧六年三月庚戌（七日），宋神宗"命知制誥吕惠卿兼修撰國子監經義，太子中允、崇政殿説書王雱兼同修撰。……已而又命安石提舉……丁卯（二十四日），《舊紀》書詔王安石設局置官，訓釋《詩》《書》《周禮》義。"② 可見，這次修撰《詩經新義》的活動，主要是在王安石主持下進行，由其"設局置官"。其"局"即後來的修撰經義局。關於經義局官員的設置主要分爲以下四種，即：提舉、修撰、同修撰、檢討。其中王安石擔任提舉，總理經義修撰事項。吕惠卿擔任修撰，王雱擔任同修撰，負責編撰經義一事。此外，並根據工作的需要，由經義局陸續徵召檢討官若干名。

（熙寧六年三月庚午）常州團練推官吕升卿爲館閣校勘、提舉詳定修撰經義所檢討。③

（熙寧六年四月壬辰），新賜進士及第余中爲大理評事，朱服爲淮南節度推官，邵剛爲集慶軍節度推官，葉唐懿爲處州軍士推官，葉林爲秀州司

---

① 修撰經義局，簡稱經義局，《續資治通鑑長編》中亦被稱爲"國子監修撰經義所"。
② （宋）李燾《續資治通鑑長編》卷二四三《熙寧六年三月條》，第5917頁。
③ 同上書，第5926頁。

户参军,練亨甫爲睦州司法参軍,並充國子監修撰經義所檢討。①

熙寧初,王安石行新法,(徐)禧作《治策》二十四篇以獻。時吕惠卿領修撰經義局,遂以布衣充檢討。②

(熙寧六年十二月庚辰)修撰經義所檢討、洪州進士徐禧爲鎮南軍節度推官、中書户房習學公事。禧與吴著、陶臨皆以白衣爲修撰經義所檢討。③

可見,這一階段的檢討官分别是吕升卿④、余中、朱服、邵剛、葉唐懿、葉杖、練亨甫、徐禧、吴著、陶臨。吕升卿爲吕惠卿之弟。余中、朱服、邵剛、葉唐懿、葉杖、練亨甫六人爲熙寧六年進士,皆以進士充檢討。徐禧、吴著、陶臨三人則以布衣充檢討。

經義局成立後,修撰《詩經新義》的工作陸續展開,但尚屬於草創討論、初步編撰的階段。一方面,爲該書的修撰確立一些基本的原則、方向和方法。另一方面,進行初步的編撰工作。這一過程我們從吕惠卿上奏的劄子中可以略窺其大概:

朝廷初置經局,令臣與雱修撰,而安石提舉詳定……草創討論,修飾潤色,自有次第。而《詩義》,臣等初奉德音,以謂舊文頗約,新學不知,今之修定,宜稍加詳。至其進論多涉規諫,非學者所務,宜稍削去,仍解其《序》。……自置局以來,先檢討官分定篇目,大抵以講義爲本,其所刪潤,具如聖旨。草創既就,臣即略爲論次,初解《大序》及《二南》,凡五卷,每數篇已,即送安石詳定。一句一字如有未安,必加點竄,再令修改如安石意,然後繕寫,安石親書臣名上進……又修《邶》《鄘》《衛》以後數卷,安石在此間,或就局已經數覽。⑤

由此可見,經義局成立之初,首先討論確立了修撰《詩經新義》的一些基本原則,即:其一,確立尊《詩序》的基本傳統;其二,《詩經》舊解文釋簡約,初學者難曉其義,因此新修訂的《詩經義新》要增加對文字等的訓解;其三,《詩經》舊解規諫過多,不適合當下學子學習,因此要適當刪削關於這方面的

---

① (宋)李燾《續資治通鑑長編》卷二四四《熙寧六年四月條》,第5939頁。
② (元)脱脱《宋史》卷三三四《徐禧傳》,第10721頁。
③ (宋)李燾《續資治通鑑長編》卷二四八《熙寧六年十二月條》,第6056頁。
④ 這一時期吕升卿曾一度調任外官。
⑤ (宋)李燾《續資治通鑑長編》卷二六八《熙寧八年九月條》,第6565頁。

經義解釋；其四，明確這一階段參編人員的工作内容和工作次第，即先由檢討根據《詩經》講義"分定篇目""檢討文字"，再由吕惠卿、王雱等據此修撰經義，然後經王安石詳定，修撰官修改後次第進呈。

草創工作基本完成之後，編撰《詩經新義》的工作也陸續開始。吕惠卿首先訓解了《詩》大序以及《周南》《召南》諸篇，並經王安石一一點竄後，重爲繕正，並於熙寧七年正月率先進呈①。對此神宗皇帝有旨於資政殿進讀，其事正如王安石所言："時修撰經義所初進《二南》，有旨資政殿讀云。"② 吕惠卿亦云："當初進《二南》義之時，陛下特開便殿，召延兩府，安石與臣（吕惠卿）對御更讀。"③ 當時參與聽讀的人中即有樞密院副使吴充、參知政事王珪等，王安石並有詩與之唱和，略論此次所修經義之概况。此後吕惠卿又修撰了《邶風》《鄘風》《衛風》之後的部分《詩經》篇章，約數卷。

（二）第二階段：熙寧七年四月至熙寧八年二月，京師、江寧兩地同時修撰《詩經新義》。

熙寧七年四月，王安石第一次罷相，出知江寧府。吕惠卿擔任參知政事，兼國子監經義局同提舉。此後，《詩經新義》的修撰工作在汴京和江寧兩地同時展開。根據記載，

> （熙寧七年四月庚寅）太子中允、崇政殿説書、兼國子監同修撰經義王雱爲右正言、天章閣待制、兼侍講。雱以疾不能朝。又詔特給俸免朝謝，許從安石之江寧，仍修撰經義。又詔王安石依舊提舉詳定國子監修撰經義，參知政事吕惠卿同提舉。④

可見，由於王安石罷相外任，吕惠卿的身份由修撰提升爲兼同提舉，於京師暫時代理經義局的日常工作。於此同時，王安石出知金陵，於江寧府繼續主持經義修撰一事。隨着這一局面的形成，以及《詩經新義》修撰的實質進展，經義局的人員和工作内容也出現了一定的調度和變化。

就江寧府而言，熙寧七年四月，王安石出知江寧府，仍擔任提舉國子監經義修撰一事，王雱因腳疾隨行，仍兼同修撰一職，助修經義。同年五月，"王

---

① 劉成國《王安石年譜長編》，第1699頁。
② （宋）王安石《臨川先生文集》卷一八《次韻吴沖卿召赴資政殿聽讀詩義感事》，第406頁。
③ （宋）李燾《續資治通鑑長編》卷二六八《熙寧八年九月條》，第6566頁。
④ （宋）李燾《續資治通鑑長編》卷二五二《熙寧七年四月條》，第6173—6174頁。

安石乞以經義檢討官余中等往江寧府"①。程元敏認爲，遷往江寧的檢討官中，葉唐懿亦在其中。② 這樣，在江寧府就形成了一個新的修撰經義的場所，其中以王安石爲提舉，王雱爲同修撰，余中、葉唐懿等爲經義檢討官。

這一時期，江寧府修撰經義的工作主要由王安石主持進行，王雱因腳疾，鮮聞經義職事。就《詩經新義》而言，王安石主要負責審閱、釐正從京師所送過來的《詩義》的稿子。正如呂惠卿熙寧九年所上劄子所言，"修《邶》《鄘》《衛》以後數卷，安石在此間，或就局已經數覽，洎去江寧，又送詳定，簽貼釐書，其處非一。"

與此同時，由於部分修撰官、檢討官跟隨王安石遷往江寧府，造成京師地區經義局人員的缺額，因此呂惠卿首先補充了經義局的檢討。如下：

> （熙寧七年五月甲辰）吴縣尉曾旼、新成都府户曹參軍劉涇爲提舉修撰經義所檢討。③

> （熙寧八年五月丁亥）上曰："經義所辟檢討劉谷，谷必通經義，惠卿言其人有學問，有行。"王安石曰："臣亦聞其有行，但不識之。"④

這一時期經義局增加曾旼、劉涇、劉谷爲檢討官。其後，根據編撰需要，經義局新增或調整了部分人員的職位和工作內容。

> （熙寧七年七月癸卯）知開封府兵曹參軍、大理評事吴安持，忠正軍節度推官、管勾國子監丞郭逢原，吴縣尉、提舉修撰經義所檢討曾旼，並兼充編修删定官。⑤

> （熙寧七年九月庚子）令太子中允、館閣校勘、崇政殿説書呂升卿兼同修撰經義。⑥

這一時期，經義局新增吴安持、郭逢原爲編修删定官，曾旼由檢討兼任編修删定官，新增呂升卿爲同修撰。這樣，在汴京，經義局則形成了以呂惠卿爲同提舉、修撰官，呂升卿爲同修撰，吴安持、郭逢原、曾旼爲編修删定官，曾旼、

---

① （宋）李燾《續資治通鑑長編》卷二五三《熙寧七年五月條》，第6191頁。
② 程元敏《三經新義修撰人考》，《三經新義輯考匯評（上）——詩經》，第380頁。
③ （宋）李燾《續資治通鑑長編》卷二五三《熙寧七年五月條》，第6192頁。
④ （宋）李燾《續資治通鑑長編》卷二六四《熙寧八年五月條》，第6480頁。
⑤ （宋）李燾《續資治通鑑長編》卷二五四《熙寧七年七月條》，第6220頁。
⑥ （宋）李燾《續資治通鑑長編》卷二五六《熙寧七年九月條》，第6249頁。

劉涇、劉谷等爲檢討官①的經義修撰中心。

而以上經義局的人員安排有兩個明顯變化。其一，檢討官始參與經義的編撰。具體表現爲：一、曾旼作爲檢討官，兼任編修删定官，參與經義的編修。二、王安石復相返京後，神宗皇帝曾與其談及劉谷通經義一事，認爲"檢討須有補於修經"②。三、王安石返京後，吕惠卿也令"檢討官以續所撰《義》歷呈安石"③。以上説明這一時期經義局檢討官兼修經義的事情較爲普遍。其二，新增多名編修删定官。一方面，"編修删定官"的設定，説明這一時期對於經義修撰、删正的需求增加。另一方面，增加數名編修删定官，並且要求檢討官兼修經義，説明參與《詩義》編撰的人員數量大爲增加。這實際上反映出《詩義》編修的進展，即從起初需要大量的人員來分定篇目、檢討文字，到這一階段需要更多的人員來參與經義的編撰。

關於經義局的經義修撰概況，可從吕惠卿熙寧八年九月所上劄子略知一二：

> （吕惠卿）又修《邶》、《鄘》、《衛》以後數卷，安石在此間，或就局已經數覽，洎去江寧，又送詳定，簽貼鑒書，其處非一。自此以後，臣以安石去局，而《義》又加詳，更不欲輒改舊文，只令解《序》。自安石到京，令檢討官以續所撰《義》歷呈安石。④

由此可知，這一時期，經義局的工作主要包括如下幾個方面：其一，將此前所撰"《邶》《鄘》《衛》以後數卷"，遞送江寧府，由王安石鑒正後，返還經義局繼續修改、繕正。其二，訓解《詩序》。根據熙寧八年王安石所奏進劄子"其《詩序》用吕升卿所解"⑤可知，這一部分主要由吕升卿完成。其三，繼續訓解《詩經》其他篇章的經義。王安石復相返京後，吕惠卿"令檢討官以續所撰義歷呈安石"，以交其酌定，故知這一部分主要由檢討官兼編修删定官完成。

---

① 經義檢討官，除以上所涉及的十二人之外，應還有張濟、葉□二人。根據王安石日記的記載，（熙寧八年七月辛未）"詔'修經義檢討官轉一官，選人循兩資。張濟、葉□、劉涇候教授、直講有闕日，與差舉人，各賜絹五十匹。'王安石初議舉人酬獎，欲與免解。上不許。"〔（宋）李燾《續資治通鑒長編》卷二六六《熙寧八年七月條》，第6524頁。〕但二人何時擔任經義檢討官一職則不可考。

② （宋）李燾《續資治通鑒長編》卷二六四《熙寧八年五月條》，第6480頁。

③ （宋）李燾《續資治通鑒長編》卷二六八《熙寧八年九月條》，第6566頁。

④ 同上書，第6565—6566頁。

⑤ 同上書，第6563頁。

比較京、寧兩地的工作可知，在這一階段，修撰《詩經新義》的工作主要以經義局爲主。

（三）第三階段：熙寧八年二月至六月，京、寧兩地重新並爲經義局一個中心，《詩經新義》初步完成。

熙寧八年二月，王安石復相，江寧府的修撰人員隨之返京，重新合併爲經義局一個中心，由王安石任提舉，呂惠卿任同提舉、修撰，王雱、呂升卿爲同修撰，余中、葉唐懿、曾旼等爲檢討官。而其基本工作，呂惠卿劄子有云：

> 自安石到京，令檢討官以續所撰《義》歷呈安石，其餘，臣（呂惠卿）於中書與安石面讀，皆有修改去處，經局草卷宜尚有存。①

由此可見，這一時期，經義局關於《詩經新義》的基本工作包括：其一，將王安石離京期間經義局檢討續撰的《詩義》其他篇章，歷呈王安石，由其審定。其二，對於尚未修撰的《詩經》其他篇章的經義，則由王安石、呂惠卿於中書省共同商討確定。

是年六月，《詩經新義》基本修撰完成，並由王安石、呂惠卿、余中等共同進呈。熙寧八年六月丁未（十七日），呂升卿言"《詩義》已奏"②。可知至晚在六月十七日之前，《詩經新義》已經初步完成並且全部進呈。六月己酉（十九日），中書省進言并獲准"以副本送國子監鏤板頒行"③。後王安石又親自寫定《詩義序》，奏上進呈。因其過分稱譽上德，爲神宗所止。故而改撰後於六月甲寅（二十四日）再次進呈，"詔付國子監置之《三經義解》之首"④，是爲今天所見之《詩義序》。至此，修撰《詩經新義》的工作基本完成。

三、經義局的罷撤與《詩經新義》的修改

隨着《三經新義》修撰工作的完成，經義局的差遣官也陸續離職。先是，熙寧八年六月，神宗皇帝以經義告成，對編修人員進行推恩："吏部尚書、平章事、昭文館大學士王安石加左僕射、兼門下侍郎，右諫議大夫、參知政事呂惠卿加給事中，右正言、天章閣待制王雱加龍圖閣直學士，太子中允、館閣校

---

① （宋）李燾《續資治通鑑長編》卷二六八《熙寧八年九月條》，第6566頁。
② （宋）李燾《續資治通鑑長編》卷二六五《熙寧八年六月條》，第6487頁。
③ 同上書，第6493頁。
④ 同上書，第6514頁。

勘吕升卿直集賢院。"① 七月，又詔"修經義檢討官轉一官，選人循兩資。張濟、葉□②、劉涇候教授、直講有闕日，與差舉人，各賜絹五十匹"③。後經義局的各編修官、檢討官等相繼擔任其他職位，經義局解散。

但是，《詩經新義》的刻梓和經義局的罷撤並不意味着《詩經新義》已完全定稿。在其付梓甚至頒行後，王安石仍不斷進行修改。王安石對其進行删改的原因主要有二：其一，吕惠卿等趁機篡改已纂定《詩》義解釋，從而引起王安石父子的不滿。且《詩序》乃吕升卿所解，神宗也命王安石進行删削改定。其二，王安石在讀經過程中，逐漸意識到部分經義訓釋不妥，故而進行修正。

（一）吕惠卿等篡改《詩經新義》與王安石改呈舊義、删定《詩序》解。

熙寧七年四月，王安石罷相居金陵。在此期間吕惠卿乘間竄改了王安石父子在京以及金陵所撰草的《詩》義。④ 王安石復相後，與吕惠卿之間的關係逐漸交惡，吕惠卿等也多删改經王安石所定的《詩義》。如史籍記載：

> 安石再相，與惠卿不相能，惠卿輒删改安石《詩義》，安石滋不悦。⑤

> （六月）丁未，同修經義吕升卿言："《周禮》《詩》義已奏。《尚書》有王雱所進議，乞不更删改。"從之。時升卿輒删改安石、雱《詩義》，安石、雱皆不悦，故升卿有是言。⑥

吕惠卿本人亦曾上書，云：

> （九月）忽兩日前，余中、葉唐懿來爲臣（吕惠卿）言，安石怒臣改其《詩義》。⑦

> 忽見余中、葉唐懿來謂臣（吕惠卿），安石怒經義局改其《二南》舊義，止令勿賣，須得削去。⑧

由此可見，吕惠卿確有改篡《新經詩義》的行爲，而王安石對此頗爲不悦。並且隨着《新經詩義》的刊印，所發現的改動的部分愈多，王安石也愈爲不滿，

---

① （宋）李燾《續資治通鑒長編》卷二六五《熙寧八年六月條》，第 6495 頁。
② 文淵閣《四庫全書》本"葉"下注曰"原闕名"。中華書局本寫作"葉原"，蓋衍字，不取。從《四庫全書》本。
③ （宋）李燾《續資治通鑒長編》卷二六六《熙寧八年七月條》，第 6524 頁。
④ 程元敏《三經新義版本與流傳》，第 771 頁。
⑤ （清）陸心源《宋史翼》卷四十《吕升卿傳》，第四百三十七頁，清光緒刻潛園總集本。
⑥ （宋）李燾《續資治通鑒長編》卷二六五《熙寧八年六月條》，第 6487—6488 頁。
⑦ （宋）李燾《續資治通鑒長編》卷二六八《熙寧八年九月條》，第 6563 頁。
⑧ 同上書，第 6566 頁。

並於熙寧八年九月十一日，即《詩經新義》進奏約三個月後，再次奏進《詩義》新、舊本各一份，奏請改復《詩義》舊本，並附奏《論改詩義劄子》一道，略論其事：

> 所有經局改定諸篇，謹録新舊本進呈。内雖舊本，今亦小有刪改，並於新本略論所以當删復之意。如合聖旨，乞降指揮，其《詩序》用吕升卿所解，《詩義》依舊本頒行。①

《詩義》新本是指經王安石酌定釐正後，又被吕惠卿等篡改的本子，即此前上奏並已陸續刻梓的本子。《詩義》舊本是指未經吕惠卿等篡改的本子。據其所述，王安石此次奏進，對《詩義》新本中應當删削或復正的内容予以説明，對《詩義》舊本則小做修改，並上奏請停用新本，改用舊本。根據吕惠卿劄子"今但用舊義爾"② 可知，《詩義》解釋主要採納舊義。

而關於《詩序》的部分，王安石雖然奏請採用吕升卿的訓解，但神宗"詔安石並删定升卿所解《詩序》以聞"③。至於神宗何以命安石删正升卿所解《詩序》，當與其不信任升卿學術有關。吕升卿，熙寧三年進士。熙寧六年，以王安石推薦，召爲館閣校勘，修撰經義所檢討，後擢升爲通修撰。雖然如此，神宗、王安石、司馬光以及蔡承禧等皆以爲吕升卿無學術。熙寧六年四月乙亥，王安石"知升卿經義非所長，請試以事"，派其察訪京東路常平等事。④ 熙寧七年五月，吕升卿侍講經筵，又不能對上所問。⑤ 時監察御史蔡承禧亦評價吕升卿所撰經義，有云：

> 陛下令撰經義，惠卿豈不知其弟升卿之不才，不可以當此？苟欲其弟夤緣以得美官，即令撰進，其文之紕繆不可以言，臣有别疏論列。⑥

以此可知神宗命安石删正《詩序》解的主要原因，亦可見神宗對於新修經義的重視。

關於《詩序》解一事，亦有王安石上《答手詔言改經義事劄子》與之相合，其中説道："伏奉手詔，依違之罪，臣愚所不敢逃。然陛下既推恩惠卿等，

---

① （宋）李燾《續資治通鑑長編》卷二六八《熙寧八年九月條》，第6563頁。
② 同上書，第6564頁。
③ 同上書，第6563頁。
④ （宋）李燾《續資治通鑑長編》卷二四四《熙寧六年四月條》，第5931頁。
⑤ （宋）李燾《續資治通鑑長編》卷二五三《熙寧七年五月條》，第6196頁。
⑥ （宋）李燾《續資治通鑑長編》卷二六九《熙寧八年十月條》，第6588頁。

而除其所解，臣愚不敢安此。若以其説有乖誤者，責臣更加刪定，臣敢不祗承聖訓！"熙寧八年十二月辛亥（二十四日），"王安石上《再撰〈詩·關雎〉義解》。詔並前改定諸《詩序》解付國子監鏤板施行。"① 因此，最遲在十二月二十四日，王安石已改定《詩序》解。

簡而言之，熙寧八年九月至十二月，針對此前上呈的《詩經新義》（新本）中存在吕惠卿"竄改"《詩義》的内容，王安石復呈《詩義》舊本，並於其中略作刪改。針對吕升卿所解《詩序》，王安石奉召刪定，並於十二月修定完成，付國子監刻梓頒行。此外王安石又修正了《詩·關雎》的義解，並付國子監鏤板施行。可以説，這一次修改是對熙寧八年六月所奏進的《詩義》進行了大幅度的修改。

（二）王安石二次罷相與《詩經新義》的修正、完善。

熙寧九年十月至元豐三年八月，王安石第二次罷相，判江寧府。這段時間内，王安石有許多閒暇時間，因此再次詳閲《詩經新義》，對其中的辭義進行考證和修改。元豐三年八月二十八日，王安石上《乞改〈三經義〉誤字劄子二道》，"詔録送國子監修正。"②

關於此次修改《詩經新義》的原因，王安石在其所上《劄子》中進行了説明，認爲自己此前"聞識不該，思索不精，校視不審"，而判知江寧的這段時間，他得以"休息田里，坐竊榮禄，免於事累。因得以疾病之間，考正誤失"③。

關於此次《詩經新義》所修改的内容，共涉及《詩經》十七個篇章，即《北風》《君子偕老》《定之方中》《干旄》《有女同車》《駟驖》《墓門》《七月》《車攻》《小旻》《桑扈》《生民》《公劉》《卷阿》《召旻》《時邁》《那》。主要是對此前上奏的《詩經新義》的部分辭義進行的小範圍的修改，是對《詩經新義》的一種補正和完善。他所修改的内容大體可分爲三種類型：

類型一：修改《詩經新義》中的錯字、別字、異體字。如《定之方中》"説於桑田者"，"者"當作"則"。《有女同車》"公子五争"，"争"當作"爭"。《駟驖》"駟馬既閑"，"駟"當作"四"。《墓門》"食椹而甘"，"椹"當作"葚"。《小旻》"發言盈廷"，"廷"當作"庭"。《桑扈》"受福不邦"，"邦"當作"那"。《生民》"麻麥懞懞"，"夌"當作"麥"。

---

① （宋）李燾《續資治通鑒長編》卷二七一《熙寧八年十二月條》，第6650頁。
② （宋）李燾《續資治通鑒長編》卷三〇七《元豐三年八月》，第7471頁。
③ （宋）王安石《臨川先生文集》卷四三《乞改三經義誤字劄子二道》，第819頁。

类型二：针对《诗经新义》中的漏字现象进行增补。如："《召旻》：'昏非所以爲哲。'字上漏'明'字，今合添。"

类型三：对《诗经新义》中解释不精当的地方或改或删。如："《北风》'北风以言其威，雨雪以言其虐。涼者，氣也。喈者，聲也。雾葢言聚，霏葢言散。氣之所被者近，聲之所加者遠。聚則一方而已，散則無所不加。此言其爲威虐，後甚於前也。'已上六一三字，今欲删去，改云：'北风之寒也而以爲涼，北风之厲也而以爲喈，此以言其爲威。雨雪之散也而以爲雾，雨雪之集也而以爲霏，此以言其爲虐。'"以上则使文义更加通顺晓白。"《君子偕老》：'玼兮玼兮，其之翟也'者，服之盛也。'服之盛'字下，今欲添'質宜之'三字。又云：'瑳兮瑳兮，其之展也。蒙彼縐絺，是泄袢也'者，亦服之盛也。'亦服之盛'字上，欲减'亦'字，'服之盛'字下，欲添'文宜之'三字。"以上则是为了彰显、强调王安石的《诗》义思想。又如"《七月》'剥枣者，剥其皮而进之，养老故也'十三字者，谓亦合删去。"根据《容斋续笔》的记载："王荆公《诗新经》'八月剥枣'解云：'剥者，剥其皮而进之，所以养老者也。'毛公本注云：'剥，擊也。'陸德明音普卜反。公皆不用。後從蔣山郊步至民家，問其翁安在。曰：'去撲枣。'始悟前非，即具奏乞除去十三字，故今本无之。"① 以上则是更正其之前解释不当之处。

简言之，熙宁九年至元丰三年，王安石删改《诗》辞、《诗》义，是对熙宁八年九月上奏的《诗义》的一次修正和完善。至此，《诗经新义》最终定稿。

总的来说，熙宁八年经义局罢撤以后，国子监刻梓颁行的《诗经新义》其实发生了很大的改动。《诗义》的部分由《诗义》新本改为王安石所进呈的旧本，吕升卿所解《诗序》也经过王安石改定后付梓颁行，《诗义序》仍用王安石熙宁八年六月所上的序文。而且王安石又陆续对其中校审不详、解释不精的字词进行了修正。这一时期，《诗经新义》最终完成。

結　論

《诗经新义》是中唐以来经学发展由汉学向宋学发展的阶段性成果，也是北宋中期面对各种社会问题，企图通过改革科举制以培养人才的产物。虽然

---

① （宋）洪邁《容齋續筆》卷十三《注書難》，載洪邁《容齋隨筆》，北京：中華書局2015年版，第312頁。

《詩經新義》的成書過程、修撰人員及進呈版本較爲複雜，但可以確定的是，它是由王安石和其子王雱、其衆多門生以及經義局衆人共同纂定而成。具體言之，《詩經新義》可分爲三個部分，即《詩》辭、《詩》義和《詩序》解。《詩》辭主要由王安石指導、王雱訓解完成。《詩》義的訓解比較複雜，它以王雱《詩》義、陸佃、沈季長的《詩》講義以及國子監"口義"爲基礎，中經修撰經義局多人修撰寫定，後由王安石親自刪削改定。《詩序》主要由吕升卿訓解，並經王安石親自刪削改定。簡言之，《詩經新義》可以説經衆人之手，定於王安石一人，傳王安石一人之思想。

（作者單位：北京師範大學歷史學院）

興國軍學本與早期和刻本《春秋經傳集解》*

張麗娟

【內容提要】 南宋嘉定九年興國軍學刊《春秋經傳集解》傳入日本後，經過南北朝時期覆刊、慶長時期活字印行、寬永八年崛杏菴訓點，在日本《左傳》學領域影響深遠。本文考察今存興國軍學本《春秋經傳集解》兩部傳本，及由興國軍學本發展而來的早期和刻《左傳》諸本，從版式面貌、文字校勘兩方面觀其異同，從中可窺《左傳》文本在日本的傳播與演變進程。

【關鍵詞】 春秋經傳集解　興國軍學本　和刻本

興國軍學本《春秋經傳集解》刊於南宋嘉定九年（1216），當時即被稱爲善本。日本南北朝時期據興國軍學本《春秋經傳集解》覆刊，成爲《左傳》在日本的最早刊本，也是日本外典刊刻的較早版本之一。此本經後代傳抄、翻印、訓點、校正，成爲日本《左傳》學領域影響深遠的文本。本文考察今存興國軍學本《春秋經傳集解》傳本，及由興國軍學本發展而來的早期和刻本《左傳》諸本，從版式面貌、文字校勘兩方面觀其異同，辨其源流，以見《左傳》文本在日本的傳播與演變進程。

一、興國軍學本《春秋經傳集解》

興國軍學本《春秋經傳集解》是南宋時期興國軍學所刻《六經》中的一種。南宋毛居正於嘉定十六年（1223）受命勘正國子監經籍，留下《六經正誤》一書，其《易》《書》《詩》《周禮》《禮記》《左傳》皆錄"興國軍本"異

---

* 本文爲2015年度國家社科基金重大項目"《春秋左傳》校注及研究"（項目批准號：15ZDB071）、2014年度國家社科基金項目"《十三經注疏》版本研究"（項目批准號：14BTQ020）成果。

文，可證興國軍本《六經》之目。宋黃震於咸淳九年（1273）撰《修撫州六經跋》中也曾提到興國軍本《六經》："《六經》官板，舊惟江西撫州、興國軍稱善本。己未虜騎偷渡，興國板已毀於火，獨撫州板尚存。"可見南宋時期興國軍學本《六經》與撫州本《六經》並稱，都是官刻經籍中爲人稱道的善本。

興國軍，北宋太平興國三年（978）改永興軍置，宋隸江南西路，治所在今湖北陽新縣。興國軍學刊刻《六經》並非同時完成。據今存興國軍學本《春秋經傳集解》卷末聞人模跋可知，早在高宗紹興二十二年（1152），當時的興國軍學教授鄭仲熊即主持刊刻《五經》。至寧宗嘉定間，鄭刻《五經》書板猶存，惟"歷時浸久，字畫漫滅"。聞人模時任興國軍學教授，鑒於《五經》書板漫滅損壞，"且缺《春秋》一經"，遂在當地官員支持下，發起刊刻《春秋經傳集解》，並修復《五經》舊板，事成於嘉定九年（1216）正月。① 根據黃震的記載，興國軍學本《六經》書板毀於"己未"，當即蒙古大軍大規模入侵南宋之理宗開慶元年（1259）。今興國軍學本《六經》僅《春秋經傳集解》一經孤存，其他五經早已不存於世。

興國軍學本《春秋經傳集解》（以下簡稱"興國本"）今存兩部傳本，皆與日本有關。一部藏日本宮內廳書陵部，爲金澤文庫舊藏本，除卷3、4、20、21、26—28抄配外，各卷保存完整。八行十七字，小字雙行同，白口，左右雙邊。版心上刻大小字數，下有刻工名。卷前有"春秋左氏傳序"，卷三十末有"春秋經傳集解後序"，序後刻經注總字數"經凡一十九萬八千三百四十八言，注凡一十四萬六千七百八十八言"，並《經傳識異》四葉、興國軍官員銜名、聞人模刊書識語。鈐有"金澤文庫"墨印及"枝山""允明""文炳珍藏子孫永

---

① 阿部隆一《日本國見在宋元版本志經部》以爲紹興二十二年鄭仲熊刊《五經》包括《春秋》，至嘉定間《春秋》板木無存，聞人模遂再刊《春秋》一經。見《阿部隆一遺稿集》第一卷，東京：汲古書院1993年版，第325頁。按聞人模跋云"本學五經舊版，乃僉樞鄭公仲熊分教之日所刊，實紹興壬申歲也。歷時浸久，字畫漫滅，且缺《春秋》一經"，究竟是紹興所刊"五經"中有《春秋》而此時書板亡缺，還是紹興所刊"五經"中本就缺《春秋》，語意較爲含混。從毛居正《六經正誤》引興國軍本異文遍及六經及黃震"《六經》官板"之語，可知興國軍學本經書共有"六經"而非"五經"。宋代"六經"概念與前代頗有不同，《玉海》云："國朝方以三傳合爲一，又舍《儀禮》，而以《易》《詩》《書》《周禮》《禮記》《春秋》爲六經。"由於王安石貶黜《春秋》之影響，南宋初年《春秋》一經地位較另五經似有所不同。兩浙東路茶鹽司於紹興間刻八行注疏本《易》《尚書》《周禮》，紹熙間刻《禮記》《毛詩》，至慶元中沈作賓始刻《春秋左傳正義》，號稱"合五爲六"。鄭仲熊先刻"五經"，聞人模增刻《左傳》，如此方足"六經"之數，正如沈作賓"合五爲六"之舉。詳見筆者《宋代經書注疏刊刻研究》"宋代刻經的經數"，北京：北京大學出版社2013年版，第15—20頁。

保""井口氏圖書""佐伯侯毛利高標字培松藏書畫之印""秘閣圖書之章""御府圖書"等印。① 又日本尊經閣文庫藏宋刻《春秋左氏音義》五卷，與宮內廳藏興國本《春秋經傳集解》版式、字體、刻工等皆同，且同樣鈐有"金澤文庫"墨印，兩者爲一本散出。

傳世另一部興國本《春秋經傳集解》，流傳軌跡亦頗坎坷。此本爲毛氏汲古閣舊藏，後散佚。原本所附《春秋左氏音義》及《經傳識異》進入清宮天禄琳琅，見《天禄琳琅書目》卷一著録，嘉慶中與其他天禄琳琅珍本一同毀於大火。而此部《春秋經傳集解》的三十卷正文亦有殘損，僅餘十八卷殘本爲黃丕烈所得。② 此十八卷殘本後歸汪士鐘藝芸書舍，見於《藝芸書舍宋元本書目》。至清末續有散佚，其中卷 10、15－20、23－30 共十五卷，歸入陸心源皕宋樓，陸氏《皕宋樓藏書志》將此本著録作"宋刊建大字本"，今藏於日本靜嘉堂文庫。另有卷 22，民國間輾轉爲周叔弢所得，今歸中國國家圖書館。靜嘉堂文庫藏各卷及中國國家圖書館藏殘卷，皆鈐有汲古閣毛氏及汪士鐘諸印，可證其原爲一本。③

前人已注意到存世兩部興國本《春秋經傳集解》有印刷時間的不同。汲古

---

① 島田翰《古文舊書考》著録此本，以爲"先儒以文庫印爲贋，是也"。關靖《金澤文庫本圖録》則認爲"金澤文庫"印爲真，者"枝山""允明"印可疑。此因金澤文庫創建時間早於祝允明所在的明代正、嘉間，若祝允明印爲真，則其傳入日本時間較晚，就不可能有金澤文庫鈐印，反之亦然。今按，從藏書印分佈規律看，宮内廳本"金澤文庫"墨印鈐印位置頗固定，一般以兩卷爲單位，前一卷首葉及後一卷末葉各鈐一枚，卷 19、29、30 則於每卷首尾各鈐一枚。推測此本原本分冊，除卷 19、29、30 三卷各爲一冊外，其他皆兩卷爲一冊，於冊首尾鈐"金澤文庫"墨印。卷端一枚鈐於框外右下角，卷尾一枚鈐於尾題下，極有規律。相比之下，"枝山""允明"的鈐印位置頗爲隨意，且隨"金澤文庫"印或書中批注文字位置而有所移易。這似可説明"金澤文庫"鈐印在前，"枝山""允明"印在後。又祝允明存世書法墨跡不鮮見，其中多有鈐"枝山""允明"者，筆者將其與此本二印比對，未見完全相同之鈐印。又尊經閣文庫藏《春秋左氏音義》亦鈐"金澤文庫"墨印，與宮内廳本爲一本散出者，其中無"枝山""允明"印。由以上種種，我們認爲宮内廳藏興國軍學本《春秋經傳集解》所鈐祝允明二印爲僞，此本傳入日本的時間當在金澤文庫創建時期，即十三世紀後半期。關於金澤文庫創建時間及宋版書東傳日本的情況，參見陳翀《兩宋時期刻本東傳日本考——兼論金澤文庫之創建經緯》，《西華大學學報（哲學社會科學版）》2010 年第 3 期。

② 黃丕烈《百宋一廛書録》著録此本，云："大字《春秋經傳集解》三十卷，存者十八卷……舊爲毛氏所藏，楮瑩墨瀋，絶無點汙。雖不全，亦至寶也。後序末有'經凡一十九萬八千三百四十八言，注凡一十四萬六千七百八十八言'，分兩行刻。"《宋元版書目題跋輯刊》第三冊，北京：北京圖書館出版社 2003 年版，第 10 頁。

③ 此本分散離合詳情，參見筆者《説説南宋興國軍學刻本〈春秋經傳集解〉》一文，載《國學茶座》2014 年第 2 期。

閣舊藏、現靜嘉堂及中國國家圖書館分藏的一部，爲較早印本，未經補版；宮內廳及尊經閣所藏一部，爲較晚印本，有部分補版葉。增田晴美先生曾作《關於〈春秋經傳集解〉宋嘉定九年興國軍學刊本與南北朝覆宋刊本》一文，① 主要比較靜嘉堂藏興國本《春秋經傳集解》與日本南北朝覆刊本的異同，同時也詳列宮內廳藏興國本與靜嘉堂藏興國本各葉刻工姓名對照表。我們由此對照表可大體判斷靜嘉堂本與宮內廳本的版葉異同：兩本刻工相同之葉，即宮內廳本保存的原刻版葉；兩本刻工不同之葉，即宮內廳本新的補版版葉。從對照表可知宮內廳本與靜嘉堂本有相當量的異版，如卷十五共 37 葉，其中 9 葉兩本異版；卷十六共 33 葉，其中 17 葉兩本異版。這些異版就是宮內廳本的補版版葉。

由於兩部傳本分藏三處，利用不易，前人無法對兩部傳本的版刻細節與文字異同詳加比較。今宮內廳本已有方便的影印本及網路資源可以利用，我們以中國國家圖書館藏卷二十二與宮內廳本相比勘，可以發現兩部興國本《春秋經傳集解》傳本在版刻及文字上的細微差別。本卷共 30 葉，其中第 1—5 葉國圖本與宮內廳本爲異版，宮內廳本爲補刻版葉。國圖本前 5 葉刻工依次爲胡桂、胡桂、胡、余、胡桂；宮內廳本依次爲祚、中、發、中、中。宮內廳本的補刻版葉據原版覆刻，單字的字體結構非常相似，但筆畫更寬展、刀法較銳利，整體看風格有所不同。第 6 葉以下兩本同版，皆原刻版葉。國圖本雖亦有不少斷版，難稱初印，但其版面字跡清晰，未見修補痕跡；宮內廳本於國圖本斷版處斷裂更爲嚴重，有的斷裂處進行了修整，版面字跡漫漶嚴重，有的文字經局部改刻。如第 15 葉上半面，國圖本"哉""爲""歸"處有斷版，字形中間形成大的斷裂空隙。宮內廳本對此處斷裂加以修整，字形較爲完整。第 17 葉上半面，國圖本字跡清晰完整，宮內廳本漫漶嚴重，第 6 行"受其咎"等字經改刻，筆畫較原刻的粗肥明顯不同。

宮內廳本與國圖本的文字差異，即主要體現在宮內廳本的補版版葉及局部改刻文字中。卷二十二第 3 葉下半面第 7 行國圖本"子良子尾之子高彊也"，宮內廳本"子良"誤作"子艮"。第 5 葉下半面第 8 行國圖本"封諸陳，紹舜後"，宮內廳本"舜後"誤作"爲候"。這兩處異文皆在宮內廳本補版版葉，當爲補版時偶誤。第 10 葉上半面第 2 行國圖本"二御失官"，宮內廳本"二"誤作"工"；第 27 葉上半面第 7 行國圖本"言不能爲季氏逐小"，宮內廳本"氏"誤

---

① ［日］增田晴美《關於〈春秋經傳集解〉宋嘉定九年興國軍學刊本與南北朝覆宋刊本》，載《汲古》第 23 號，東京：汲古書院，1993 年。

作"民"。此二葉國圖本、宮內廳本同爲原刻版葉,但宮內廳本漫漶嚴重經局部改刻,二字疑爲局部改刻時致誤。

總體來看,國圖本雖非嚴格意義上的初印本,但未經修補,當可反映嘉定九年聞人模刊本的原貌;宮內廳本經過補版與局部修版,版刻面貌較原本有一定差別,文字上也有所變異。辨明興國本《春秋經傳集解》兩部傳本之間版刻與文字上的差異,有助於我們對日本南北朝時期覆刊興國本《春秋經傳集解》的考察。日本覆刊本《春秋經傳集解》據興國本翻刻,已爲學界共識。但正如上文所述,興國軍學本有早印本與晚印本的區別,其版刻、文字有所不同。日本南北朝時期覆刊《春秋經傳集解》,其所據底本究竟是哪一種印本,覆刊時是否曾進行有意識的校改,是值得討論的問題。今存兩部興國本《春秋經傳集解》中,汲古閣舊藏本傳入日本甚晚,不可能成爲日本覆刊本的底本;金澤文庫舊藏本傳入日本時間較早,但從種種跡象看,我們認爲它也不是日本覆刊本的底本(詳見下文)。則歷史上還有第三部興國軍學本《春秋經傳集解》傳入日本,它才是日本覆刊本所依據的那一部興國本。

二、日本南北朝時期覆刊興國軍學本《春秋經傳集解》

日本南北朝時期(1336—1392)覆刊本《春秋經傳集解》(以下簡稱"覆刊本"),各家書目或著錄作"室町刊本""五山版",是日本最早刊印的《左傳》版本,也是日本外典刊刻的較早版本之一。日本宮內廳書陵部、靜嘉堂文庫、市立米澤圖書館及國內北京大學圖書館等均有收藏。① 此本舊或以爲宋刊本,森立之《經籍訪古志》指爲覆宋蜀大字本。楊守敬通過將此本與宮內廳藏興國本比較,指明二者之覆刊關係,今已成學界共識。② 增田晴美先生詳細比較了覆刊本與興國本(靜嘉堂藏本)的版式、字體、刻工等,指出覆刊本對興國本有明顯的仿效繼承,尤其是覆刊本模仿興國本特異字形之例,令人印象深刻。③ 傅剛先生則通過覆刊本與興國本(宮內廳藏本)的文本校勘,進一步確

---

① 本文所據爲市立米澤圖書館藏本,見該館網頁發佈之全文圖像。此本又有《和刻本中國古逸書叢刊》影印本,南京:鳳凰出版社 2012 年版。
② 楊守敬《日本訪書志》,《日本藏漢籍善本書志書目集成》第九冊,北京:北京圖書館出版社 2003 年版,第 71 頁。
③ 增田晴美《關於〈春秋經傳集解〉宋嘉定九年興國軍學刊本與南北朝覆宋刊本》。

認兩者的覆刊關係，並認爲覆刊本對底本有校改。①

　　正如前人指出的，覆刊本在形式上忠實再現了興國本《春秋經傳集解》的版刻特徵。兩本皆八行十七字，白口，左右雙邊，版心雙順魚尾，雙魚尾間刻"左幾"，下刻葉數，各葉、各行文字起訖完全相同。唯一不同的是覆刊本沒有照刻興國本版心的字數與刻工姓名（僅卷二有數葉照刻）。從卷二十二的比較來看，覆刊本字體風格完全承襲了興國本，某些字的獨特寫法都如法炮製。興國本因斷版形成的特異字形，如第 10 葉下半面末二行"星""冬"，第 14 葉下半面末三行"諸""至""欲"，第 15 葉上半面前三行"哉""爲""歸"，第 16 葉末行"疾"等處，因斷版造成字形拉長變形，覆刊本亦按照拉長變形的字形仿刻，顯得極爲怪異。第 20 葉下 8 行小字"戚，孫林父邑"，興國本"戚"字無誤，但左側撇劃"丿"有漫漶斷續，看起來似"氵"，覆刊本遂將"戚"字左側撇劃"丿"刻作"氵"，字形奇特。

　　在文本方面，覆刊本也完全承襲了興國本的異文體系。筆者舊曾取《春秋經傳集解》卷九文公十一年至十五年爲例，比勘宮內廳藏興國本與其他《左傳》重要版本。② 從所得異文看，撫州本、越刻八行本等官刻系統本與余仁仲本、元刻明修十行本等坊刻系統本，形成兩個比較明顯的陣營。興國軍學本與官刻系統的撫州本、越刻八行本較爲接近，同時亦受到坊刻諸本的影響，其異文或與撫州本、越刻八行本相合，或與余仁仲本、元刻明修十行本相合，也有與各本皆不同、興國本獨有之異文。今以日本覆刊本《春秋經傳集解》核校卷九異文，則興國本同於撫州本、越刻八行本者，日本覆刊本亦同；興國本不同於撫州本、越刻八行本者，日本覆刊本亦不同。與余仁仲本、元刻明修本的關係亦如此。特別是幾處興國本獨有異文，如文十二年經"秦伯使術來聘"注"術不稱氏史略文"，諸本皆如是，惟興國本"文"作"之"；文十三年傳"執其帑于晉"注"帑壽餘子"，諸本皆如是，惟興國本作"子"上多一"妻"字，日本覆刊本皆同興國本。

　　卷九亦可見覆刊本與興國本文字有異之處，如文十二年傳"胥甲佐之"，

---

①　傅剛《日本五山版漢籍叢刊·春秋經傳集解》解題，北京：北京大學出版社 2017 年版。

②　包括臺北故宮藏宋撫州本《春秋經傳集解》、臺北"國家圖書館"藏宋余仁仲本《春秋經傳集解》，中國國家圖書館藏宋越刻八行本《春秋左傳正義》，北京市文物局藏元刻明修十行本《附釋音春秋左傳注疏》，臺北藝文印書館影印清阮元刊《十三經注疏》本等，詳見筆者《宋代經書注疏刊刻研究》，第 94 頁。

興國本"甲"誤爲"申";文十四年傳"公子商人驟施於國"注"商人桓公子",興國本"桓"誤爲"相"。此皆興國本明顯誤字,覆刊本不誤。這是否意味着覆刊本在刊刻過程中對興國本誤字進行了校訂呢?筆者以爲未必如是。因爲正如我們上節所說,宮內廳藏興國本經過了補版和修版,補版、修版過程中有可能出現與原版不同之處。此二條異文所在的卷九第 5 葉及第 7 葉,宮內廳本雖爲原刻版葉,但仔細觀察兩處異文,"申"字正當斷版處,有修補痕跡;"相"字及前後數字筆畫頗細,與卷二十二第 27 葉局部改刻"氏"誤爲"民"處相似,疑亦出自局部改刻。因靜嘉堂本、國圖本缺卷九,我們無法確證宮內廳本此二處誤字是否因修版導致,但參考卷二十二兩個不同印本的比勘情況,我們認爲這兩處宮內廳本誤字更可能出自修版時致誤,而非原版之誤。

筆者將日本覆刊本卷二十二與國圖藏興國本及宮內廳藏興國本相比勘,認爲日本覆刊本所依據的興國本,與經過修補後印的宮內廳本有一定差異,而更接近於早印未經修補的國圖本。本卷宮內廳本與國圖本異文有四例,國圖本"子良子尾之子高彊也",宮內廳本"良"誤作"艮";國圖本"封諸陳,紹舜後",宮內廳本"舜後"誤作"爲候";國圖本"二御失官",宮內廳本"二"誤作"工";國圖本"言不能爲季氏逐小",宮內廳本"氏"誤作"民"。前二例爲宮內廳本補版致誤,後二例爲宮內廳本局部改刻致誤。此四例國圖本不誤、宮內廳本訛誤之例,覆刊本皆不誤。這與其說是覆刊本校改了興國本的誤字,還不如說是覆刊本所依據的興國本本來就無誤。從覆刊本的某些版刻細節,也可透露其底本更近於國圖本、而不同於宮內廳本的特徵。如卷二十二第 15 葉上半面"哉""爲""歸"等處,國圖本可見大的斷版,字形中間形成空隙而拉長變形。宮內廳本此處斷版經過修整,"哉""爲""歸"恢復正常字形。觀覆刊本此數字,字形怪異拉長,正與國圖本斷版後形成的字形吻合,而與宮內廳本不類。因此我們認爲日本覆刊本所依據的興國本,應當是印刷時間與靜嘉堂本、國圖本相近的未經修補的早印本,而不會是宮內廳藏本這種經過修補、文字有所變異的後印本。卷九"胥甲佐之""商人桓公子"兩處宮內廳本誤字、覆刊本不誤的情況,雖不能完全排除覆刊本校改的可能性,但更大的可能是,覆刊本所依據的底本,原本就不誤。

卷九第 2 葉文十一年傳"獲其弟榮如"注"欲其兄弟伯季相次",覆刊本

"伯"作"仲",是前人早已注意到的覆刊本不同於興國本之異文。① 宫内廳本本葉爲原刻版葉,"伯"字未見剜改或修補痕跡。則覆刊本"伯"作"仲",當非補版或局部修版所致異文。檢今存各系統《左傳》版本,除日本覆刊本及覆刊本影響之下的和刻本作"仲季"外,包括興國本在内的各系統《左傳》版本,如撫州本、越刻八行本、《四部叢刊》影印宋刻本、余仁仲本、元刻明修十行本、相臺岳氏本、明覆宋種德堂本,以及宫内廳藏金澤文庫舊藏卷子本《春秋經傳集解》,此處皆作"伯季",無作"仲季"者。② 日本覆刊本作"仲"字無早期版本依據,疑爲覆刊時偶誤。興國本"伯"字正當一行之末,或因底本有殘缺損壞,或有其他原因,覆刊時遂誤刻爲"仲"字。

由"仲"字例可知,雖然覆刊本對底本字形極度忠實甚至到盲從的地步,仍然難免因各種原因而出現與底本的少量差異。此種情況在卷二十二中亦可見。卷二十二第 7 葉下首行"言檮杌,略舉四凶之一,下言四裔,則三苗在其中","下"字宫内廳本、國圖本皆如是,覆刊本誤作"一"。第 18 葉上 5 行"字,養也,似雙生","似"字宫内廳本、國圖本皆如是,覆刊本誤作"以"。第 20 葉上 7 行"至于今賴之","今"字宫内廳本、國圖本無誤,覆刊本誤作"令"。第 23 葉上首行"欲與晉君代興","代"字宫内廳本、國圖本無誤,覆刊本誤作"伐"。此數處興國本早印本、晚印本皆不誤,當爲覆刊本刊刻過程中的偶誤。又如傅剛先生指出的卷十四第 24 葉,宫内廳本"邢丘",覆刊本改作"刑丘";卷十二第 18 葉宫内廳本"鮀",覆刊本改作"蛇",或有其他版本依據。

總體上看,日本南北朝覆刊本《春秋經傳集解》相當忠實地繼承了興國軍本的版刻特徵與異文體系,成爲《左傳》在日本刊印的最早源頭,經後代學者研讀、傳抄、翻印,深刻影響了日本《左傳》學的發展進程。

---

① 島田翰《古文舊書考》卷三著録舊刊覆江公亮本,指其"卷第九文公十一年傳注,江公亮本云'其兄弟仲季',興國軍本則'仲'作'伯'",認爲舊刊本非出自興國本。長澤規矩也《書志學論考・舊刊本考》對島田翰所謂"江公亮本"表示懷疑,指出舊刊本乃興國軍本之覆刻,"仲"字可解釋爲覆刊本之誤刻。見《長澤規矩也著作集》第一册,東京:汲古書院 1982 年版,第 70 頁。

② 據傅剛《日本五山版漢籍叢刊・春秋經傳集解》解題,陽明文庫藏宋刻《春秋經傳集解》此處亦作"伯季"。又據阿部隆一調查,臺北"故宫博物院"藏室町末近世初傳寫江公亮本《春秋經傳集解》此處亦作"伯季",見《中國訪書志》,東京:汲古書院 1983 年版,第 36 頁。

三、日本慶長時期活字本《春秋經傳集解》

　　日本慶長時期（1596—1614）有活字版《春秋經傳集解》，是爲南北朝時期覆刊興國本之後，《左傳》在日本的又一次印行。慶長活字本《春秋經傳集解》存世數量不少，且存在多個異版。據川瀨一馬《古活字版之研究》，今存《春秋經傳集解》活字版大體分爲兩種，第一種稱爲"慶長十七年以前活字本"，因足利學校遺跡圖書館所藏此種活字本上有墨筆識語："奧之會津人宗祥藏主入杏壇稱津梁不幸逝矣遺此本作當庠什物／慶長十七年壬子閏十月廿七日庠主寒松叟誌焉。"① 第二種稱爲"慶長中活字本"，川瀨先生推定爲叡山月藏坊活字版，共有三種異版：イ本東洋文庫等藏，ロ本成簣堂文庫等藏，ハ本高木文庫藏。② 今諸家館藏目錄所著錄之慶長活字本，往往不加區別，統稱"慶長活字本"或"古活字本"。

　　《古活字版之研究》收錄了足利學校遺跡圖書館藏第一種活字版及成簣堂文庫藏第二種活字版イ本、ロ本書影。以《古活字版之研究》書影與諸館藏本比對，可確認東京大學東洋文化研究所藏本（貴重－25）、國立公文書館藏本（274－0128）、京都大學藏清家文庫本（1－65/シ/6 貴）、臺北"故宫博物院"藏本（故觀013681－013695）、北京大學藏本（LSB/4489），即川瀨先生所稱第一種"慶長十七年以前活字本"。臺北"故宫博物院"藏另一本（故觀013025－013039），即川瀨先生所指第二種"慶長中活字本"ロ本。日本國會圖書館藏本（WA7－49）、臺北"國家圖書館"藏本（106.12 00593）與イ本、ロ本書影皆不同，其中日本國會圖書館藏本有"高木家藏"印，疑即川瀨先生所指高木文庫藏"慶長中活字本"ハ本。下文我們以國立公文書館藏第一種活字本（索書號274－0128，簡稱"活字A本"）、國會圖書館藏第二種活字本（索書號WA7－49，簡稱"活字B本"）爲考察對象，比較兩種活字本及其與興國本、日本覆刊本之異同。

　　從版面形式看，無論是"活字A本"，或是"活字B本"，都明顯沿襲了興國本與日本覆刊本的形制。其行款同樣爲八行十七字，版面安排亦繼承興國本、覆刊本。如卷一首葉的卷端題名、作者題署、每行起訖等，兩種活字本與

---

① ［日］川瀨一馬《古活字版之研究》，東京：安田文庫1937年版，第360頁。
② 同上書，第375頁。

興國本、覆刊本面貌完全相同。不過活字本没有完全照搬興國本、覆刊本的版面，在某些地方也做了一定程度的調整。因興國本每行字數不甚固定，一般爲行十七字，亦間有行字十八、十九字者。日本覆刊本完全照刻興國本版面，未做調整。而活字本爲追求版面整飭，每行固定爲十七字，小字雙行同。這樣遇到興國本、覆刊本行字十八、十九字時，就需調整行字起訖，導致與興國本、覆刊本版面上的差異。以卷一爲例，本卷第1、2葉活字本每行起訖與興國本、覆刊本完全一致，自第3葉第3行起行字起訖有所變化，直到第7葉下半面轉行進入下一段時，才恢復興國本、覆刊本原有版面。兩種活字本的行字調整基本一致，活字B本在活字A本基礎上又做了進一步微調，稍有差異。如上述第3葉第3行起的行字調整，兩活字本相同；至第6葉下半面第7行，活字B本又有一字調整，直至第7葉下半面轉行時恢復一致。又卷前杜預序，活字A本題"春秋序"，活字B本題"春秋左氏傳序"。各年起始"經""傳"二字，活字A本以白文陰刻標識，頗爲醒目；活字B本則不加標識。

從文字上看，兩種活字本同樣繼承了興國本的異文體系。興國本與其他早期《左傳》版本各有參差的異文中，兩種活字本與興國本、日本覆刊本高度一致。興國本、覆刊本與衆本不同的獨有異文，如文十二年經"秦伯使術來聘"注"術不稱氏史略文"，"文"作"之"；第10條文十三年傳"執其帑于晉"注"帑壽餘子"，"子"上多一"妻"字，兩種活字本皆同於興國本、覆刊本。

從興國本、日本覆刊本、活字A本、活字B本之間異文比較，特別是從誤字沿襲來看，活字B本源自活字A本，而活字A本的直接來源爲日本覆刊本。卷九文十一年傳"獲其弟榮如"注"欲其兄弟伯季相次"，日本覆刊本誤"伯"爲"仲"，兩種活字本皆同覆刊本作"仲"。卷二十二昭十一年傳"至于今賴之"，日本覆刊本"今"誤作"令"，活字A本亦誤作"令"。昭十二年傳"齊君弱吾君"注"欲與晉君代興"，日本覆刊本"代"誤作"伐"，活字A本亦誤作"伐"。此數處皆興國本不誤，日本覆刊本始誤，可說明活字A本並非直接據興國本而來，其所據底本爲日本南北朝覆刊本。

活字A本在排印過程中較南北朝覆刊本新增了許多訛誤，主要是因字形相近或活字誤植導致。如卷二十二昭八年傳"巧言如流"注"師曠此言緣問流轉"，誤"轉"爲"輔"；昭八年傳"聞彊氏授甲將攻子"，誤"彊"爲"疆"；昭八年傳"曰城麇之役不諂"，誤"麇"爲"麋"，誤"諂"爲"謟"；昭十年傳"告邑姜也"注"晉唐叔之母"，誤"叔"爲"叙"；昭十一年傳"君有大喪國不廢蒐"，誤"廢"爲"慶"。以上蓋因字形相近致誤。昭八年傳"子旗欲治

· 102 ·

其室"注"欲并治子尾之家政",活字 A 本"欲"作"政","政"作"致",此蓋因"欲"與"政"二字雙行並排而誤植。昭十年傳"遭子良醉而騁"注"欲及子良醉故騁告鮑文子",活字 A 本作"欲及子良騁故鮑告鮑文子",也是植字中的偶誤。

活字 B 本繼承了活字 A 本的部分訛誤,如上述"彊"誤作"疆","麛"誤作"麑","諂"誤作"謟","叔"誤作"叙","廢"誤作"慶"等。此數處興國本、日本覆刊本皆不誤,活字 A 本始誤,活字 B 本沿襲,説明其文本來源爲活字 A 本,而非興國本或日本覆刊本。但活字 B 本對活字 A 本、包括對日本覆刊本中的訛誤,也做了不少有效的校正。如昭十一年傳"至于今賴之",覆刊本、活字 A 本"今"誤作"令",活字 B 本已改正。昭十二年傳"齊君弱吾君"注"欲與晉君代興",覆刊本、活字 A 本"代"誤作"伐",活字 B 本亦加改正等等。糾正活字 A 本訛誤處更多。當然活字 B 本在排印過程中也有新增誤字,此不再贅述。

四、日本寬永八年刊本《春秋經傳集解》

日本寬永八年(1631)跋刊本《春秋經傳集解》,卷前有杜預"春秋左氏傳序",卷三十末有"春秋經傳集解後序"及經注總字數。書末有"左氏春秋跋"二葉:

　　……古者本朝之盛,建大學寮,設得業學生之科,令讀五經三史及天文九章等書,限《左傳》以七百餘日,以謂文義古奥,簡帙重大故也。自是至今,迄於千祀,朝野傳習,師弟授受。然而時有隆污,人有智愚,則瑯琊之稻無辨,而空束高閣,奈何!至於艾穎擢異時之甲科,東萊撰一月至博議耶!今遇明時,大闡儒教,人知禮讓,家蓄經史。爰杉田氏玄与欲刊訓點《左傳》以行四方,屬予求善本。予嘉此書之裨益學者,遍考數本,正字畫之紕繆,改和訓之異同,可者存之,闕者補之,以俟後之君子矣。庶幾讀之者辨淄澠、分涇渭者,幸甚。旹寬永八年歲次辛未冬日南至尾陽路醫官法眼杏菴正意跋。

杏菴正意即崛正意(杏菴,1585—1643),江户初期著名的儒學學者。崛杏菴訪求善本,以數本考訂字畫,校正音訓,而成此本。較之此前的南北朝覆刊本、慶長活字本,此本最大的特點是刊有崛杏菴的訓點,這是日本刊印《左傳》最早的訓點本。① 此本流傳頗廣，多家館有收藏。以筆者所見，日本國立公文書館藏本（274－0135）及京都大學圖書館藏本（1/65/シ/5）爲較早印本，保存了杏菴正意跋文。而多數傳本，如日本國立公文書館藏另一部（274－0134）、臺北"國家圖書館"藏本（106.12 00594）、中國國家圖書館藏兩部（03069、03070），皆缺寬永八年杏菴正意跋，諸家或著錄作"江户初期刊本""日本舊刊本""日本刻本"等。以下本文所據爲國立公文書館藏寬永八年跋刊本（274－0135，簡稱"寬永本"）。

從版面安排及異文特點來看，寬永本由慶長活字本而來，確無疑義。② 寬永本行款同樣沿襲了興國本的八行十七字，活字本對興國本、覆刊本行字起訖的調整之處，寬永本同於活字本。從異文特點看，寬永本亦沿襲了興國本—南北朝覆刊本—慶長活字本的異文體系。不過活字本共四種異版，寬永本直接源自何本，還需深入探討。就筆者所見活字 A 本與活字 B 本而言，寬永本更近於活字 B 本。上文所述活字 B 本對活字 A 本行字調整之處，寬永本同於活字 B 本。活字 B 本新增之誤字，寬永本多有沿襲。如卷二十二昭九年傳"誰之咎也"注"咎在晉"，他本包括活字 A 本"在"字同，自活字 B 本始誤"在"爲"有"，寬永本亦作"有"。昭十二年傳"子產乃使辟之"注"簡公別營葬地"，他本包括活字 A 本"公"字同，自活字 B 本始誤"公"爲"分"，寬永本亦沿襲作"分"，等等。可見寬永本的底本出自活字 B 本（或與活字 B 本同爲叡山月藏坊活字版的另兩種異版），而非出自較早的活字 A 本。

杏菴正意跋云其"遍考數本，正字畫之紕繆"，從卷二十二比勘來看可知所言不虛。寬永本不僅糾正了活字 B 本的一些文字訛誤，還對南北朝覆刊本甚至興國本的文字進行了校改，校改依據似出自興國本之外其他系統的《左傳》版本。如卷二十二昭九年經"夏四月陳災"注"災言繫於所災所害"，"言"字諸本有歧異。阮元《校勘記》云："宋本、岳本、監本、毛本'言'作'害'，是也。"③ 檢越刻八行本、相臺岳氏本此處作"害"，《四部叢刊》影印宋本、元刻明修十行本等作"言"，興國軍本、日本覆刊本、兩種慶長活字本亦作"言"，寬永本作"害"。此處疏文云"然災害繫於所災所害"，可知孔穎達《正義》所見注文亦作"害"，故《校勘記》云"害"字是。寬永本未依底本作

---

① 參見［日］上野賢知《春秋左氏傳雜考》，東京：東洋文化研究所1959年版，第24頁。
② 上野賢知已指出"本書共三十卷十五册，據古活板本翻刻"，《春秋左氏傳雜考》，第24頁。
③ 《十三經注疏校勘記》，《續修四庫全書》第182册，第550頁。

"言",而改作"害",當有別本依據。第 14 條昭九年傳"世有衰德而暴滅宗周",阮元《校勘記》云:"石經、宋本'滅'作'蔑'。"① 此處越刻八行本作"蔑",興國本、日本覆刊本、兩種慶長活字本亦皆作"蔑",而相臺岳氏本、《四部叢刊》影印宋本、元刻明修十行本等作"滅"。寬永本未從興國本一系的"蔑"字,而改作"滅",亦當據別本校改。

寬永本首次在正文文本中刻入訓點,反映了日本學者研讀《左傳》的成果,成爲此後日本《左傳》訓點本之先導;② 同時還參考諸本,對《左傳》經注文本進行了一定程度的校訂。特別是依據其他系統的《左傳》版本對興國本—南北朝覆刊本—慶長活字本一系文字進行校改,是值得注意的情況,反映了此時期學者在《左傳》文本校勘上的努力。

日本存藏《左傳》早期版本,寫本有藤井齊成會有鄰館藏唐寫本(七世紀)、滋賀縣大津市石山寺藏日本平安時代寫本(十世紀)、東洋文庫藏日本平安時代寫本(十二世紀前半葉)等,尤其宮内廳藏金澤文庫舊藏卷子本《春秋經傳集解》三十卷全帙引人矚目。刻本方面,除靜嘉堂、宮内廳藏興國軍學本外,又有陽明文庫藏宋紹興間江陰郡刻遞修本、靜嘉堂文庫藏南宋刻元明遞修本、國立國會圖書館藏宋刻巾箱本、足利學校遺跡圖書館藏宋建安劉叔剛刻十行注疏本等。在傳入日本的諸多《左傳》版本中,興國軍學本因得南北朝時期覆刊,再經慶長時期活字印行,寬永間崛杏菴訓點刊刻,成爲日本早期《左傳》傳播中的主流文本,影響最爲深遠。而興國軍學本在傳入日本後的依次傳刻過程中,如何承襲與演變,也值得深入探討。本文涉獵粗淺,文中不當之處敬請方家批評指正。

(作者單位:北京大學《儒藏》編纂與研究中心)

---

① 《十三經注疏校勘記》,第 552 頁。
② 在寬永本之後,有寶曆五年(1755)那波魯堂句讀訓點本、文化八年(1811)秦鼎《春秋左氏傳校本》等。後者多經翻刻,影響最廣。上野賢知指出:"《左傳》的訓點,由杏庵建立基礎,那波本樹立方向,至秦鼎本得到確定。"《春秋左氏傳雜考》,第 26 頁。

毛應龍《周禮集傳》體例、引文與輯佚問題考辨

謝繼帥

【内容提要】 毛應龍《周禮集傳》是一部元代《周禮》集解，今存《四庫全書》輯《永樂大典》本。本文主要通過對《永樂大典》殘卷和乾隆三禮館輯錄稿的發掘與利用，嘗試釐清《周禮集傳》的體例、引文、輯佚等基礎問題。《周禮集傳》體例直接承用自王與之《周禮訂義》和陳大猷《書集傳》，而遠源則爲呂祖謙《吕氏家塾讀詩記》和朱熹《四書章句集注》。《周禮集傳》中保存有較爲豐富的前代經説，如劉彝《周禮中義》、鄭鍔《周禮解義》等，皆足資考證，但卷首《集傳姓氏類別》實際是由《周禮訂義》卷首《編類姓氏世次》改編而來，虚實相間，無法客觀反映書中引文的真實情形。四庫輯本多有漏輯、誤輯，編輯體例亦未盡恰當，重新整理工作仍有必要。

【關鍵詞】 毛應龍 周禮集傳 四庫輯本 永樂大典 周禮訂義

《周禮》學發展至南宋中期，已經積累了相當豐碩的成果。理宗年間，王與之撰《周禮訂義》八十卷，網羅前人經説五十一家，勘稱集成之作。宋元之際，陳友仁增補無名氏舊作，編成《周禮集説》十二卷，規模稍遜，而引文則與《周禮訂義》互有出入，足以並傳。元代中葉，毛應龍又撰《周禮集傳》二十四卷、《周禮或問》五卷，似有繼踵前賢之意。可惜毛氏書流傳不廣，散佚較早，故學術史影響有限，而後世學者亦罕有措意。

毛應龍字介石，豫章（今江西南昌）人，南宋咸淳十年（1274）進士，元大德（1297—1307）間任澧州教授，著有《周禮集傳》二十四卷、《周禮或問》五卷。毛氏《集傳》《或問》成書後流傳稀少，曾經刊刻與否，今無明文可據。

明《文淵閣書目》著錄《集傳》一部十六册、《或問》一部一册,①而《内閣藏書目錄》又著錄《集傳》鈔本一部十六册,②當即前目所載者,則明代内府所藏似僅有鈔本。入清以後,朱彝尊《經義考》著錄《集傳》二十四卷,云"存",《或問》五卷,云"未見"③,此外似再未見於其他公私藏書目錄。④因此,筆者推測,《集傳》《或問》原書至清中期已經亡佚。乾隆間,四庫館臣自《永樂大典》中將《集傳》《或問》輯出,編訂爲十六卷,其書始重新爲世人所知。⑤民國間,胡思敬據丁丙藏四庫傳鈔本校訂付梓,收入《豫章叢書》,流布益廣。

　　元代《周禮》學纂承兩宋,淵源有自,但著述留存至今者不多,毛氏《集傳》作爲其中代表作之一,值得珍視。今人研讀《集傳》,四庫輯本是最重要和最便利的依據,則該輯本質量究竟如何,固應予以充分注意。筆者翻檢影印《大典》殘本時,注意到卷一〇四六〇"四霽"韻"禮"字"周禮"條,錄有《集傳》卷首序文、凡例等八篇,皆爲四庫本失收。此外,乾隆三禮館曾自《大典》中鈔出一批宋元三禮舊注,部分輯錄稿仍保存至今,⑥含有相當豐富的毛氏《集傳》佚文。這些寶貴資料的發現與利用,不僅使四庫輯本與原書的差距較爲清晰地呈現出來,而且爲我們進一步探究《集傳》的體例淵源、引文價值等問題提供了可能。本文擬就筆者學力所及,圍繞《集傳》體例、引文、輯佚等幾個基礎問題略作探討。

---

① 楊士奇《文淵閣書目》卷二,《明代書目題跋叢刊》影印《讀畫齋叢書》本,北京:書目文獻出版社1994年版,第28頁。
② 張萱《内閣藏書目錄》卷二,《明代書目題跋叢刊》影印《適園叢書》本,第481頁。
③ 朱彝尊撰,林慶彰等主編《經義考新校》卷一二五,上海:上海古籍出版社2010年版,第5册,第2326—2327頁。
④ 錢曾《述古堂書目》稿本(收入《續修四庫全書》,上海:上海古籍出版社2001年版,史部第920册,第432頁)著錄《周禮集傳》一部,未題作者、卷數,另有其他傳本(如朱邦衡鈔本、《粤雅堂叢書》本等)作"毛應龍《周禮集傳》二十四卷",不知别有所據否。
⑤ 《周禮》《周官》二名本通用,《周禮集傳》爲毛氏原用書名,而四庫館臣則改題爲《周官集傳》。本文凡引用四庫輯本,於頁下注仍題《周官集傳》,不予回改,其他行文則用原名。
⑥ 乾隆初年,朝廷開三禮館纂修《欽定三禮義疏》,館臣苦於鮮有禮書可供參考,故自《大典》中鈔出一批宋元三禮舊注,部分稿本保存至今,現藏國家圖書館善本部(縮微膠卷編號:SBA01969),研究者稱之爲《大典》輯錄稿。張濤《三禮館輯錄〈永樂大典〉經説考》一文,針對這批輯錄稿的來源、内容、體例、價值等問題有詳細考證,載《故宫博物院院刊》2011年第6期,第98—130頁。

一、《周禮集傳》體例探源

今存《大典》卷一〇四六〇"四濟"韻"禮"字"周禮"條，錄有毛應龍《集傳格例》五條，對《集傳》的組織體例作了十分詳細的說明。筆者初讀《集傳格例》，即感其精密，而上溯其源，始知毛應龍實際前有所承。概括而言，《集傳格例》直接因襲自王與之《周禮訂義》卷首《編集條例》和陳大猷《書集傳》卷首《集傳條例》，而後二者又源出於吕祖謙《吕氏家塾讀詩記》卷首《條例》。爲清眉目，且便於下文的討論，首先列表比較如下。①

表一

吕氏《條例》	王氏《編集條例》	陳氏《集傳條例》	毛氏《集傳格例》
	①分序官目錄於每職之前，欲因爵之尊卑，權之輕重，與其屬府、史、胥、徒之多寡有無，以知所職之事安在。		①經文六官各列所屬官職之目，并見於前，今分序官目錄於每職之前，欲因其爵之尊卑，與其屬府史胥徒之多寡有無，以見所職事權之輕重。
③諸家先後以經文爲序，或一章首用甲，次用乙，末復用甲，則再出甲姓氏。	②諸家説經先後，以經文爲序。	①諸家説依經文爲次叙，先訓詁而後及意義。或先用甲説，次用乙説，而後復用甲説者，則再出甲姓氏，大概期使意義貫串，如出一家，間有己意，則以愚曰別之。	②諸家説依經文爲次序，先訓詁而後及意義。先用甲説，次用乙説，而後復用甲説者，則再出甲姓氏，大概期使意義貫串，如出一家。間有己意，則以愚曰別之。
	③諸家先訓詁，次文義，倣朱文公《語孟集注》例。		
⑤諸家或未備，頗以己説足之。錄於每條之後，比諸家解低一字寫。	⑦諸家説只取其至當者……至辨其不然，及自出己見者，以愚案爲別。		

---

① 此表以毛氏《集傳格例》爲基準，摘録其他三者相關內容，並適當調整其條目次序，以數字爲標識。表中文字分別依據吕祖謙《吕氏家塾讀詩記》，《中華再造善本》影印南宋淳熙九年（1182）刻本，北京：北京圖書館出版社 2003 年版；王與之《周禮訂義》，清康熙間《通志堂經解》本；陳大猷《書集傳》，《中華再造善本》影印元刻本，北京：北京圖書館出版社 2004 年版；《永樂大典》卷一〇四六〇，影印明嘉靖鈔本，北京：中華書局 1986 年版，第 5 册，第 4381—4382 頁。

續表

呂氏《條例》	王氏《編集條例》	陳氏《集傳條例》	毛氏《集傳格例》
②諸家解文句小未安者，用啖、趙《集傳》例，頗爲刪削。陸淳曰："啖、趙所取三傳之文，皆委曲翦裁，去其妨礙，故行有刊句，句有刊字，實懼曾學三傳之人不達斯意，以爲文句脫漏，隨即注之，此則《集傳》之蠹也。"閲此記者亦然。	⑥諸家解文或牽引枝蔓，止留其主意，餘繁文亦不錄。	②諸家説或未純者，用呂氏《讀詩記》例，行有刊句，句有刊字。或語字未圓者，用朱氏《論孟集注》例，間推其意以改之。至於大意雖是而語未到、意未全，或得此失彼，難於盡改者，亦不免用《集注》例，以己意更之，而非敢掠他人之美，以爲己出也。至於去處取之當辨者，則別識於《或問》。	③諸家説或未純者，用呂氏《讀詩記》例，間推其意以改之。至於大意雖是而語未到、意未全，或得此失彼，難於盡改者，亦不免用《集注》例，以己意更之，而非敢略人之美，以爲己出也。至於去處取之當辨者，則別識於《或問》。
①諸家解定從一説，辨析名物，敷繹文義，可以足成前説者，注其下。雖不同，當兼存者，亦附注焉。	⑤諸家辨析字義，敷演旨意，可以補前説者，倣呂氏《讀詩記》注其下。	③諸家説意，正語全者，大字注於上。其推明可以足上説，及雖非正義而不可遺者，小字疏於下。或立説不同，當並存者，亦附疏之。	④諸家説意，正語全者，大字注於上。其推明可以足上説，及雖非正義而不可遺者，小字疏於下。或立説不同，當並存者，亦附疏之。
	⑦諸家説只取其至當者，低正經一字寫。 ⑧諸説或總論一職大意，各具逐職之末。或貫説數官本末，見於末官之後，或總論六十屬大意，則各具逐官之末。		⑤諸家説訓詁文義，低正經一字寫。或總論一職，大意各具逐職之末，或貫説數官本末，見於末官之後，比前寫又低一字。

如上表所示，毛應龍《集傳格例》第一、五條襲自王與之《編集條例》，第二、三、四條襲自陳大猷《集傳條例》，而後二者顯然又脫胎自吕祖謙《條例》。至少從表面上看，經過一番綜合與改造，毛氏《集傳格例》頗能給人以兼採衆長之感。

集解是宋代經學論著中最常用的體裁之一。一部優秀的集解，常常是對作者所處時代學術前史的集中回顧與總結，故其撰述實爲不易。如何盡可能充分吸收先賢舊說，又避免氾濫無歸的弊病，是每一位集解作者首先所要面對的挑戰。在長期反復探索中，宋代經書集解走出了一個日趨精密化的道路，而吕祖謙的《吕氏家塾讀詩記》就是其中的佼佼者。《讀詩記》凡三十二卷，始編於淳熙元年（1174）正月，至吕祖謙逝世僅完成卷二六《公劉》首章以前的修訂。《讀詩記》雖不用集解之名，卻有集解之實，以徵引繁富見稱，而其體例尤爲後人所稱道。如上表左欄所示，無論是引文的編次、剪裁、搭配，還是按語的使用，吕祖謙都有深入的考慮，絕非率意而爲。讀者略翻其書，即可體會到一種層次分明、繁簡適中的特點，從而獲得閱讀上的強烈愉悦感。這樣一部高度精密化的《詩經》集解，實際已將諸家之説摶成一個整體，取得了成一家之言的效果，其目的並非單純爲讀者提供一部資料集。朱熹作序云"今觀吕氏家塾之書，兼總衆説，巨細不遺，挈領提綱，首尾該貫，既足以息夫同異之争，而其述作之體，則雖融會通徹，渾然若出於一家之言"，可謂的評。因以上諸多優長，《讀詩記》梓行以後影響極大，且迅速越出《毛詩》一經之範圍，[①] 成爲經書集解體式演進史上最重要的代表作之一。

《周禮訂義》和《書集傳》分别爲《周禮》與《尚書》之集解，皆成書於南宋理宗年間，彼時正當《讀詩記》廣爲流傳，故王與之、陳大猷兩人不約而同地承用了其體例。不過，吕祖謙所注爲《毛詩》，王與之所注爲《周禮》，陳大猷所注爲《尚書》，本經不同，具體條例自然亦不得不做出相應調整。因此，在吕氏《條例》基礎上，王氏《編集條例》和陳氏《集傳條例》又分别做了一些創造性發揮，借鑒了朱熹《論孟集注》的部分特點，使之趨於完備。王與之《編集條例》第一、八條即是針對《周禮》特殊的經文結構所設，屬其首創。

[①] 如陳振孫《直齋書錄解題》卷二著錄《袁氏家塾讀書記》二十三卷，云："大略做《吕氏讀詩記》集諸說，或述己意於後。"（徐小蠻、顧美華點校，上海：上海古籍出版社 2015 年版，上册，第 33 頁）又如，衛湜《禮記集說》卷首《集説名氏》云："慶源輔氏廣，字漢卿，取註疏、方氏、馬氏、陸氏、胡氏諸說，做《吕氏讀詩記》編集，間有己說。"（清康熙間《通志堂經解》本，葉 7b）

客觀而言，集解體發展到吕祖謙、王與之等人這裏，留給後人的突破空間已經不大了，故毛應龍所能做的更多是繼承而非創造。① 比較來看，毛氏《集傳格例》幾乎照搬了王氏《編集條例》和陳氏《集傳條例》的主體内容，僅行文略有增删而已。前創後因，時代使然，若運用得當，似不必因其先後而過分軒輊。《大典》卷一○四六○收録劉鳳、許善勝、范震三序，評論《集傳》特色，或云"總諸儒之訓釋，斷以己見，成一家之言"，或云"集諸儒善，成一家言，去取折衷，條理不紊"，或云"蓋集諸家之注，又附以己説"②，用語雖殊，其意則同，與朱熹評《讀詩記》者如出一轍。

分《集傳》與《或問》爲二，一主一從，此爲毛書最明顯的外部特徵。《集傳》輯録諸家經説，附以己意，《或問》則明其去取緣由，兼補《集傳》所未備，此體直接模仿自陳大猷《書集傳》《或問》。陳大猷撰《書集傳》十二卷、《或問》三卷，理宗嘉熙二年（1238）表進。《書集傳》先成，徵引前人經説多達八十九家，③"復因同志問難，記其去取曲折，以爲《或問》。其有諸家駁難已盡，及所説不載於《集傳》，而亦不可遺者，並附見之，以備遺忘"④。若再向前追溯，陳氏分《書集傳》《或問》爲二，又是受朱熹的影響。朱熹先作《四書章句集注》，"復以諸家之説紛錯不一，因設爲問答，明所以去取之意"⑤，成《四書或問》三十九卷。陳氏《集傳條例》一則曰"用朱氏《論孟集注》例"，再則曰"用《集注》例"，知兩書關係密切。自朱熹至陳大猷，再至毛應龍，所釋經典不同，而區分《集傳》與《或問》爲二的做法則一脈相承。

綜上所論，毛氏《集傳》的組織體例，直接繼承自王與之《周禮訂義》和陳大猷《書集傳》，遠源則出於吕祖謙《讀詩記》和朱熹《四書章句集注》，實爲南宋以降經書集解體例綜合演進的結果。

---

① 筆者此處所論主要限於經書範圍，且指以《讀詩記》爲代表的走上精密化道路的集解體，如衛湜《禮記集説》等另闢蹊徑者，則另當别論。
② 《永樂大典》卷一○四六○，第 5 册，第 4381 頁。
③ 陳良中《〈書集傳〉作者陳大猷籍里及學派歸屬考論》，《揚州大學學報》2013 年第 4 期，第 69 頁。
④ 陳大猷《書集傳或問》卷上，《中華再造善本》影印元刻本，北京：北京圖書館出版社 2004 年版，葉 1a。
⑤ 《四庫全書總目》卷三五《經部·四書類一·四書或問》，北京：中華書局 1965 年版，上册，第 294 頁。

二、《周禮集傳》引文辯證

保存資料是集解體著述的最重要價值之一。毛應龍《集傳》撰成於元代前期，彼時經過宋元之際的動盪，漢唐兩宋間積累下的《周禮》學文獻，相較於南宋承平之時減少很多，但數量仍屬可觀。那麽，《集傳》中徵引了多少種前代文獻？有無獨特價值呢？在回答這些問題前，我們有必要先對《大典》卷一〇四六〇所録《集傳》卷首《集傳姓氏類别》做一些考察。

《集傳姓氏類别》共四十七個條目，按照時代順序，依次介紹了四十七位《周禮》相關學者的姓氏、籍里、著述等信息，其中漢代四家，唐代三家，兩宋四十家。① 舉例言之，第一條"杜子春，見本經注，今作杜氏"，意指《集傳》引杜子春説出自鄭玄《周禮注》，書中題作"杜氏"；第九條"程顥，字伯淳，有數説，見《語録》，今作程氏"，意指《集傳》引程顥説出自《語録》，書中題作"程氏"。表面上看，《集傳姓氏類别》是對《集傳》引文内容和來源頗爲周備的説明，可使讀者依目求書，但實際卻是自王與之《周禮訂義》卷首《編類姓氏世次》改編而成，虛實相間。

王與之的《編類姓氏世次》是一篇引用書目，依照時代先後，介紹了《周禮訂義》中所徵引的五十一家經説的作者、出處，讀者覽此，即可曉知書中引文大致情形。取《集傳姓氏類别》與《編類姓氏世次》對勘，知前者實由後者脱胎而來，而毛應龍所作改動主要有以下三點。

其一，簡化條目内容，删掉作者籍里、别號、著述等信息。如《編類姓氏世次》第七條"劉氏敞，字原父，立説見《七經小傳》，今作劉氏"，在《集傳姓氏類别》中被簡化爲"劉敞，字原父"；第二十四條"三山林氏之奇，字少穎，有《全解》，祖荆公、昭禹所説，今作林氏"，被簡化爲"林之奇，字少穎，有《全解》，今作林氏"。經過簡化，很多有價值的信息丢失了，《集傳姓氏類别》因而顯得較爲單薄，而自第三十條以下尤爲疏略，如"鄭伯熊，今作鄭景望""楊恪，有《辨疑》""黄度，有《五官解》"等，僅存寥寥數字而已。

其二，增減部分條目。以《編類姓氏世次》爲基礎，毛應龍在《集傳姓氏類别》中增補了陸德明、歐陽脩、鄭明仲、歐陽謙之、徐筠等五條，同時删掉了《禮圖説》《禮庫》、方愨、劉迎等九條，使條目總數從五十一調整爲四十

---

① 《永樂大典》卷一〇四六〇，第5册，第4382頁。

七。毛應龍增補的五位學者，其論説在《集傳》中皆實有引用。

其三，調整條目排列次序。《集傳姓氏類別》對《編類姓氏世次》原有條目次序做了較大幅度調整，但似乎並無特定規律可尋。如王安石在《編類姓氏世次》中列第八條，居劉敞之後，而在《集傳姓氏類別》中則被調整爲第十七條，居鄭明仲之後，轉不如原次序合理。

整體來看，修訂後的《集傳姓氏類別》，較之《編類姓氏世次》要粗陋很多，已經很難説仍是一份合格的引用書目了。筆者統計，在《集傳姓氏類別》所列四十七位作者中，《集傳》真正有引用的僅二十七位。① 即便在這二十七位作者中，《集傳姓氏類別》的條目信息，也往往與《集傳》實際引文情形不符。如第二十六條云"陸氏佃，字農師，采之《禮記解》中"，《集傳》引文實則出自《禮象》、《埤雅》；第十條云"程頤，字正叔，説見《語録》"，《集傳》引文實則另有出自《易傳》者。至於引文題名，則更爲混亂。如第七條云"劉敞，字原父"，而《集傳》中引劉敞説，或題"劉原父""臨江劉氏"，或徑題"劉氏"；第二十三條云"朱熹，字元晦，今作朱氏"，而《集傳》中引朱熹説，或題"朱氏""朱子"，或題"朱子《詩傳》""朱氏《楚辭注》"，莫衷一是。② 另一方面，尚有二十家論説，《集傳》雖有引用，卻未被列入《集傳姓氏類別》，而書中往往簡單題作"某氏"，所指何人，出自何書，皆不易考知。究其原因，引用書目的編訂，必須從書中引文的客觀情況出發，實事求是，而毛應龍未顧及此，機械地挪用了王與之《編類姓氏世次》，因而導致上述脱節現象。

王與之生活於南宋中後期，彼時《周禮》學文獻留存尚豐，尤以兩宋人著述爲多，故《訂義》引文大多直接取之於原始文獻，不必輾轉稗販。《編類姓氏世次》所列舉的五十一位作者，其論説在《周禮訂義》中皆實有引用，沒有空列名目。它所記録下的各種信息，如學術淵源、刊刻地點、經進時間等，不但較爲準確，而且多有他書所不載者。正因如此，作爲一份引文清單，《編類姓氏世次》不僅爲《周禮訂義》的讀者提供了有效輔助，還是後人考辨漢唐兩宋間《周禮》學史的寶貴資料。但到了毛應龍所生活的時代，《周禮訂義》中曾引用的很多著述已經亡佚，或雖仍存於世，毛氏亦未必得見。《集傳》引文内容與《周禮訂義》已有較大出入，而《集傳姓氏類別》卻將《編類姓氏世

---

① 《永樂大典》"地""夏"兩字所在卷帙早已散佚，《集傳》地、夏兩官内容今無從得見，故實際引文家數或應多於二十七。

② 這種問題在《周禮訂義》中也有表現，但不似《集傳》如此嚴重。

次》大體照搬了過來,自然方柄圓鑿。①

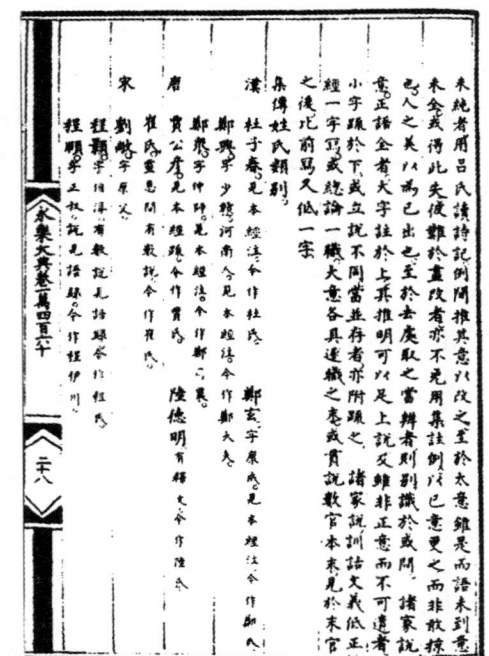

左:《周禮訂義》卷首《編類姓氏世次》(《通志堂經解》本);
右:《永樂大典》卷一〇四六〇所錄《集傳姓氏類別》

既然《集傳姓氏類別》不能準確反映《集傳》引文的真正面貌,我們就只得自己着手去做統計了。經筆者統計,《集傳》中實際引用了四十七位學者的論說,② 其中有確切時代可考者,漢唐間八位,兩宋間三十四位,佔絕大多數,而與毛應龍同時或稍前的元代學者的成果卻很少被收入。從文獻類型看,引文出自賈公彥《周禮注疏》、王安石《周官新義》等《周禮》注解者居多,出自其他經解、禮書、文集、語錄者也佔有一定比例,另有少數出處不明。從引用數量看,《集傳》引鄭鍔說最多,達五百三十條左右,其他超過百條者有鄭玄、賈公彥、歐陽謙之三家,超過十條者有杜子春、王安石、王昭禹、劉彝、陳祥道、林之奇等十一家,餘皆在十條以下。就來源而言,《集傳》引文有直接取

---

① 宋元經解習慣於在卷首設置引用書目,自然是一種較爲進步的做法,但正如上文對《集傳姓氏類別》與《編類姓氏世次》關係的分析,部分後出書目可能是在舊目基礎上增删而成,與書中實際引文情形相脫節,而且時代越後,往往失真也越嚴重,無益徵信,徒增讀者疑惑。

② 總數與《集傳姓氏類別》條目數相合,當屬偶然。

自原書者，亦有出於轉引者。賈公彦《周禮注疏》、王安石《周官新義》、王昭禹《周禮新義》、鄭鍔《周禮解義》等彼時尚有全書存世，《集傳》所引當取自原書。另一方面，《集傳》中至少歐陽脩、沈括、胡宏、呂大鈞、王炎、陳傅良等近十家引文，全部或部分出於轉引。其他如蘇軾、陳暘、項安世、錢氏、李氏等，每家引文僅一二條，且多爲稀見材料，出於轉引的可能性也比較大。①前述《集傳》引文題名不一致問題，或許正是因爲引文來源的駁雜所致。

如上文所述，毛氏《集傳》在組織體例、引用書目等方面都受到王與之《周禮訂義》的重要影響。《周禮訂義》保存前代文獻極爲豐富，那麽《集傳》引文也曾取材於此嗎？從筆者的考察來看，《集傳》確曾轉引了《周禮訂義》若干引文，但數目並不多。② 實際上，毛氏編纂《集傳》時，似乎在刻意避免與《周禮訂義》引文重複。《集傳》徵引的四十七家引文中，同樣見於《周禮訂義》的有二十二家，但具體内容有較大差異，另外二十五家引文則爲《集傳》所獨有。與此同時，《周禮訂義》中大量徵引的黄度《周禮說》、史浩《周官講義》、易祓《周禮總義》等，《集傳》中則未見一字。因此，筆者推測，毛氏在選擇引文時，自覺地放棄了《周禮訂義》中已有内容，欲揚長避短，且取相互補足之效。

《集傳》引文以宋儒經説爲主，其中不少具有較高的輯佚價值。例如，劉彝有《周禮中義》八卷③，寫作時代大約與王安石《周官新義》相先後，側重闡發經文義理，是北宋《周禮》注的重要代表。《集傳》引《周禮中義》共三十七條，④ 可與《周禮訂義》和《項氏家説》所見引文相互補足。又如，鄭鍔有《周禮解義》二十二卷，孝宗淳熙十年（1183）經進，"詳制度，明經旨，

---

① 需要注意的是，在轉引過程中，某些引文的作者歸屬出現了訛誤。因篇幅所限，此處不再具體舉證。

② 明初《大典》編纂者爲了簡省篇幅，若同一内容被兩書先後徵引，則僅録前書，後書再出時作"見前××"。筆者據三禮館輯録稿統計，《大典》鈔録《集傳》引文，注明"見前《訂義》"或"餘見《訂義》"者四十二條，包括林之奇、鄭鍔、李覯、吕祖謙、陳用之、王與之等六家，而以鄭鍔居多。這些條目中，至少有一部分應該是《集傳》轉引自《訂義》，因前後重出而被《大典》編纂者刊落。

③ 此據《直齋書録解題》和《玉海・藝文》，而《宋史・藝文志》作十卷，未知孰是，或當時傳本不同。

④ 其中，題"劉彝"者一條，題"三山劉氏"者一條，徑題"劉氏"者三十五條。另有八條題"劉氏"者，出自劉敞《七經小傳》。

學者宗其書"①。《集傳》引《周禮解義》多達五百三十條,② 加上《周禮訂義》所引兩千餘條,若排比成書,估計可得原書五分之三以上。再如,《集傳姓氏類別》第四十六條云"歐陽謙之,號地山,其說間見《集注》中"。今按,歐陽謙之字希遜,嘗從朱熹問學,未聞有注解《周禮》專書。《集傳姓氏類別》既云"其說間見《集注》中",則《集傳》引文當出於轉引,而所謂《集注》究爲何書,已難以考知。朱子後學專攻《周禮》者不多,歐陽謙之似爲其一,《集傳》引歐陽氏說共一百八十三條,彌足珍貴。此外,如徐筠《周禮微言》、鄭明仲《圖譜》等,《集傳》所引條目較少,但大多僅此一見,吉光片羽,值得珍視。《四庫全書總目》謂"宋以來諸家散佚之説,尚因是以存其崖略,則蒐輯之功固亦非尠矣"③,可謂允當。當然,毋庸諱言,與王與之《周禮訂義》和陳友仁《周禮集説》相比,《集傳》引文數量和質量都相去甚遠,尤其是以輯本面貌示人的情況下,更顯得畸零散碎,其價值僅能定位於補充前二書之未備。

附帶一提,除諸家引文外,《集傳》中尚有數百條毛應龍的按語,解經風格與宋人相同,皆側重義理發揮,亦時有襲用前人舊説而未加説明者。限於篇幅,本文不做具體討論。

三、四庫輯本指瑕

四庫輯本的出現是《集傳》亡而復存的轉折點,具有重要的學術史意義,但其諸多不足也是不容迴避的。下面,我們將再次藉助《大典》殘卷和乾隆三禮館輯錄稿的發掘和利用,討論四庫輯本漏輯、誤輯問題和編輯體例的缺陷。

《大典》採取"用韻以統字,用字以繫事"④的編撰方式。《集傳》被鈔入《大典》時,卷首序文、凡例等入"禮"字,正文則分置於"天""地""春""夏""秋""冬"六字。"地""夏"兩字所在《大典》卷帙,乾隆以前已經亡佚,故三禮館輯錄稿中缺此部分內容,四庫館臣亦云"今散見於《永樂大典》者,《地官》《夏官》適當闕帙,其餘四官首尾頗爲完具"⑤。因此,四庫輯本缺

---

① 馬端臨撰,上海師範大學古籍研究所、華東師範大學古籍研究所點校《文獻通考》卷一八一《經籍考八》引《中興藝文志》,北京:中華書局2011年版,第9冊,第5356頁。
② 其中三十二條因與《周禮訂義》引文重複,故輯入《大典》時被全部或部分省略。
③ 《四庫全書總目》卷一九《經部·禮類一·周官集傳》,上冊,第154頁。
④ 《永樂大典凡例》,《永樂大典》,第10冊,第3頁。
⑤ 《四庫全書總目》卷一九《經部·禮類一·周官集傳》,上冊,第154頁。

地、夏兩官，實屬客觀條件所限，而館臣漏輯卷一〇四六〇"四霽"韻"禮"字"周禮"條所錄《集傳》卷首序言、凡例等，就不能不說是疏忽大意了。

《大典》卷一〇四六〇所錄《集傳》卷首文字共八篇，今列其完整篇目如下：

①《序〈周禮〉源流》②《讀〈周禮〉綱領》③《〈周禮〉傳授訓詁》④《劉鳳序》⑤《許善勝序》⑥《范震序》⑦《集傳格例》⑧《集傳姓氏類別》①

以上爲《大典》寫錄次序，而遞原至毛氏原書，大致應以④⑤⑥⑦⑧①②③爲次。②

《集傳》卷首序言、凡例等出自毛應龍及其僚友，是理解原書撰作歷程、思想宗旨、組織體例和引文來源的重要憑藉。劉、許、范三序雖多浮詞套語，但仍透露出一些有價值的信息。如《劉鳳序》云："大德丁未（1307）冬，予分按漢南，澧州路儒學教授毛君應龍出示《周禮集傳》。"《范震序》又云："一日，澧教介石毛應龍出集注一巨編示余，曰：'某四十年精神盡在此書。'"合而觀之，不難推知《集傳》發軔與完成年限。《序〈周禮〉源流》、《讀〈周禮〉綱領》和《〈周禮〉傳授訓詁》三篇，集中闡述《周禮》的性質、作者和傳授源流等問題，可收開宗明義之效，有助於讀者在進入《集傳》正文前，對《周禮》學形成一個總體把握。至於《集傳格例》和《集傳姓氏類別》，分別是對《集傳》體例和引文的說明，其重要性不言而喻，前文已有詳細討論，此不重複。四庫輯本遺漏以上內容，不能不說是嚴重的損失。其實，這一失誤的出現，並非偶然。《大典》卷一〇四六〇除收錄毛氏《集傳》卷首諸篇文字外，另收有王安石《周禮義序》、許儀《周禮總義序》等，而四庫館臣輯《周官新義》《周官總義》時亦皆遺漏。不重視原著序跋、凡例、目錄，乃至任情削刪，這是四庫本的通病。

除卷首內容外，四庫輯本對《集傳》正文亦有遺漏。筆者以乾隆三禮館《大典》輯錄稿與四庫輯本相互比勘，知輯本遺漏《集傳》正文，首先是館臣粗心大意所致。如《天官·大宰》"大喪，贊贈玉、含玉"，輯錄稿中有《集傳》

---

① 《永樂大典》卷一〇四六〇，第5冊，第4373—4375、4381—4382頁。
② 上文已經指出，《集傳》體例淵源自呂祖謙《讀詩記》、王與之《周禮訂義》、陳大猷《書集傳》等，而卷首內容也是參照三老所設，故此處排序就是通過與《讀詩記》等相應內容次序比較而得。

注文"贈者，送於既窆之次；含者，致於將斂之時。含玉爲璧琮之形而小"；《天官·内宰》"致后之賓客之禮"，輯録稿中有《集傳》注文"如致八壺、八豆、八籩之禮"。諸如此類凡十餘條，皆爲館臣所遺。

另一方面，《大典》自身特殊的編纂體例也給館臣的輯佚工作帶來巨大限制。《大典》鈔録諸家《周禮》注，大體以作者時代先後爲序，依次排比於相應經文之下，恰似一部規模空前的"集解"。爲避免重複，若前後注解内容相同，則《大典》往往僅録前者，而省略後者。《集傳》成書於元代，其前已有鄭玄《周禮注》、賈公彦《周禮注疏》、王安石《周禮新義》、王與之《周禮訂義》等行世，故《集傳》引文已見於諸書者，在《大典》中多被省略。换言之，《大典》所録《集傳》原非完璧。張濤先生已經指出："其既名爲《集傳》，則於諸儒訓釋，皆當摘擇，不應獨遺漢注唐疏。乃四庫輯本之中，鄭、賈之説寥寥無幾，而《總目》對此也無任何提示。今觀輯録稿中，隨處可見《大典》標明《集傳》内容與前人説解重複之處，如'鄭氏、鄭司農曰見前注''賈氏曰見前疏''王昭禹曰見前詳解'等，可知毛氏之書原於諸儒採擷甚勤。"① 筆者據現存三禮館《大典》輯録稿粗略統計，《集傳》引文被省略較多者，有鄭衆（35—21）、鄭玄（124—44）、賈公彦（73—15）、王昭禹（71—13）等數家，② 省略比例最高超過五分之四。面對此種情形，想必四庫館臣亦無可奈何，但《總目》對此片言未及，僅謂"今散見於《永樂大典》者，《地官》《夏官》適當闕佚，其餘四官首尾頗爲完具"，則殊欠妥當。

除漏輯外，四庫輯本還存在誤輯問題，主要集中於《考工記》部分。輯本卷一四《考工記·筐人》下有注，自"設色之工五"至"其筐人之職乎"③，約百字。這段注文見於三禮館《大典》輯録稿中，起首標注"易袚《總義》"，而《周禮訂義》卷七五引該段文字，又歸入鄭鍔名下，④ 未知孰是。輯本卷一六《考工記·車人》"車人爲耒"句下有注，自"耒，耕耒也"至"其謂是歟"⑤，約兩百八十字，同樣見於三禮館《大典》輯録稿中，起首標注"易袚《總義》"。據此，這兩條注文不屬於《集傳》原文，應該是可以確定的。⑥ 此外，

---

① 張濤《三禮館輯録〈永樂大典〉經説考》，《故宫博物院院刊》2011年第6期，第128頁。
② 括號中數字，在前者表示被省略引文條數，在後者表示尚存條數。
③ 毛應龍《周官集傳》卷一四，第972頁。
④ 《周禮訂義》卷七五，《通志堂經解》本，葉14a。
⑤ 毛應龍《周官集傳》卷一六，第991—992頁。
⑥ 從現存材料看，毛應龍在《集傳》中未曾徵引過易袚《周禮總義》。

輯本卷六《春官·天府》"若祭天之司民、司禄而獻民數、穀數，則受而藏之"句下有注，自"鄭鍔曰考小司寇之職"至"非所以爲守之之具也"①，先後徵引鄭鍔、林氏、孫氏說，計七百餘字；卷一六《考工記·弓人》"角長二尺有五寸"句下有注，自"鄭鍔曰角長二尺有五寸"至"初不爲顔色而言也"②，引鄭鍔、趙氏說，計一百餘字。這兩大段引文同見於王與之《周禮訂義》，③ 在三禮館《大典》輯録稿中則接續在易祓《周禮總義》之後，④ 可以判定它們不是《集傳》原文，而四庫館臣緣何誤輯，暫時無從索解。正如前輩學者所言，在研究中，"材料缺乏，頂多得不出結論而已，而材料不正確便會得出錯誤的結論。這樣的結論比沒有更要有害"⑤。因此，四庫輯本誤輯所造成的危害，可能比漏輯更爲嚴重，也更值得警惕。

以上所論爲四庫輯本的漏輯、誤輯情況，下面我們再來看編輯體例的問題。在本文第一節中，筆者已經根據《大典》所録《集傳格例》，追溯了《集傳》體例的淵源，此處將主要討論四庫輯本的體例缺陷。

據《集傳格例》首條，《周禮》舊本總列序官目録於六官之前，而《集傳》則"分序官目録於每職之前，欲因其爵之尊卑，與其屬府史胥徒之多寡有無，以見所職事權之輕重"。今按，四庫輯本仍總列序官目録於六官之前，雖與《周禮》舊本相合，卻不符毛應龍本意。分序官目録於每職之前的做法，最早見於東晉干寶《周禮注》，王與之《周禮訂義》承用之，而毛氏《集傳》又承用自《周禮訂義》。四庫館臣對干寶、王與之的做法原本即有不滿⑥，又未措意於《集傳格例》，故自《大典》將《集傳》輯出後，即依照舊本編排，以致與毛應龍自定體例不合。

據《集傳格例》第三條，《集傳》、《或問》原爲二書，前者輯録諸家經説，

---

① 毛應龍《周官集傳》卷六，第 863—864 頁。
② 毛應龍《周官集傳》卷一六，第 996 頁。
③ 分別見《周禮訂義》卷三四，葉 16b—17b；卷八〇，葉 5a。
④ 這兩段注文雖然接在易祓《周禮總義》之後，但從內容和體例看，絕非《周禮總義》原文，四庫輯本《周禮總義》未收，而王文清輯本收之，孫文昱重校時以爲誤録《周禮訂義》之文，删之，是也。詳《叢書集成續編》影印《湖南叢書》本《周禮總義》附《考證》，上海：上海書店 1994 年版，第 8 册，第 410、418 頁。
⑤ 郭沫若《十批判書·古代研究的自我批判》，北京：東方出版社 1996 年版，第 2 頁。
⑥ 《四庫全書總目》卷一九《經部·禮類一·周禮訂義》云："至其以序官散附諸官，考陸德明《經典釋文》，晉干寶注《周禮》，雖先有此例，究事由意創，先儒之所不遵，不得援以爲據也。"上册，第 152 頁。

後者是對前者的必要補充，相輔而行。《四庫全書總目》云："應龍所著別有《周官或問》五卷，在《集傳》之外，《永樂大典》割附《集傳》之後。共存者僅《天官》十九條，《春官》十四條，《秋官》《冬官》各一條，篇幅寥寥，不能别成一帙。今仍附於各傳下，既免以畸零散佚，且使一家之説互相參證，亦足以資發明焉。"① 合《集傳》《或問》爲一，始於《大典》，四庫館臣仍其舊慣，且欲收兩書互相參證之效，固然無可厚非，但終究與原書體例不符。畢竟，輯佚工作的首要目標是最大限度復原原書，不宜摻雜輯佚者的主觀意願。

據《集傳格例》第四條，《集傳》注文有大、小字之分，大字爲正語，小字用於補充説明。乾隆三禮館《大典》輯録稿所見《集傳》佚文尚存此種格局，而四庫輯本則常常將大、小字混而爲一，丟失了原有的層次感。例如，《天官·膳夫》"以樂侑食，膳夫授祭，品嘗食，王乃食"下有注，四庫輯本作：

> 鄭氏曰：侑，猶勸也。應龍曰：《司樂》"王大食三侑"是也。禮：飲食有祭，示有所先。膳夫授所爲祭之物，如殷祭肝、周祭肺是也。祭所以仁鬼神也，祭而食，無終食之間違仁也。品者，物品。品嘗者，物物皆身嘗之，爲盡己之職，愛君之道也。②

三禮館《大典》輯録稿則作：

> 鄭氏曰：侑，猶勸也。應龍曰：《司樂》"王大食三侑"是也。禮：飲食必祭，示有所先。應龍曰：膳夫以授所爲祭之物，如殷祭肝、周祭肺是也。祭所以仁鬼神也，祭而食，無終食之間違仁也。品者，每物皆嘗之。應龍曰：品者，物品。品嘗者，物物皆嘗之，爲盡己之職，愛君之道也。

如上所引，毛氏先以大字引鄭玄説，再用小字附以己見，二者區分極爲明顯。四庫輯本改小字爲大字，且脱去兩"應龍曰"，似乎自"應龍曰《司樂》"云云以下皆爲毛氏語，極易導致誤讀。此類例子，四庫輯本中時有所見，讀者需特别注意。

上舉四庫輯本編輯體例的失誤，首先是因爲四庫館臣忽略《大典》所録《集傳格例》所致。另一方面，還要特别強調的是，《集傳格例》畢竟屬於理論設計，落實到《集傳》具體編纂中可能會有一定偏差，兩者之間的張力需要注

---

① 《四庫全書總目》卷一九《經部·禮類一·周官集傳》，上册，第 152 頁。
② 毛應龍《周官集傳》卷三，影印《文淵閣四庫全書》本，臺北：商務印書館 1986 年版，經部第 95 册，第 807 頁。

意。在原書已經散佚的情況下，四庫館臣拾掇叢殘，就更難免會有諸多不如人意之處，今人固當給予同情之理解。

如上所述，因爲館臣的疏忽和一些客觀因素的制約，四庫輯本存在不少缺陷，而今存《大典》殘卷和三禮館輯錄稿，可以補充、訂正四庫輯本之處甚多，且爲重輯工作提供了可能，本節之考辨，即希望能對此有所裨益。

經過趙宋兩百餘年的積累，《周禮》學在南宋中期以後，逐漸進入總結與集成階段，集解的編纂愈發受到重視。在毛應龍《周禮集傳》出現之前，王與之《周禮訂義》、陳友仁《周禮集説》已經對前代（主要是宋代）《周禮》學做了兩次集成工作，留給他的開拓空間確實不大了。從上文的分析看，毛氏《集傳》整體處於宋代《周禮》學的延長綫上，甚至可以説是《周禮訂義》的續貂之作，[1] 故其書早早散佚，除各種偶然因素外，恐怕與其學術品質也不無關係吧。但即便如此，作爲傳世不多的元代《周禮》學著述之一，《集傳》仍然值得我們給予一定重視，特別是書中所保存的數量尚屬可觀的宋人佚著，以及毛應龍本人的經説，是研究宋元《周禮》學史的珍貴資料。其實，與毛氏《集傳》相類似，處在經學史邊緣而未獲足夠關注的經解還有非常之多，如何儘可能充分和恰當地理解、研究與整理它們，仍是一項繁重的任務。

（作者單位：北京大學歷史學系）

---

[1] 毛應龍似未見陳友仁《周禮集説》，故《集傳》受王與之《周禮訂義》影響獨多。

陽明師事尹真人考

田智忠

【内容提要】 束景南先生提出，陽明早年出入老學的真相，是其在弘治九年間向尹真人學習"真空煉形法"。束先生此説值得商榷。本文從對尹真人、《性命圭旨》、"真空煉形法"、陽明出入老學的文獻的考辨入手，指出從現有材料看，無法得出陽明曾師事尹真人的結論。

【關鍵詞】 尹真人　王陽明　性命圭旨　真空煉形法

陽明並不諱言早年間出入老學的經歷，但對此中細節卻語焉不詳。這也留給後人諸多猜測：如果陽明在道教修養實踐上造詣頗深的話，這勢必會對其儒者的基本價值立場帶來影響，甚至給人以陽儒陰老的定性。

近來，束景南先生在《王陽明年譜長編》中提出，陽明於弘治九年間訪問尹真人百餘日，並修習尹真人所授"真空煉形法"，從而解開了陽明早年出入老學的千年之謎。此觀點令人耳目一新，但卻有值得商榷之處。

一、尹真人其人

關於尹真人，傳世材料的相關介紹極爲模糊。代表性的説法是，尹真人即是著名内丹著作《性命圭旨》的作者之師"尹蓬頭"。束景南先生借助豐富的史料，對尹真人其人給出了全面的刻畫，形成了閉合的證據鏈：首先，他借助明末内丹著作《仙佛合宗》中伍守陽的一條材料，確認了"尹蓬頭之作《萬神圭丹》"這一事實，指出此處的《萬神圭丹》，即是内丹名著《性命圭旨》。《仙佛合宗》確定成書於萬曆、天啓年間，因此《性命圭旨》的成書年代必然在《仙佛合宗》之前。這也使得學界對於《性命圭旨》問世於明代還是清代的争

---

*　課題來源：2014 年國家社科基金重大項目"中國傳統價值觀變遷史"（14ZDB003）。

論，再無懸念。其次，束景南先生據明人彭輅的《沖溪先生集》卷十八中的《尹山人傳》確認，時人即稱此尹山人爲"尹蓬頭"；而《尹山人傳》中同時提到，陽明在不第之後，有從尹氏遊"百餘日"的事實；再次，束先生又據清人褚人獲的《堅瓠集》，指出"尹蓬頭"名從龍，爲陝西華州人士。當然，《堅瓠集》中也曾提到尹氏擁有宋理宗時期的度牒，也曾在元代活動的事實，但是《堅瓠集》仍然強調，尹真人主要的活動軌跡是在明代中期，這與陽明主要的活動時代基本重疊。

不過，《堅瓠集》中尹蓬頭即是尹從龍的這條材料，仍然屬於孤證，難成定論。如刊刻於明崇禎年間的《名山藏》一書，也收有一則《尹山人傳》，則曰"尹繼先，臨洮人。成化間遊南都，亂髮髼鬠，人呼尹蓬頭。綴道牒羊皮袋中，元時所給也。問其年，曰宋紹興，三百十有餘歲矣，而容色若處子……"①，此條材料又見於清人查繼佐之《罪惟録》，只是增爲"陝西臨洮人"而已。對後面兩則，束景南先生只是簡單認爲尹真人名從龍而號繼先，卻並未給出詳細的論證。比較而言，我們更應該相信明代的較早史料，或者說尹真人的名號問題依然是個未解之謎。應該說，現有的各種關於尹真人的材料，多屬傳說之性質，也多有被神化的痕跡，很多關鍵信息尚無定論，不能據此做出過多的推論。

二、關於《性命圭旨》其書

關於《性命圭旨》其書，上文中《仙佛合宗》中提到的那則材料頗耐人尋味："若不明宗旨，唯蹈襲古人幾句糟粕舊說，惑世坑人者，元太虛、陽葆真之作《直議》《真詮》，尹蓬頭之作《萬神圭丹》等書是也。"② 文中所譏者，是認爲《性命圭旨》乃雜糅歷代文獻而成，有堆砌材料的嫌疑，缺少個人真實修養體驗爲支撐，屬於對塔說相輪者。伍守陽此說，頗能代表後世對於《性命圭旨》一書的基本看法。

在確認了《性命圭旨》爲明代作品的前提下，我們也可以進一步探討該書的具體年代。此書的最早刊本，哈佛大學燕京圖書館有藏，刊刻於明萬曆四十

---

① 束景南先生在《王陽明佚文輯考編年》中，已經提到了此文。
② （明）伍守陽《仙佛合宗語錄》卷六，《或問十三條》，載《道藏輯要》畢集三，第247頁，香港中文大學藏清光緒三十二年（1906）成都二僊庵刻本。

三年（1615）的吳之鶴刊本。該刊本書前有《刻性命圭旨緣起》一文，介紹了該書的刊刻緣起及刊刻年代：

> 里有吳思鳴氏，得《性命圭旨》於新安唐太史家，蓋尹真人高第弟子所述也……萬曆乙卯夏仲新安震初子余永甯常吉書。①

在此刊本中，還收錄有陽明後學鄒元標（1551—1624）的序。由這些材料可知，《性命圭旨》並非尹真人所作，而是出自其弟子之手，但其中不乏弟子傳述尹真人教誨的部分。《性命圭旨》長於理論建構，但對於工夫實踐體驗談的不多。該書明確強調先修命後修性的工夫次第，在學派歸屬上更接近於張伯端一系。據吳之鶴刊本序可知，《性命圭旨》的成書必在萬曆四十三年之前。

值得注意的是，束景南先生考證出，在《性命圭旨》利集的《天人合發採藥歸壺》下，收錄有王陽明的一首絕句：

> 閑觀物態皆生意，靜悟天機入穹冥。道在險夷隨地樂，心忘魚鳥自流行②。

在此絕句下，標注有"此王陽明口訣也"③幾字。束先生據此認爲此絕句出自陽明之手，並將其列入陽明在弘治九年從尹真人遊修習"真空煉形法"的證據。目前看來，由於沒有任何其他的文獻中提到陽明曾作此詩，因此此材料只是一條孤證。基於孤證不立的理由，我們暫且無法確認此詩爲陽明所作，更無法憑藉此聊聊數語來判斷此詩的寫作年代。

三、關於"真空煉形法"其法

《性命圭旨》中提到的"真空煉形法"，出現在該書的《嬰兒現形出離苦海》部分，且是以"附錄"的形式出現，屬於《性命圭旨》的第七節口訣："煉形之法總有六門：其一曰玉液煉形，其二曰金液煉形，其三曰太陰煉形，其四曰太陽煉形，其五曰內觀煉形，若此者總非虛無大道，終不能與太虛同體，惟此一訣，乃曰真空煉形，雖曰有作，其實無爲，<u>雖曰煉形，其實煉神</u>，

---

① 尹真人弟子《性命圭旨》，《刻性命圭旨緣起》，哈佛大學漢和圖書館藏明萬曆四十三年（1615）吳之鶴刊本，下同。
② 束景南《王陽明佚文輯考編年》修訂版，上海：上海古籍出版社2015年版，第38頁。
③ 尹真人弟子《性命圭旨》利集，《性命雙修萬神圭旨第四節口訣·天人合發採藥歸壺》。

是修外而兼修内也……"①

《性命圭旨》的這段文字表明，"真空煉形法"不同於煉形之法中的前五門，因爲前五門屬於煉形法的範疇，而"真空煉形法"本質上卻是煉神之法（或者説是借助於煉形以煉神）。通常而論，道教内丹實踐大致可劃分爲煉精化氣、煉氣化神、煉神還虛三個階層，而"真空煉形法"至少是屬於煉神還虛層級的功法。同樣值得注意的是，雖然"煉形"一詞在内丹學中出現甚早，至少在唐宋之際出現的《鍾吕傳道集》一書中已經有所提及。但是用"煉形法"來煉神，這卻是《性命圭旨》的獨創，我們並未在其他内丹學的著作中發現類似的表述。

同樣令人生疑的是，陽明既無内丹實踐基礎，又是初次拜訪尹真人，尹真人怎麽會直接向陽明傳授"真空煉形法"這種高層級的功法？即使《性命圭旨》也強調，在内丹實踐中，開頭階段的有爲法是根基（修命階段），後來的無爲法是枝葉（修性階段），前者是因，後者是果。真空煉形法，則是從有爲工夫到無爲工夫的重要轉捩點，根本不可能是内丹起始階段的修煉口訣。對此，《性命圭旨》在《真空煉形法》隨後的一節口訣中，有着明確的強調：

> 始則有作有爲者，採藥結丹以了命也。終則無作無爲者，抱一冥心以了性也。《悟真篇》云："始於有作人爭覺，及至無爲衆始。知但見無爲爲道妙，不知有作是根基。"《證道歌》云："到無爲處不無爲，方知吾道是希夷。"今之在家凡夫、出家外道，止知有這邊道理，不知有那邊境界；止知有此閑之妙，不知有彼岸之玄；止知無事而不知稀有之事，止知無爲而不知有爲之法，此乃知其一不知其二，修其性不修其命者也。故丹道未成之先，若不知下學之有爲，而著於空焉，則謂之落空漢；丹道已成之後，若不知上達之無爲，而著於相焉，則謂之守屍鬼②。

《性命圭旨》主張先修命而後修性，"真空煉形法"恰恰是處於内丹修煉中從了命到了性、從有爲法到無爲法的重要轉折期，其必然要以採藥結丹的有爲工夫爲前提。所以，尹真人絕對不可能向初次見面的陽明直接傳授"真空煉形法"，這有違内丹學的基本常識。

再者，此"真空煉形法"，不見於《性命圭旨》之外的任何書籍。我們知道，内丹修養注重流派和傳承，其修養功法不大可能憑空出現。從《性命圭

---

① 尹真人弟子《性命圭旨》貞集，《性命雙修萬神圭旨第七節口訣·嬰兒現形出離苦海》。
② 尹真人弟子《性命圭旨》貞集，《性命雙修萬神圭旨第八節口訣·移神内院端拱冥心》。

旨》一書引用文獻的情況看，其對於明代之前的文獻引用極爲廣泛。我們也没有在其所引用文獻所提到學者的著作中發現對於"真空煉形法"的介紹。此"真空煉形法"淵源何自？這一問題頗令人困擾。結合後人對於《性命圭旨》脱離實踐支撑，雜糅文獻而成的指責，我們很懷疑此"真空煉形法"或出於杜撰。

四、關於陽明師事尹真人的證據

對於陽明師事尹真人這一事實，束景南先生提出了極爲詳細的資料考證。不過，束景南先生提出的每條證據，都非確證，其合集也未必能形成完整的證據鏈。在《王陽明年譜長編》"弘治九年"（1496）條下，有陽明"經南都，向朝天宫全真道士尹真人學道，修'真空煉形法'，自作口訣詩以闡'真空煉形法'真訣之秘"條的内容，其下有四條證據以爲論證：

彭輅《沖溪先生集》卷十八《尹山人傳》：王文成公守仁試禮闈卷落，卒業南廱（按，應爲北廱，蓋涉南都而誤），走從尹遊，共寢處百餘日。尹喜曰："爾大聰明，第本貴介公子，筋骨脆，難學我。我所以入道者，危苦堅耐，世人總不堪也。爾無長生分，其竟以勳業顯哉！"文成悵然惋之。

尹從龍《性命圭旨》利集載陽明口訣："閒觀物態皆生意，静悟天機入杳冥。道在險夷隨地樂，心忘魚鳥自流行。"

《王畿集》卷二《滁陽會語》：（陽明）乃始究心於老、佛之學，緣洞天精廬，日夕勤修，煉習伏藏，洞悉機要，其與彼家所謂"見性""抱一"之旨，非惟通其意，蓋已得其髓矣。自謂："嘗於静中，内照形軀如水晶宫，忘己忘物，忘天忘地，與虚空同體，光輝神奇，恍惚變幻，以欲言而忘其所以言，乃真境象也。"①

《性命圭旨》貞集《煉形》：煉形之法，總有六門：其一曰玉液煉形，其二曰金液煉形，其三曰太陰煉形，其四曰太陽煉形，其五曰内觀煉形，若此者摠非虚無大道，終不能與太虚同體；惟此一訣（按，指煉形第六法），乃曰真空煉形，雖曰有作，其實無爲；雖曰煉形，其實煉神，是修外而兼修内也。依法煉之百日，則七魄亡形，三屍絶跡，六賊潜藏，而十魔遠遁矣。煉之千日，則四大一身，儼如水晶塔子，表裏玲瓏，内外洞

---

① 束景南《王陽明年譜長編》，第111頁。

徹，心華燦然，靈光顯現。靈光者，慧光也①。

束景南先生認爲：

> 王畿所云"緣洞天精廬"，即指陽明洞；所云"日夕勤修煉"，即指陽明在陽明洞中修煉尹真人所教之"真空煉形法"。蓋陽明所云"水晶塔"，即尹真人所云"水晶塔子"；陽明所云"與虛空同體"，即尹真人所云"與太虛同體"；陽明所云"忘己忘物"，即尹真人所云"七魄忘形"；陽明所云"真境象"，即尹真人所云"靈光顯現"；陽明所云"學道百日"，即尹真人所云"煉之百日"；可見陽明乃是向尹真人學"真空煉形法"，而《口訣》一詩正爲陽明山中靜坐修"真空煉形法"之體驗記錄。《性命圭旨》著錄此《口訣》詩，揭開了陽明早年向尹真人學道修仙之千古之謎。②

束先生的邏輯爲：《尹山人傳》確定了陽明從遊尹真人的事實，而由尹真人弟子所編的《性命圭旨》一書又收録有陽明的一首絕句，這首絕句頗能確定陽明修習尹真人所傳功法的事實，而王畿所記録的材料中，則有陽明自謂靜坐的體驗，頗與"真空煉形法"一致，因此陽明從尹真人遊之時，所修習的必然是"真空煉形法"無疑。

對此四條材料，不妨逐條詳加分析。

首先，第一條材料《尹山人傳》。這條材料的基本事實是：陽明在試後從尹真人遊百餘日，尹發現其"無長生分"，這使得陽明非常失望。這條材料讓人感到詭異的是，尹真人在發現陽明"雖大聰明，卻無長生分"後，其"喜曰"之喜從何而來？這百餘日之遊，陽明究竟是有所得，還是無所得？而陽明這百餘日究竟修習的是什麼？一句話，即使有陽明曾從尹真人遊這一事實，但其中的具體細節，我們仍然不得而知。再者，本着孤證不立的原則，我們更希望有更多的材料來支持陽明於弘治九年曾經從尹真人遊這一事實。僅有這一條材料，是不夠的。

其次，第二條材料，即《性命圭旨》所載陽明的《口訣》詩。值得注意的是，《性命圭旨》的編者將此詩改在了該書整個功法體系的第四節中，認爲其爲凝練内丹階段的採藥歸壺法之口訣。這表明，該書的編者並不認爲此《口訣》詩與"真空煉形法"有關。再者，除了《性命圭旨》中的這則材料之外，

---

① 束景南《王陽明年譜長編》，第 112 頁。

② 同上。

我們找不到任何材料來確定陽明作此口訣的動機和時間，也無從判斷《性命圭旨》此處的安排和束景南先生認爲此口訣表明陽明曾修習"真空煉形法"的論斷是否符合陽明的本意。

再次，第三條和第四條材料。束景南先生試圖通過比較二者的共同性，來證明陽明早年所修煉者，即是《性命圭旨》中的"真空煉形法"。但問題是，此二條材料中的"水晶塔子""與虛空同體"和"忘己忘物"等詞彙，乃是佛老文獻中比較常見的説法，甚至與《莊子》中的某些表述也有共通處。因此，將之定爲是陽明修習"真空煉形法"的效驗，證據顯然不夠。此外，《性命圭旨》中提到修習"真空煉形法"的"煉之百日"，並不意味着整個内丹修養實踐從頭開始來算，僅僅有百日之期。在《性命圭旨》中，從第一節口訣到第七節口訣，中間自下升高，環環相扣，其間總的修習時間，豈可以百日計？陽明初見尹真人，直接修習"真空煉形法"百餘日即有所得，這完全顛覆了内丹實踐的基本常識。

最後，認爲陽明在弘治九年從尹真人有的説法，還遇到一個較大的反證，那就是錢德洪所編陽明年譜中的弘治十一年與道士説：

> 是年先生談養生。先生自念辭章藝能不足以通至道，求師友於天下又不數遇，心持惶惑。一日讀晦翁《上宋光宗疏》，有曰："居敬持志，爲讀書之本，循序致精，爲讀書之法"，乃悔前日探討雖博，而未嘗循序以致精，宜無所得，又循其序，思得漸漬洽浹，然物理吾心終若判而爲二也。沉鬱既久，舊疾復作，益委聖賢有分。偶聞道士談養生，遂有遺世入山之意。①

《年譜》這條材料顯然認爲，陽明從道士談養生是在弘治十一年開始的，並對此中的原因交代得十分清楚。那麽問題是，我們究竟是信錢德洪的年譜呢？還是信彭輅的《尹山人傳》呢？

對於此條材料，束景南先生的解讀是："按：錢德洪敘陽明早年耽迷道教修煉多有意隱晦不露，含混不明。如此所云'道士'，實爲'尹真人'；所云'養生'，實指道教'真空煉形法'修煉；所云'遺世入山'，實即入陽明洞修煉也。"② 我們認爲，這裏束景南先生的解讀與錢德洪的原文有較大的出入，將

---

① （明）王守仁《王陽明全集》卷三十三，《年譜一》，上海：上海古籍出版社1992年版，第1224頁。
② 束景南《王陽明年譜長編》，第142頁。

"偶聞"解讀爲刻意的拜訪，將"遂有遺世入山之意"解讀爲實質性的在陽明洞修煉"真空煉形法"。這都難與錢德洪的本意相合。當然我們也可以認爲錢德洪的敘述在故意掩蓋事實真相，爲師者諱。不過，錢德洪的這條材料與《尹山人傳》的敘述相結合，更會令人生疑，尹真人對於陽明"無長生分"的判斷，究竟是對的呢，還是錯的呢？此中的關鍵問題還在於，《尹山人傳》中的材料，並沒有明確說明陽明從尹真人遊的具體時間是弘治九年。

讓我們更偏於接受錢德洪所編年譜的是隨後的這則材料：

> 十有四年，辛酉，先生三十歲，在京師。奉命審錄江北。先生錄囚多所平反。事峻，遂遊九華，作《遊九華賦》，宿無相、化城諸寺。是時道者蔡蓬頭善談仙，待以客禮請問。蔡曰："尚未。"有頃，屏左右，引至後亭，再拜請問。蔡曰："尚未。"問至再三，蔡曰："汝後堂後亭禮雖隆，終不忘官相。"一笑而別。聞地藏洞有異人，坐臥松毛，不火食，歷岩險訪之。正熟睡，先生坐傍撫其足，有頃醒，驚曰："路險何得至此！"因論最上乘曰："周濂溪、程明道是儒家兩個好秀才。"後再至，其人已他移，故後有會心人遠之歎①。

這條材料被學界所廣泛引用，如柳存仁、秦家懿、朱曉鵬等學者②都採信了這條材料，以之爲陽明溺於道教實踐的重要例證。

這條材料在一定意義上與《尹山人傳》是非此即彼的關係：若陽明在尹真人處有所得並積極修習"真空煉形法"，自然不大可能有後來的九華山訪問蔡蓬頭的事件發生；反之，若陽明訪蔡蓬頭事件爲真，則其從尹真人遊百餘日並有所得的可能性則無。值得注意的是，在弘治十四年陽明訪蔡蓬頭等人之後，遂有其在陽明洞學導引術的發生，表明此年前後確實是陽明熱衷道教修養實踐的高峰期。

事實上，從後人對於陽明此段事件行動軌跡的刻畫上看，我們更傾向於採信錢德洪所編年譜記載的真實性。例證如下：

首先，黃綰所編《陽明先生行狀》和錢德洪所編年譜，乃至陽明自己的書

---

① 《王陽明全集》卷三十三，《年譜一》，第1225頁。
② 分別見：柳存仁《王陽明與道教》，載《和風堂文集》中冊，上海：上海古籍出版社1991年版，第857頁；秦家懿《王陽明與道教》，載《秦家懿自選集》，濟南：山東教育出版社2005年版，第330頁；朱曉鵬《王陽明與道家道教》，北京：中國人民大學出版社2009年版，第50頁。

信中，都明確提到陽明在整個弘治年間始終身體狀況不佳的事實，我們很難將此事實和陽明修煉"真空煉形法"有成的説法聯繫起來。

其次，從錢德洪所編年譜和《年譜長編》對於陽明在弘治年間活動軌跡的刻畫上，顯然是前者的邏輯鏈條更爲清晰，也更爲合理。《年譜長編》對於陽明自弘治九年到弘治十五年的活動軌跡刻畫如下：

弘治九年："二月，會試下第"——十月，"經南都，向朝天宫全真道士尹真人學道，修'真空煉形法'，自作《口訣》詩以闡'真空煉形法'真訣之秘"——"歸餘姚，居秘圖山王氏故居，結詩社於龍泉寺"——"山陰蕭鳴鳳來問學"——"請魏瀚作《竹軒先生傳》"。

弘治十年："二月，春晴桃開，行春散步，有詩感懷"——"三月，與行人秦文遊紹興蘭亭，有詩唱酬"——"秋後，由餘姚移家紹興光相坊，遂自號陽明山人"——"歲暮大雪，屢往遊會稽山，尋訪陽明洞"——"是歲，留情武事，學兵法"。

弘治十一年："春二月，遊秦望山、雲門山、峨眉山"——"三月，赴南都往見尹真人""至南都，見尹真人，談養生修煉，遂有遺世入山之意"——"自南都歸，讀宋儒書無所得，益委聖賢有分"——"冬間，北上回京師，以備來年會試"。

弘治十二年："二月，會試舉進士出身"——此年中陽明曾與諸多詩人遊，詩作甚多——"是歲，《武經七書評》成"。

弘治十三年：此間，陽明有數次與詩友間的唱酬活動。

弘治十四年：九月後，"至池州府，審囚事竣，往遊九華山"——"訪道士蔡蓬頭，談仙論道，有詩唱和"。

弘治十五年："三月，北上至揚州，因病滯留三月"——"至五月回京覆命"，"五月回京，日事案牘，苦讀經史，過勞成疾。八月，上《乞養病疏》，乞歸越養病"——"九月，歸至紹興。築室陽明洞中，行導引術，静坐習定，究極道經秘旨"①。

束景南先生的上述歸納有值得商榷之處：其一，既提出陽明在弘治九年十月開始從遊尹真人百餘日，此後也在積極修習"真空煉形法"，又敘述了陽明在此時間段裏比較頻繁的各類活動，地點涉及南都、餘姚和紹興等地，頗爲矛盾。其二，提及陽明在弘治十一年三月間赴南都訪尹真人，所依據的材料是錢德洪

---

① 以上年譜材料，引號内文字俱見束景南《王陽明年譜長編》，第111—236頁。

所編年譜中的"是年先生談養生……偶聞道士談養生，遂有遺世入山之意"，其結論與所依賴材料之間的張力太大，難以令人信服。其三，從弘治九年見尹真人到弘治十四年拜訪蔡蓬頭的這段時間裏，陽明花費大量時間與詩人交遊、學兵法和讀書和準備會試，卻並無確切的與道士交遊的活動，而是直到弘治十四年之後才再掀學道的高潮。陽明此時修道熱情不減，卻出現這段修道的空白期，於情理不合。

對此，我們可以比較下錢德洪所編年譜中，對陽明此間活動軌跡的刻畫：

弘治十年："寓京師……是年先生學兵法。"

弘治十一年："寓京師……偶聞道士談養生，遂有遺世入山之意。"筆者按，據《年譜》介紹，陽明在此年學道有兩個原因：一是陽明難以理解朱子的學理邏輯，自感成聖無分；二是陽明個人身體的原因，欲通過修仙改變身體狀況。

弘治十二年："在京師，舉進士出身，疏陳邊務。"筆者按，這是其學習兵法的收穫。

弘治十三年："在京師，授刑部雲南清吏司主事。"

弘治十四年：陽明"奉命審錄江北。事竣，遂遊九華"。筆者按，此間陽明訪蔡蓬頭，開始尋仙之旅。其原因，一是陽明錄囚事畢，有大量空閒時間；二是陽明自小即對道教頗有興趣，此時身處道士雲集的九華山，恰好有此機會。

弘治十五年："是年先生漸悟縣釋二氏之非。"據《年譜》交代，陽明在五月間厭煩了"京中舊遊俱以才名相馳騁，學古詩文"的局面，"遂告病歸越，築室陽明洞中，行導引術"。不過，陽明很快否定了"離世遠去"的念頭，"復思用世"，結束了短暫的尋仙之旅。①

比較而言，我們認爲錢德洪對陽明行跡的刻畫更爲可信：這些材料不但對於陽明於弘治十一年逐漸"遂有遺世入山之意"到弘治十四年開始積極尋訪道士的說明原因更爲合理，而且點出從弘治九年到弘治十二年，務科舉，學兵法，與文人交遊，其實並沒有太多的閒置時間從事養生實踐，而弘治十四年的錄囚事畢，以及因身體的原因乞歸越養病，恰恰爲陽明提供了較爲充分的閒置時間，這也爲其積極尋求仙緣，提供了客觀的條件，這也才有了第二年其在陽

---

① 以上錢德洪所編年譜材料，引號內文字俱見王守仁《王陽明全集》卷三十三《年譜一》，第1224—1226頁。

明洞的集中靜修活動。

  通過對上述四個問題的分析,我們似乎難以對於陽明曾修習"真空煉形法"這一事實做出明確的判斷。陽明究竟如何出入老學的問題,似乎還需從長討論,不可輕易就下結論。

           (作者單位:北京師範大學哲學學院)

清代《周禮》學文獻述論

李文艷

【內容提要】 有清一代,《周禮》研究呈現空前繁盛之氣象。考清代《周禮》學文獻,共有460種左右,其中約有307種流傳至今,數量龐大,內容豐富。本文旨在考述清代各個時期不同類型的《周禮》學文獻,以窺清代《周禮》學之發展脈絡及其重要意義。

【關鍵詞】 周禮 周禮學 清代經學 乾嘉學派 今文學

《周禮》原名《周官》,於群經中最晚出。西漢河間獻王得之民間,後獻於朝廷,旋入秘府,世儒莫得見。漢成帝時,劉向、歆父子校理秘書,此書始得列序,著於《七錄》《七略》。東漢末年,鄭玄博極群經,以《周禮》爲三禮之首,其撰《周禮注》博通今古,乃漢代《周禮》學集大成之作。至唐高宗時期,賈公彥宗鄭注而撰《周禮注疏》,名物制度考究大備,足以發揮鄭學。宋代疑經變古之風大盛,以王安石《周官新義》、王與之《周禮訂義》爲代表,宋人不信漢儒注疏,直探制作精義,將經義與現實聯繫,確立以經世致用爲特點的新《周禮》學,加之"《冬官》不亡説"興起,影響了元明《周禮》學的學術範式。

有清一代,《周禮》學文獻較前代數量明顯增加,內容愈加豐富,學術研究呈現空前繁盛之氣象。王鍔先生《三禮研究論著提要》著録清代《周禮》學文獻253種,存者143種(實際173種)[①];其後,夏微博士增補121種(實際

---

① 王鍔《三禮研究論著提要》,蘭州:甘肅教育出版社2001年版,第75—111頁。是書著録清代《周禮》學文獻253種,其中存143種,佚20種,存佚不詳86種,未見4種。據筆者統計,這253種《周禮》文獻中,實際存173種,佚19種,存佚不詳58種,未見3種。

113 種)①；另據筆者統計，尚可考見之清代《周禮》學文獻約有 460 種，傳世者至少 307 種②（筆者增補 72 種，見表一）。清代《周禮》學，大致可分爲三個階段：一是清學之啓發時代，時間以順、康、雍三朝爲主，其精神在於"博學於文，經世致用"；二是清中葉之全盛時代，以乾嘉學派爲中心，精研考據之學，發揮義理之學；三是晚清之總結和蜕變時期，其精神"復轉爲致用"，結合時政回應現實問題。③ 本文擬對清代《周禮》學文獻予以梳理，探討清代各個時期不同類型的《周禮》學研究，以窺清代《周禮》學之發展脈絡及其重要意義。

---

① 夏微《〈周禮學〉文獻》，舒大剛主編《儒學文獻通論》第五章，福州：福建人民出版社 2012 年版，第 763—769 頁。據筆者統計，增補 121 種書目中，有 8 種與王書重複，實際增補 113 種。重複書目爲：黄丕烈《重雕嘉靖本校宋周禮札記》、宋育仁《周官古今舉例》、錢世熹《周禮彙纂》、丁寶楨等《〈周禮〉校刊記》、顧成章《周禮醫官詳説》、鄭珍《鳧氏爲鍾圖説》、徐世錦《周禮類綜》、吕飛鵬（是書誤作"吴飛鵬"）《周禮補注》。

② 清人項騰蛟、石元吉皆著有《周禮旁訓》，《三禮研究論著提要》稱項氏之書存佚不詳，《儒學文獻通論》則稱石氏之書已佚，今上海圖書館藏有不著名氏《周禮旁訓》（清掃葉山房本），是否爲項氏或石氏之書有待考證。又清人唐廷綸《周禮節要》六卷，《三禮研究論著提要》稱其已佚，今上海圖書館、復旦大學圖書館藏有《周禮節要》不分卷本（清抄本），是否爲唐氏之書亦有待考證。倘若上海圖書館所藏確爲項氏或石氏之書，上海圖書館、復旦圖書館所藏確爲唐氏之書，則清代《周禮》學文獻流傳至今者約有 305 種。

③ 關於清代經學之分期與特點，百餘年來，學術界異説紛紜。皮錫瑞認爲"國朝經學凡三變"，即清初漢宋兼採之學、乾隆以後專主鄭、許之專門漢學、嘉道以後專主今文十四博士之學。（皮錫瑞著、周予同注釋《經學歷史》之十《經學復盛時代》，北京：中華書局 2009 年版，第 295—349 頁。）周予同亦持"三期"論，分别是：清初啓蒙期，以北派和南派爲中心，致力於反王學的鬥争；清中葉全盛期，以乾嘉學派爲中心，精研發揮考據之學與義理之學；清朝後期，以常州今文學派爲中心，將經學與改革時政相結合，強調經世致用。（周予同著、朱維錚編校《中國經學史講義（外二種）》第七章《清學》，上海：上海人民出版社 2012 年版，第 43—48 頁。）李源澄主張"清人學術率分爲三期"：明末以至於順康時期爲清學之啓發時代，其精神在於博學於文，經世致用；乾嘉爲清學之全盛時代，其治學範圍既較初期爲狹而無經世致用之精神。道咸以後爲清學蜕變時期，學派分歧，其精神又復轉爲致用。（李源澄《經學通論》之七《論清代經學》，上海：華東師範大學出版社 2009 年版，第 47—52 頁。）林慶彰先生則提出清代經學"約可分爲三個階段"：一是順治、康熙、雍正三朝，合計九十二年，是理學逐漸衰落、清學漸次興起的時期；而其精神在於"博學於文，經世致用"，具有對明末理學流弊的反思，其學術以辨僞爲主；二是乾隆、嘉慶二朝，合計八十五年，是清學大爲發皇的時期；三是道光、咸豐、同治、光緒、宣統五朝，合計九十一年，是清學轉變、衰微和西學入侵的時期。（林慶彰《清代經學國際研討會論文集·導言》，臺北："中央研究院"中國文哲研究所 1994 年版，第 1—4 頁。）上述説法雖看似不同，實質上亦有相通之處。筆者結合前賢對清代經學的分期和自身對《周禮》文獻的疏理，遂將清代《周禮》學分爲此三階段。

一、清初《周禮》學

清初《周禮》學之興起，具有社會變革、學術思潮兩方面原因。就社會因素而言，明清朝代更迭引起了社會局勢動蕩，面對新政權合法性、不同民族間適應性等問題，清廷開始有意識地調整文化政策，逐漸確立了"崇儒重道""經術爲本"之思想。歷來備受君王重視的禮學思想，恰好適應了清廷之統治需要，並爲解決上述問題提供了理論基礎，因而受到重視。就學術思潮而言，一方面，明用八股取士，末年流弊已甚，加之陽明後學空疏，導致腐儒盛行，空言誤國。清初才俊之士"痛矯時文之陋，薄今愛古，棄虛崇實，挽回風氣，幡然一變"①，遂致力於"以經學濟理學之窮"的治學徑路，且將目光投之於禮學。清初，費密撰《周禮論注》，便旨在反理學、復漢學，倡經世致用之精神。另一方面，康熙十八年（1679），朝廷頒發"聖諭十六條"，提出"黜異端而崇正學"，所謂"正學"即以通經致用爲特點的經學、以程朱之學爲道統的儒學。"朱子在宋儒中，學最篤實"②。注重漢儒注疏，故潛心朱學者皆有根柢，能"加以擴充，開國初漢宋兼採之派"③。清廷敦崇正學的文化政策，與士人的倡禮之風不期然相契，推動了禮學復興。

然而，自宋元以來，"《冬官》不亡說"影響深遠，而《周禮》的真僞問題亦早已衆說紛紜。因此，清人研治《周禮》，必須回應這兩個問題：其一，《冬官》究竟是亡佚了還是散於五《官》之中，進一步而言，能否以五《官》補《冬官》之闕？其二，《周禮》是否爲周公所作？進一步而言，倘若《周禮》確爲周公致太平之跡，那麼該如何解釋王安石變法、方孝孺改革等失敗？圍繞以上問題，清初學者陸續對《周禮》經文予以注釋、論說，新舊思想相互碰撞。

（一）《冬官》不亡：宋學之遺緒

清初，宋元學風尚存，考據之風未開，此時的《周禮》學文獻中不乏尊崇宋儒者。此類文獻詮釋《周禮》兼綜前代，且多本宋儒之說，尤其是俞庭椿《復古編》、葉時《禮經會元》、王與之《周禮訂義》等書的"《冬官》不亡"之說。故此類文獻雖著於清代，實爲宋代《周禮》學之遺緒。

---

① （清）皮錫瑞著、周予同注釋《經學歷史》之十《經學復盛時代》，第 299 頁。
② 同上書，第 299 頁。
③ 同上書，第 300 頁。

或尊崇俞庭椿《復古編》。王芝藻《周禮訂釋古本》大抵上宗俞庭椿之説而小變之，謂《冬官》未亡，故不必以《考工記》補之，且五《官》可以兼設《冬官》之職，官省則繁費減，其説甚巧，但考證不甚詳實。① 董説《周禮緯》則以爲六官分職，原法周天，《冬官》原非散闕，後人妄補《考工記》，實爲續鳧斷鶴之舉。② 高宸《周禮三注粹鈔》詮釋《周禮》，不録《考工記》，以俞庭椿《復古編》爲據，彙鈔王與之、邱葵、吳澄三家注，但書中不標名氏，直以己意融貫成文，又多迂闊不情之論，爲三家所無。③

或以葉時《禮經會元》爲本。錢世熹《周禮彙纂》，以諸經證《周禮》本文，又以葉時《禮經會元》爲據，裁減繁冗，復採宋元儒者之説，解釋六官制度，此書有裨學人研究古代官制。陸隴其《禮經會元疏解》則依《禮經會元》之體例，將《周禮》分門別類，融會貫通，學術成就較高，但其指斥鄭玄有過當之處。

或以王與之《周禮訂義》爲本。高愈《周禮集解》（又名《高注周禮》）採前人之説，多本諸王與之《周禮訂義》，間有發明。姜兆錫《周禮輯義》亦多本《周禮訂義》，是書攻詰鄭注，④ 每有疑處，以本職參之他職，又以本經注疏參之三禮各書傳與諸經解，釋義甚詳，然臆斷多而確證少，周中孚評云："有千慮之一得，吾見亦罕矣。"⑤

此類論著多主"《冬官》不亡"説，認爲以《考工記》補《周禮》有違周天之法，甚至提出割裂五《官》以補《冬官》。相較之下，吳治《周禮匯斷》提出不必强行割裂五《官》以補《冬官》，與俞庭椿等人相異，實可謂樸實中肯之見。總體而言，這些文獻雖有可取之處，但終究囿於宋人研究之範式，或新意不多，或牽强太過。

（二）辨僞風潮：尊經之確立

《周禮》的作者與成書年代問題，歷來備受關注，學者或信或疑，衆説紛紜。清初，此問題再一次引起争論，以萬斯大、毛奇齡、方苞等人爲代表，學界掀起一股辨僞的風潮。

---

① （清）永瑢等撰《四庫全書總目》，北京：中華書局2008年重印版，第185頁。
② 趙紅娟《明遺民董説研究》，上海：上海古籍出版社2006年版，第266頁。
③ （清）永瑢等撰《四庫全書總目》，第188頁。
④ 同上。
⑤ （清）周中孚撰《鄭堂讀書記》，北京：中華書局1993年版，第15頁。

1. 萬斯大：《周官》非周公所作

萬斯大著有《周官辨非》。是書"力攻《周禮》之僞，歷引諸經之相牴牾者，以相詰難。大旨病其官冗而賦重"①，以爲非周公所作，不應名《周禮》，而應還其名曰《周官》。萬氏取《周禮》經文與《五經》《論語》《孟子》諸書相校，就其不合者辨之，得 47 條。又從《周禮》與群經不合、《周禮》所定制度有害民生、有傷國體、自相謬戾、不合情理等方面的矛盾，詳辨《周禮》之非。

萬氏詳辨《周禮》之非，其鵠的在於"非《周官》爲是《周官》"。此看似自相矛盾的說法，於萬氏之思想架構中卻是順理成章之事。正如其《自序》所云："置其非而存其是，典章法制，乃有可觀，即謂予非《周官》爲是《周官》也可。"② 萬氏堅信，只要將《周禮》中與他經不合的經文取出，加以考辨，貫非存是，餘下內容便是符合聖人之意的，或可管窺西周之法制典章。如此一來，"辨非"後的《周禮》便是可用之書，故曰"非《周官》爲是《周官》"。

萬氏治經，精通三禮，其爲學能融貫諸家，考證確實。《周官辨非》一書乃考辨《周禮》真僞之力作。

2. 方苞：《周官》乃聖人之書

方苞對《周官》推崇至極，作《周官集注》《周官辨》《周官析疑》等書，提出《周官》"非聖人不能作"。

《周官集注》一書集諸家之說，詮釋周禮，認爲《周禮》"皆六官程式，而非記禮之文"③，故仍用舊稱《周官》。是書仿朱子之例注解：採合衆說者，不再標目；全引一家之說者，標著其名；顯然舛誤之說，置之不論；惟似是而非者，則略加考正；推極義類、旁見側出者，以圈外別之。此書是清初具有集解性質的《周禮》學著作，訓詁簡明易懂，持論醇正，是一部用心之作。

《周官辨》就《周禮》中可疑者摘出數條，以己見斷之，分"別僞""辨惑"二門。其以《漢書·王莽傳》之文，證明《周禮》某節某句爲劉歆竄亂④，解釋爲何會出現諸多"未能究乎事理"的情況。

《周官析疑》則摘錄《周禮》經文爲說，逐節爬梳，以析其疑，頗得大義；

---

① （清）永瑢等撰《四庫全書總目》，第 185 頁。
② （清）萬斯大《周官辨非》，顧頡剛主編《古籍考辨叢刊：第二集》，北京：社會科學文獻出版社 2009 年版，第 544—545 頁。
③ （清）永瑢等撰《四庫全書總目》，第 156 頁。
④ 同上書，第 187 頁。

於説有難通者，輒指爲後人所竄亂。

3. 毛奇齡《周禮問》：《周禮》爲戰國人書

是書凡十七目，"皆設爲或問，辨《周禮》出戰國之末，不出劉歆"①。毛奇齡既否定劉歆竄亂，又否認其爲周公所作，提出《周禮》乃"戰國人書，而其禮則多是周禮"②的斷制，認爲《三禮》同出於周秦之間。毛奇齡此論，是鑒於宋元以來論《周禮》者，多疑其爲劉歆僞作，以爲"六國陰謀之書""末世瀆亂不驗之書"，貶之太甚，遂作此書以正之。

皮錫瑞《經學通論》評曰："毛氏以《周官》爲戰國時書，不信爲周公所作，又力辨非劉歆之僞，而謂周制全亡，賴有《周禮》《儀禮》《禮記》三經，有心古學，宣加護衛，最爲持平之論。"毛氏關於《周禮》成書年代的觀點，時至今日仍是學界的主流觀點，可謂前驅之作，但是書考證制度，所持論是非參半，學者不可全信。

萬斯大、方苞、毛奇齡三人對《周禮》的作者問題持論相異，但究其目的可謂殊途同歸：萬氏、方氏皆是考辨經文可疑處，而以爲餘下經文符合周制，乃聖人制作；毛奇齡則認爲《周禮》所載典章法制與古制相同，微此書不可知周制。如此，既彌縫了《周禮》經文可疑處，又爲後來李光地等人解釋變法失敗奠定基礎，穩固了《周禮》的經典地位，具有尊經、宗周之作用。

（三）經典注釋：漢學之興起

清初對《周禮》進行詮釋、論説文獻，名目繁多，可謂興盛。有以"傳"命名的，如李文炤《周禮集傳》；有以"説"命名的，如徐子芳《周禮參説》、惠士奇《禮説》；有以"注"命名的，如李光坡《周禮述注》、俞曾模《周禮纂注》、蕭韻《周禮補注》、甘汝來《周禮簡注》、寧世魁《周禮注》、張光裕《周禮輯注》；有以"疏"命名的，如《周官翼疏》；有以"義"命名的，如吳廷華《周禮疑義》、劉謙《周禮瀹義》、樓鎮《周禮正義》、施達《周禮通義》、李大濬《周禮拾義》、張光裕《周官考義》、吳任臣《周禮大義》；有以"記"命名的，如朱朝瑛《讀周禮略記》、范爾梅《周禮札記》、李光地《周官筆記》；有以"辨""疑"命名的，如朱離模《周禮質辨》、劉青芝《周禮質疑》、史大壯《周禮疑誤辨》、楊椿《周禮訂疑》；有以"解"命名的，如向廷虞《周禮詳解》、胡興銓《周禮注疏詳解》；亦有節鈔、摘要之類，如孫承澤《周禮舉要》、

---

① （清）永瑢等撰《四庫全書總目》，第186頁。
② （清）毛奇齡《周禮問》，見皮錫瑞著《經學通論》，北京：中華書局1954年版，第51頁。

王文清《周禮會要》、黃叔琳《周禮節訓》《周禮精義》《周禮揭要》《周禮序官》、張若仲《周禮纂要》、張星煜《周禮摘要》、俞曾模《周禮彙鈔刊本注疏增刪》等。若論其中成就最高者，當屬李光地、李光坡和惠士奇。

1. 李光地《周官筆記》

《周官筆記》一卷，收於《榕村全集》，全文皆標舉要義，不以考證辨難爲長。近代諸儒因《冬官》之闕而疑《周禮》，李氏遂論證五《官》之職與《序官》相契，譬如，雖然《地官》所掌邦土之事與《冬官》似有重合，但究《地官》旨歸則在於"教"，與卷首"掌邦教"相呼應，文意貫通，非有他《官》攪入。他進一步提出：

> 然周禮者，周公未成之書也，故其敘司徒之篇，猶首以司空之事合養教而備厥職，惜乎司空未作而成書不可見矣。學者無由盡知周公之意，又未嘗深攷沿革之由，私疑臆決，穿鑿傅會，遇不可通則悉以爲漢儒變亂之罪，豈不過哉。然則司徒之篇，雜以司空之事，此周公之舊而非所謂誤與錯也。蓋周公初革官制，其猶未能變古若此。①

明確《周禮》的性質爲周公之書，且是未成之書，故導致了《冬官》之闕。學者一方面難以從未成之《周禮》全然得知聖人之義，另一方面又不曾深入考證其成書歷史，或臆斷，或附會，遂有近人變法之失敗。倘若因變法失敗或經義不通而歸罪於漢儒，恐怕有失公允。

光地"《冬官》不亡""周禮者，周公未成之書也"的主張，影響了其弟光坡及其子鍾倫，二人皆承此意，故其治《周禮》亦不以五《官》補《冬官》。

2. 李光坡《周禮述注》

光坡之於《周禮》，用力甚勤，費近二十年之力撰成《周禮述注》。是書取《周禮》注疏之文，刪繁舉要，以溯訓詁之源。又旁採諸家，參以己意，以闡發制作之義。此書對鄭注、賈疏關於名物度數的內容，多所刊削，但其析理明通，措詞簡要，有裨學者。就其所徵引歷代諸家治《周禮》者來看，其取漢7家，唐2家，宋40家，元3家，明4家，清3家，另不詳朝狀名號者8家，計67家。其搜討之廣、治學之勤，於此可見也，故四庫館臣云："光坡此書，不及漢學之博奧，亦不至如宋學之蔓衍。平心靜氣，務求理明而詞達。於說經之

---

① （清）李光地《榕村全集》卷十八"周禮"條，（清）永瑢、紀昀等纂修《景印文淵閣四庫全書》，臺北：臺灣商務印書館1986年版，第1324冊，第784頁。

家，亦可謂適中之道矣。"①《周禮述注》是清初《周禮》學文獻中的重要代表作，值得學者關注。

光坡不惟揚其兄光地之緒，且導其從侄鍾倫之路。李鍾倫著《周禮訓纂》，自《天官》至《秋官》，詳纂注疏，加以訓義，惟闕《考工記》不釋，蓋以其爲河間獻王所補，非周公之古經。鍾倫之作於名物度數往往舛誤②。然其辨禘祫、社稷、學校、司馬法諸篇，皆考證詳核，計算精核，又明於推步之術，得諸實測。全書訓釋頗得《周禮》大義，是較重要的《周禮》學文獻。

又有李氏族人李大濬著《周禮拾義》，採輯鄭、賈及諸家之説，間附以案語，並採前儒之説，不加論斷，書中多載李光地之説③，今存佚不詳。

3. 惠士奇《禮説》

惠士奇之治經方法，於清初説禮諸家中，持論最有根柢。他認爲，"古聖王經世之道，莫切於禮，然必悉其名物而後可求其制度，得其制度而後可語其精微……故説禮則必以鄭氏爲宗"④。然而，漢儒注疏年代久遠，古時注疏文字於清人而言，往往形聲俱異，不可以今字推求。故其重點有二：其一，將《周禮》所見古音古字一一疏通，消除清人閱讀古書的語言障礙；其二，通過援引諸史百家之文，證明《周禮》經文所載周制，或以此參照鄭注所引漢制，推求周代典制的原貌，繼而闡發制作之精義。惠氏不全錄《周禮》經文，僅標舉其有所考證、辨駁者，各爲之説，依經文次序加以編排，凡381條。書中雖有拘泥古義、爲之曲説或失之附會之處，但瑕不掩瑜。是書徵引博而有本原，辨論繁而條理悉，是一部考證翔實、義理嚴謹的著作。

值得注意的是，早在惠氏之前，清初已出現專門研治音韻、稽考名物的文獻，數量雖少，但皆考證詳實：其一，考辨音韻者，如傅山《周禮音辨》；其二，考證田賦者，如李塨《田賦考辨》舉謬而僞者八事，據經文一一辨證；任啓運《田賦考》亦專論田賦，考述甚詳；其三，專論某一官職者，如邵坡《周禮存疑》，博引先秦兩漢之書本，論述媒氏；其四，專爲禮圖者，如王文清、吳廷華纂修《周官圖》四卷。在斯人之後，《周禮》研究仍普遍注重宋學系的經義闡發徑路，而惠氏能獨樹一幟，倡導以實學治經，可謂慧眼別具。

自漢代至清初，學者研治《周禮》皆輻輳於《周禮》的作者與成書年代問

---

① （清）永瑢等撰《四庫全書總目》，第155頁。
② 同上書，第156頁。
③ 同上書，第188頁。
④ 同上書，第156頁。

題，這也涉及《周禮》的性質，以及如何看待《周禮》等問題。清初學者在討論這些問題時，儘管論據並不充分，最終亦未能得到一致的定論，但其研究成果仍有其積極意義。首先，清初時期，宋元學風尚存，新的學術風氣尚未確立，新舊學術思潮相互碰撞，在此過渡時期中，諸如惠士奇等學者對考據的看重，影響了乾嘉時期的《周禮》學。其次，辨僞派學者雖然堅持《周禮》有後人增益者，但並不否定作爲先秦古書的《周禮》反映了西周禮制，這肯定了《周禮》作爲經典的重要地位，對經學的發展有其積極意義。再次，清初學者爲了辨僞而尋找證據，從宋元的《冬官》補亡問題研究轉向對《周禮》內容的深入研究，逐漸發展成名物制度的考證，如田賦研究。總體而言，從學風、態度和內容上來看，清初《周禮》學皆爲乾嘉時期的《周禮》學起到示範性作用，並提示了不同的治學門徑。

二、乾嘉《周禮》學

皮錫瑞《經學歷史》曾論清代經師"有功於後事者有三事"，分別是"輯佚書""精校勘"和"通小學"①。乾嘉之學尤以考據爲名，故筆者擬從輯佚、校勘、文字音韻訓詁、名物制度考證諸方面着手研究。同時，乾嘉學者以考據作爲探求經義之基石，對《周禮》進行注疏、論說的熱情實際上並未消減，義理之學亦於穩中求進。該時期《周禮》學具有考據之學大昌、義理之學並重的特點。

(一) 考據之學大昌

乾隆六年（1741），江永入都。時值開館修《三禮》，方苞爲《周禮》總裁，將《周禮》稿交付江永，命其對個中問題加以指摘，江永乃隨筆籤出，此即後來的《周禮疑義舉要》。此書立説以鄭注爲本，參以新説，於《周禮》經義多有闡發，對《考工記》名物、車制之考證尤爲精核②，可謂乾嘉之學的先聲。此外，《欽定周官義疏解》之頒行、宋本《十三經注疏》之刊印、《經典釋文》之重校，均於不同程度上帶動了乾嘉學者對《周禮》的研究。

1. 輯佚

乾嘉學者尊崇漢學，惜漢儒傳説大多亡佚，清儒開始搜集漢代古經注。縱

---

① （清）皮錫瑞《經學歷史》，第 330—331 頁。
② （清）永瑢等撰《四庫全書總目》，第 157 頁。

觀清代《周禮》學的輯佚成果，以王謨《漢魏遺書鈔》和馬國翰《玉函山房輯佚書》爲代表，共計29種。因其所輯內容實際上是某朝某人之學，而非清人著書立説，故本文於表二條列其目，此處不予論説。

2. 校勘

校勘之功，非惟校對字體之是非、字句之疏漏，而是力求恢復典籍之原貌，以期推求經文之真義。正如段玉裁所云："故校經之法必以賈還賈，以孔還孔……以鄭還鄭，各得其底本，而後判其義理之是非，而後經之底本可定，而後經之義理可以徐定。"① 於乾嘉學者而言，唯有採用校勘之法，方能還原古書之真實面貌。

乾嘉時期校勘《周禮》的著作，有臧庸《周禮鄭注校字》、阮元《周禮校勘記》、黃丕烈《周禮鄭氏注校語》②、嚴可均《唐石經校文·周禮》、趙坦《周禮夏官殘字校記》等，均取得不錯的成果。其中，阮元《周禮校勘記》乃其屬臧庸搜校各本及陸德明《音義》而成，最後進行統稿。阮元校勘此書，搜集廣博，校勘精審，可謂清代《周禮》之最佳版本。黃丕烈《周禮鄭氏注校語》亦是校勘精良之作。是書凡所改字，必定注明是以何本改定；如遇字可疑者，則不改定，而於校語中標出。綜觀黃氏之書，精確者甚多，洵可資學者參考。

3. 音韻文字

王念孫曰："訓詁聲音明而小學明，小學明而經學明。"③ 乾嘉學者大多重考據，以小學治經學，認爲音韻文字之學，必有功於經學之昌明。此時，《周禮》學研究領域出現了專論文字、音韻之書，可謂精研至極。

（1）以音韻爲主

乾嘉時期以音韻爲主的文獻，主要有盧文弨《周禮音義考證》、辛紹業《周官釋文答問》、段玉裁《周禮漢讀考》、孫侃《周禮直音》等書，其中以段玉裁《周禮漢讀考》爲翹楚。

起初，盧文弨嘗校《經典釋文》，多考證之條，遂成《經典釋文考證》一書，於《周禮音義考證》詳考官職典章，不爲無功。然翁方綱以爲此書未能盡善盡美，遂命同志之士重校，使辛紹業校《周禮》，撰《周官釋文答問》。是書

---

① （清）段玉裁《與諸同志書論校書之難》，鍾敬華校點《經韻樓集》卷十二，上海：上海古籍出版社2008年版，第336頁。
② 即《重雕嘉靖本校宋周禮札記》。
③ （清）王念孫《説文解字注序》，（清）段玉裁注《説文解字注》，上海：上海古籍出版社2012年版，第1頁。

僅《天官》一卷，殆未成之稿。其説大抵援據許慎《説文》，以定《周禮》用字之正俗、通假，引證詳實，立論明確，足補盧氏《考證》之失，惜爲殘帙。

段玉裁早年曾撰《六書音均表》，分古音十七部。段氏考證漢儒注《詩》《禮》及他經，及《國語》《史記》《漢書》《吕覽》《淮南》諸書，發現凡言"讀如""讀爲""當爲"之處，其音大致與古音十七部相合，遂撰《周禮漢讀考》。

是書以《周禮》經注爲綱，而後確切以申明之，分爲"讀如""讀爲""當爲"等義例。"讀如"主於説音，"如"是比方之詞，故"讀如"不易其字，下文仍用經之本字；"讀爲"主於更字説義，"爲"是變化之詞，故"讀爲"必易其字，下文仍用所易之字；"當爲"主於糾正誤字，"當爲"是糾正之詞。此外，亦有"之言""互見""古今存""經用古字，注用今字"等例。周中孚讚曰："自茂堂此書出，學者凡讀漢儒經子、漢書之注，如夢得覺，如醉得醒，不至如冥行摘埴。此茂堂之功也。"① 可見，段氏此書歸納了古書義例，使學者得以將其廣泛運用於治經的學術研究中，直接促進了當時漢注訓詁考證研究的發展，也間接爲學人探求經義的理想奠定了堅實的基礎。

（2）以文字爲主

惠棟乃乾嘉考據學吴派之宗，其撰《周禮古義》爲其《九經古義》之一，是乾嘉時期以文字訓詁爲主的重要文獻。承其祖周惕、其父士奇之志，惠棟以爲讀古人之書，當先通古人之字，庶明其文句而義理可以漸求。《周禮古義》書後有跋云："《周禮》本多奇字，然字異而爲義則一也。若此卷所引，則字異而義亦因之以異。"故其解經，不全録《周禮》經文，只録可考證處之經文，凡97條，或訓詁字義，或考證典制，蒐採舊文，互相參證，頗爲精核，爲考訂古音、古義以求經義之力作。

這一時期，研究漢代《周禮》"故書"與"今書"問題的專著也出現了，如程際盛《周禮故書考》、徐養原《周禮故書考》、宋世犖《周禮故書疏證》。此類文獻專門探討《周禮》故書、今書的異文關係，故書、今書取字優劣，鄭玄校勘《周禮》本經依從故書，今書之是非等問題。其中，以徐養原《周禮故書考》成就最高。

程際盛《周禮故書考》全書自《天官·冢宰》"胥十有二人"注"胥讀如謂"至《考工記·弓人》"利射侯與弋"注"與作其"，所考者凡四百餘條。徐

---

① （清）周中孚《鄭堂讀書記》，第16頁。

氏之書只記載了鄭玄之言"故書"者,而程氏此書不僅載鄭注之言"故書"者,亦載鄭玄之言"讀如""讀爲"者,故其所引條目較徐氏之書爲多。儘管程氏此書發明較徐書少,但其草創之功亦不可没。

徐養原《周禮故書考》提出,《周禮》所謂"故書""今書",與《儀禮》"古文""今文"不同,《儀禮》自有古、今文兩家之學,而《周禮》自劉歆以來,只有古文之學,無所謂今文之學。"故書"當爲劉歆校勘《周禮》以前之版本,"今書"則是鄭玄同時所見之本,因此説"故書""今書"僅用於分别指稱《周禮》古文經之"舊本""今本",並非賈公彦所謂"古文""今文",此足證賈疏之誤。是書認爲,鄭玄作《周禮注》依從"故書",故凡從"今書"者,則作爲書之異文,所言甚是。是書所列考證條目,相比程際盛、宋世犖之書,多所發明,但凡鄭注所引"故書",皆極力探求新義、考辨區别,對《周禮》和鄭玄學的研究作出很大貢獻。

宋世犖《周禮故書疏證》稱"故書"即漢代秘府所藏之古文。是書於鄭玄《注》略例不明;於疏證、異字方面,論説亦頗簡明,往往鮮有貫通。① 就學術成就而言,宋氏此書遠遠不及徐、程二書,但其經當處亦不可易,有得有失,學者應分别觀之。

4. 名物制度

乾嘉時期,學界對音韻文字訓詁的研究達到巔峰,因此推動了清人對《周禮》所載名物制度的研究,或對《考工記》通論性研究,或專論名物制度,内容涉及飲食、車制、樂器、職官、禄田、田制、田賦、軍賦、祭祀等類,並有專爲禮圖者。

(1) 通論類

《考工記》記載了各種器物的形狀、結構、作用及製造原理,而江永《周禮疑義舉要》對名物、車制之考證,可謂博極精核,推動了當時的《考工記》研究。

戴震乃乾嘉考據學皖派之宗,其撰《考工記圖注》一書,取《周禮》經文及鄭玄《注》,分列於前,對《考工》之器物加以繪圖,並註明尺寸,凡59幅。部分繪圖已爲出土文物所證,如"當兔在輿下正中",已爲1980年出土秦制大型彩繪銅馬車所證實,足以見戴震考證之精確。其於《鞈人》"龍旂""鳥旟"之屬,《梓人》"篳虡"、《車人》"大車""羊車"之等,均未作圖。總體而言,

---

① 王雲五主持《續修四庫全書提要》,臺北:臺灣商務印書館1972年版,第598頁。

是書翼贊鄭學，考釋詳密，研究精深，爲歷代《考工記》研究之傑作。

程瑤田撰《考工創物小記》，於《考工記》制度形體及命名精意方面，凡遇一字不可假借處，均反復考證，使其義完備。其於鄭注、賈疏，遇其精者則爲之闡發，遇其誤者則據《周禮》經文正之，以此證《考工》收入《周禮》，斷非周末以後人所爲。是書配圖以發明《考工記》，開創了以存世古物與文獻典籍相對照研究《考工記》之方法，故郭沫若稱其爲"近世考古學之前驅"①。

王宗涑《考工記考辨》於《考工記》經文，先列漢唐注疏，隨後援引江永、戴震、程瑤田、阮元諸說有考辨者。是書"考"在前，"辨"在後，引證翔實，精義皆見於"考"，"辨"則駁舊有諸說、詳參前人之言而發己見，較有見地。王氏之書可謂佳作，孫詒讓《周禮正義》引之甚多。

此外，對《考工記》全篇予以研究的，還有牛運震《考工記論文》、莊有可《考工記集說》、徐養原《考工雜記》、孔繼涵《補林氏考工記》等書。

（2）飲食

飲食方面，有程瑤田著《九穀考》。先是，鄭玄據《食醫》與《月令》，注《太宰》之"九穀"爲黍、稷、稻、粱、麻、大豆、小豆、麥、苽。然而南方無黍，而稷、粱二名，衆說紛紜。於是，程氏乃取許慎之說，詳加考辨，列次九穀之先後。此書一出，旋即受到學者推崇，可見其考據之功。

（3）車制

專論《考工記》車制者，有江藩《考工戴氏車制翼》、孔繼涵《考工車度記》、錢坫《車制考》、蕭掄《繹車》、張象津《考工釋車》、汪宜耀《考工記圖釋》、阮元《考工記車制圖解》、李惇《考工車制考》等書。

錢坫《車制考》全書6篇，爲輪、蓋、輿、輈、馬、器，分釋輪、蓋等名義，引證群經史傳，貫參互通，古之車制遂一目瞭然，甚有俾於經學。

張象津《考工釋車》因"大車"（駕牛者）、"小車"（駕馬者）之分，對《考工記》車名加以注釋，一般只釋小車，大車則附見於後。周制車名甚繁，是書博採注疏，條分縷析，於車制長短尺寸，講解更是詳盡，有利於學人瞭解古代車制。

汪宜耀《考工記圖釋》分上下篇，凡釋30職，取《考工記》中車旁之字，皆以字書及他書考之，加以訓釋，備列其義，並結合禮制、己意下斷制，詳爲訓詁，並繪圖以明之。是書所述車制，雖不及阮元《圖解》之詳密，亦可謂圖

---

① 郭沫若《殷周青銅器銘文研究》，北京：科學出版社1961年版，第187頁。

解之先聲。

阮元《考工記車制圖考》全書凡 6 篇，分別爲《輪解》《輿解》《輈解》《革解》《金解》《推求車度次第解》。《解》所未明之處，則配《圖》以彰顯其義，其中《輪圖》5 幅、《輿圖》2 幅、《輈圖》5 幅。是書本於鄭注，足以申明鄭義；於鄭注之誤，則徑直指出；又引戴震、錢坫諸説，參考前人之見，於車制發明新義者甚多。阮氏此書，可謂研究《周禮》車制的集大成之作，可助學者研究諸經之車制。

（4）樂器

程瑶田著《磬折古義》3 篇，考釋《考工記》磬折之義，論證翔實。

（5）職官

此類或總論序官，或專考一官，如馮至《周官序論》、田浚《周禮鎮官考》、胡匡衷《侯國職官表》、辛紹業《冬官旁求》等。其中，《冬官旁求》大抵本俞庭椿《冬官》存於五《官》之説，但並不主張割裂五《官》，而是於經傳注疏中徵引"司空"之職，以求《冬官》，故曰《冬官旁求》。是書博考群書，備列《冬官》各職，用心甚苦，較宋人之舉，實爲優勝。

（6）禄田

宋人歐陽修曾提出《周禮》"官多田少，禄且不給"之疑，後儒多從其説。即辨偶有辨者，亦不過以攝官爲辭，鮮有出彩者。唯獨沈彤詳究周制，以與之辨，撰《周官禄田考》，以爲"官之命者必有禄，禄必稱其爵而量給於公田"①。是書分《官爵數》《公田數》《禄田數》3 篇，凡是田爵禄之數不見於《周禮》經文者，則求之於鄭注；不見於鄭注者，則據經文起例，推闡旁通②，故其書補《周禮》經文之所無，與《周禮》原有之説，相互恰合，天衣無縫。沈彤禄田之考，精密淹通，於鄭注、賈疏以後，可謂特出，是一部極具價值的經學著作。

胡匡衷《周禮畿内授田考實》則專論畿内授田之制，以《遂人》所言是鄉遂制，《大司徒》是都鄙制。此書引他經相互參證，積算特精密，然而《周禮》所載並非全爲周制，且胡氏之推算，"未考西周方域及人口，而以經傳所記之

---

① （清）沈彤《周官禄田考》卷上，（清）永瑢、紀昀等纂修《景印文淵閣四庫全書》，臺北：臺灣商務印書館 1986 年版，第 0101 册，第 667 頁。

② （清）永瑢等撰《四庫全書總目》，第 157 頁。

數記之，恐難以爲據"①。

其後，陳大庚撰成《周禮序官考》。是書本沈彤《周官祿田考》，縷析條分，鉤稽綜貫，於成周一代官職人數，若網在綱，可資參考。

（7）田賦

田賦方面，有任大椿著《田賦考》，蓋專論田賦制度。

（8）田制

關於《周禮》田制的專論，主要有井田、溝洫等方面。

井田方面，有胡匡衷《周禮井田圖考》、毛應觀《井田計畝》、徐養原《井田議》、徐宣祿繪《周官義疏及井田宮室圖制》等書，今皆傳世。其中，胡氏之書於井田多申鄭玄之義，徐氏之書則多補先儒所未備。

溝洫方面，主要有程瑤田《溝洫疆理小記》、何濟川《溝洫圖說》等書。程氏之書凡21篇，據經文推產法，以明鄭注，苦心研究，詳爲條析，駁宋人、清人諸書之非，以申鄭注之事，確有所見。其論說《考工記》"遂人""匠人"之職事，闡發經世致用之思，後孫詒讓《周禮正義》多有採擇其說。程氏此書非惟有裨於經師，且於農業水利者亦甚有益。

另外，程瑤田《水地小記》亦解決了《周禮》畿內地土地劃分、授田等問題。是書凡7篇，著録了程瑤田精研地理之成果，不僅解決了《周禮》田制問題，且糾正了《水經注》所載"灅水""庚水"之誤，洵有功於當代。

（9）軍賦

自古以來，論軍賦之制者，《周禮》最詳。乾嘉時期考證軍賦者，首推王鳴盛《周禮軍賦說》。

起初，秦蕙田欲輯《五禮通考》，便命王鳴盛負責軍賦部分，鳴盛於是以《周禮注疏》爲本，參考他經注疏及諸家序論，於妄駁鄭氏者則加以辨正，於發明鄭氏義者則採而列之，遂成《周禮軍賦說》。是書凡4卷28目，卷一總論周禮軍賦、王畿鄉遂軍制等說，卷二論井田、授田、田賦等田地之法；卷三論實際行軍之軍制，卷四論邦國軍制等級與魯制、齊制、晉制等。王氏此書廣徵博引，搜羅廣博，斷制多合《周禮》經義，乃清代《周禮》學的考據佳作，值得重視。

（10）祭祀

祭祀方面，凌廷堪嘗著《周官九拜九祭解》，是書援據《禮經》，疏通證

---

① 續修四庫全書總目提要編纂委員會編《續修四庫全書總目提要·經部》，上海：上海古籍出版社2015年版，第175頁。此條作者王長虹。

明，發前人所未發，甚有新意。此外，尚有龔景瀚《説祼》、任啓運《肆獻祼饋食纂》等書。

（二）義理之學並重

乾隆十三年（1748），鄂爾泰等人奉敕撰《欽定周官義疏》。是書共 48 卷，採漢 27 家、晉 3 家、劉宋 1 家、梁 1 家、北魏 3 家，隋 1 家、唐 10 家、宋 91 家、元 7 家、明 29 家，共 173 家之言，採掇群説，網羅廣博。是書仍《周禮》之始稱，名曰《周官義疏》；以《周官》爲周公之書，但在流傳過程中有所竄亂；又以《考工記》與《冬官》不同，直稱《考工記》。内容分爲七例：直詁《經》義、確然無疑者，則爲"正義"；後儒駁正、至當不易者，則爲"辨正"；以本節本句參證他篇以探求經義，或引他經與此互相發明者，爲"通論"；雖非正解而依附經義，於事物之理有所推闡者，爲"餘論"；各持一説，義亦可通，又或已經駁論，而持此者多，未敢偏廢者，曰"存疑"；名物象數，久遠無傳，難得其真，或創立一説，雖未即愜人心，而不得不存之以資考辨者，爲"存異"；本節之義已經訓解，又合數節而論之，合亦不必以爲諱者，爲"總論"。①

《欽定周官正義》對清代以前的《周禮》研究作出了全面的總結，學術上主張漢宋兼採，既促進了考據之學的蓬勃發展，亦使義理之學保持穩步前進。

1. 舉業制義之書

《欽定周官義疏》作爲清朝《周禮》學的官方定本，自然成爲了科舉學子的必備典籍。然而其卷帙浩繁，不利記誦，於是出現了簡明版本，以作家塾教學之用、應試科舉之備，大多是摘出部分經注，予以單獨解釋。清初多題名"節訓""會要"等，如黄叔琳《周禮節訓》。乾嘉時期，此類文獻不僅數量增加，且名目繁多。

或曰"約編"，如汪基《周禮約編》、羅萬卷《周官約編》。其中，汪氏書以五《官》及《考工記》各爲一卷，且於每卷之首，先列官目，次注所職及或節於下，精簡凝練，有利初學，但難窺《周禮》全貌。

或曰"精華"，如陳龍標《周禮精華》。是書援引前儒之説，宋以前 15 家，元 3 家，明 24 家，清 19 家，此外尚有《尚書大傳》及秦蕙田《五禮通考》、徐乾學《讀禮通考》等七十餘種，用力甚勤。此書雖爲制義所作，但其於每個官職之下，多引歷代名儒論説，且於《周禮》大義，發明甚多，薈萃歷代學人研

---

① （清）永瑢等撰《四庫全書總目》，第 155 頁。

究《周禮》之精華於一身，是一部珍貴的《周禮》學說資料彙編。

或曰"精義"，如連斗山輯《周官精義》、黃淦《周禮精義》。連氏書以《欽定周官義疏》爲主，名物訓詁多採鄭、賈之説，義理發明多用程、朱之言，融會諸家，間有新義，具有一定的學術價值。黃氏書則摘錄自漢唐至於清諸家之言，間下己意，無甚可取。

或曰"萃"，如張蔭春《六官駢萃》、周震榮《周禮萃説》、周常怡《周官萃義》等。其中，《六官駢萃》全書分天文、地理、人倫、財賦、官職、禮制、約律、政治等8類，貫通《周禮》，甚便學人查尋摘錄。是書持論有據，但發明甚少，僅可供科舉考生參考。

或曰"會通"，如胡翹元《周禮會通》。是書凡6卷，每卷概述一《官》大義，注釋多採鄭注，非惟不薄考據，且注重義理。相比"約編""菁華"諸作之刪節過多，及《六官駢萃》等書少有發明，是書之作兼具考據之學與義理之學，較爲優勝。

或曰"解"，如劉作恒《周禮彙解》、劉沅輯注《周官恒解》、盛百二《周禮句解》、王大來《周禮貫解》等。其中，劉作恒《周禮彙解》大體上採納宋儒之説，且參考清代諸儒之説，文風平實，説理有據，可作爲傳世之書。劉沅輯注《周官恒解》凡6卷，是書貫通《周禮》精義，訂正後人詰責《周禮》之處，甚便初學者研讀。盛百二《周禮句解》以鄭注爲據，於《周禮》每句下作解釋，凡遇鄭司農、杜子春與鄭玄有異，則別出一表，一目瞭然，可資參考。

或曰"撮要""要"等，如潘相《周禮撮要》、王世瑞《周禮撮要》、唐宜中《周禮撮要》、鄧枝麟《周禮撮要》、顧大治《周官經疏備要》、鄭文蘭《周禮輯要》、鄧愷《周禮集解節要》、萬希槐輯《周禮注疏節要》、呂自林《周禮匯要》、綦澧《周禮輯要》、張泰來《周官説纂要》等。其中，潘相《周禮撮要》凡6篇，大旨在合各《官》之精義於某一篇，銓次綱目，條列支干，以成其書。其於《周禮》經文，衡以義理，以昭示《周禮》作者修身治國平天下之志趣，弘揚經世致用之精神，旨歸深遠，對研究《周禮》者具有重要啓發意義。

或曰"節鈔"，如許珩《周禮經注節抄》。是書以鄭注、賈疏爲主，參以後儒諸説，間附己見，採擇精審，並附音義。其於府、史、胥徒之有無，人數之參差，名稱之有異等問題，考辨有力，確有所見。總體而言，此書精要核括，諸家之説簡明扼要，經義音釋易於成誦，是一部較好的入門之書。

或曰"摘箋"，李調元《周禮摘箋》。是書摘取經注互異之字而箋之，或參成説，或下己意，或正舊誤，以折衷於一。觀其箋，"以簡明之筆，釋奧頤之文"①，可謂簡明扼要，深入淺出，甚有利於初學者。

或曰"指掌"，如莊有可《周官指掌》、陳兆熊《周禮指掌圖考》等。其中，莊有可《周官指掌》一書欲究其建國立極之大略，分論地田、賦税、宮廟朝會、宗法分封之等差及車服要領、喪禮樂律曆法等内容，凡 5 卷。是書割裂《周禮》經文，且引他書，務申己見。如"君爲臣綱"三語，本出於《白虎通》，非《周禮》原文，莊氏卻將其刊爲一目，大概是專爲科舉制義而作。

此外，尚有題名"讀本""圖説"之書，如萬廷蘭輯《周禮初學讀本》、周樽輯《周禮讀本》、林昌《周禮讀本》、魯鴻《周官塾訓》、齊世南《周禮圖説》、李錫書《周官圖説》等。

2. 札記經解之屬

乾嘉時期對《周禮》進行解釋、論説的文獻，除卻舉業制義之書，傳世者較少，大體分爲札記類、專著類、注釋類、考辨類。

歷代學者多有作札記者，札記的形式雖未如專著嚴謹，但其中不乏獨到見解處。乾嘉時期《周禮》學的札記類文獻，包括惠棟《周禮會最》、官獻瑶《石溪讀周官》、張義年《周官隨筆》、翁方綱《周官禮附記》、汪中《周官徵文》、朱亦棟《周禮札記》、汪德鉞《周官偶記》、徐天柱《讀周禮》、胡秉虔《周官小識》等書。其中，惠棟《周禮會最》彙錄自漢唐至宋元以來學者論《周禮》諸説，皆詳列原文之下，幾無己説，蓋爲鈔存文獻、筆錄提要之用。

專論《周禮》學之著作，有沈夢蘭《周官學》、王聘珍《周禮學》等書。先是，沈夢蘭著《周官學》，附《周官辨非辨》於後。是書凡 13 門，分爲溝洫、畿封、邦國、都鄙、城郭、宮室、職官、禄田、貢賦、軍旅、車乘、禮射、律度量衡等，復取經史諸子與《周禮》參互考證，會通先儒所詬病牴牾者，不爲無功。然而觀其所言，多臆斷之説，孫詒讓謂其新奇謬戾，學者須審慎用之。所附《周官辨非辨》，"辨語亦簡略，未能揭其癥結之所在"②。其後，王聘珍撰成《周禮學》一書。王氏爲書，參考先儒衆説，頗多發明，極具新意，且皆謹宗師法，不妄改字，不輕立異，最爲篤實。就此而言，王書遠勝於沈書。

此外，注釋類文獻包括陶敬信《周禮正義》、程大中《周禮外義》、梁鴻翥《周官辨義》、陳價英《周禮集義》、胡世敦《周禮要義》、張學尹《周官輯義》、

---

① 王雲五主持《續修四庫全書提要》，第 597 頁。
② 同上書，第 598 頁。

李貽德《周禮剩義》、黃佐九《增補周禮義疏》、李鼎元《周禮補注》等書。惜其多已亡佚，僅存陶氏、程氏之書。陶氏《周禮正義》大體上隨文注釋，內容簡明扼要，曾受到乾隆讚賞。程氏《周禮外義》乃說經之文，分爲《總論》4則，《天官冢宰》13則，《地官司徒》13則，《春官宗伯》11則，《夏官司馬》13則，《秋官司寇》16則，《冬官考工記》10則，申說職官之義，以爲濟世有用之書莫如《周禮》。

有得於考據學之昌盛，清儒開始反思漢唐注疏之誤。或攻駁鄭賈，考辨注疏之失，疏解補正，如孔廣林《周禮臆測》、張宗泰《周官禮經注正誤》、吳懋清《周禮鄭注訂訛》、馬宗璉《周禮鄭注疏證》等書，皆具卓識。或博綜群籍，精研本經，質疑詰難，如許珩《周禮注疏獻疑》、龔元玠《周禮客難》、董桂敷《周官辨非解》、黃承吉《周禮抴疑》等書，發揮經文大旨，倡導經世致用之精神，實鄭、賈之諍友。

值得注意的是，這一時期，莊存與——常州今文學派開創者，著有《周官記》《周官說》《周官說補》等書。莊存與精通六經，尤重《周官》，其著述不别漢宋，但求融會貫通。《周官記》凡5卷，卷一《冢宰記》，内列《五官官屬表》；卷二《司徒記》，附《載師任地譜》，以明均土分民之法；卷三《司馬記》，補"小司馬""軍司馬"諸職之文；卷四《冬官司空記》，補司空之屬闕文；卷五《司空記》，撮拾周秦之書可資引證者，以當《冬官》之義疏。《周官說》卷一標舉經文爲之詮釋，卷二《九祭九拜》，尚有專屬，其餘雜引傳記發揮大義。《周官說補》亦撮舉經文爲之箋注，雜論各義，附以量地任民譜。① 蔣載康乃莊存與之高足，著有《周官心解》。是書立說不墨守漢唐經注，亦不囿於宋元諸儒成說：有前人從無辨駁更移者，能得間斟酌以求其是；有千百年師說相承從無異義者，而獨翻成案；以經解經，亦多所創解。莊氏之學，源遠流長，至於其侄莊述祖、其孫莊綬甲（著有《周官禮鄭氏注箋》）、外孫劉逢祿，今文學遂大熾。

乾嘉考據之學，雖未直接闡發經文義理，然於推求考究之間，辨偽考證之方、經世致用之思早已蘊含其中，潛移默化地影響了當時以及後來學者的治學風格，亦見證了今文經學的暗流湧動，對晚清《周禮》學的發展影響深遠。

---

① 王雲五主持《續修四庫全書提要》，第593頁。

三、晚清《周禮》學

清代後期，《周禮》學發展大抵分爲兩個較短的時期，一是以道光、咸豐之際爲主，此時乾嘉學術的影響依舊強烈，學者於繼承中進一步求得學術之發展；二是以道、咸以後（同治、光緒、宣統三朝）爲主，這一時期孫詒讓撰成《周禮正義》——清代《周禮》學的集大成之作，同時，由於西學的傳播和時政的需要，《周禮》學研究湧現出衆多前人未有之新意。

（一）舊範式：乾嘉考據學之餘音

考據方面

（1）輯佚

詳見表二。其中孫詒讓《周禮三家佚注》所輯較馬國翰多 30 條，間有孫氏按語，大抵考訂文字，而不論注之得失。

（2）校勘

校勘方面，有丁寶楨《校勘記》、茆泮林《周禮注疏校勘記校字補》、胡珽《杜牧注〈考工記〉校譌》、董金鑑《杜牧注〈考工記〉續校》等書。

（3）音韻文字訓詁

以音韻爲主的，有陳宗起《考工記異讀訓正》、楊國楨《周禮音訓》、袁俊等編纂《周禮音訓》、郭玉階《周禮漢讀考》、周繪藻《周禮通纂會韻》等書。以文字爲主的，有陳宗起《考工記異字訓正》、沈家本《周官書名考》、葉德輝《周禮鄭注正字考》、丁晏《周禮異字釋》、張奮翼《周禮集字》等書。以訓詁爲主的，則有俞樾《周禮平議》。俞樾《周禮平議》凡 114 條，每條皆先列經文，次引注疏，後加按語，大旨以訓詁爲主，校正誤文，發明古義。

此外，尚有札記體的訓詁著作，如沈豫《周官識小》、潘任《周禮札記》、于鬯《讀周禮日記》等。沈氏之書發明較少；潘氏之書時有精義；于氏之書則獨標新義，不失爲考據名作。

（4）名物制度

專研《考工記》而予以通篇考證者，有吕調陽《考工記考》、陳衍《考工記辨證》《考工記補疏》①、蔣湘南《冬官考工記補注》、章震福《考工記論文》等。其中，吕氏之書雖不及戴震、阮元等書，然亦時有新義，如"棧車"條，

---

① 陳衍另著有《周禮疑義辨證》，駁正各家注疏。

駁舊訓"棧"之誤，甚爲精彩，有可取之處。

時月方面，有夏炘《釋周禮時月》一書，專論時月，甚便初學。

物産方面，有陳宗起《考工記鳥獸蟲魚釋》，專門解釋《考工記》所載動物，援據贍詳。

宮室方面，有俞樾《考工記世室重屋明堂考》、宋書升《周禮明堂考》等書。其中，俞氏之書原是其《群經平議·考工記》一篇，後以單行本形式刊出。是書考訂文字、名物制度，尤爲精審，且糾正鄭注之誤，亦補戴震《考工記圖》之不足，是一部研究明堂制度不可或缺的論著。

車服、輪輿等方面，則有陳宗起《周禮車服志》，鄭珍撰、鄭知同繪《考工輪輿私箋（附圖）》、錢協和《考工記作車四職淺説》、李承超《車制考誤》等書。其中，陳氏之書以鄭注爲據，旁徵諸經以證其義，廣引史書以證其制，考證詳明，用心甚苦。鄭氏之書考證輪輿，亦以鄭注爲主，平列戴震、程瑤田、阮元諸説，往復尋繹，推闡其義，頗有發明。

旗幟方面，有孫詒讓《九旗古義述》，是爲修正《周禮正義》疏解旗制問題之失而作。是書因《司常》及《大司馬》所載"九旗"物名不同，参以金榜《禮箋》之説，詳加考辨。其論"九旗五正"，分別是常、旂、旗、旜、旐，五路所建也。五旗之外，更無他旗。孫氏依據文例約推出經文未曾明確記載的制度，雖然未必全部正確，卻構建出更加縝密完備的旗制，不可謂無功。

職官方面，或考論六官，如焦延琥《周禮六官考》；或對職官分類考辨，如馮桂芬《周禮職官分屬歌》、童賡年《周禮職官類考》；或專論某一類職官，如顧成章《周禮醫官詳説》、張驥《周禮醫師補注》、吕調陽《周官司徒類考》、唐詠裳《周禮地官冬官徵》、錢協和《考工記作車四職淺説》、鄭珍《鳧氏爲鍾圖説》、陳矩《鳧氏爲鍾圖説補義》等。較有新意的是，張驥《周禮醫師補注》一書注重醫理闡發，多與《黃帝內經》相互發明，對前儒不諳醫理之注疏不足有所補正，爲《周禮·醫師》的讀者打開了方便之門。

此外，禄田方面，現存倪景曾《周官禄田考補正》，補沈書之未盡；賦稅方面，有方恒《周禮徵賦考》，現僅存《田賦》1卷，專論田賦之事；田制方面，則有朱克己《井田圖考》傳世，多爲農學、法學、經濟學家徵引，影響較大。

（二）集大成：清代周禮學之總結

孫詒讓，字仲容，瑞安人。專攻學術，精研古學近40年，融通舊説，校注古籍，著書三十餘種。其撰《周禮正義》凡86卷，鴻篇巨制，乃鄭注、賈疏之後《周禮》研究之大成，亦是清代群經新疏中的扛鼎之作。

1. 晚清時期其他《周禮》注疏

晚清時期其他《周禮》注疏，或以鄭玄爲宗，如吕飛鵬《周禮補注》；或糾正鄭注，如丁晏《周禮釋注》、曾釗《周禮注疏小箋》、王闓運《周官箋》；或宗賈、馬等漢儒，如劉師培《周禮古注集疏》。此外，還有部分爲科舉而作的舉業之書。

（1）以鄭爲宗

吕飛鵬《周禮補注》① 以鄭玄《注》之説爲宗，欲以"鄭氏之學正鄭氏之注"。全書以各《官》分爲 6 卷，自賈逵、馬融、崔靈恩及經史諸書，多所徵引。是書是用廣搜衆説，補鄭注之未備，條繫於經文之下，或旁採他經舊注，或兼取近儒經説，或闡發議論之見，申明古義，洵有功於鄭、賈。

陳澧亦曾專門著述《鄭學》一書，以爲鄭玄有宗主，中正無弊。是書闡明鄭義，極盡周詳，又綜論鄭玄之精深，闡幽表微，洵有功於鄭學之興。

（2）補正鄭、賈

丁晏《周禮釋注》徵引群經史傳，闡發鄭注，補正賈疏，論證《周禮》爲周公致太平之跡。又援據字書舊詁，考訂字讀訓詁，闡其疑而辨其非，多言而有據，言之成理。

曾釗《周禮注疏小箋》一書，凡 5 卷，每卷爲一《官》，獨不録《考工記》。曾氏因襲乾嘉之學的治經方法，解經不以鄭氏爲宗，或駁鄭注而申賈、馬，或正賈疏而下己意，所爲箋釋，雖偶有小失，然可取者甚多。

王闓運《周官箋》一書，小學明通，所箋或糾正鄭玄之説，或補充鄭玄之説，或以成説爲本，或徑下己意，瑕瑜互見。王氏學宗今文家言，倡導通經致用，對廖平等人的思想有一定影響。

（3）别宗賈、馬

劉師培《周禮古注集疏》以杜子春、鄭衆、鄭興、馬融説爲宗，旁採《左傳》《國語》《大戴禮記》《周書》等書，以古注證古義。是書於兩漢古文師説，辨跡溯源，言之有據，論證有力，是晚清古文學派中最傑出的《周禮》學著作。此書今僅存殘卷，實爲可惜之事！

劉師培另著有《西漢周官師説考》20 卷。是書據《漢書·王莽傳》疏證《周官》，甄録賈逵、馬融諸漢儒説，間採《春秋》等書，以證周制，於《周

---

① 吕氏另著有《周禮四書互證》《周禮古今文義證》等《周禮》學文獻。

官》古義，多有發明，是一部具有參考意義的考證之作。

此外，晚清時期的舉業之書，現存孟一飛輯《周禮旁訓經疏節要》、魏朝晉輯《周禮精華》、劉曾騄《周禮可讀》、劉曾騄《周禮約解》、不著名氏《周禮就班》等書，內容所涉皆不出於前代學者，其中以《周禮就班》較爲人所知。是書依據《周禮》經文，略仿歷代正史諸志、類書之體及《通考》之意，分門錄載，涉及天文地理、名物度數、典章法制各方面內容，囊括大典，擷其精華，甚便初學，然多刪節，稍欠完備。

2.《周禮正義》之體例及內容

孫詒讓認爲，《周禮》乃"周公致太平之書"，由於名物衆多，鄭注深奥，賈疏遺闕，後又遭遇新莽之政、北周改革、荆公變法等失敗，遂有《周禮》爲人所詬病之事。有鑒於此，孫氏《自序》云：

> 乃以《爾雅》《說文》正其訓詁，以《禮經》、大小戴《記》證其制度，研揮紬繹，……遂博採漢唐以來迄乾嘉諸經儒舊詁，參互證繹，以發鄭注之淵奥，裨賈疏之遺闕。……其於古制，疏通證明，較之舊疏略詳矣。①

《周禮正義》乃孫氏潛研20餘年，草稿屢易，編寫而成，全書共計二百三十餘萬字。首先，於前人成說，既能取其長，亦不護其短，是則詳加引申，妄則加以糾正，以經決注、以注決疏，理據充分。其次，是書以太宰八法爲綱領，提挈全書，鉤考諸官，昭示三百職官之内在聯繫；再次，孫氏究極群書，持論宏通，無門户之見，如對鄭玄與王肅之說，認爲郊社禘祫，鄭是王非；廟制昏期，王長鄭短。此外，孫氏總結論述了諸多重要的名物制度，於"禘祫"之釋，列舉21家儒說，一一辨其是非，補正鄭注。最後，是書徵引廣博，兼採衆長，甄錄清代《周禮》學的重要成果，涵蓋無遺；又引經史諸子中與《周禮》相關者，合者引以參證，不合者剙自疏通，不能互通者則存其異說。

《周禮》經文及鄭注所涉，範圍廣泛，上至天文歷象，下至草木蟲魚，舉凡城郭建制、政法文教、禮樂兵刑、徵賦度支、膳食酒飲、宮室車服、農商醫卜、工藝製作、名物制度等，幾乎無所不包，以孫氏一人之力成此巨著，實非易事，成績昭著。

---

① （清）孫詒讓著、汪少華整理《周禮正義·序》，《孫詒讓全集》，北京：中華書局2015年版，第5頁。

3.《周禮正義》的影響和評價

此書一出，便受到學界的廣泛推崇。章太炎認爲"古今言《周禮》者，莫能先也"①，梁啓超則推之爲"清儒諸經新疏之冠"②。《清史稿》以爲"以國家之富強，從政教入，則無論新舊學均可折衷於是書"③。吳廷燮更是論其經世之志曰："是書蒐輯古今諸儒解詁本經者，最爲繁富，與胡氏培翬《儀禮正義》，同爲治經家所盛稱。但歷來諸儒，重在治經，而是書則欲通之於治國。洵治《周官》解詁者之淵藪也。"④

在諸多學者看來，《周禮正義》不僅是一部集漢唐以來注疏之大成的著作，還彰顯了古聖王"辨方正位，體國經野，設官分職，以爲民極"的治國方略，反映了晚清士人關注時政、通經致用的時代精神。這也是文章下一小節要討論的內容。

（三）新立意：對西學時政之回應

晚清時期，中國遭遇"三千年未有之變局"，在政治上表現爲西方諸國對清廷統治的威脅，在思想上則表現爲西學東漸對經學傳統的衝擊。經學家逐漸意識到，一如乾嘉時期、道咸之際那般，純粹地辨音析字或注疏一經，以實學治經學，已不足以應對充滿變數的時代，若要應對時代之挑戰，滿足時代之需求，則須從經典中尋繹到可以爲時政所用之學。於是，經學家極力發揮經典與現實的緊密聯繫，或以清制參證周制而尋求經典依據，或平分今古之學而辨僞古文經傳，或比附中西之法以圖施行新政，均試圖藉此尋找救亡圖存之路。

1. 以今況古而溯本源

曾國藩《讀周官錄》1卷，凡60餘條，頗注重形聲訓詁，多引前儒之説，後下己意，持論有據。是書詮釋六官，間引清制以參證，頗有鄭注引漢制相況之義，旨在使人易懂。值得一提的是，清代説《周禮》者甚多，然以清制況比周制者，曾氏當居首位，此書值得政治學研究者關注。

在曾國藩之後，桂文燦撰有《周禮今釋》⑤一書。相比曾氏之書，是書援引清制的頻率更高，"凡周禮制悉以清制釋之，而心知其意，絕不强爲牽合，

---

① 章太炎《論中國近三百年學術史》，章太炎、劉師培等撰，羅志田導讀，徐亮工編校《中國近三百年學術史論》，上海：上海古籍出版社2006年版，第92頁。
② 梁啓超《中國近三百年學術史》，上海：上海古籍出版社2014年版，第202頁。
③ 趙爾巽等著《清史稿》，北京：中華書局1977年版，第13303頁。
④ 中國科學院圖書館整理《續修四庫全書總目提要》，濟南：齊魯書社1996年版，第486頁。
⑤ 桂氏另著有《周禮證古》二卷。

頗能得其會通"①。譬如，其釋"媒氏"，直云"今無此職"；釋"酒人""醢人"，云"若今光祿寺'酒人''醬人'，惟古用奄，屬《天官》，與今稍異"。其於舊注有異義處，則並釋之以存其異；凡古有今無、今有古無、名同實異、實同名異者，此書皆詳爲另證。如此便使《周禮》更簡明易懂，研讀《周禮》者，若能兼讀其書，則能了如指掌。

曾氏、桂氏對《周禮》的詮釋，旨歸在於證明清制遠有本源，具有經典的理論基礎，確立對本國政體的自信心，以此與西方政制相抗衡。可惜，這種做法僅僅起到比附參證的作用，並沒有對現實政治社會予以更多的關注，因此也未曾造成巨大影響。

2. 平分今古而辨僞經

晚清時期，今文經學與古文經學共同崛起。世人多以爲今古文學之分在於，古文專考據，今文重義理，二者雖偶有爭論，皆與社會政治無關。直至光緒年間，今文經學家廖平撰成《今古學考》，今古文之分，始涇渭分明。

廖平爲學六變，對《周禮》性質的判定亦幾經變化，曾撰《周禮訂本略注》《周禮考證凡例》《周禮今證》《周禮刪劉》《周禮鄭注商權》等書。《今古學考》乃其"一變"時期代表作。是書平分今古，提出以禮制判別今古文的方法，以爲《周禮》是古文經學之禮制綱領，《禮記·王制》是今文經學之禮制綱領。古文從周，乃是舊制；今文改制，則是理想。如此一來，今文經學家若想尋求真正純粹的"孔子之法"，便"不得不推翻一切與其制度、義理相悖的古文經典，遂有廖平二變的《知聖篇》《辟劉篇》"②，提出西漢劉歆竄亂古文經傳，試圖繞過劉歆、鄭玄，重歸聖人之法。廖平之作，可謂前無古人，對當時以及後世經學的發展皆起到了重要的影響。

作爲維新變法之代表，康有爲受到廖平學說的啓發，曾針對《周禮》著有《周禮僞證》，後撰成《新學僞經考》《孔子改制考》等書，攻擊古文經傳。與廖平相比，康有爲更進一步，不僅考證劉歆竄亂古文經傳，而且提出孔子改制，試圖重新回到西漢輻輳於《公羊》的微言大義，從微言大義推出孔子之法，並訴諸現實的政治活動（維新變法），以孔子之法所表現的價值體系，重新構建民族國家。

另有李滋然《周禮古學考》一書，全書分9類，即田賦考、封建考、賦稅

---

① 王雲五主持《續修四庫全書提要》，第599頁。
② 陳壁生著《經學的瓦解》，上海：華東師範大學出版社2014年版，第7頁。

考、徵役考、出軍考、禮制考、職官考、五官官爵數考、周禮職官同於今學考。是書旨在區分《周禮》之今學、古學，以今學爲原文，即見諸經及《孟子》《國語》群書者爲眞；以古學爲劉氏竄改，即不見於群書者者爲僞。是書旨歸似與廖平相似，然而其論證過於武斷，可疑處甚多，成就不及廖平之書。

3. 比附中西而行新法

維新變法失敗後，八國聯軍入侵，慈禧挾光緒出逃，後被迫"詔議變法"、舉辦"新政"。是時，盛宣懷、費念慈試圖"以古學挽狂瀾"，囑意剛剛撰成《周禮正義》的孫詒讓草擬《變法條議》。因其中數條超出設定範圍，難以奏呈，盛、費二人又不便催促孫氏改寫，遂函請文廷氏補寫，文氏撰成5篇。最後經由費念慈統稿，以《周官政要》爲題目，記作費念慈撰而孫詒讓、文廷氏校訂，是一部比附古今中西而行新法的著作。

孫氏所作《變法條議》40篇，現題爲《周禮政要》。是書自"朝儀"自"收教"，凡40篇，每篇先引經注於前，後加己見，大類經筵講義，意取立竿見影。此書不僅指出當時社會亟待解決的問題，主張發展近代經濟、改革政治制度、學習泰西文化、興辦教育學校，而且注意到禮制、官政與民情之間的關係，以中國之倫常名教爲本，發揮西政之作用，是一份完備而具有特色的改革方案。尤值一提的是，孫氏雖受盛、宣設定體例的限制，但所發揮的仍是自己的獨立思想，稱頌維新人士爲"賢良"，亦屢屢於書中發揮與維新派相合之見，"欲使迂固者曉然於中西新故之無異軌"①。只可惜，清末新政曇花一現，並未真正起到救國的作用，孫氏此書亦未能受到重視。

文氏《周官政要》凡5篇，分別爲《友任》《巫恒》《官屬》《布教》《史學》，主要討論了發揮民間積極性、消除邪教、改革官制、貫徹宗教自由、優先本國史教學等問題，可與孫氏之書互爲補充。

當是時，劉光指出，近世談政治者，仿行西方，已仿、將仿及勢必仿誓者，均具《周禮》中。劉氏曾撰《周官學》一書，首錄各《官》官名，比較古今之官職，逐條對舉，以見聖賢先見之明，多言之成理，並云："倘明哲君子深爲講而準古宜今，斟中酌外，必有較東西行政法更加精密者。"

在古文學家看來，《周禮》是歷史的載體，是中國典章制度的根源，反映了古聖王之政治理想。章太炎於其《國故論衡·明解故》中便提出："《六經》皆史之方，沿之則明其行事，識其時制，通其故言，是以貴古文。"倘若以之

---

① 王雲五主持《續修四庫全書提要》，第605頁。

爲鑒，或可從中尋繹聖王經國之方，以運用於當世之治。

此外，尚有李步青著《周官講義》。是書論《周官》建官之制、命官之義，以經傳諸史證《周禮》之制，縱橫上下，論說翔實。不同於箋疏考證之言，其說以治事爲主，發明先世治國之法甚多。晚清以"義"爲名的《周禮》學文獻，現存周嵩年《周禮講義》、尹恭保《周官譯義》、謝世瑄《周禮義述》、馬貞榆《周禮講義》等書，內容不詳，不知是否與李氏之書有相近之旨。

晚清《周禮》學著作數量不在少數，種類亦繁多，興盛程度實不亞於乾嘉時期，但歷來乏人問津。就學術成果而言，晚清《周禮》學的考據成果於數量上可與乾嘉時期比肩，於成就上雖不及乾嘉學者，但仍不乏獨到的見解；諸如呂飛鵬、曾釗、劉師培等人的注疏成就頗高，雖少有對其研究者，亦不可抹煞其貢獻；就學術精神而言，晚清學風復轉爲經世致用，或以今況古而溯本源，或平分今古而辨僞經，或比附中西而行新法，具有強烈的時代精神，深刻影響了晚清民初的學術發展。

四、餘論

（一）清代《周禮》學在各個時期呈現出了旨趣迥異的特點。清初，新舊學術思潮碰撞，關於《周禮》辨僞風潮掀起，經世致用之精神大張，考據之學初現端倪，是漢宋兼採、漢學興起的啓蒙時期。乾嘉時期，《周禮》學研究以考據爲主，於輯佚、校勘、音韻文字訓詁、名物制度考訂諸方面皆取得豐碩的成果，是考據之學大昌、義理之學並重的鼎盛時期。晚清時期，孫詒讓《周禮正義》總結了歷代《周禮學》研究，而在西學和時政的影響下，經學家結合時政發揮《周禮》，並訴諸現實的政治活動，其精神復轉爲致用，是平分今古、革故鼎新的轉型時期。

（二）清代《周禮》學的意義，主要有以下三方面：

從《周禮》學的角度來看，清初基本確立了《周禮》爲先秦古書且無劉歆竄入的內容，起到了尊經的作用；乾嘉時期考據之學成果豐富，有利於推動對《周禮》經注本身的理解和研究；晚清時期考據成果亦不在少數，《周禮正義》總結了漢代以來諸儒之說，乃歷代《周禮》學集大成之作。

從經學史的角度來看，清代經學的復興，以禮學的興起發其先聲，相繼出現顧炎武"經學即禮學"、凌廷堪"以禮代理"、陳澧"理學即禮學"、黃以周"禮學即理學"等思想命題，在此過程中，《周禮》學作爲禮學中的一部分，起着不容忽視的作用；而對《周禮》一經的形聲訓詁、名物考訂，亦有利於群經的互相發明。

從社會史的角度來看，清初官方的文化政策不期然與學術界倡禮之風相契。對禮學研究的推崇和禮學的復興，有效地彌合了滿漢文化之間的差距，使社會局勢穩定，由亂而治直，直至孕育出康乾盛世。至於晚清，面對三千年未有之變局，學者對《周禮》的理解和闡釋，具有社會變革理論探索的意義。

（三）然而，清代《周禮》學仍存在以下幾點不足：其一，清代《周禮》學漢宋兼採，考據學博極精核，但始終未能突破漢宋以來的學術範式，提出新的哲學思考，儘管晚清學者有所努力，於《周禮》學研究上有了"新立意"，但終因國運流轉而中斷，未能確立新的哲學範式；其二，乾嘉時期曾出現大量青銅銘文的整理著作，如乾隆年間，曾先後編成《西清古鑒》40卷、《寧壽古鑒》16卷、《西清續鑒甲編》《西清續鑒乙編》（此四部即所謂《西清四鑒》），共收錄清內府所藏青銅器四千餘件，並帶動私人著錄青銅器著作的出現，如阮元《積古齋鐘鼎彝器款識》等書，然而除了程瑤田對《考工記》的研究，該時期並未出現其他將青銅銘文、考古實物與《周禮》（尤其是五《官》）相結合的研究著作。①

綜上言之，漢人爲《周禮》作注疏，宋人闢經世致用的新範式，清人考據之學臻於巔峰。今之學人，倘若希冀能於《周禮》學上小有所成，除了研讀歷代《周禮》文獻、學人文集之外，或可問津於哲學、考古學以及人類學等學科，以期開拓新的治學領域和學術範式。

表一　筆者增補清代《周禮》學文獻72種

編號	書名/卷數	著者/輯者	存佚	版本/出處
1	周禮正文2卷	（清）李檠訂	存	清乾隆四十七年報經堂刻本
2	北宋嘉佑石經周禮禮記殘石	（清）羅振玉	存	吉石庵叢書本

---

① 直至20世紀，楊筠如《周代官名略考》（《"國立中山大學"語言歷史學研究所周刊》第2集第20期）、郭沫若《〈周官〉質疑》（載氏著：《金文叢考》，北京：人民出版社1954年版）、劉起釪《〈周禮〉真僞之爭及其書寫成的真實依據》（載氏著：《古史續辨》，北京：中國社會科學出版社1991年版，第46頁）等文陸續問世，始利用金文研究成果以判定《周禮》成書年代。1986年，張亞初、劉雨《西周金文官制研究》（載氏著：《西周金文官制研究》，北京：中華書局1986年版）出版，是書運用新出金文研究成果系統研究西周官制，爲《周禮》成書年代提供了更加充足的證據。

續表

編號	書名/卷數	著者/輯者	存佚	版本/出處
3	宋葉文康公禮經彙源 4 卷	〔宋〕葉時撰 〔清〕屈學溥重訂	存	清乾隆十三年刻本
4	讀周禮略記 1 卷	〔清〕朱朝瑛	存	七經略記本
5	周禮說略 6 卷	〔清〕張嘉玲輯	存	抄本、四庫全書存目叢書本
6	周禮通義問 1 卷	〔清〕李蕃	存	清康熙刻學鴻堂文集本
7	周禮答問不分卷	〔清〕□□	存	清抄本
8	周禮初學讀本 6 卷	〔清〕萬廷蘭輯	存	南昌萬氏刻十一經初學讀本本
9	周官纂要便讀 6 卷	〔清〕易文琳撰 〔清〕羅壽淇輯注	存	清光緒十一年湘琳館刻本
10	周禮類編不分卷	〔清〕香吏氏	存	清抄本
11	周禮玉海 1 卷	〔清〕張一稑	存	清乾隆元年刻本
12	周禮彙鈔刊本注疏增刪 6 卷	〔清〕俞曾模	存	清刻本
13	周禮貫珠 2 卷	〔清〕胡必相	存	清嘉慶十年刻本
14	周禮說約 6 卷	〔清〕劉方璿	存	清嘉慶十二年聰訓堂刻本
15	周禮部傳	〔清〕汪有典	存	清掃葉山房石印本
16	周禮指要	〔清〕陶大眉	存	清嘉慶間甲州陶氏家塾刻本
17	周禮注疏節要 30 卷	〔清〕萬希槐輯	存	清惜陰齋刻本、清抄本
18	周官節要 2 卷	〔清〕□□	存	清抄本
19	周禮節要不分卷	〔清〕□□	存	清抄本、抄本
20	周官節訓不分卷	〔清〕□□	存	清抄本
21	周禮節訓增句	〔清〕黃叔琳撰 〔清〕李盛卿增句	存	光緒十五年李氏家塾本、宣統元年上海會文學社石印本
22	周禮旁訓 6 卷	〔清〕□□	存	清掃葉山房刻本
23	周禮精華 17 卷	〔清〕魏朝晉輯	存	清光緒十一年魏氏古香閣刊本
24	周禮精騎 2 卷	〔清〕□□	存	清乾隆五十一年抄本
25	周官精義不分卷	〔清〕□□	存	清抄本
26	周官精義鈔畧 11 卷	〔清〕陸錫璞	存	清道光二十六年刻本
27	周禮講義不分卷	〔清〕馬貞榆	存	清末湖北存古學堂鉛印本

續表

編號	書名/卷數	著者/輯者	存佚	版本/出處
28	周禮講義不分卷	（清）周嵩年	存	清宣統三年抄本
29	周禮正義畧例不分卷	（清）□□	存	抄本
30	周禮摘錄1卷	（清）□□	存	抄本
31	周禮摘釋1卷 周官奇字1卷	（清）□□	存	抄本
32	周禮直解不分卷	（清）□□	存	抄本
33	周禮證經異證1卷	（清）許沅輯	存	清光緒十一年陸嗣章抄許氏證經異句本
34	周禮先後鄭注異繹義	（清）曾朝佑	存	清光緒間知誠勤齋存稿本
35	周禮賈疏引唐制輯證不分卷	（清）劉詠溱	存	民國二十二年蔭餘堂石印本
36	周禮刪劉	（清）廖平	存	四益館經學叢書本
37	考工記2卷 校僞1卷	（唐）杜牧注 （清）胡珽校僞	存	琳瑯祕室叢書本（光緒本）
38	考工記2卷 校僞2卷 續校1卷	（唐）杜牧注 （清）胡珽校僞 （清）董金鑑續校	存	琳瑯祕室叢書本（光緒本）
39	唐石經校文·周禮	（清）嚴可均	存	清嘉慶元尚居刻本
40	周禮夏官殘字校記1卷	（清）趙坦	存	清抄本
41	周禮音義考證	（清）盧文弨	存	經典釋文考證本
42	經義述聞·周官	（清）王引之	存	經義述聞本
43	周禮通纂會韻6卷	（清）周繪藻	存	清光緒間百柱堂刻本
44	考工記作車四職淺說1卷	（清）錢協和	存	上虞錢氏叢著本
45	釋車3卷	（清）蕭掄	存	清抄本
46	周禮井田譜不分卷	（清）□□	存	抄本
47	井田計畝1卷	（清）毛應觀	存	經圖彙考本
48	井田議1卷	（清）徐養原	存	徐飴庵先生遺書八種本、皮氏經學叢書本
49	溝洫圖說2卷	（清）何濟川	存	道光刻本

續表

編號	書名/卷數	著者/輯者	存佚	版本/出處
50	重修溝洫圖說2卷	（清）楊燾	存	審厰集本
51	周禮釋地	（清）戴清	存	清咸豐元年刻本（戴敬齋先生遺書本）
52	周禮職官類考不分卷	（清）童廣年	存	稿本
53	周禮六官考1卷 周禮錄異1卷	（清）焦延琥	存	仲軒群書雜著本
54	周禮醫師補注1卷	（清）張驥	存	民國二十四年成都張氏義生堂刻醫古微本
55	周官九拜九祭解	（清）凌廷堪	存	禮經釋例・周官九拜解
56	周禮三政三圖	（清）吳之英	存	清史稿藝文志及補編索引
57	周禮陞官圖不分卷	（清）武林不鬚老人輯	存	抄本
58	周禮通論十卷	（清）姚際恆	佚	古今僞書考
59	周禮僞證	（清）康有爲	佚	廣州市志
60	周禮音辨	（清）傅山	佚	太原市志
61	周官義疏	（清）孟一飛	不詳	兩浙輶軒續錄
62	周禮纂注	（清）俞曾模	不詳	清雍正朝浙江通志
63	禮經本義20卷①	（清）蔡德晉	不詳	八千卷樓書目
64	周禮舉要2卷	（清）孫承澤	不詳	大清畿輔書徵
65	周禮說略	（清）張敬止	不詳	武城縣志
66	周禮貫解1卷	（清）王大來	不詳	濟寧直棣州續志・藝文
67	周禮讀本2卷	（清）王夢求	不詳	黃縣志
68	周禮讀	（清）王筠	不詳	王菉友先生著述考
69	周禮輯要	（清）張雲臺	不詳	昌邑著述考
70	周禮補注	（清）李鼎元	不詳	續安邱新志・藝文志
71	周禮讀本	（清）孔廣海	不詳	陽穀縣志・藝文志
72	周禮明堂考	（清）宋書升	不詳	濰縣志稿・藝文志

---

① 筆者按：《四庫全書》著錄蔡德晉《禮經本義》17卷，乃以《儀禮》爲主，與周中孚《鄭堂讀書記》所載的以《周禮》爲主有所不同。又《鄭堂讀書記》著錄"蔡德晉《禮傳本義》二十卷"，其內容大體爲《儀禮》之學。據周氏所用本子爲寫本，疑其書名錯亂。

表二 清人輯佚《周禮》學文獻 29 種

編號	書名/卷數	著者/輯者	存佚	版本
1	答周禮難 1 卷	（漢）鄭玄撰（清）孔廣林輯	存	通德遺書所見録本（清光緒十六年山東書局刊本）
2	答臨碩難禮 1 卷	（漢）鄭玄撰（清）袁鈞輯	存	鄭氏佚書本（浙江書局本）
3	答臨孝存周禮難 1 卷	（漢）鄭玄撰（清）黃奭輯	存	漢學堂叢書本、黃氏逸書考本
4	答臨碩周禮難 1 卷	（漢）鄭玄撰（清）王仁俊輯	存	玉函山房輯佚書續編本
5	答臨孝存周禮難書 1 卷	（漢）鄭玄撰（清）黃奭輯	存	黃奭逸書考本、民國補修本等
6	周禮鄭氏音	（漢）鄭玄撰（清）馬國翰輯	存	玉函山房輯佚書本（同治皇華館刻、光緒李氏印、光緒娜嬛館刻、光緒楚南書局刻）
7	周禮徐氏音	（晉）徐邈撰（清）馬國翰輯	存	玉函山房輯佚書本（同治皇華館刻、光緒李氏印、光緒娜嬛館刻、光緒楚南書局刻）
8	周禮李氏音	（晉）李軌撰（清）馬國翰輯	存	玉函山房輯佚書本（同治皇華館刻、光緒李氏印、光緒娜嬛館刻、光緒楚南書局刻）
9	周禮劉氏音	（晉）劉昌宗撰（清）馬國翰輯	存	玉函山房輯佚書本（同治皇華館刻、光緒李氏印、光緒娜嬛館刻、光緒楚南書局刻）
10	周禮聶氏音	（□）聶□撰（清）馬國翰輯	存	玉函山房輯佚書本（同治皇華館刻、光緒李氏印、光緒娜嬛館刻、光緒楚南書局刻）
11	周禮戚氏音	（陳）戚袞撰（清）馬國翰輯	存	玉函山房輯佚書本（同治皇華館刻、光緒李氏印、光緒娜嬛館刻、光緒楚南書局刻）
12	周禮鄭大夫解詁 1 卷	（漢）鄭興撰（清）馬國翰輯	存	玉函山房輯佚書本（同治皇華館刻、光緒李氏印、光緒娜嬛館刻、光緒楚南書局刻）

續表

編號	書名/卷數	著者/輯者	存佚	版本
13	周禮鄭司農解詁6卷	（漢）鄭眾撰（清）馬國翰輯	存	玉函山房輯佚書本（同治皇華館刻、光緒李氏印、光緒嫏嬛館刻、光緒楚南書局刻）
14	周禮杜氏注2卷	（漢）杜子春撰（清）馬國翰輯	存	玉函山房輯佚書本（同治皇華館刻、光緒李氏印、光緒嫏嬛館刻、光緒楚南書局刻）
15	周禮賈氏解詁1卷	（漢）賈逵撰（清）馬國翰輯	存	玉函山房輯佚書本（同治皇華館刻、光緒李氏印、光緒嫏嬛館刻、光緒楚南書局刻）
16	周禮賈氏注1卷	（漢）賈逵撰（清）王仁俊輯	存	玉函山房輯佚書續編本（稿本）
17	周官傳1卷	（漢）馬融撰（清）王謨輯	存	漢魏遺書抄本（嘉慶刻）
18	周官傳1卷	（漢）馬融撰（清）黃奭輯	存	漢學堂叢書本（道光刻嘉慶印）、黃氏逸書考本（道光刻王鑒修補，朱長圻補刻）
19	周官傳1卷	（漢）馬融撰（清）馬國翰輯	存	玉函山房輯佚書本（同治皇華館刻、光緒李氏印、光緒嫏嬛館刻、光緒楚南書局刻）
20	周禮三家佚注1卷	（晉）干寶、（漢）賈逵、馬融撰（清）孫詒讓輯	存	清光緒二十年刊本
21	周禮馬融鄭玄敘1卷	（漢）馬融、鄭玄撰（清）孫詒讓	存	清玉海樓抄本
22	周禮班氏義1卷	（漢）班固撰（清）王仁俊輯	存	十三經漢注本（稿本）
23	周禮序1卷	（東漢）鄭玄撰（清）王仁俊輯	存	玉函山房輯佚書續編本（稿本）
24	周官禮注1卷	（晉）干寶撰（清）王謨輯	存	漢魏遺書抄本（嘉慶刻）
25	周官注1卷	（晉）干寶撰（清）黃奭輯	存	漢學堂叢書本（道光刻嘉慶印）、黃氏逸書考本（道光刻王鑒修補，朱長圻補刻）

續表

編號	書名/卷數	著者/輯者	存佚	版本
26	周官禮干氏注 1 卷	（晉）干寶撰（清）馬國翰輯	存	玉函山房輯佚書本（同治皇華館刻、光緒李氏印、光緒娜嬛館刻、光緒楚南書局刻）
27	周官禮異同評 1 卷	（晉）陳邵撰（清）馬國翰輯	存	玉函山房輯佚書本（同治皇華館刻、光緒李氏印、光緒娜嬛館刻、光緒楚南書局刻）
28	周官禮義疏 1 卷	（後周）沈重撰（清）馬國翰輯	存	玉函山房輯佚書本（同治皇華館刻、光緒李氏印、光緒娜嬛館刻、光緒楚南書局刻）
29	宋黄宣獻公周禮説 5 卷首 1 卷，末 1 卷	（宋）黄度撰（清）陳金鑒輯	存	清道光十年陳氏五馬山樓刻本

（作者單位：北京大學哲學系、儒學院）

惟德動天
——《書》教的天人合一

黃靖雅

【内容提要】 天人合一作爲中國思想的基本假設，最早的記録見諸《尚書》。天雖是生人生萬物的大本，與人間的關係卻是若即若離，個人如果意圖與天重建親密的聯繫，關鍵在有德。道統世系的聖王與賢相，透過内修聖德，外建聖功，維繫受命於天的關係。孔子以私人興學，將《尚書》作爲子弟的教材之後，通過修德與天合一，不再局限於有位的聖王賢相，而是自覺承擔的士子。通過《書》教，歷代大儒憑藉内聖外王，發展成儒家型的天人合一。

【關鍵詞】 尚書　天人合一　敬德保民　周公　内聖外王

"天""人"的定義

漢代董仲舒倡言"天人之際，合而爲一"，司馬遷亦以"究天人之際"爲寫作《史記》的動機之一，到張載"得天而未始遺人"，歷代關於天人關係的表述始終不絶於書。天人合一是中國傳統思想——不論是宗教或哲學——的基本假設，已是當今學界的共識，[①] 但對於天人合一的定義，則未必有相同的認知。如果採取最爲寬鬆的界定，從中西文化比較的角度切入，中國傳統認定天與人存在相即不離的關係，"天人合一"的對立面實即西方的"天人兩分"[②]。再進一步説，天人合一的"天"，所指涉者究竟爲何，始終衆説紛紜。

---

① 余英時《論天人之際：中國古代思想起源試探》，臺北：聯經出版公司2014年版，第71頁。
② 唐君毅《中西哲學思想比較論文集》，臺北：臺灣學生書局1988年版，第128頁。

馮友蘭先生曾在《中國哲學史》歸納出"天"的五種定義，① 一般學者更傾向於去除其中的物質天與命運天，簡化成三種定義，亦即自然天、主宰天與義理天。1980年代，在西方深層生態倫理學興起之後，自然天一躍而爲學界主流。業師湯一介先生的《論天人合一》②，即以"自然"解讀"天"，試圖從中國傳統的天人合一找尋對治全球生態惡化的解方。

　　余英時晚近出版的《論天人之際：中國古代思想起源試探》，則強力主張：以鬼神釋"天"當在軸心期之前，軸心期以後"天"已轉向道德規律，亦即馮先生所謂的義理天。如此提法並非余英時首創，多位大家皆有近似的提法。張岱年先生1937年完成的《中國哲學大綱》即有此説，徐復觀1969年問世的《中國人性論史》同樣主張"天"即"天道"，爲"道德根源"。③ 此外還有牟宗三，《中國哲學的特質》即以"天"爲道德秩序；④ 蒙培元直指天人之學爲孔學開端，以"天"爲價值根源；⑤ 王志躍《先秦儒學史概論》指"天"爲"價值意義上的天"⑥，措詞略有小異，但本質相同。

　　至於主宰天，此一定義實即"上帝"的學術包裝。"五四"以後"賽先生"掛帥，宗教色彩濃厚的主宰天幾乎上不了檯面。然而證諸傳統典籍，主宰天的地位絕不容輕忽，馮友蘭就很大方地承認："孔子之所謂天，乃一有意志之上帝，乃一主宰之天也"，⑦ 即如《詩》《書》《左傳》《國語》等典籍，其中的"天"，除了與"地"相對的物質天，同樣指涉"主宰之天"，亦即"皇天上帝"（典出《尚書・召誥》），易言之，即"有人格的上帝"⑧。本文既以《書》教爲主，其餘經典無暇論及，但證諸《尚書》，可以肯認馮先生的看法，與人間關係密切、經常對應的，確是"主宰天"。這個主宰天不只涵攝上帝，更包括諸天神祇與山川百神，統言之，即上帝管轄的帝廷。

　　《尚書》的上帝儘管高居天界頂端，擁有至高無上的大權，未必盡如卜辭所見，只是喜怒無常，無從揣摩意向的宇宙主宰。"欽崇天道，永保天命"，雖是仲虺用以歸納天道與天命内在聯繫的表述，從中卻不難看出上帝的號令所

---

① 馮友蘭《中國哲學史》，北京：中華書局2014年版，第54頁。
② 湯一介《論天人合一》，《中國哲學史》，2005年第2期。
③ 徐復觀《中國人性論史・先秦篇》，臺北：臺灣商務印書館1969年版。
④ 牟宗三《中國哲學的特質》，臺北：臺灣學生書局1994年版。
⑤ 蒙培元《蒙培元講孔子》，北京：北京大學出版社2005年版。
⑥ 王志躍《先秦儒學史概論》，臺北：文津出版社1994年版。
⑦ 馮友蘭《中國哲學史》，北京：中華書局2014年版，第77頁。
⑧ 同上書，第54頁。

出，必與天道結合。換言之，西方的上帝是創世者，中國的上帝卻是天道的執行者，雖然對人間執掌賞罰大權，卻有一定的規律可循。這個規律，實即"天道"，亦即義理天。前述諸家以義理天詮釋"天"，正因爲正宗的主宰天必依義理天而行，二者有時混同爲一，是理之必然，無足爲怪。

　　主宰天的定義確立之後，其次必須解決"人"的問題。學界通常不在"人"的定義上糾結，是因爲認定其中的"人"必然是圓顱方趾的人類，絶無爭議。如此解釋並無大錯，但嚴格來說，仍須作出較爲精準的界定。天人合一的"人"在《尚書》主要稱爲"民"，分作兩種。一種是遍佈中土大地的庶民，另一種則是領有天命代理牧民的人間帝廷。前者的人數遠大於後者，但實際肩荷"合一"任務者，則爲後者。二者之"同"在俱爲天所生，生命的大本同樣淵源於天，周武王說是"惟天地，萬物父母，惟人，萬物之靈"。至於二者之"異"，雖說"天聰明，自我民聰明；天明畏，自我民明威"，庶民作爲天界普遍關注的對象，等同上帝的耳目，可以影響天命的予奪，但除非民生塗炭，仰首對着蒼天高呼救命，因此驚動天廷，否則尋常時日與天並不直接發生聯繫。換言之，能與"天"合的"人"，是擔負教民養民重任的人間帝廷，必須面向天界，對天負責。此中得以通過修德，切實擔負天命，與天冥契的，則是《書》中載記的聖王與賢相。

　　就《尚書》所見，上帝與聖王的聯繫似乎不如《詩經》來得直接。"帝謂文王，無然畔援，無然歆羨，誕先登于岸。……帝謂文王，詢爾仇方，同爾兄弟，以爾鉤援，與爾臨衝，以伐崇墉。"（《詩經·大雅·皇矣》）詩中的上帝儼然周文王的戰略指導，不斷耳提面命，鼓勵文王積極採取行動，結合盟軍以搶得先機，乃至討伐的對象也一一指點。不僅軍事行動如此，即連配偶與輔弼團體的安排，全在關注之內。

　　相較於《詩經》的具體細密，《尚書》的天人交通方式，是通過等級不一的方式爲之。人間欲知天意，可以通過災祥、卜筮、夢境，乃至前朝興滅的歷史教訓得知，① 其中的災祥與歷史教訓更是《尚書》記載的重點。災祥反映在天象與天候，前者如日食、月食，後者如晴雨寒暖。小者只是警誡，可人間對天界連續示以異象而無動於衷的時候，天界祭出的殺手鐧是改易天命，更換王朝。

---

① 説詳黃靖雅：《極高明而道中庸——尚書天人觀研究》第二章第二節《天與人的交通》，北京大學 2016 年博士論文。

無可諱言，《尚書》中言及天意賞罰，最大者，或説最終者，往往與天命的予奪聯結，亦即政權的興替。王朝的興亡，成爲後世聖哲念茲在茲的歷史教訓，衍成憂患意識，既是用以自警，同時也用以教誡後世子孫與在位的百官。但"五四"以後，一來民主、科學當道，在古代呼風喚雨的上帝淪爲造神運動的產物，神聖意義不再；二來疑古之風大興，學界推定古書中神性遠大於人性的三代聖王全屬子虛烏有，"天命"之説純係新朝取代舊朝的口實，只是威嚇前朝的工具。但就學術研究的角度來看，以今溯古的時空錯置，推測得出的結論未必可以還原歷史的真相。後世如何假借天命以遂一己之私是一回事，《尚書》所載的聖王賢相如何理解天命又是一回事。二者絕不可混爲一談。事實上，後世天子如果真能理解《尚書》的天命意識，從而如實踐履，韓愈、朱熹等開列的道統世系，就不至於讓帝王在周公以後缺席，全數以孔、孟等非帝王系譜的賢哲賡續。

天人合一的範式

　　不論後世如何理解天人關係，如何詮釋上帝，《尚書》顯然肯定人爲天生的前提，至於天"如何"生人，則歸作"六合之外，存而不論"的課題。就天與人的垂直關係來説，如果人皆由天所生，天界對人間的關注自然合情，也合理；若就人與人的水平關係來説，既然同爲天生，作爲遠源的血親，"民吾同胞，物吾與也"，從而悲天憫人，仁民愛物，也只是順理成章的推論。

　　先聖先賢既以"天"爲實有，天子視一己爲"天之元子"，以上帝的長子自居，以長兄的身份爲天父司牧，照料同出於天的"同胞手足"，自屬理所當然。深具天命意識的聖天子既能感受天命的神聖意義，因此慨然肩擔天下治亂的重責大任，如殷代盤庚，"邦之不臧，惟予一人有逸罰"，不幸搞到民不聊生，活該我盤庚一個人領受天罰。或如周武王，"百姓有過，在予一人"，都是把百姓生死當作一己無可旁貸的重責大任。

　　統領王朝的天子承負天命的予奪，可以視作常識，無足爲奇。值得我們着意關注的，其實是聖王左右的股肱大臣，其天命意識顯然不在聖王之下。此中形象最爲鮮明，聲名最爲響亮的一位，正是以人臣身份首先躋身道統世系的周公。周公曾開列一張名單，其中涵括殷商及本朝的大賢，對同爲周室股肱的召公提起：

　　　　君奭，我聞在昔，成湯既受命，時則有若伊尹，格于皇天。在太甲，

> 時則有若保衡。在太戊，時則有若伊陟、臣扈，格于上帝；巫咸，乂王家。在祖乙，時則有若巫賢。在武丁，時則有若甘盤。率惟茲有陳，保乂有殷。……在昔，上帝割申勸甯王之德，其集大命於厥躬。惟文王尚克修和我有夏，亦惟有若虢叔，有若閎夭，有若散宜生，有若泰顛，有若南宮括。（《尚書・君奭》）

從商代成湯受命伊始，周公逐一盤點追隨聖王降生的賢佐。成湯至太甲皆有伊尹輔佐，太戊有伊陟、臣扈、巫咸，祖乙有巫賢，武丁有甘盤。至於我周室，虢叔、閎夭、散宜生、泰顛、南宮括，都是赫赫有名的大賢，亦即《文王》詩中的"濟濟多士"。周公很快又接着說，不是這群賢佐齊心用命，文王的德教不可能普惠西土眾民，從而上達天聽，因此領得上帝的大命，取大殷而代之。

皋陶曾以"天命有德"涵括天人之間的聯繫，同時代的伯益稱揚帝舜"惟德動天"，憑藉有德感格天聽；"天監厥德，用集大命"，則是殷商大賢伊尹對聖王獲取天命的歸納之語。天人之間的聯繫，必然建立在有德。三家邏輯全然一致。新王朝之所以能夠取代已然崩壞的舊王朝，必然有聖王的盛德在起關鍵作用。但《尚書》也很明白地指出，贏得天命加身的不僅止於聖王，還有賢佐。周公讚嘆盛德足以"格于皇天""格于上帝"者，不只聖王，更有聖王左右的賢佐。輔弼聖王成就安民大業，足以成就盛德。而盛德必然可以感格皇天上帝，領得天命，從而與天相通。對此知之甚明的伊尹因此非常肯定地說："惟尹躬暨湯，咸有一德，克享天心，受天明命，以有九有之師，爰革夏正。"（《尚書・咸有一德》）正因成湯與我伊尹都能與天合德，因而領有大命，得以率領九州的義師革掉夏命。

天人合一的途徑

天人合一的概念具見於《尚書》，但《尚書》從來不曾出現同樣的文字表述。天與人得以建立親密的親和聯繫，乃透過"天命"的有無進行；而天命的有無，則建立在"德"之有無。天命在先哲心中，雖是無形無狀，卻是可感的實體，外在於天，內在於心。先賢所探究的，從來不在天命究竟是真是假，而是如何贏得天命，回歸天人合一的境界。

"天命"作爲一個肯定的實體，它更值得我們追問的，其實是"天命"究竟是先天還是後天。天命如果純屬先天，天意所鍾，只是一家一姓，商紂大咧咧的提法"我生不有命在天"，無疑是個中的經典代表，完全展現了大權在握，因此有恃無恐的傲慢。如果再加上商初大賢仲虺的"天生聰明時乂"——掌有治理天下大權的，必然是天生聰明的人物，先天宿命論的色彩會更爲濃厚。但如此一來，必然與全書視有德與否決定天命轉移的邏輯嚴重衝突。"天監厥德，用集大命"，才是更爲符合全書體系的敘述，必須有大德在先，而後有大命在後，全屬後天立論。綜觀《尚書》全書，如此敘述一而再，再而三地出現，《虞夏書》有之，《商書》有之，《周書》有之，顯係先哲共有的認知，與時代先後全然無關。

　　聖王賢相得以成就天人合一的境界，關鍵既在有德。至於如何始可稱之爲有德？"德惟善政，政在養民"，以養民的善政作爲有德的體現。《尚書》之所以被歸類爲政治哲學的著作，與全書幾乎集中在養民保民的敘述脫不了關係。《洪範》篇固然是政治哲學的經典之作，爲大衆耳熟能詳，其他各篇也不遑多讓，只是重點轉作實際的操作而已。皋陶早在帝舜當政時就已提出的二大政治綱領，以"知人"爲手段，以"安民"爲目標的相關論述或實踐，在全書中更是蓋地鋪天，讓人難以視而不見。保民安民確係"德"的實質內涵，且係領有天命的根據，由此邏輯，不難推導出傳統文化具足人間性的結論。但如此推論只是就視而可見的部分立論，終難免除以偏概全的缺憾。

　　回歸《尚書》，先哲的雙眼所關注的不僅是人間，更有天界。從正面着眼，是"予惟用閔于天越民"；就反面陳述，則是"罔顧于天顯民祇"，同樣出自周公之口，文字也同樣古奧，但立意極簡，主要面向不外乎天與人：上對天，下對人。上對天，不負皇天上帝保民的託付；下對人，不怠於教民養民的天命。外在的保民易見，也容易記錄，《尚書》通篇歷歷可見，內在的敬天卻得通過有限的蛛絲馬跡覷見。

　　帝舜正式踐阼，人事派令結束，鄭重其事地對衆人宣告："惟時亮天功"，切記這是爲天代勞，務必敬謹從事。相同的概念，同時代的大賢皋陶以"天工人其代之"表述。大禹爲弭平滔天洪水，在外跋涉十三年，但帝舜禪位予大禹之際，殷殷教誡的，仍然是"慎乃有位，敬修其可願。四海困窮，天祿永終"，登上大位之後尤須戒慎恐懼，敬事上天，百姓困窮的結果，必然引動天罰，天賜的榮寵一併收回。伊尹對新君太甲追述成湯的事天，反映的全在人事："昧爽丕顯，坐以待旦"，天光未現就已起床梳洗完畢，等待天色大亮後開始一天的工作。如此兢兢業業，只因爲先王"顧諟天之明命"，勤政愛民正是敬天命的外顯。

　　天固然無形無象，對於極少數能與天相通的秀異之士卻是內在於心的冥契對象。保民即所以敬天，因爲敬天，所以全心全力保民，《尚書》將之涵括爲"敬德"二字。"敬德"的具體詮釋，正是一心以保民爲事。"作民父母""作之君，作之師"，以父母君師的角色自居，爲養育教導小民而無所不用其極。"惟我周王，靈承于旅，克堪用德，惟典神天。""靈承于旅"即善盡保民之責，以此美德，作爲敬天與法祖的具體實踐。這是周公回溯歷史的追述，以文王爲示現的典範。也有以此勉勵嗣天子的："皇天既付中國民，越厥疆土于先王，嗣王惟德用，和懌先後迷民。"皇天上帝既然已將中國的廣土衆民交付我有周，萬望天子以德政擔荷大命，愛護百姓，善盡引導之責。

　　保民說來容易，落實不易。莫說當代民主政治，假爲民服務的口號饜足個人的私慾，乃至剝削民脂民膏的事件所在多有，即連古代，苛政虐民也從來不是新聞。《尚書》所載的聖王賢相，相對於現實的齷齪，反成超現實的稀罕之物。"五四"疑古風起，一吹吹到《尚書》，絕非無的放矢。但回歸歷史的現實，先哲對於人性其實有非常務實的認知，從不作過於樂觀的想象。雖然肯定人性中有向善的"恒性"，可也不否認可能爲惡的"欲"。如此認知，既適用於廣大的生民，更合於套用在有此覺知的個人。經世濟民如果是千頭萬緒的大業，必然是極大極重的負荷，先哲之所以甘願扛起，乃至樂意扛起，必然需要異於常人的堅持。如何克制隨時可能蠢動的"欲"，尤其是尾隨富貴而來的種種慾望，從而回歸天賦的"恒性"，顯然需要極大的功夫，以非凡的尺度嚴格自律，方能莫失莫忘。來自民間的周公對此感受殊深，因此以"克己"爲核心，選定商、周兩代聖哲爲典範，發展爲兩篇大論，收在《無逸》與《酒誥》。前者大肆論述自我節制的至關緊要，後者嚴禁百姓，尤其百官群聚酗酒。眼見商紂因酒池肉林亡國，周公推定"我民用大亂喪德，亦罔非酒惟行"，視酒爲敗德的罪魁禍首，實是良有以也。以制禮作樂留名青史的周公，會對群臣聚飲大動肝火，聲色俱厲地表示不惜動用死刑伺候，不難想見其防微杜漸的深謀遠慮。

　　"其嗜欲深者，其天機淺"，如酒如畋獵這般嗜欲越大，放逸日久，必然倒向追逐欲望的人間，與天的聯繫逐漸消泯。《尚書》並不主張"絶欲"，卻歷記先哲呼籲當適度"節性"，以期不爲嗜欲所困。我們可以合理推測此種認知是建立在天人關係的視角，以節制人欲來保有天賦的恒性。儘管遠源於天，人與天的關係曾經親如父子，但子輩成年之後，與父輩分道揚鑣，從此兩不相干，本來不無可能。如何重建彼此的聯繫，找回內在於心的冥契感，顯然不是光憑藉外在的祭祀儀式，行禮如儀就可以輕易感知的。堯、舜、禹、湯、文王、武王都是開一代哲風的聖王，敬德保民的偉業不僅流芳青史，也高懸廟堂，但後世子孫能繼其志、述其事者幾何？歷史已經給出答案。周公以"無逸"作爲中心主題教誡兒孫輩，以周公爲典範的孔子亦以等義的"克己復禮"教導高足顏淵，同樣是透過節制一己私欲，免於過度向人間傾斜，從而保有與天的聯繫。如此聯繫，即後世所稱的"天人合一"，而聯繫的途徑，也逐漸發展成爲愈益細緻的"工夫論"。

孔子《書》教的意義

儘管司馬遷已斷言"孔子以《詩》《書》教"，視《尚書》爲孔子傳道授業的教材，但當代對孔學的解讀，與《尚書》的聯結遠遠不如與仁學的聯結。孔學即仁學，仁學即內聖，與《尚書》在外王的大肆著墨大相逕庭。果如司馬遷所言，《尚書》爲孔子教育士子的重要材料，那麼孔子在接收《尚書》時似乎有意偏重敬德的內聖，而撇開保民的外王？

儒家原本以內聖與外王雙軌並行，至少《尚書》的建制如此。通過內聖外王，崇高的天因此常在我心。但外王必然建立在內聖的基礎，無有實在的內聖工夫，外王最後必然淪爲口號。"生於深宮之中，長於婦人之手"，是春秋時代魯哀公個人深刻的自覺，錦衣玉食必然腐蝕平治天下的承擔與抱負。"一代不如一代"，不只是尋常人家的慨嘆，置諸歷史現實，朝代的發展亦然。《尚書》所見，似乎盡在外王的政治施爲著墨，內聖僅爲配角，但與現實人性比對後進一步追索，書中的聖王賢相，如果不是內聖工夫遠過於一般人，其"克自抑畏"的堅持，還真像是後世儒者塗脂抹粉的結果。

孔子以《尚書》作爲士子的教材之後，出仕仍是生涯的第一優先選項。"如有用我者，吾其爲東周乎？"夫子自道，果能爲世所用，重建周的盛世當有實現之日。或者如"苟有用我者，期月而已可也，三年有成"，施政一年可以看出變化，三年當有大成。由此不難看出孔子始終難忘外王的理想。但就現實環境而言，仕以行義並非人人可以如願。可能是懷才不遇，全無出仕的機會，只能被迫埋沒在窮鄉僻野；也可能是闖進官場之後，發現所事非人，除非願意出賣良知，爲虎作倀，否則官場只能是聚寶盆，安邦保民的理想全無實現的可能。再就學術思想的發展來說，重內聖而輕外王更近於宋明理學大盛之後的新詮釋，尤其是心學一派。但平心而論，朱熹、陸九淵儘管取向不同，對內聖的修養工夫也同樣高度推崇，心心念念所繫，仍然在經世濟民的外王。熊十力極

惟德動天

早就已在《讀經示要》指出，《尚書》才是儒家如假包換的真源頭。朱熹的四子書拜科考加持，大為風行之後，士子奉四書為聖經，傳統五經的神聖地位不再。但切除五經源頭的四書，終只是無頭的四書，既無法覷見其思想源流，光從斷了頭的身軀也不易推測本來面目。後世儒者苦於無有出仕的機會，愈益往內聖靠攏，有現實的因素作祟，質諸歷史，遠非《書》教的初衷。

《尚書》以內聖與外王作為天人合一的手段，復以內聖為手段，成就外王的理想。內建聖德，外立聖功，因此與天相即不離。過程的艱辛困頓，也因為與天合一的冥契感，不但可以無所掛懷，乃至義無反顧，繼續勇往直前。明白此一背景，方能真正理解孔子"不怨天，不尤人。下學而上達，知我者，其天乎"的情懷。下學人事，上達於天，但問心安與否，事不成，人不諧，面對諸多譏評而可以無計於心，最根本的原由，乃在與天相知。既有至高無上的皇天上帝知我，夫復何求？

當代慣以孔子為人文主義的先鋒，擷取孔子"未能事人，焉能事鬼""敬鬼神而遠之"的敘述加以斷章取義，就是孔教所聚焦者全在人間世，天在孔子心中的崇高性早已蕩然無存，與《尚書》的敬事上天南轅北轍。如此解讀是見樹不見林，果然是"斷頭"——砍掉《尚書》源頭——的必然結果。子貢的確說過："夫子之言性與天道，不可得而聞也"，罕言天道，不在天道糾結，並不意謂心中無天，因此悖離先聖先哲對天的信仰。如周公事天至誠，見諸《尚書》的大半記錄卻全在人事着墨。《論語》雖是簡單扼要的語錄，並不難從其中覓得《尚書》的綫索。

前文曾歸納《尚書》的天人交通方式，乃透過災祥、卜筮、夢境、歷史教訓為之。讀透《尚書》，接收《書》教的孔子心中仍有災祥，"鳳鳥不至，河不出圖，吾已矣夫！"黃河出圖，鳳鳥現身，都是《尚書》推許的祥瑞之象，二者杳然，反映的正是反其道而行的亂世，孔子因此慨嘆，其道不行必然可知。再說卜筮。《尚書》多有卜以問天的記錄，那麼孔子究竟是卜或不卜？出土文獻解決了後世對孔子"加我數年，五十以學《易》"的疑問，帛書《要》篇給的答案是孔子占卜，而且水準還不差，因為孔子自述"吾百占而七十當"，準確率高達七成。至於夢境，"甚矣吾衰也，久矣吾不復夢見周公"，更是眾所周知的常識。孔子儘管不斷強調在人事用力，並不否定天的神聖性，敬天卻不輕人，原是《書》教天人合一的基本精神。試看孔子回敬衛國權臣王孫賈："獲罪於天，無所禱也"，"子見南子。子路不說。孔子矢之曰：予所否者，天厭之！天厭之！"背後不只有天的崇高性，更有《尚書》無德必受天罰的邏輯。

在在都透顯了天在孔子心中的神聖地位。

通過孔子轉手傳播的《書》教，最大的意義不在消泯天的崇高性，而在開啓士子的自覺，擴大天命意識的隊伍行列。朱熹在《中庸章句序》讚揚孔子"繼往聖，開來學，其功反有賢於堯舜者"，可謂一語中的。"自行束脩以上，吾未嘗無誨焉"，只要有心向學，繳上象徵性的束脩，就可以昂首走進孔子"有教無類"的講學大門，《尚書》這類從前專屬貴族所有的教材成爲士人可以親炙的經典。孔子在世時化育三千弟子，身故之後，"七十子之徒散游諸侯，大者爲師傅卿相，小者友教士大夫"，《書》教隨着孔門弟子的腳步，從洙泗之間拓展至九州大地。

《尚書》的理想楷模，原是有德者必有位，有位者必有德。夏禹傳子之後，禪讓已成遥遠的絶響，除非是非常態的改朝換代，帝王世系的傳承從此取決於先天血緣。孔子之前，"君子"一詞原爲有位者的專稱，孔子之後，"君子"的詮釋逐漸轉向有德者。有位取決於先天血緣，有德卻可以由後天的修爲決定。孔子喟嘆："爲仁由己，而由人乎哉"？生命的走向，是繼善成性，或是向下沈淪，端在一己，個人擁有最大的自主權。

個人向上的自覺一旦建立，與天聯繫的管道逐漸打通，隨天命意識躋至的不外乎有二，一是勇於承擔，二是不改其樂。諸子百家受《書》教濡染最深的，當爲戰國時代並稱顯學的儒家與墨家，兩家於此表現極其近似。"孔席不暇暖，墨突不暇黔"，孔子被時人譏爲"栖栖"，墨子則被巫馬子視爲"有狂疾"。汲汲爲生民之命奔走的動機，正是來自《書》教與天合一的承擔，因此無懼外在險峻，始終不改其志，背後當有"知我者，其天乎"的支持。

孔子受困於匡地，情勢危急，門人恐懼之至，孔子卻可以自在地説出"文王既没，文不在兹乎？天之將喪斯文也，後死者，不得與於斯文也，匡人其如予何？"自視天命所鍾，乃踵繼周文王大道的傳人。不僅孔子自視如此，儀封人亦謂"天下之無道也久矣，天將以夫子爲木鐸。"孔子之後，顏淵自道"舜何人也？予何人也？有爲者亦若是。"以前聖爲楷模，慨然承擔，正焦循所謂"聖人以天下之命任諸己，以一己之命聽諸天"。

孟子的名言："天將降大任於是人也，必先苦其心志，勞其筋骨，餓其體膚，空乏其身，行拂亂其所爲，所以動心忍性，曾益其所不能。"之所以能够對現實的種種困頓無計於心，是因爲内在有清楚的覺知：重重考驗，只是爲了大命加身作準備。"天"的背景框架一旦建立，我們就可以更清楚地瞭解，孔子"天生德於予，桓魋其如予何"的自信從何而來。即使"飯疏食飲水，曲肱而枕之"，也依然樂在其中，正是透過種種心性修煉之後，與天相知，因此可以樂天知命而不憂，坦然面對現實的困厄。

結　　語

中國從五四運動之後，熱烈擁抱西方的科學與民主，德先生與賽先生乃時代潮流所趨，也的確符合當代中國的需要。然而看重科學與民主的同時，並不意味着就必須擺脫對超越性存在的肯定。把宗教安置在科學的對立面，推定不是你死就是我活，此是只知其一不知其二。

西方近代文化的確是從解放中古基督教權威而來，曾經令中國心嚮往之的民主與科學便脫胎於這個過程。然而西方的世俗化並非徹底剷除基督教，視科學與宗教爲勢不兩立的敵對體。西方傾向外在超越的文化背景，終需在現實世界之外另闢精神世界以爲價值來源。與近代中國努力去除宗教元素的傾向相反，基督教在宗教改革之後，並未從西方的精神生活消失，反而轉化爲現代化的重要精神動力之一。伏爾泰（Voltaire）便曾説過：傳道師只能告訴孩子有上帝存在，牛頓則向他們證明宇宙的確是上帝的傑作。牛頓探求宇宙秩序的動力，正是來自他對上帝的篤信不疑；而十六世紀英國醫學的發展，也與上帝信仰息息相關，因爲治病救人正是上帝的旨意。[①]

如果要正確評估宗教對於西方文化的影響，首要之務當是將基督精神與腐化的教會脱鉤。啓蒙運動真正攻擊的目標是教會，是部分基督徒的虛偽，遠非基督教的基本價值。宗教仍然是西方文化最重要的靈感源泉。[②] 反觀中國，在民主化與科學化的現代化過程中，真正需要打倒的是愚昧的迷信，而非宗教信仰，乃至更爲廣義的宗教情操。純以學術面切入傳統典籍，把其中的宗教情操拋開，等於是架空了先哲的思想基礎。

《書》教的重點始終不離體現天道，以敬天的宗教意識爲起點，在人間埋首耕耘，不計成敗毀譽，所謂知其不可而爲，其中自有宗教情操的霑溉。宗教之所以可貴，就在啓發人精神向上之機，引導人由精神的提升，免於在誘惑重重的現實沉淪。對主宰天的敬畏，可以延伸到自然世界，發展出惜物、貴物的

[①] 余英時《從價值系統看中國文化的現代意義》，臺北：時報出版公司 1997 年版，第 39—40 頁。

[②] 牟宗三《中國哲學的特質》，臺北：臺灣學生書局 1994 年版，第 122 頁。

精神。天生萬物，天神亦遍在萬物，因而對自然世界存有普遍的敬意。又因大自然生養萬物爲我所用，對自然當能生起類同於父母的感恩之情。因此中國人用物，但貴物、惜物而不賤物，不僅與萬物和諧共存，乃至對萬物有情[①]。"萬物並育而不相害，道並行而不相悖"的説法絶非單純哲學思辨的産物，而是來自與天地萬物感通，乃至感恩的情感面。

放眼當代，受西方文化影響所致，把"成功"的定義聚焦在物質層面，"進步"則圈限在經濟領域，以更大的消費能力作爲更高的追求目標。當拜金主義、功利主義以及毫不遮掩的貪欲在社會瀰漫，年輕一代面對逐漸虛無的價值只能更加無所措其手足。《書》教以敬天爲開端，在人間世以履道行德作爲實踐，發展出精神與天合一的最高愉悦，或可稍稍導正今日偏斜向以物質感官、虛無爲樂的流行文化。

（作者單位：臺灣宗教哲學研究社）

---

① 唐君毅《中國文化之精神價值》，臺北：正中書局 1989 年，第 185—189 頁。

·儒 學 新 論·

《易傳》"三陳九卦"的義理結構及其德性修養論

周廣友

【内容提要】 在《易傳》對《易經》所作的德性化、義理化的闡釋中，八經卦言天道，"三陳九卦"以明人道，二者相得益彰、相映成輝。九卦分别爲"德"之基、之柄、之本、之固、之修、之裕、之辨、之地、之權，有着"修德"的豐富内涵。"三陳"之中有對卦之體用的分析，而九卦之序也大致反映了德性修養的邏輯展開，其三個層次明德、修德和成德在陽明學視域中具有相對的意義。三陳九卦章的詮釋史對在現代語境中理解"德"提供了一定的文本支撑，體現了儒家道德觀的一些核心要義，如"德"之現成性與生成性、德性與德行的内在關聯以及把世界德性化而形成的道德視點或道德立場。

【關鍵詞】 易傳　三陳九卦　德性

《繫辭》曾借孔子之言解釋了聖人作《易》的根本目的："子曰：'夫《易》，何爲者也？夫《易》，開物成務，冒天下之道，如斯而已者也。'"又説："夫《易》，聖人所以崇德而廣業也。"可見，《繫辭》作者已經把《易》詮釋爲一本切近人事、明道崇德的義理之書，具備開物成務和崇德廣業的功用。如果對《易傳》做出整體分析，不難發現《易》之價值在於培養人的德性以合於天道，而德性的養成離不開人類的開物、成務和廣業的現實作爲和生活實踐。爲了達此宗旨，《易傳》多從"德"的角度論析卦象，是爲卦德。八卦各有其德性，如乾爲剛健、坤爲柔順，此德性體現於行爲中，故"夫乾，天下之至健也，德行恒易以知險。夫坤，天下之至順也，德行恒簡以知阻"。此語中的"德行"就是一種行爲方式，其目的就在於德性的現實化，是實現德性自身的途徑之一。《説卦傳》曰："乾，健也。坤，順也。震，動也。巽，入也。坎，陷也。離，麗也。艮，止也。兑，説也。"突出體現了八卦的德性義。

值得重視的是，《繫辭傳·下》第八章還特別強調了九卦的德性義，並不憚其繁三次陳述了九卦以明處憂患之道，被學者稱之爲"三陳九卦"。張載説："《繫辭》獨説九卦之德者，蓋九卦爲德，切於人事。"① 陸九淵説："九卦之列，君子修身之要，其序如此，缺一不可也，故詳復贊之。"② 這使人們想起《説卦傳》對八種卦象（自然物象）德性内涵的多次强調："雷以動之，風以散之，雨以潤之，日以烜之，艮以止之，兑以説之，乾以君之，坤以藏之。"又説："天地定位，山澤通氣，雷風相薄，水火不相射。"《易傳》中的這兩段論述可謂相得益彰、相映成輝。八經卦言天道，而此九卦明人道，歷來受到易學家的重視，並對三陳之間的關係和結構、九卦之間的卦義及其層次和順序等問題作出了詮釋，雖然不盡一致，但整體上可以相互資籍、彼此發明。

一、"三陳九卦"的義理結構

易學史上關於九卦之闡釋也大略可以分爲象數與義理兩派，義理派解易也離不開對卦象的綜合分析，但象數派更側重於對數的認識以及諸卦之間的結構性關聯，並把日曆、時令、音律等與卦象相配，如孟喜的卦氣説，京房的八宫説、納甲説等，但這也藴含着對宇宙結構的一種理論認識，故也可以稱爲一種義理。故兩派的分殊並無特別的嚴格之標準。爲便於討論，兹列表如下：

表一　《易傳》闡釋九卦之德性内涵表

	初陳	再陳	三陳	大象傳	象傳（部分内容）
履䷉（下兑上乾）	德之基也	和而至	以和行	君子以辯上下，定民志。	柔履剛也。説而應乎乾，是以履虎尾，不咥人，亨。
謙䷎（下艮上坤）	德之柄也	尊而光	以制禮	君子以裒多益寡，稱物平施。	天道下濟而光明，地道卑而上行……謙尊而光，卑而不可逾，君子之終也。
復䷗（下震上坤）	德之本也	小而辨於物	以自知	先王以至日閉關，商旅不行，后不省方。	反復其道，七日來復，天行也。利有攸往，剛長也。復，其見天地之心乎？

---

① （宋）張載《張載集》，北京：中華書局1978年版，第227頁。
② （宋）陸九淵《象山集　象山語録》卷二，《四庫全書》本。

續表

	初陳	再陳	三陳	大象傳	象傳（部分内容）
恒䷟（下巽上震）	德之固也	雜而不厭	以一德	君子以立不易方	剛上而柔下，雷風相與，巽而動，剛柔皆應，恒。
損䷨（下兑上艮）	德之修也	先難而後易	以遠害	君子以懲忿窒欲	損下益上，其道上行……損益盈虚，與時偕行。
益䷩（下震上巽）	德之裕也	長裕而不設	以興利	君子以見善則遷，有過則改	損上益下，民説無疆……凡益之道，與時偕行
困䷮（下坎上兑）	德之辨也	窮而通	以寡怨	君子以致命遂志	剛掩也。險以説，困而不失其所亨，其唯君子乎！
井䷯（下巽上坎）	德之地也	居其所而遷	以辨義	君子以勞民勸相	井養而不窮也。改邑不改井，乃以剛中也。
巽䷸（上下皆巽）	德之制也	稱而隱	以行權	君子以申命行事	剛巽乎中正而志行。柔皆順乎剛，是以小亨。

（一）何以取此九卦

取九卦以明德的意旨就在於彰顯聖人所以處憂患之道，在這一點上易學家們的意見是一致的。《繫辭》在論述九卦之前有一段言論："《易》之興也，其於中古乎？作《易》者，其有憂患乎？"但對於爲何取此九卦而不及其他卦象，以及爲何取九卦而不是其他數量的卦象，這在易學史上有過分歧和討論。朱熹認爲："先生云聖人論處憂患，偶然説此九卦耳，天下道理只在聖人口頭，開口便是道理，偶説此九卦，意思自足，若更添一卦也不妨，更不説一卦也不妨，只就此九卦中亦自盡有道理，且《易》中儘有處憂患防卦，非謂九卦之外皆非所以處憂患也，若以困爲處憂患底卦，則屯、蹇非處憂患而何？觀聖人之經，正不當如此，後世拘於象數之學，乃以爲九陽數，聖人之舉九卦，蓋合此數也，尤泥而不通矣。"① 與朱熹持不同意見的人認爲：九卦的選取是聖人有意爲之，精心挑選的："胡雲峰曰：夫子偶即九卦言之，然上經自乾至履九卦，下經首恒至損益亦九卦，上經履至謙五卦，下經益至困井亦五卦，上經謙至復又九卦，下經井至巽亦九卦，上經自復而八卦爲下經之恒，下經自巽而未濟亦八卦轉爲上經之乾，非偶然者，於此見文王之心焉，凡十卦置乾不言，乾爲君

---

① （元）董真卿《周易會通》卷十三，《四庫全書》本。

也，旡離而互離，用晦而明也。"① "或曰九卦之兩體多取坤與巽、兌，蓋坤順也，巽入也，兌説也，皆善處憂患而不怨天不尤人者也。……獨於離無取，蓋取憂患之中用晦則可，用明則不可也。"② 朱熹從義理立場出發，認爲聖人對九卦之所取乃是無意爲之，這與他對《周易》做一義理化的闡釋宗旨相一致。而象數派學者則認爲這是聖人斟酌之後的有心安排。"九"爲陽數中的最大者，故取九卦。

三陳九卦之德的出現與《易傳》形成時期的表達方式和思想取向有着内在的關聯。孔子在删述六經之時，也非常注重卦象的道德内涵。如長沙馬王堆出土的帛書《要》篇記載，"夫子老而好《易》，居則在席，行則在囊"，並説："《易》，吾後其祝卜矣，我觀其德義耳也。……吾求其德而已，吾與史巫同塗而殊歸者也。"③ 這與《易傳》所言崇德廣業的價值取向相一致。不僅如此，《左傳》《國語》等早期作品中君臣的言行也同樣表達了德性話語體系的興起，而常用的表達方式如三德、九德，也經常被使用。如《論語》中的"三達德"與君子有"九思"。《尚書·洪範》中的三德爲"一曰正直，二曰剛克，三曰柔克"，而《皋陶謨》之"九德"爲"寬而栗，柔而立，願而恭，亂而敬，擾而毅，直而溫，簡而廉，剛而塞，強而義"。這種表達方式也與"三陳九卦"第二陳相似。《左傳·昭公二十八年》也言及"九德"，"心能制義曰度，德正應和曰莫，照臨四方曰明，勤施無私曰類，教誨不倦曰長，賞慶刑威曰君，慈和徧服曰順，擇善而從之曰比，經緯天地曰文，九德不愆，作事無悔，故襲天禄，子孫賴之。主之舉也，近文德矣，所及其遠哉"，並出現了與"三陳九卦"初陳相似的表達："忠，德之正也；信，德之固也；卑讓，德之基也。"（《文公元年》）"某，德之某"的言説方式也在《國語》中出現多次，似乎形成了春秋時期一種普遍的表達習慣，其中三次言説了"敬""忠""信"等十一種美德，而這也很可能直接影響了三陳九卦説。④

（二）三陳之間的關係

學者關於三陳之間的關係的觀點不盡相同，但整體上認爲三陳之間存在着内在的邏輯關係，言説了九卦的不同方面。對於部分學者的相關討論，列表如下：

---

① （清）胡煦《周易函書約存 周易函書約註》卷十六，《四庫全書》本。
② （宋）俞琰《周易集説》卷三十四，《四庫全書》本。
③ 馬王堆帛書《易經》《要》篇，《續修四庫全書》本。
④ 鄭萬耕《"三陳九卦"章考釋》，《周易研究》2007年3期。

表二　漢唐以來部分學者詮解三陳九卦表

	初陳	再陳	三陳	總論
《九家易》	故先陳其德。	中言其性。	後敘其用。	此所以說九卦者，聖人履憂濟民之所急行也。
孔穎達①	自此（巽）已上，明九卦各與德爲用也。	自此（履）已下，明九卦之德也……自此（巽）已上，辨九卦性德也。	自此（履）以下，論九卦各有施用而有利益也。	六十四卦悉爲修德防患之事，但於此九卦，最是修德之甚。
胡瑗	此已上九卦各與德爲用也。	此已下又復明九卦之德也。		此九卦最是修德之基，爲人事之先，故特陳此九卦。
龔括蒼②	初德也。	次體也。	次用也。	
楊萬里	此章言聖人取諸易之道，以成乎己之德也。	此章聖人既取諸九卦以成德，復贊九卦之德以示人也。	此章聖人既贊九卦之德以示人，復發九卦之用以示人也。	聖德其至矣乎，六十四卦備於身矣，九卦其要也。
馮椅	此一節言立德之序。	此一節言成德之方。	此一節言用卦之義。	孔子表出此九卦可以處己涉世成德之事也。
朱熹	九卦皆反身修德以處憂患之事也，而有序焉。	此如書之九德。		此章三陳九卦，以明處憂患之道。
胡一桂	第一節論九卦之德。	第二節論九卦之材。	第三節方論聖人用九卦以處憂患之道。	三陳九卦自有次第。
吳澄	初陳雜舉卦名，而每字之下先就人身言之，以明其字義未及卦義也。	再陳乃於卦名之下說上下二體之義。	三陳則卦名一字之中包含上文所說卦體二義，非專指卦名一字言也。	此章三陳九卦，先後有淺深。
易祓	此所以明九卦之體也。	此所以明九卦之德也。	此所以明九卦之用也。	易興於中古而獨列九卦者，取切於憂患者言之。

---

① （唐）李鼎祚《周易集解》引用孔穎達初陳九卦的評論："此上九卦，各以德爲用也。"
② （清）胡煦《周易函書約存　周易函書約註》卷十六，《四庫全書》本。

續表

	初陳	再陳	三陳	總論
胡震	此九德之名義也。	此九德之體段也。	此九德之功用也。	六十四卦皆繫於身之德,而三陳九德者,則大槩舉其處憂患之道而明之也。
來知德	言九卦爲修德之具,以之字發明之。	中一節言九卦之才德,以而字發明之。	言聖人用九卦以修德,以以字發明之。	此章論聖人以九卦修德。
胡煦	此見卦德之有關於人。	此言卦德之妙……此九卦才德不同,皆能各盡其善,所以能爲修德之助。	此言卦德足以適用……此九卦之所以處憂患而克當也。	上三卦至復言本大體也,下六卦至巽言制大用也。
史學齋	自履德之基至巽之制,皆以之字,明其德,此初陳也。	自履和而至至巽稱而隱,皆以而字,九經之體,此再陳也。	自履以和行至巽以行權,皆以以字,九經之用,此三陳也。	三陳九卦,有深旨焉……此九卦有德、有體、有用,益切於人事之要。

按照或者借用伽達默爾的話,任何一種詮釋皆是一種"視界融合"。"三陳"誠然是對"九卦"的不同的言說方式,表達出不同的意涵,但也是從不同的方面而言說一個共同的事物。就學者對三陳的理解和詮釋來看,雖然同樣在解釋卦德,但有的側重於卦,有的側重於德,有的側重於卦及其德之後的人或己;就德而言,有人側重於德性,有人則側重於德行。就解卦而言,有人側重於象,有人側重於意。三陳既然指向同一個卦象,則其必然存在着内在的邏輯關聯,但三者是否是層層遞進的展開就存在着開放性的解釋空間。初陳顯然以"德"爲中心,而卦是"德"在一種特定情境下的展開,是對卦德的一種總說,再陳則對"卦"本身的德性内涵進行了闡釋,三陳對卦的功用或者用卦之義進行解說。這樣說來,對強調德性的人來看,初陳似乎是一種總說和中心,再陳是對初陳的解釋,而三陳也是對前二者的進一步解釋;對強調德行的人來看,初陳則是名義上解釋,而再陳是對初陳的具體解釋,目的在於三陳之用卦之效驗。因此,闡釋者關注問題的角度和視野決定了解釋側重點的轉移。

(三)九卦之間的次序

九卦俱依經爲序。前三卦取自上經,後六卦取自下經。九卦之間的這種自然順序是否意味着個人修德過程的有序展開呢?如上表所示,多數學者認爲九卦最能反映修德之要點，最切於人事，也是人們在這些卦象情景之下最需要進行德性修養的諸多方面，九卦之序反映了人們修德的工夫次第，有先後、淺深、輕重之別。

也有少數學者認爲九卦之間並無嚴格之秩序。如來知德在初陳九卦之闡釋中明確說："此九卦無功夫、無次第。此言九卦爲修德之具也。"① 這類學者也多與朱熹持相同的觀點，即認爲選取九卦本身乃是偶然事，是聖人隨口而說，因爲六十四卦皆是修德之事，所以並不注重九卦之序。朱熹的《周易本義》對此段闡釋也甚爲簡略："基，所以立。柄，所以持。復者，必不外而善端存。恒者，守不變而常且久。懲忿窒欲以修身，遷善改過以長善，困以自驗其力，井以不變其所，然後能巽順於理，以制事變也。"這種扼要的字義解讀並不能清晰展示修德的過程和內在邏輯。但後來朱熹也認爲九卦"而有序焉"，這或許受到陸九淵對九卦之序闡釋的影響。據記載，淳熙二年（1175）四月，呂祖謙拜訪朱熹月餘，合編成《近思錄》之後，約"先生（象山）與季兄復齋，會朱元晦於信之鵝湖寺"②，遂有"講道切誠"的一大盛事，也被後世學者認爲是"朱陸異同一大關鍵"③。會中，陸九淵談及九卦之序，被其高弟鄒斌（俊父）所記錄：

> 朱呂二公話及九卦之序，先生因亹亹言之。大略謂："《復》是本心復處，如何列在第三卦，而先之以《履》與《謙》？蓋《履》之爲卦，上天下澤，人生斯世，須先辨得俯仰乎天地而有此一身，以達於所履。其所履有得有失，又繫於謙與不謙之分。謙則精神渾收聚於內，不謙則精神渾流散於外。惟能辨得吾一身所以在天地間舉錯動作之由，而斂藏其精神，使之在內而不在外，則此心斯可得而復矣。次之以常固，又次之以《損》《益》，又次之以《困》。蓋本心既復，謹始克終，曾不少廢，以得其常，而至於堅固。私欲日以消磨而爲損，天理日以澄瑩而爲益，雖涉危蹈險，所遭多至於困，而此心卓然不動。然後於道有得，左右逢其原，如鑿井取泉，處處皆足。蓋至於此則順理而行，無纖毫透漏，如巽風之散，無往不入，雖密房奧室，有一縫一罅，即能入之矣。"二公大服。④

---

① （明）來知德《周易集注》卷十四，《四庫全書》本。
② （宋）陸九淵《陸九淵集》，北京：中華書局1980年版，第490頁。
③ 黃璿《論"鵝湖之會"中陸九淵認知的九卦之序》，《宋代文化研究》，第19輯，成都：四川文藝出版社2011年版。
④ （宋）陸九淵《陸九淵集》，第490—491頁。

仔細推敲這段話約可看出，陸九淵認爲九卦之序是一個貫通的修身過程，並可分爲三個階段，一是履、謙、復三卦所代表的發明本心、認知德性自身的過程；二是恒、損、益、困所表達的德性的持守、涵養與磨煉；三是井、巽兩卦所表徵的德性修養的效驗和結果。

如果關注於九卦所集中闡述的"德"自身，無論是關於德之本質的德性，還是關於德之踐行的德行，都要求以"德"爲樞紐來連接和展開對九卦卦象卦義的具體認識。在這種意義上，作爲以"德"爲首要關注對象並有着深刻體驗的理學家，陸九淵對"德"加以系統化的梳理，進而內在地要求去關注和分析九卦之序是可以理解且極爲有見地的。

二、德性修養的邏輯展開

大多數易學家認爲九卦之序就是德性修養的邏輯展開，把履卦視爲修德之"始"，而巽卦爲修德之"成"與"終"。"柴氏曰：道始於踐履而終以知權，故孔子以可與權爲學之至。"① 應當說，這裏所言的"始"與"終"是從邏輯意義而言的，因爲"德"實際上無始終，"德者，行道而有得於身也。"只要人存在於世，"道"與人就須臾不可分離。作爲對"道"的理解和繼承有關的"德"也無始終可言。不過人們對"德"的認識和培養是有階段性的，從某種意義而言，"德"具有"質"和"量"兩方面的規定性。這取決於人們對"德"自身的理解和認識。易學家們對九卦的闡釋大同小異，各有會心之處和精彩之處。本節綜合、別擇各家闡釋，並依照九卦之序對修德之過程做一闡釋。

九卦分別陳述和言說了德的不同方面，形成了有機的內在聯繫和結構，其中包含着對德的認識、修德的方法及效驗。應當說，德性修養以"明德"爲邏輯前提，對"德"之本質及其價值的認識是人們開展德性行爲的動力和內在要求。"明德"就是對德性自身的體認。大學之道，在明明德，在親民，在止於至善。三者之間亦有先後之序列。明德側重於內聖功夫，而親民側重於外在的修養過程，至善則是內外兼具的最佳狀態。德性修養論也大致按照這樣的順序展開。"明德"之後便要"修德"，經此工夫磨煉而有所成，是謂"成德"。

在陽明學視域中，德性修養的三個邏輯層次的展開也是在一定程度上而言的，具有相對性。正如上文所說，"德"有質與量的雙重規定性。王陽明的

---

① （明）胡廣編纂的《周易傳義大全》卷二十三亦提及此言。

"致良知"也充分彰顯了"德"之螺旋式上升的辯證過程,並給出"知行合一"的命題,顯示出明德(知)和修德(行)實際上是一個過程的兩方面,明德即是修德,修德中亦有明德,二者統一於"成德"的理想與現實之中。由此而言,"成德"之"成"也呈現出"現成性"和"生成性"的雙重內涵。

(一)明德

何爲道德的根本或本質?《繫辭》言:"復,德之本也。"陸九淵把"履"和"謙"作爲達至或體認"復"的必要環節。按照他的理解,復代表的是本心的復歸,也是"德"的自成,是經由履卦的踐行、謙卦的持禮,復卦的"辯於物",方能有"復以自知"的自我德性認識,這也是由"行"得來的"知"。

履之本義是"行",以"行"爲"德之基",而"基,始也,德自行而進也"。從卦象看,履上天下澤,天在上,澤處下,理之至極不可易,代表了上下尊卑定分不易之理,是"天理之節文,人事之儀則",故也被釋爲:"履,禮也。"按照來知德的解釋,禮有實體,不僅是吾性之固有,也是吾德之品節,並說,"修德以禮則躬行實踐之間有所依據,亦猶室之有基址矣,故爲德之基……禮順人情故和,和無森嚴之分則不至矣,然節文儀則皆天理精防之極至也,和而至此"①,"言履者以禮敬事於人,是調和性行也"②。陸九淵也説:"行有不和,以不由禮故也,能由禮,則和矣。"③

"行禮"正是德性修養的最基本途徑,履兼行與禮二義,爲"德"之始基。繼之而來的謙卦則説明了如何行禮。謙爲"德之柄",柄是人之所執持者,執禮過程中的"謙"表達的是有而不居、卑己尊人、小心畏義,不驕傲盈滿而使德性喪失,如此德乃日積。胡瑗説:"人雖有爵祿之分,崇高之位,若無謙順之德,恃其驕盈必至於傾失,是故君子之人若能居爵祿之位,必當持謙順之德,則雖危而不失,雖高而不危。"④

經由"謙"之聚斂精神收攝向內的階段,方可復其内心之善。復是一陽生於群陰之下,"雖一陽生,然而與衆陰卻不相亂,人之善端,方萌雖小,然而衆惡卻遏他不得……人非聖人,不能不流於惡,能於念慮之萌,人所不知己所獨知之處,審其幾而復於善焉,是德有其本也"⑤。故曰"《復》,德之本也"。

---

① （明）來知德《周易集注》卷十四,《四庫全書》本。
② （唐）孔穎達《周易正義》卷十二,《四庫全書》本。
③ （宋）陸九淵《象山集 象山語録》卷二,《四庫全書》本。
④ （宋）胡瑗《周易口義》繫辭下,《四庫全書》本。
⑤ 見（元）董真卿:《周易會通》卷十三,《四庫全書》本。

"復者陽復，爲復善之義。人性本善，其不善者遷於物也。知物之爲害，而能自反，則知善者乃吾性之固有，循吾固有而進德，則沛然無他適矣"①。

（二）修德

"明德"作爲一種道德認知，其意義在於確認德性乃是自身所固有的、來源於天命的精神存在，但這種存在如果不時時處於踐履和行爲之中，就只能作爲未發的隱而未現的存在，從某種意義上也可以説，"德"並不存在，或者只有潛在性。從陽明學視域來看前三卦之間的關係，三者自身也是一個修德的邏輯展開，"履"因爲含有禮義因而代表着對德之本質的認識，"謙"則是在各種人倫關係中行禮的種種操練，而經由二者才到"復"的對自身之善的認識階段，也可以説是修德之後的小成階段。"知是行之始，行是知之成。"由此展開了更高層次的修養過程。

由復而有本心之復歸，"復以自知"也表徵了對德之在我和我之德的自覺、自知、自明。此時内心所形成的德性需要在現實生活中加以磨煉。其首要的方面是確定和穩固自身之"德"，並且樹立以德成人之不變的志向。恒卦之義正在於此。真德秀説："有德在我，使不常久，則雖得之必失之"，因此恒卦更多顯示了一種修德之志，此志如磐石之不移，所謂固也，又必在生死窮達與事務繁雜之中保持始終之一貫，所謂"恒以一德"也。

在具體的事爲和順逆情景中修德，則有損益兩方面，損者，"去其所以害德者，如或忿欲方動則當懲窒，損而又損以至於無"；益者，益其"有益於德者，若見善而覺己之有過，則遷善改過以自益"②。此兩方面也是修德的基本功夫，見賢思齊，見不善而内省，方能使德之在我成爲一種"習"，"習"也是一種變化氣質、知禮成性的修養過程。

困卦顯示的是修德之人的窮困處境，"人處困窮，出處語默之間，取予辭受之際，最可觀德，當義則爲君子，違理則爲小人，明辨於私，所以自驗其所守也"③。"君子之人居於治平之時，恣其安逸之性，多不知艱險之事，惟是居困否之時，備歷艱苦，知其君子小人之道，然後能明辨困否之事者也"④。困之處境不僅考辯人之判斷力，也是對人性人格及德性修養程度的考驗，君子固窮，而小人則窮斯濫矣。

---

① （宋）陸九淵《象山集 象山語録》卷二，《四庫全書》本。
② （明）來知德《周易集注》卷十四，《四庫全書》本。
③ 見（元）董真卿《周易會通》卷十三，《四庫全書》本。
④ （宋）胡瑗《周易口義》繫辭下，《四庫全書》本。

（三）成德

經過"恒"之立志與堅守、損惡益善的磨煉、"困"之考驗，而後達至德之在我的狀態，此時的自我之德是經過持守和考辯、經過反思和驗證的，因此可謂成德。按照陸九淵之説，此時方才"於道有得"，而有德之人爲君子、賢人、大人，其在行事之中自有一番體現，把德性外在化於德行之中。這一情形正與井、巽相似。

井的特點養人利物，"雖居其所而不動，然泉脈流通，日遷徙而常新，居其所而遷，此井之才德所以極其善也"，這象徵着德性本身可以惠濟衆人。"井靜深有本而後澤及於物，人涵養所畜之德，必如井而後可施及於人也，故爲德之地。"① 井不僅普惠衆生，而且可以用而不窮："井有定體不動，然水流出去而不窮，猶人心有守不動而應變於外，則不窮也。"因而把井視爲"德之地"，地與基的區別是："基與地有別，基小而地大，基是初起腳跟，積累可由此而上，地是凝成全體，施用之妙，皆由此而出也。"② "井不動而及物之惠普徧，猶地之靜而成物之功廣博。"③

巽風的特點是無所不入，"巽之德，柔順而能深入細微，事至則隨宜斷制，此所謂德之制也"④。"巽以行權"是説道理精熟後，於物之精微委曲處，於義理之中，無細不入。"權是仁精義熟，於事能優遊以入之意"。其才德"稱而隱"，"輕重適均之謂稱，稱則高下之勢，人皆得而見之，則必不能隱矣，巽則能順其理，因時以稱其宜，然其性入而伏，則又形跡之不露"⑤。"權"是隱然作底事物，若顯然地作，卻不成行權。巽爲"德之制"，制者，法制、斷制、裁斷之義，"量宜接物，故曰制也"⑥，巽風象徵申明號令，以示法制，其意在於"巽順於理以制事變也"。

整體上看，九卦之修德是一個"知行並進，動靜交修，經事知宜，變事知權"的過程。修德之事"始之以實踐，繼之以自謙，人不我是而自反，己之所守必有常，損其不善益其善，雖處困而識愈明，身不可動而不忘及物，柔順卑下無入而不自得"⑦。九卦之序大致反映了人之修德過程的邏輯展開。

---

① （明）來知德《周易集注》卷十四，《四庫全書》本。
② （清）李光地《周易折中》卷十五，《四庫全書》本。
③ （元）吳澄《易纂言》卷八，《四庫全書》本。
④ （宋）俞琰《周易集説》卷三十四，《四庫全書》本。
⑤ （明）來知德《周易集注》卷十四，《四庫全書》本。
⑥ （宋）張載《横渠易説》卷三，《四庫全書》本。
⑦ （元）吳澄《易纂言》卷八，《四庫全書》本。

三、結語及申論

　　通過對卦德、卦象、卦序以及對《易》的整體解說，《易傳》把《易經》之闡釋引向德性化、義理化的軌道，尤其體現在對卦德的強調上。所謂"卦德"，就是卦象的德性象徵，也是卦象的材質和性質。《易傳》主要分析和闡釋了八卦之德，如《文言》對乾坤之德、《説卦》對八卦之德的集中分析，《彖》《象》則把八經卦之德分散運用到六十四卦之中。通過卦德之闡釋，這就把上古時期作爲人們占卜吉凶禍福的卜筮之書提升爲一種充滿辯證思維、飽含哲理的涵括自然觀、政治觀和人生觀的義理之書，其中對"德"的強調、對"道"的分析都對儒道兩家尤其是儒家思想產生了重大影響，《繫辭》的三陳九卦章正是這一闡釋進路的典型體現。

　　通過對九卦之卦德的分析與闡釋，此章凸顯的是人們在處憂患之際所必須遵循的人道。此"人道"具有不以人的意志爲轉移的客觀規律性，它根源於"天道"並以卦象的具體的有着豐富象徵性的情境來向人們展示自身蘊含的義理。任何一卦皆是八經卦之組合，八卦之卦德是八種象徵性的自然物象所具有的德性，如天之剛健，地之柔順，火之炎上、水之潤下等等，可以以八卦爲模式對萬物進行分類，八卦在萬物的生成過程中並不彼此孤立，而是相反相成、互相資助，構成統一體。如《説卦》言："動萬物者莫疾乎雷，橈萬物者莫疾乎風，燥萬物者莫熯乎火，説萬物者莫説乎澤，潤萬物者莫潤乎水，終萬物始萬物者莫盛乎艮。"通過八卦發揮自己的特性並相互作用，才能生成萬物並推動萬物的發展變化。而八卦所代表的天道可以提煉爲"陰陽"這樣兩種對立統一的力量，也可用乾元和坤元來表示，而作爲人道之核心的仁義則是天道之陰陽剛柔在人類自身生活中的體現。

　　"卦德"的提出是《易傳》解《易》的最顯著也是最有價值的方面，使《周易》成爲講求人生修養的典籍，包含着極深研幾、窮神知化的最高道德境界，也包含着開物成務、崇德廣業的現實期許。《周易》能成爲儒家經典並冠居"五經之首"，與儒家對道德的關注與推崇有着内在性關聯和互動性影響。可以説《易傳》爲儒家哲學提供了一個較爲系統但尚且粗糙的義理系統，後來的宋明新儒家對其核心範疇如太極、道、陰陽、道器等進行創造性闡釋，從而形成儒家的較爲精緻的形而上學體系；而早期儒家也對《周易》進行了德性化的塑造，如晚年的孔子讀《易》"韋編三絶"而達至癡迷的程度，他提醒人們自己與史巫不同，旨在"觀其德義"。孔子在多大程度上參與了《易傳》的修訂或創作需要進一步的探索。荀子説"善《易》者不占"。後來的王夫之也提出占義不占利、占君子不占小人。或可以説，在儒家思想影響下，《易》以崇德明道爲要旨，這便內在地要求以"修德"和"成德"爲歸宿。故《易》強調"君子進德修業"，"君子以成德爲行"。如此，一個必要的問題便是追問何爲"德"，如上文所示，對"德"之本質、來源及其表現的探索在三陳九卦的詮釋史中已有所體現。從道德哲學本身出發，借助三陳九卦之討論，並以儒家思想爲視域，筆者認爲對德的理論認識可以包括以下幾點。

(一) 德性與德行

道德的本質體現爲一種關係，是合內外、人己而言的，因此區分德性與德行是必要的。德性是個人修養所達至的一種精神存在，具有豐富的人類意識的特點，包括觀念、情感、意志、認知等內容，綜合地呈現爲一種道德境界，而德行是個人在社會生活中的具體體現和作爲。《論語》把德行作爲孔門四科之首，鄭玄注爲："德行，內外之稱。在心爲德，施之爲行。"① 程頤説："存諸中爲德，發乎外爲行。"② 這種闡釋把"德"視爲內心的道德境界，把"行"視爲外在的道德踐履，和宋明理學家討論的未發與已發的關係一致，也相當於筆者現在所言的"德性"與"德行"。二者又是一體之兩面，存在着互相包含的關係。作爲人類生活中的重要內容，"道德"是包括心理、行爲、後果等多個層面的一個複雜的有機整體，它可以作爲觀念和規範呈現在具體的現實的個人心理中，也可以作爲客觀的社會行爲體現在人類生活中。換言之，道德是一種客觀的社會現象，也是人類生活中的精神現象。道德觀念和道德行爲即是個人的、主觀的、心理的，因而也是具體的、變化的，同時又是社會的、歷史的、客觀的，因而也是普遍的、永恒的。從個人或者自我視角看，道德側重於道德心理、動機和行爲；從社會視角來看，道德主要呈現爲道德現象和道德後果，包括道德規範的實施、道德理想的教育、道德行爲的宣揚。因此道德哲學的研究呈現出兩個途徑：其一就是從個人的道德心理出發，側重於人的精神生活；其二是從社會的運作機制和歷史的變遷出發，側重道德風俗的演進及其反應出來的時代趨勢。

(二) "德"之現成性與生成性

如果把"德"視爲一種精神存在，那麼如何理解這種存在的來源、變化與

---

① （唐）賈公彥《周禮注疏》卷十四，《四庫全書》本。
② （宋）程顥、程頤《二程集》，北京：中華書局1981年版，第1006頁。

存在狀態。儒家的仁義觀念、良知良能都是這種"德"的另一種表達方式，其主流傾向於認爲"德"是人自身固有的，所謂"天命之謂性"，"德"乃是此"性"的最爲重要的方面，是人異於動物者之幾希處，也是人得之於天命之處。由此而言，"德"是現成的，但也可能不被人所認知到，所以孟子言人人有天爵，要敬其"在己者"，要反求諸己。陽明弟子王畿就持有良知現成說。不過，如果從"德"是有得於"道"而言，因爲"道"之無限開展、時時推進，加上個人之在行爲、知識和外在時空條件等一系列限定因素之下，個人之"德"總是特定的、階段性的、有具體內容的，因此，"德"本身又是生成性的。上述區分大致相當於在探討道德的先驗性和經驗性之別。《傳習錄》中有一段討論聖人分量的言論，其中說聖人的才智與功業有大小之分，有量之差別，但同爲純金，在質上又是相同的。以此分析，"德"有"質"和"量"的辯證規定性。① 而現成性與生成性的討論也類似於此，其主要關涉的一個方面是，是否可以把"德"實體化，作爲"實有一物"來看待，還是看作一個不斷"生成中的事物"。陽明弟子的四有四無之辯正是兩種觀點的反映，而這兩者都可以在不同視域中加以較爲妥善的解釋。

（三）道德視點

有一種觀點認爲儒家思想具有道德理想主義和泛道德主義的特點，② 這是有一定根據並在一定程度上是可以成立的。儒家把整個世界德性化、價值化和人文化，天地具有一種生生不息的德性，而人類在政治生活中有"王霸之辯"、需要"爲政以德"；在經濟生活中有"義利之辯"、需要"正其誼不謀其利"；在文化教育領域有"華夷之辯"，需要以人文化成天下。從某種意義而言，人類的生活可以呈現爲道德生活，社會上呈現的現象可以視爲道德現象或道德行爲，儘管人類還有着追求科學知識的認知活動，有着追求美感的審美生活等多個層面，把一切生活德性化有失偏頗，然而從道德的角度考察人類生活確是一個明智可行的途徑。正因爲此，"道德"本身呈現爲一種"視角"，或者稱爲道德立場，道德視點。③ 正如，當經濟學家從經濟人的假設和經濟立場考察社會現象時就呈現爲"經濟視點"，同樣地也有美學視點、政治視點一樣，這恰恰說明人類的各種知識體系和學科都是從不同角度來展現"人類生活"這一複雜

---

① 1932年，周建人發表《質的道德與量的道德》，見馬才采、陳雲編《世界哲學史年表》，北京：華夏出版社2009年版，第246頁。
② 參閱張學智《儒家文化的精神和價值觀》，《北京大學學報》2008年第1期。
③ 甘紹平、余湧《應用倫理學教程》，北京：中國社會科學出版社2008年版，第45頁。

變化的有機統一體。道德哲學在這裏就體現出了哲學作爲世界觀和方法論的特點，主要體現在人們可以站在道德的立場去客觀研究社會的變遷和分析個人的精神和心理生活，並且在個人與社會的相互作用中來理解社會現象。這種"道德視點"的重要性在於它強調了任何人都具有其自身的目的、意義與價值，每個人都擁有人的基本權利和自爲自在的重要性，要求我們設身處地爲他人着想，尊重他人的自由和尊嚴。這種立場是從人性的普遍價值和人類的尊嚴角度出發來切近於人的現實生活，它是日常生活化的、具體情景中的。從儒家哲學的立場看，正因爲道德是一切存在物的存在方式，所以道德能夠成爲一種內在尺度從而成爲一種察物處事的視角和方法。

（作者單位：中國社會科學院哲學所）

"儒學代數學"
——從《大學》到"《大學》學"芻議*

程 旺

【內容提要】 《大學》規模嚴整,具有很強的體系形式性和思想涵納性,概言之,《大學》思想旨趣主要體現爲大人之學、教化之學、整體規劃之學、儒學代數學四個方面。《大學》的重要不僅在於爲作爲儒家核心義理的人生切要問題立定門徑和規模,還在於始終與儒學義理的結構衍化相伴隨並爲其提供立論依據。《大學》思想旨趣是融貫於"《大學》學"系統中的思想底蘊,而通過"《大學》學"視域的理論審視,更加豐富和深化了對《大學》之教的理解和認識。從《大學》到"《大學》學",可爲考察儒家哲學的發展演進提供了一條具有解釋力的新路徑。這正合乎"《大學》之'道'"所包含的兩層意義:思想內涵之"道"和發展脈絡之"道",兩方面實際分別反映着經學與哲學兩條研究進路,二者走向融合的内在趨向,亦體現出當前儒學研究視域調整應取之方向。

【關鍵詞】 《大學》 《大學》學 大學之道 教化 宋明理學

在儒家經典系統中,《大學》稱得上是經典中的經典,在儒學傳統上發揮着結構性奠基的重要影響,歷久而彌新。究其原因,根本在於它提綱挈領地回答了作爲儒家核心義理的兩個人生切要問題——人應該成爲什麽樣的人?人如何成爲這種人?簡單地說,前一個問題,《大學》通過明確具體的人生"規模"整體設計做了回答;後一個問題,《大學》則提供了人生修爲的具體工夫節目及其次第。《大學》作爲一個哲學性體系,對人生切要問題做出具體性的審思和回答,爲儒家文化滋養下的人們,提供着普遍性的人生指點;歷代(主要是

---

* 本文爲教育部人文社科研究青年基金項目(18YJC720002)、北京中醫藥大學基本科研業務費青年教師項目(2017-JYB-JS-040)、山西省2018年度哲學社會科學規劃課題(2018B061)的階段性成果。

宋代之後）的《大學》研究經久不衰，也無不是出於對《大學》哲理體系的認同，並以個性化的詮釋實現延續。從《大學》走向"《大學》學"，可爲考察儒家哲學的發展演進提供一條新的理論路徑。

爲此，首先應明確《大學》這一文本的思想旨趣何在，或者説，《大學》作爲一個哲學體系，其自身的義理進路是在何種意義層次上展開的。這關係到《大學》問題意識的具體衡定，也是對《大學》之"道"進行考察的必要前提。我們可從四個維度對《大學》思想旨趣加以定位：一、《大學》乃大人之學；二、《大學》乃教化之學；三、《大學》乃整體規劃之學；四、《大學》乃"儒學代數學"。①

一

朱熹明確將《大學》定位爲"大人之學"。朱子所謂的"大人之學"，《或問》解釋爲對小子之學言，這是從年齡層級上言"大人"。從年齡角度理解"大人"，可以避免其等級屬性之別。所以朱子在《大學章句》序中指出"天子之元子、衆子，以至公、卿、大夫、元士之適子，與凡民之俊秀"在年滿十五歲之後，皆入大學學習。我們知道，中國傳統的"大人"觀念，既可以"位"言，也可以"德"言。以位言，大人指公卿大夫以至天子等居位之人；以德言，大人指大德之人，居仁由義，以天下爲度，正己而物正者也。《大學》之旨趣，可將兩方均涵蓋進來。以位言，大人必經學，方能知職分之所當爲，與其治世之標的；以德言，大人經此學，則有以垂教萬民、志在天下之規模。使有位之大人，知其所當爲之分；使有德之大人，明其所以然之由。一方面，學的觀念得到肯定和倡揚，將大人之"大"納之於學方得，不過，如孔穎達所釋，能夠正心、修身、齊家、治國以至盛德著明於天下，方能稱爲"學之大者"。另一方面，爲人的應然狀態指明方向，船山訓釋《大學章句》道："謂夫大學者，所以教人修己治人而成大人之德業者也"②，就説明了這個道理。更重要的是，"大人之學"爲達致價值理想和德業境界提供了工夫論的進路。也就

---

① 這裏提出的四點定位主要側重從内在的哲理邏輯層面揭示其思想旨趣，並不意味着《大學》意涵僅限此四面。如擴展至應用性的層面講，《大學》也可被定位爲"帝王之學"，真德秀《大學衍義》、邱濬《大學衍義補》、湛若水《聖學格物通》等著作，爲帝王爲治爲學提供資鑒，以裨治道，即可很好地展現《大學》作爲"帝王之學"的面相。

② （明）王夫之《四書訓義》，長沙：嶽麓書社 2011 年版，第 43 頁。

是説，"大人之學"之"大"不僅具名詞義，而且具動詞義。《大學》乃"大"人之學。"大"爲光大、成就、教育養長的意思。何以爲"大"？爲有工夫節目、爲學次第爾。《大學》工夫節目詳備、爲學次第分明，從條目上講，有物、知、意、心、身、家、國、天下，内外涵括，包羅全面；從次第上講，包括格、致、誠、正、修、齊、治、平，一一承進，功效明著；而且，《大學》工夫，首尾爲一，有先有後、有始有終，次序有節，相承謹嚴。宋儒王柏形容爲："博而不露，約而不晦""血脈不斷，而節拍從容"①。《大學》工夫義呈現出以下特點：入手性、全面性、次序性、延展性。由此工夫教法以建立大本、挺立身心、安定立身處世之極則，大中至正之道可得而入。在此教法的規模下，人之"大"的豁顯、擴充與提升，生命情態可達到相應的境界，用陽明的説法："大人者，以天地萬物爲一體者也"。真正的"大人"境界，下切社會人倫，上合天道之序，最終與宇宙生命相會通："大人者，與天地合其德，與日月合其明，與四時合其序，與鬼神合其吉凶。先天而天弗違，後天而奉天時。"（《易傳·文言》）所以説，《大學》"指學道之正路"（胡宏語），是"學者入聖域衢路"（張九成語），"入德之門，無如《大學》"（伊川語）、"需從此學則不差"（明道語），誠非虚言。

由"大"人之學可成就大成之境，故大人之學也被稱作大成之學。"大成"是指完備的、圓滿的狀態。大成之學，與小成之學相對。小成之學即小學。古無《小學》之作，朱熹及其弟子劉清之集古人嘉言善行編訂了《小學》一書，認爲小學是學習愛親、敬長、隆師、親友之道，灑掃、應對、進退之節，以及禮樂、射御、書數之文等生活日用方面的倫理知識和實踐技藝；與小學的初級教育相接，《大學》屬於高等教育，是以人格修養和治國理政爲主要内容的理論性價值導向和人生指引。這個角度，"大成之學"是從學習等級的高低來定位的。而《禮記·學記》講"知類通達，强立而不反，謂之大成"，强調在學問的深入和志向的堅定程度上定位"大成"。其實，這兩方面是相通不悖的。經過小學階段的歷練，而能自覺地觸類旁通，推至修己安人、成己成物的治平之道，才能真正"知類通達"；而真正的"强立而不反"，必然會堅定從小學到大學的層層升進。兩方面結合，就不僅是時間上從小學階段栽培涵養到大學階段的教育歷程，而且是集歷時與共時一體，堅定並通達於從明明德到治平天下

---

① （宋）王柏原著、程旺校正《〈大學沿革論〉、〈大學沿革後論〉校正》，載《京師中國哲學》第六輯，哈爾濱：黑龍江人民出版社 2016 年版，第 304 頁。

的内外效驗。"明明德於天下"乃"直指全提""非聖人不能道也"①，亦非大成之境不能爲，故陸象山言"欲明明德於天下，是入《大學》標的。"② 這當然不意味着對小學之教的輕視，相反，"小成之學"乃"大成之學"的必要基礎，故必"因小學之成功，以著大學之明法"③。《學記》對"大成"的定位也並未脫離學制，七年方"小成"，九年乃"大成"，並且其所發明的小成之教正是服習《大學》所應切以爲意的："《大學》以發明其所學之道，推之大，析之密，自宋以來爲學者所服習；而《學記》所論親師敬業爲入學之事，故或以爲末而未及其本，然玩其旨趣，一皆格物致知之實功，爲大學始教之切務，則抑未可以爲末而忽之也。此之不講，乃有淩躐鹵莽以談性命而詭於佛、老者，爲正學之大蠹，固君子所深懼也。"④ 不過，從"學制"的角度理解《大學》，應避免走入相應的誤區。一是以"大學"學制的流行年代來推定《大學》的成書年代。如徐復觀先生考察認爲大學觀念是適應秦的大一統所浮出來的觀念，流行於西漢初年，由此認爲《大學》爲秦統一天下之後，西漢政權成立之前的作品。⑤ 且不說殷卜辭中即已有"大學"的説法，⑥ 孔子開創儒家門庭，以六藝教人，教學過程中常論及己立立人、己達達人、博施濟衆，修己以安人、修己以安百姓、修己以安天下等價值理念，所以儒家原不必於後世大學之制後方建立"大學之道"的理論。⑦ 二是讀"大"爲"太"，徑以大學作太學，以之爲成均、上庠、辟雍，意指古代的教育機構，但如此理解實過於褊狹，明儒張岱於此言道："近人以大學屬之成均、辟雍，謂天子之學，不與庶方、小侯同者，此是大學止一學宫名耳。然則改其文曰：'成均、辟雍之道，在明明德'，可乎？"⑧ 學習制度、教育制度固可成爲理解《大學》的一個角度，但不能過分膠執。⑨

---

① （宋）王柏原著、程旺校正《〈大學沿革論〉、〈大學沿革後論〉校正》，載《京師中國哲學》第六輯，哈爾濱：黑龍江人民出版社 2016 年版，第 304 頁。
② （宋）陸九淵《陸九淵集》，北京：中華書局 1983 年版，第 262 頁。
③ （宋）朱熹《四書章句集註》，北京：中華書局 1983 年版，第 2 頁。
④ （明）王夫之《禮記章句》，長沙：嶽麓書社 2011 年版，第 869 頁。
⑤ 徐復觀《中國人性論史》，上海：華東師範大學出版社 2005 年版，第 161—166 頁。
⑥ 姚孝遂、肖丁《小屯南地甲骨考釋》，北京：中華書局 1985 年版，第 211 頁。
⑦ 參李景林著《教養的本原》，瀋陽：遼寧人民出版社 1998 年版，第七章第一節。
⑧ （明）張岱《四書遇》，杭州：浙江古籍出版社 1985 年版，第 1 頁。
⑨ 王夫之提示道：十五而入大學，乃學內聖外王之道，讀如大學或太學，義理上是一致的，只是"以大學爲學宫名，非論學之道，故取義於大人。"（《禮記章句》，第 1469 頁）

二

　　朱子六十歲時作有《大學章句序》，代表了思想定型後的成熟看法，在這篇序文中，朱子特別強調《大學》作爲教化之學的意義：面對"教化陵夷、風俗頹敗"的局面，朱子認爲"一有聰明睿智能盡其性者出於其間，則天必命之以爲億兆之君師，使之治而教之"。分而言之，《大學》教化之物件爲"自天子之元子、衆子，以至公、卿、大夫、元士之適子，與凡民之俊秀，皆入大學"；教化之必要在於"天降生民，則既莫不與之以仁義禮智之性矣。然其氣質之稟或不能齊"，是以需通過教化使之"知其性""復其性""全其性"；教化之內容爲"窮理、正心、修己、治人之道"，這些內容是自身本性之所本有之物，並非外在的強加而來的，所以學習者應明瞭"其學焉者，無不有以知其性分之所固有，職分之所當爲"；其着力點在於"本之人君躬行心得之餘，不待求之民生日用彝倫之外"；教化之方法則"外有以極其規模之大，而內有以盡其節目之詳"。循此以進，君子可得聞大道之要、小人可得蒙至治之澤，最終達至"治隆於上，俗美於下"的教化效果。朱子在整個《大學》詮釋發展史上，具有籠罩性的影響，他的看法值得注意，雖然這並不意味着完全贊同朱子的相關論證。通常我們將"教化"理解爲政教風化和教育感化，這並不錯，但不盡透徹。教化之道，是因人之性以自明，體現爲誠於中形於外的特色，本質上即爲己之學；同時，自教而教他，在社會中的個體生命中，以人格感召的形式實現文化理念的擴展推行，實現社會民衆整體的文化認同和價值奠基。

　　通過"明明德""新民/親民""止於至善"三綱領之義涵分析，可以簡要說明這個問題。"明德"非朱子陽明所謂虛靈不昧者，亦非牟宗三所謂只是果地上的德行（不具備心性本體的意義），此皆不免參雜己義而立説。鄭注："明明德謂顯明其至德也"，孔疏："在明明德者，言大學之道在於章明己之光明之德，謂身有明德而更章顯之"，不失文理，但未曲盡其義。《大學》引《書》之"明德"語，不同於其從直接的行爲和功利效果而言之舊義，而直從內心修養言；引《詩經·太甲》"顧諟天之明命"，即天之所以命我，與"克明德""克明峻德"並稱，統歸於"皆自明也"，這與孔子"天生德於予"的思想一脈相承。《大學》提到一處"性"字："好人之所惡，惡人之所好，是拂人之性"，未明言"性"之含義，但以人之好惡所同證人性之義，孟子的論證理路與之合轍。故以先秦儒家心性論而觀，《大學》雖未直言天道性命，但自明其明德的思想，確含着先天的人性根據義，其後《中庸》"天命之謂性，率性之謂道"可於此得其雛形。① "明德"之自明，根源於人的本性，因由本心良知的顯現而挺立内在價值信念，在此基礎上挺立起人的整個存在，並實現德化天下的成就。當然，其中需要經過以德性相通爲前提的己立立人、己達達人的新民階段。關於新民與親民，程朱主新民，陽明力駁程朱新民義，實則二説均有據，且新與親之義可相通，因所言之主體不同，故可有異也。以位之大人如君主則爲親民，以德之大人如君子則爲新民。以有位言親民，無位而親民則無應；以有德言新民，無德而新民失其正；君主有德亦可新民，君子有位也可親民。此朱子所謂國家化民成俗之意，君子修己治人之方。新民之教，可理解爲某種意義上的養民②，是以教化活動爲内核做"親民"的努力，含藴着立足德性爲基礎追求功業成就的必然性；親民因現實事功成就而得以可能，但理想的親民應以德爲基礎、以新爲歸趣。所以説新民可以涵攝親民，親民則不必然轉出新民。這也合於《大學》"本末"之邏輯關係。明德爲本，在以德應物的意義上亦包含着家國天下等價值性事實之應然之末；新民始於自新，正如朱子所言："自新之至，而新民之端也"，是貫通明德之義的新民，本具其内聖之本，而不僅僅是無德性奠基的霸道功業式治國平天下。由明德而新民，乃自新而覺他，自明而化民，此過程的推至即"止於至善"，非别有一至善。止諸明德、止諸新民，以求至乎其極爲歸，立身成德以成聖。在歷敘工夫往復的一段，《大學》以"古之欲明明德於天下者"開端，而不言"古之欲平天下者"，就透露出《大學》以"明德"爲本的本體意義，其後節目的展開，説明此本體需經教化工夫以落實與開顯。③ 教化工夫的逐層達致及總體歷程，一一呈現出止於至善的境界追求。明明德、新民、止於至善，分别彰顯出《大學》教化之學的本體義、工夫義與境界義，相互涵藴，整體貫通。鄭玄解《大學》題爲"大學者，

---

① 關於"明德"心性意涵之分析，可參李景林著《教養的本原》，第七章第四節。
② "新"具"養"意，教之覺之即爲養，一個相近的例證："孟子曰：中也養不中，才也養不才；故人樂有賢父兄也。如中也棄不中，才也棄不才；則賢不肖之相去，其間不能以寸。"（《孟子·離婁下》）
③ 有觀點認爲，作爲《大學》起手工夫的是"誠意"，而非格物致知。格致並不是單獨的工夫，更不是朱子所主張的即物窮理。格物致知本不缺傳，物乃意心身家國天下，物有本末之物；知乃誠正修齊治平，知所先後之知。格此致此則近道矣。格物致知乃啓蒙。其後即教化推行，從誠意工夫入手，層層推進，階級而上，直到治平實現。這樣亦契合明德新民之旨。内聖外王應從誠意入手展開。但誠意之内聖之學的開啓，又以格物致知的啓蒙爲先決條件。《大學》作爲教化之學，但不排斥啓蒙，從啓蒙到教化，直到止於至善，方爲大學之道。

以其以其記博學可以爲政也"，《學記》以"化民易俗，近者説服而遠者懷之，此大學之道也"，均對《大學》的政治功效多有肯認，這並未偏出《大學》本有之義，畢竟還是依"末""用"起義，未能兼明其"本""體"。《大學》雖含有爲政治民的實用指向，但從其究竟義來講，乃不能脱離教化成德爲根基的修己安人之學。"教化思想的根基是一個既超越又内在的本體。就個體而言，教化就是本體對實存的轉化過程；教化的觀念落實到社會生活上，則達到一種本於人性的移風易俗的社會教化。"① 《大學》之理路，從本末言，則舉本統末，本末一體；從體用言，則即體即用，體用不二；統之則歸於教化，展之方能全體大用。李二曲説得好："《大學》，孔門授受之教典，全體大用之成規也……吾人無志於學則已，苟志於學，則當依其次第，循序而進……自然德成材達，有體有用，頂天立地，爲世完人。"②

三

《大學》提綱挈領地表述了儒家内聖外王之道，一般認爲合於"忠恕"精神，常以"一以貫之"的忠恕之道來解讀。③ 此論不差，但還需申論。余英時指出儒家非常重要的一個特點是主張"整體規劃"（the Confucian project）：通過内聖外王的活動或實踐歷程，以建立一個合理的人間秩序。④ 儒家整體規劃之學的系統表述在《大學》，但此處所言"整體規劃"並非僅限内與外的勾連，"整體"是上下内外的統合，故還應包括上與下的貫通，這亦是"一以貫之"的應有之義。首先，就上下的層面看，《大學》内涵着上下貫通之義。有學者分别從格物、知止觀念的獨特闡釋中對此有所陳示。如饒宗頤"以本經證本經"，主張結合《禮記》來考挾《大學》古訓之旨，認爲《大學》所論乃"成身之事"，《禮記》講成身之道應"不過乎物"，故《大學》先言格物，不是斤斤於一事一物，而必以"宇宙真理之原則性"爲其内在精神，也正是《禮記·

---

① 李景林《教化視域中的儒學》，北京：中國社會科學出版社 2013 年版，緒論。
② （清）李顒《四書遇》，北京：中華書局 1996 年版，第 401 頁。
③ 如崔述《洙泗考信餘録》（《崔東壁遺書》，上海：上海古籍出版社 1983 年版，第 373—374 頁）、錢大昕《大學論》（《嘉定潛研堂全集·潛研堂文集》，南京：江蘇古籍出版社 1997 年版，第 22—23 頁）等。
④ 余英時《宋明理學與政治文化》，長春：吉林出版集團 2008 年版，附録三《試説儒家的整體規劃》。

哀公問》所云"成身之要,必貴乎天道"的道理,格物由此就與行健變通、厚德載物、繼明照於四方的易道精神接通,因此可以說《大學》格物之義,是貫乎天人而通於易的,僅從窮格外物的角度是無法解透其義的,其實質乃據天人合一之義來立論的。① 葉秀山提出理解《大學》是要認清"止"的意義,止不是停止,而是立定、站立,要讓萬事萬物都能找到"自己"的"位置",各安其"位",則會天下太平,這是《大學》的一貫之義,所以《大學》除了知識論、倫理學、社會學的層面,還有一層形而上的意義在,就是要爲人生尋求本體的依據。② 這些不同視角的研究均指示出,觀《大學》之籌畫,無非上下之間的雙向互通。工夫所至,即其本體:修己安人、達至至善之極,優入聖域,此下學上達也;本天而有,天德本然:明德之德、新民親民之教,無一非人,無一非天,此修人證天也。朱子言"天未始不爲人,而人未始不爲天",得其義。

其次,就內外層面看,內聖外王之理念困結及其現代境遇還需要審思。失卻了家國同構的社會基礎和制度模式,面對現時代新外王之要求,內聖而外王的理論進路還具備可能性與合理性嗎?對於現代社會中原子式的個人,外王的實現何以可能?對於認同自由、民主觀念的現代人,外王的關懷何以必要?就第一個疑問而言,余英時指出:儒家內聖具有群體取向和公共取向的特點,是一個公共性、群體性的觀念,是一個從小我一步步推廣到大我的全體,必然包含着一個博施濟衆、修己安百姓的外王化過程;一方面,外王應扣緊內聖而言,並非所有的事功都稱得上是外王,另一方面在大大小小任何生活圈子裏均可展開,並非專指全面更新治道、並非專指政治秩序,生活秩序亦然,從廣義的"爲政"看,能近取譬,外王無息之停;新民必本於明德,而明德所以爲新民,內聖必須開展爲外王,外王必以內聖爲本,內聖與外王是知行相須、體用一源的關係;故內聖外王是一連續的活動過程,通過內聖外王以重建秩序,最後必然導致合理人間秩序的實現。③ 就第二個疑問而言,杜維明提出信賴社群的觀念作爲溝通修身齊家與治國平天下的橋樑,從而實現個人修身與政治變革之間的連續性(continuum):以修身和齊家爲根,以治理社群(the ordering of the community)、治國、平天下爲枝,根枝的區分卻使人感覺到從個人到家庭、

---

① 饒宗頤《格物論》,《澄心論萃》,上海:上海文藝出版社 1996 年版。
② 葉秀山《試讀〈大學〉》,載《中國哲學史》2000 年 1 期。
③ 余英時《朱熹的歷史世界》,北京:生活·讀書·新知三聯書店 2011 年版,第 912—922 頁。

社群、國家、以至天下的一個動態轉化過程,儒家強調修身的核心性,但是他們並没有削弱整體努力(corporate effort)的必要性;自我要本真地體現人性,必須克服自我中心主義,也只有通過整體的努力,家庭、社群、國家乃至天下才能實現仁或者全面的人性化;自我經過改造以後,作爲個體同時作爲共同體超越了利己思想、裙帶關係、地方的狹隘性、種族中心主義和人類中心主義,最終實現與天地萬物爲一體。① 狄百瑞對杜維明"修身"的能動認識很讚賞,認爲按照這種認識,修身的轉化力從自我和家庭向外向上一直延伸到普天下甚至宇宙本身,而且杜氏把社群塞進家庭和國家之間,使《大學》修身之後的序列本身就包含着儒家可能創造出來的任何一種類型的信賴社群,雖然《大學》中没有明確表述應該存在的社群部分,不過對於現代思維來説,只有在家庭和國家之間安插一個中間階段,這個源頭觀念才顯得完整。其實,早在朱熹、王陽明、黄宗羲、顧炎武等,就非常關心社群範圍内積極參與鄉約的重要性或強調學校和書院的公共角色。② 就第三個疑問而言,朱子有則評論頗具針對性,仍不無啓發意義:"君子之心,豁然大公,其視天下,無一物而非吾心之所當愛,無一事而非吾職之所當爲,雖或勢在匹夫之賤,而所以堯舜其君,堯舜其民者,亦未嘗不在其分内也。又況大學之教,乃爲天子之元子、衆子、公侯、卿大夫、士之嫡長子,與國之俊選而設,是皆將有天下國家之責而不可辭者,則其所以素教而預養之者,安得不以天下國家爲己事之當然,而預求有以正其本,清其源哉……學者而視天下之事,以爲己事之所當然而爲之,則雖甲兵、錢穀、籩豆、有司之事,皆爲己也……"③ 君子之心豁然大公,萬事萬物皆爲其所照,不在其性分之外,進德修業之君子,自然懷具家國天下之心、教化萬方之之情,不論在位與否,即使身爲普通民衆,亦以之爲不可推辭的道德責任;由此責任意識下擔當起的天下家國之事,在自覺當爲的意義上,乃君子爲己之學的表現及對其的積極促進,外王事業的挺立和展開正成爲自我教化、自我成就的過程。是以,不論在教化成德還是現代轉化的意義上,《大學》之内

---

① 杜維明著、段德智譯《論儒學的宗教性》,武漢:武漢大學出版社 1999 年版,第 134—135 頁。
② [美]狄百瑞著、黄水嬰譯《儒家的困境》,北京:北京大學出版社 2009 年版,第 116—117 頁。
③ (宋)朱熹《朱子全書》第六册,上海:上海古籍出版社、合肥:安徽古籍出版社 2001 年版,第 513—514 頁。

聖外王仍是可行的，毋寧是必要的，並未在現代社會喪失和消解掉其合理價值。① 故《大學》之整體規劃，實乃十字打開、內外上下貫通之學。大學之道非僅橫攝系統，亦含着縱攝系統，貫通天人、縱橫打開，即存有即活動，此乃儒學之通義——合外內、貫上下。一方面，整體規劃之學發見了儒學倫理政教之綱領的《大學》的形上意蘊；另一方面，這一形上意蘊未疏離《大學》作爲教化之學的宗旨，在内聖外王、明德新民的不斷推擴的指向至善的教化工夫實踐中，涵貫着此整體規劃之學的全體大用。

四

《大學》三綱八目之架構嚴密規整，理論脈絡之展開條暢順適，概念範疇明晰且頗具涵蓋性，體現出鮮明的"形式"性。如朱子對《大學》分經別傳，以之爲立規模之典，稱之爲"綱目""間架""腔子"；牟宗三先生稱《大學》"列出一個綜括性的、外部的（形式的）主客觀實踐之綱領"②。但由此徑謂《大學》只是一個空殼子，"只説一個當然，而未説起所以然，在内聖之學的方向上爲不確定者，究往哪裏走，其自身不能決定"③，並指《大學》只是客觀地説、形式地説而非存在地説等觀點，則有待商榷，否則似不免導向價值虛無主義，《大學》亦非必儒學所能羈絡矣。一方面，"教化之學"對其内聖之學之根基的貞定，並非在内聖上無方向；同時，"整體規劃"之學於上下貫通之義的揭櫫，亦非僅爲"橫攝系統"。所謂讀《大學》以立其規模，亦是此意，"規模"即規矩、模範，模範言其形式有型可範，規矩言其内容有法可依。以形式

---

① 關於《大學》"整體規劃"之旨，論者易談其"内外"的一層，而少見其"上下"的一層，兩層是契合相關的，"内外"中亦有"上下"，"上下"不離其"内外"。就其常見的"内外"層，即内聖外王而言，其實也内蘊着"上下"的一層，是社會意識（内外）與超越意識（上下）的兩面一體，如此才能將其理解透徹。恰如有學者所陳示的："'内聖外王'這個觀念蘊涵着一種'人格主義'。這種人格主義一方面强調人的社會性，認爲人的社會性與人之所以爲人有其不可分的關係。因此，人必須參與社會，參與政治。這些'外向'的義務是人格的一部分……另一方面，儒家的'内聖'思想是具有超越意識，儒家相信人的本性是來自天賦，因此，在這基礎上，個性永遠得保存其獨立自主，而不爲群性所淹沒。這種'人格主義'，中和群性與個性，而超乎其上，消弭了西方現代文化中個人主義與集體主義的對立，可以針砭二者之弊病，爲現代社會思想提供一個新的視角。"（張灝《幽暗意識與民主傳統》，北京：新星出版社2006年版，第44—45頁）
② 牟宗三《心體與性體》（下册），長春：吉林出版集團2013年版，第20頁。
③ 同上書，第18—19頁。

上看，《大學》爲一腔子、間架，節目清晰，此所謂形式義；從思想取向言之，《大學》歸宗儒學，且以明德内蘊心性本體之義，此所謂頭腦義。八目非僅條目形式，而是皆内具頭腦，如平天下與治其國者，異端雜學亦可有言，但《大學》定之孝悌慈之義與絜矩之道，則儒學之體立焉。各條目之頭腦，又無不本於"明德"，本末一體，終始一貫，故可曰"明明德於天下"也。由此，並非任何異端雜學皆可援《大學》以爲"正"説、也並非任何異端雜學都可援入以"亂"《大學》。《大學》之頭腦義與形式義不可偏廢。①

頭腦義和形式義結合起來，筆者認爲《大學》實可稱爲"儒學代數學"，即從本體和工夫兩個層面奠定儒學之爲儒學的基本規模，提供着儒學基本的理論架構和思想範式（或曰"公式"）。由此，《大學》的"儒學代數學"特質也就具有了第三層義涵：《大學》在後世儒學（尤其宋明儒學）發展脈絡中備受期重，與《周易》作爲"宇宙代數學"（馮友蘭語）而"皆可援易以爲説"（《四庫總目提要》）相類，或援之爲説，或代入己義，成爲儒家傳道闡教之聖典。這第三層義涵，也正顯示出從《大學》走向"《大學》學"的内在必然性。

不過，"儒學代數學"視域下的《大學》，對時刻展開着的"《大學》學"過程所"代入"之義需加措意："先儒（如朱、王）所論《大學》，恒自謂不過發明古人之遺義，實則是先儒之謙德使然，其在儒學史上樹立一新義，亦未嘗不與《大學》之思想有相銜接之處；然若視之爲《大學》一文文義之直接注釋，則不免於枘鑿，而其思想相銜接處，亦皆不在《大學》之明文，而惟在其隱義；此隱義之提出，亦實一思想之發展，而非必即《大學》本文或《大學》著者之心中之所有，實不當徒視爲其注釋。"② 在這個過程中，應對"代入"的新義和隱義擺正態度。"本義""原意"，在經文寫作出來之後，已不再是作者和經文本身所能完全控制，所謂的"本義""原意"只能由其解讀者來尋求；但我們並不否認有一個客觀的原意或本義存在，或許無法完全達到，但依然能在不斷的探求中去接近它，事實上，很多新義和隱義的植入，也是以探求經文本義的面目出現的。另一方面，經文的"本義"在後世的闡發中往往以創造性的解讀，而獲得深化，這種創造性，或許是某種"誤讀"，但不失其發展之意義，而單純以追尋原意爲目的的注疏，卻可能不免成爲經義的桎梏。所以，追

---

① 楊儒賓從形式性和方向性也對此問題做出了説明，並以之爲《大學》之基礎義。參楊儒賓《〈大學〉與"全體大用"之學》，《杭州師範大學學報》2012 年 5 期。
② 唐君毅《中國哲學原論·導論篇》，北京：中國社會科學出版社 2005 年版，第 183 頁。

尋原意與創造新義的辯證統一，才共同造就以經學爲根柢之中國哲學傳統的長盛不衰。《大學》在融貫性新詮層次上所具有的巨大張力，使其"儒學代數學"的功效發揚無餘；而在"儒學代數學"意義上，《大學》亦由之成爲儒學發展譜系中不可或缺的重要因子。

五

以上對《大學》思想旨趣做了四個方面的解說。《大學》作爲儒學義理之綱維，"垂世立教之大典"，初學入德之門，由此旨趣展現着其普遍性的意義：依託儒學代數學的歷史視域、本之教化，整體規劃、十字打開，廣"大"其人，以就大成之學。此四義不僅是從各自角度對《大學》思想的刻畫和呈現，展現《大學》內蘊的多維面相，而且四者之間也是相因互成，共同凝聚起《大學》之道的整體。

"《大學》之'道'"所謂的"道"，實包含着兩層意義：思想內涵之"道"和發展脈絡之"道"。就前一層而言，指《大學》本身所包含的"道"，指向的是對《大學》本身思想的理解，即《大學》之所謂"大學"的具體意涵，從詮釋學的角度看，這是對《大學》文本原義亦即"大學"之內涵的探尋。上述前三點旨趣對《大學》的貞定，可視作本文對此問題的粗淺解答。就第二層而言，是指《大學》這部典籍的歷史軌跡與詮釋變遷，指向的不再是《大學》本身，而是"《大學》學"，這和第四點旨趣相應。此發展脈絡之"道"，需從兩個層面來看，一個是"《大學》"之"道"，一個是"大學"之"道"。《大學》與"大學"在思想內涵上可凝結一體，在發展脈絡上卻不能簡單等同，因爲"大學"作爲一種觀念，雖以《大學》爲存在性前提，但嚴格來講，在歷史詮釋和思想創造的過程中，並不被其完全涵蓋，而可與歷史文化意識和社會價值觀念有諸多關聯，甚至獲得相對的獨立意義。故而對《大學》之"道"的考察，既要澄清《大學》思想內涵（"大學"）之"道"，即其主要旨趣，又要以此爲矩矱，在歷史視域中發掘"《大學》/大學"發展脈絡之"道"的應有意蘊。

《大學》在思想史的長河中被發現、升格、尊經，並不斷地被加以詮釋，形成了相應的傳統：對《大學》文本的詮釋傳統和《大學》影響下形成的思想傳統，可大致將兩者稱爲"思想史的《大學》"與"《大學》的思想史"。E. 希爾斯指出："閱讀過去的重要文學作品的人不但獲得了作品的傳統，而且獲得了解釋作品的附屬傳統。解釋作品的傳統漸漸地體現在作品本身當中。過去本身不會向今天的人們展示自己，它必須在各種複雜的知識水準上，遵循文獻學術研究和文學批評的傳統一次又一次地被人們展示。這種文獻學術研究和文學批評是將過去的作品延傳至今的先決條件。因此，必須有一個研究、純化和重建傳統的傳統。"①《大學》學的任務即以"思想史的《大學》"與"《大學》的思想史"雙向互動作爲"研究、純化和重建傳統"的過程，來刻畫、呈現"《大學》的傳統"。《大學》學在"文本詮釋"和"思想效應"之間達到一個自覺的認識和互動的平衡，綰合互滲，有效展開《大學》史思的進程：1. 思想史的《大學》：通過思想史上《大學》詮釋延綿不斷的意義生成，來透視《大學》思想和文本的内涵豐富性，此即"《大學》"之"道"。在傳統學術體系内，《大學》的内容雖先後附屬於經學（禮學）和四書學，但也具有自身的獨立性（尤其是宋代逐漸升格爲經之後）。2.《大學》的思想史：試圖以《大學》作爲切入口來考察思想史的進展，從中審視《大學》影響下的思想創造和文化實踐，此即"大學"之"道"。"大學"歷史衍變的過程正是《大學》所蕴含的可能意義的展現。

這兩方面所構成的"《大學》學"的基本面相說明，"作爲經"的《大學》乃《大學》學成立的先決條件，而"作爲學"的《大學》學無疑爲《大學》經典世界提供了"效果歷史"底色。這樣，"《大學》學"可以立足《大學》本經之旨趣得到有本有根的系統性衍展，《大學》亦成爲"《大學》學"的有效環節而在歷史、當下乃至未來的境遇中不斷地被打開。

六

經典文獻的學術史和思想史梳理，不僅是學術研究的本然要求，亦是思想生産的必經之路，在此基礎上的返本開新才能合情合理，而産生過重要影響的經典文獻中，四書之論孟庸，儒家之五經、道家的老莊、佛家之肇論等，均已具有了相關的學史梳理，甚至篇幅短小的《孝經》《逍遥遊》《齊物論》等單篇

---

① ［美］希爾斯《論傳統》，傅鏗、吕樂譯，上海：上海人民出版社 1991 年版，第 194 頁。

文獻，也有過相關研究，唯獨《大學》學史未有進展。① 而對於豐富的《大學》學著作文獻而言，此研究又是十分可行乃至必要的，從文獻學的角度不難發現："迄今爲止，尚無人對中國古代《大學》文獻進行系統的梳理，人們對《大學》文獻的源流認識也十分模糊，這不利於人們正確認識《大學》在宋代及宋代以後在思想學術及社會方面所產生的影響。鑒於此，對《大學》文獻進行全面的考察和梳理是十分必要的。"②

《大學》是伴隨理學的興起而逐步升格的，《大學》學的考察與宋明理學的關聯不容忽略。《大學》對宋明理學的演進和發展產生了重大影響，宋明理學家無不對其予以特別關注："《大學》的時代就是理學的時代，孕育理學的土壤也是孕育新的《大學》論述的土壤"③；《大學》（以及《中庸》）在宋明理學中的地位實際上超過其他儒家經典，"理學家不僅是主要依據其中的思想資料來建立自己的體系，而且也圍繞着其中的基本命題形成了學派的分化。從認識史的角度來看，宋明理學對《大學》《中庸》的繼承和發揮，凝結着中國封建社會一千多年哲學思想發展的主要綫索。"④ 宋明學庸並稱實屬常見，"但《大學》所及於宋明理學的影響，實大於《中庸》。"⑤ 錢穆先生明確宣稱：《大學》乃

---

① 已有研究中較具系統性的著作或可以李紀祥《兩宋以來大學改本之研究》（臺灣學生書局1988年版）爲代表。該書稱得上是一部以改本爲中心的品質上乘的《大學》學史，對程朱以降及至民國的《大學》改本詳加論列，對日韓改本亦稍有涉及，從材料收集上是同類著作中最詳盡的（約計四十六家），在論述上，該書條分縷析，文筆簡練，對歷代改本之內容和特點分疏清晰，並結合圖示展現各改本之結構，便於瞭解和查閱。此書是對歷代改本首次詳盡梳理之專著，客觀得當地展現了歷代改本的內容和義理結構。儘管如此，我們仍認爲此書不無不足之處，即在客觀評述改本基礎之上，未對各類改本之所以改動的思想動機及其思想史背景進行相關分析，對各類改本自身是否具有哲學意蘊 也未觸及，而這恰是"《大學》學"所應着重關注的論域。其實就這一點，該書也有自覺："……最有名如王陽明之訓'正'，則形成理學上心學、道學之爭，此已爲思想史、哲學史上之誤題。在改本中，此非中心之問題，因改本所重視者在'結構'。"（336—337頁）該書最後提到"'治平'之道如何充實，'格致——修齊'與'治平'兩截——即'內聖'與'外王'如何合一，似方應爲今日所當真正面對之課題與難題。"（356頁）今日之研究，應充分肯定其成績，在此基礎上，進行更爲深入的思想史、哲學史探索，方是。
② 舒大剛主編《儒學文獻通論》，福州：福建人民出版社2012年版，第1320頁。
③ 楊儒賓《〈大學〉與全體大用之學》，《杭州師範學院學報》2012年5期。
④ 余敦康《大學、中庸與宋明理學》，載《歷史論叢·第4輯》，濟南：齊魯書社1983年版。
⑤ 徐復觀《中國人性論史》，上海：華東師範大學出版社2005年版，第161頁。

"宋明六百年理學家發論依據之中心"①，還有學者形象地稱道："《大學》幾乎成爲了宋明時期哲學創造的一個哲學酵母。"② 職是之故，《大學》學的視域對於透視宋明理學的思想結構和理論衍變無疑也將有重要助益。另一方面，《大學》產生的重要影響亦反襯着開展《大學》學研究的必要性。

唐君毅先生有段論述，生動地刻畫出《大學》的歷史效應和理論價值，對本文之主旨極富提點和啓發意義，他講道，"吾昔嘗觀宋明至今中國儒學之發展，實大體有類於繞《大學》中所謂八目之次第一周"③，"是見八百年來中國思想之發展，實循《大學》八條目之次序，由程朱之格物爲始教，至陽明之以致知爲宗，劉蕺山之以誠意爲宗，曆顧、黃、王而由正心誠意之内聖之學以轉至重治國平天下之外王之學。既歷《大學》八條目一周，乃再歸於清末以來，以格致之學之名，爲引入西方科學之資，宛若兩千數百年前之爲《大學》一文者，及朱子之列《大學》爲四書之首卷，即意在預定此規模次第，以供此八百年來中國思想之潮流，循之以進行，雖曰偶合，亦足爲奇，而《大學》一文之重要，亦可姑假此以言之。"④ 通過過去指引現在，經由現在打開未來。循此以觀，當今時代應該到了從"格致"進一步走向"誠意""正心"的階段。這是否戳中了我們所處之時代的某些精神弊病呢？今日的《大學》詮釋與研究是否對此有足夠的理論自覺呢？今日的思想研究與關懷是否對此有充分的歷史理性之省思呢？這是否正爲當今文化發展指出了應然關切之方向呢？

經典是文化生活的本原。一個時代的文化自覺往往以經典的認同和回歸爲徵兆。現時代的讀經熱、國學熱，反映出社會民衆追尋文化主體性和心靈歸屬感的需求，是文化自覺的鮮明體現。在此背景下，當前學界對於經學研究的熱切和關注，相應地蘊含着回應時代要求和民衆需求的深層訴求，可以稱之爲學術自覺的表現。國學的主流在儒學，儒學的核心在經學，經學的精華在四書，四書的綱領在《大學》。以《大學》爲研究視角，以"儒學代數學"爲基礎性脈絡，立足文化自覺和學術自覺的時代背景，或可對四書學、經學、儒學乃至國學研究的學術性、思想性及其對深層訴求的回應上做出一些推進。

（作者單位：北京中醫藥大學馬克思主義學院）

---

① 錢穆《中國近三百年學術史》，北京：九州出版社 2011 年版，第 54 頁。
② 劉澤亮《從五經到四書：儒學典據嬗變及其意義》，載《東南學術》2002 年 6 期。
③ 唐君毅《中國哲學原論·導論篇》，北京：中國社會科學出版社 2005 年版，第 181 頁。
④ 同上書，第 183 頁。

目的共同體

——社會分工視角下孟子的仁義禮*

李暢然

【内容提要】 仁代表人乃至萬物先天處於共生的共同體，義則代表後天的社會分工下其他成員讓渡給某一類成員的功能性、工具性也即職責義務，孟子則孜孜於萬物一體之仁與一本萬殊之義之間求取中道。君與師（臣僚）以個人之身具禮本之尊，是出於其管理、教化職能特別是對公共資源的徵集與支配。君師相對於民之義務的獨特性在於其職責指向一體之仁。君臣（師）爲實現此共同職能，展開了微妙的分工與合作。現成工具性的官僚與啟發糾偏型的冒僚俱不可少，但後者享有類似於君主的自由度。由此可加深對孟子一生主要當客卿而不居實職的理解，並理解以德抗位之意義暨德位合一的必然趨勢。君師佔據荀子禮三本之一，是因爲公共職能；而民實爲天地之本在人類層面上的真身，享有體量上的終極尊位。

【關鍵詞】 孟子 目的王國 社會分工 義暨職責 禮三本

一、社會分工視角下，仁指人類是目的，義指個人有具體的職責

程頤論孟子相較於孔子的發明，首條即仁義並舉："孟子有功於聖門不可言。如仲尼只說一箇仁字，孟子開口便說仁義；仲尼只說一箇志，孟子便說許

---

* 本文早期兩個版本曾分別在 2017 年 10 月 21 日北京宣讀於北京大學人文高等研究院、山東孟子研究院主辦的"選擇理性、責任倫理和實踐：孟學與中國和東亞傳統"學術研討會，2018 年 5 月 13 日北京宣讀於華北電力大學國學研究中心、馬克思主義學院主辦的"傳統文化的傳承與創新"國際學術研討會暨華北電力大學國學研究中心成立大會。

多養氣出來。"① 那麼仁義並舉的意義何在？《禮記》和宋儒都已經揭示出，仁偏和合，義主制斷。如朱熹説："大凡物事稟得一邊重，便占了其他底。如慈愛底人少斷制，斷制之人多殘忍。蓋仁多便遮了義，義多便遮了那仁。"② 仁義最標準的定義見《四書集注》："仁者，心之德、愛之理；義者，心之制、事之宜也。"③ 朱熹之所以解"義"時圍繞着"事之宜"，顯然受到孟子與告子爭辯"仁内義外"時論域的影響；但貫徹"義内"立場的話，還可以更多從"心之制"的角度來定義和發揮。但心所屬的個人未必是一般性的人類個體，而是在禮或者説社會分工下具有特定之身份的一類人特定的職責。也就是説，義之分殊意味首先不是來自主體所面對的特定境遇，而是來自主體本身在特定社群中所處的特定位置。

孟子兩次揭舉仁義時，對宋牼講時混言（12.4）④，對梁惠王講時則分説（1.1），分説時仁以子女對親（父母）言，義以臣民特別是大臣對君主言。儘管子女和大臣都屬於社會身份，然而父子關係人類通常認爲是天生的⑤，更具先天自然性；君臣關係則與朋友關係一道，認爲屬於後天結成，更具後天人爲性。所以親子關係傾向於不論是非，無可逃避，也即主恩；而君臣關係則傾向於通過義來結成或者解體，也即主義。因此《孟子》説"父子主恩，君臣主敬"（4.2），《禮記·喪服四制》也説"門内之治恩掩義，門外之治義斷恩"。可見仁傾向於使人無條件地團結在一起，義則使人有條件地團結在一起。這個條件無妨表述成"事之宜"，但可以更確切地表達成職責、義務，或者説處事的主體之宜；而在一個其龐大遠超家庭乃至氏族的社群組織當中，職責、義務主要來自後天複雜的約定，這首先指社會分工，或者説禮制爲每個人的特定生命階段賦予的位置。

1.1. 孟子仁義並舉

《孟子》一書貫穿着仁義並舉的立場。如其反復講孝悌，孝乃先天人倫——仁之本，悌則是後天人倫——義之本："親親，仁也；敬長，義也；無

---

① （宋）程顥、程頤《二程集·二程遺書》卷十八，北京：中華書局 2004 年第 2 版，第 221 頁，據校注八和朱熹《四書章句集注·孟子序説》有改動。
② （宋）黎靖德編《朱子語類》卷四，北京：中華書局 1986 年版，第 57 頁。
③ （宋）朱熹《四書章句集注·孟子集注》卷一，北京：中華書局 1983 年版，第 201 頁。參同書《論語集注》卷一："義者，事之宜也。"第 52 頁。
④ 《孟子》篇章編號沿用楊伯峻《孟子譯注》，下同。
⑤ 儘管人類鄙視動物時認爲動物並没有人類那樣的倫類區隔，但不妨礙人類認爲自己對人倫的區分也是天生的。

他，達之天下也。"（13.15，參 1.3、1.7）。按，儘管孝悌都是家庭內部的道德，然而子女與父母的關係是直接的，更接近於先天；兄弟姐妹之間的關係則是間接的，因而更接近於後天。這是孟子以孝悌推廣爲仁義的基礎。

仁義並舉的立場體現在孟子對伯夷、柳下惠（伊尹）① 和孔子三類聖人的評價當中。對前二者，孟子往往並舉，認爲雙方各具過人之處；② 而伯夷、柳下惠（伊尹）過人之優點的背面正是其缺點："隘與不恭，③ 君子不由也。"（3.9）孔子的行爲並不能超出伯夷、柳下惠（伊尹）兩個極限，只是孔子有時有道德潔癖，有時則勇肩重任（3.2、10.1）。

筆者認爲，《孟子》一書之所以並舉楊墨以爲主要辯論對手，正是爲克服"伯夷隘"與"柳下惠不恭"，在仁義之間採取中道，仁之流弊正是不恭也即兼愛，義之流弊則是隘也即爲我："楊氏爲我，是無君也；墨氏兼愛，是無父也。無父無君，是禽獸也。"（6.9）爲我並非是毫無社會責任心，只是"獨善其身"（13.9），認爲別人的事並不需要自己干預和操心，故宋學多以道家來認識楊朱。既然楊朱以自身爲重，那麼假如視野放開一點，則會關心自己的父母，而無視更典型的社會責任，後者是由君長在公共領域來代表和組織執行的，因而是"無君"，這其實就是伯夷之隘；墨家兼愛則是社會責任心過強，管的事太寬，操的心太多，沒有跟他人保持足夠距離，其實就是柳下惠之不恭，在以一人服務於萬人的生存結構下，他甚至損身輕死，反而自然而然忽略、辜負自身以及以雙親爲代表的身邊人，因此是"無父"。又如：

> 楊子取爲我，拔一毛而利天下，不爲也；墨子兼愛，摩頂放踵利天下，爲之。子莫執中。執□爲近之，執中無權，猶執一也。所惡執一者，爲其賊道也，舉一而廢百也。（13.26）

"執中爲近之"，說明孟子取中道；"惡執一"，說明中道並非折中，該爲我時即獨善其身（13.9），該兼愛時即兼善天下（13.9），仕止（處）、久速（3.2、10.1），唯其當也，此即時中。

因此孟子兩次講"易地則皆然"。"禹稷、顏回同道"，因爲一家人"雖被

---

① 伊尹與柳下惠的分別主要是大官與小官，沒有本質區別。
② 3.2："非其君不事，非其民不使，治則進，亂則退，伯夷也；何事非君，何使非民，治亦進，亂亦進，伊尹也。"10.1："伯夷，聖之清者也；伊尹，聖之任者也；柳下惠，聖之和者也。"
③ 柳下惠之所以不恭，是沒有與他人保持足夠的距離。天生萬民，原則上總能各自解決各自的問題；特別是作爲智慧最高的生物，人人有自尊，並不希望事事有他人插手甚至代勞。

髮纓冠而救之可也"，而"鄉鄰"則"雖閉户可也"（8.29）；"曾子、子思同道"，因爲"曾子，師也，父兄也；子思，臣也，微也"（8.31）。禹稷、顔回之别，是官（行政管理者）與平民之别，這是本文前兩部分探討的重點；曾子在武城是君之老師，歸根結底也是平民，因此屬於君之"父兄"，並没有爲國君暨政權（一個較天下也即全人類爲小的目的共同體）賣命的義務，子思仕於衛，是臣，屬於政權的一部分，因此有爲政權效死的義務，這是本文第三部分的興趣所在。①

一個理論上的細節衝突毋庸諱言——當《孟子》正面論述時，孝是仁的起點，因而指向和合；悌是義的起點，指向制斷；當《孟子》反面論述時，對父之孝反而指向制斷、分殊，所謂楊氏"無君"，而對"四海兄弟"之悌反而指向了和合、統一，所謂墨氏"無父"。這算不上不周密，孟子的主旨是適時地在分與合，在個人責任與社會責任之間取得中道，得意忘言可也。其實正面論述時，"孝"是推廣開來的孝，是"老吾老以及人之老"的孝，達至的是廣義的人類血緣（雖然事實上還在特定小共同體内），反面論述時"無父"之父主要指字面意義上的己父，是狹義的血緣；"悌"暨"無君"之君仿此。

又如，由孝達至私領域的仁，由悌達至公領域的義，是《孟子》常用的一種立論思路；《大學》從私領域的家庭關係（孝悌）達至公領域的社會關係（仁暨義，和合暨制斷，也即有機團結），是另一種思路。準之《大學》的思路，父兄在社會、國家、天下層面也可以有其對應物，即民可視長爲兄，視上爲父，因爲級别更高的官職（長）通常是兄輩，"上"級通常是父輩祖輩，如《孟子》也説"民親其上，死其長"（2.12）；準之《孟子》典型的思路，君無論年輩有多高，其與自己的血緣關係都非常遠，在父兄之間是更接近於兄而非父，這是楊朱無君、墨子無父（6.9）不可對調的邏輯前提。當然這也只是儒家立論進路的細節差異而已。

1.2. 孟子仁義並舉的社會分工視角

1.2.1. 人是目的（仁）與人是工具（義）在社會分工下達至統一

從上小節分析的仁義並舉之意涵看，義不僅僅指對具體之情境之（妥當）

---

① 此"同道"與孟子論伯夷、伊尹、柳下惠時所謂"不同道"（3.2、12.6）只是着眼點的不同，就像孟子詆楊墨而讚美伯夷柳下惠一樣。12.6 講得最直接："三子者不同道，其趨一也。一者何也？曰仁也。君子亦仁而已矣，何必同？"這裏的仁是可以褒義的廣義上的仁，指出管好自己和幫助别人，只要用在合適的情境，都是可以接受的行爲。此"同道"或"易地皆然"均指其趨皆仁也。

處理，更常常特指約定在某一類社會處境，或者説某一類社會主體相對於其他主體之特定身份上的特定之責任、義務。所以孟子才會屢屢強調"易地則皆然"，這個"地"更多的是指社會之"位"也即社會身份，特別是社會分工視角下個人身份之主要大類，至於"嫂溺則援之以手"（7.17）、"易之以羊"（1.7）這樣的具體情境，則不是孟子念兹在兹的重心。那麽，孟子通過仁義並舉想表達的意思是，儘管我們共同生活，原則上需要相互救助，但還是要看所處的分工之位。假如我在野，雖然我可以表現出士人良好的教養，但諸如社會層面對象廣泛的扶助，並非我的義務；作爲一介草民，閉户而不管他人事務，通過處理好自己的事來減輕社會、政府的負擔，才是我應當做的，也即我的義務。

康德的名言"人是目的"，並不是説人不可以成爲他人的工具。社會分工，就是對社群成員所做的基本之功能性、工具性的劃分。通過社會分工，社會成員放棄對一部分生存所必備之功能的發展，基本讓渡給其他社會成員來完成，從而可以享受其他成員的專業化服務，並且發展自身的專業性，使自身獲得更穩定乃至更大的回報，包括閒適。像武力職業化，就大大降低了氏族或國家間武力衝突中的傷亡率，使得社會主體的成員均得以"温良恭儉讓"（《論語·學而》），而不再發展其攻擊性；類似地，屠宰專業化，不僅使得"君子遠庖廚"（1.7），而且使得多數成員也都不用沾染血污，避免承受殺死近人生物所需要面臨的心理負擔。可以説，軍隊警察、獵户屠夫和劊子手，替社會其他成員承擔着不可或缺的"髒活"。

從目的論的角度看，鞋匠在做鞋修鞋方面，自然是其他人的工具；軍人警察在治安方面，也是他人的工具；甚至國君等管理者對於庶民而言，同樣具有工具性。康德所謂"人是目的"，是説社會成員不僅是他人的工具，同時也是他人作爲工具之目的的一個具體所在。在社會分工的視點下，孟子所謂仁義並舉，主要是指人是目的（仁）與人是工具（義）的統一。一個人應當做什麽，除了具體的情境以外，其當下在社會分工中基礎身份之不同，決定了同樣情境下，人們的義務暨權利依然會有所分别。即便是嬰兒入井，儘管人人都有救人之責，但假如救人也有較大危險，那麽最該出手的還是職業的治安人員，而國君大臣則是治安人員暨相應物資準備的指揮調度者；何况對於自然災害、公共工程，個人的能力微乎其微。

關於"義"使社會結成一個有機共同體的原理，《荀子·王制》講得最清楚："人何以能群？曰：分。分何以能行？曰：義。故義以分則和，和則一，一則多力，多力則强，强則勝物，故宫室可得而居也。"所謂"分"者，分工是也，職分是也；所謂"義"者，則是該個人在當下社會角色中所應當承擔的義務，也即他對於社群整體生態的工具性所在。《孟子》關於此問題雖無如此集中和直白的論述，基本立場是一致的。除了引用最廣的許行章（5.4）以外，討論"擇術"的3.7章也非常典型：

> 矢人豈不仁於函人哉？矢人惟恐不傷人，函人惟恐傷人。巫、匠亦然。故術不可不慎也。孔子曰："里仁爲美。擇不處仁，焉得智？"夫仁，天之尊爵也，人之安宅也；莫之禦而不仁，是不智也。不仁不智，無禮無義，人役也。人役而恥爲役，由弓人而恥爲弓，矢人而恥爲矢也。如恥之，莫如爲仁。

孟子儘管反對當時的不義戰爭，卻完全沒有想法要禁絕、取消矢人以及做棺木的木匠這類職業，他儘管視"湯武反之"之革命、之撥亂反正爲非常舉措（14.33），但還是反復肯定過的，他對萬章所提舜"四罪而天下咸服"也未予否認（9.3）；孟子在這裏只是説，一個人如果不選擇做道義之持守者——"無恒產而有恒心"的士，就只能作爲賤者受政府官吏的役使和差遣。矢人做進攻型武器，函人做防守型武器，都是武力征戰或者與野獸搏鬥所不可或缺，他們通過共同滿足社會對武力工具的功能性需求，來換取自己所需要的生活物資和安全保障，安全保障則是由軍隊和法司承擔的。至於巫醫與木匠的對立關係，就更加疏遠，只在非常特定的時機始可能需要另一方。通過人類這種或近或遠的分工關係，方能構成一個高度複雜、成員逾萬甚至上億的社會系統——國家，乃至構成系統集群——天下。

還是許行章（5.4）講得更透徹："以粟易械器者不爲厲陶冶，陶冶亦以其械器易粟者，豈爲厲農夫哉？且許子何不爲陶冶，舍皆取諸其宮中而用之，何爲紛紛然與百工交易，何許子之不憚煩？……然則治天下獨可耕且爲與？"不僅是行政管理者不直接參與農業生產，百工也都不直接參與農業生產；後者靠其手工製品從農民那裏換得食品，前者則依靠其社會管理服務來從農民那裏換得食品，都不可以視作對農民的掠奪和剝削。

不過，講社會分工暨交換相對純粹，而不太圍繞君主的如孟子對彭更所言："子不通功易事，以羨補不足，則農有餘粟，女有餘布；子如通之，則梓匠輪輿皆得食於子。於此有人焉，入則孝，出則悌，守先王之道以待後之學者，而不得食於子。子何尊梓匠輪輿而輕仁義者哉？"（6.4）儘管孟子關於士之功能的論述依然通乎君主，然而"通功易事，以羨補不足"，準確勾勒出了社會分工暨交換的圖景。農夫工匠表面上看交換的是物品，實際上是勞動；至於政府則主要是管理性勞動，並不產生直接可感的物品，這種勞動假如說有產品的話，孟子概括爲仁義，本文下一小節（§1.2.2）會展開。

本節上文已經分析過，社會共同體之所以要分工和交換，社會成員之所以把一部分生存所必備之功能基本讓渡給其他社會成員來完成，是爲了享受其他成員的專業化服務，並且發展自身的專業性，使自身獲得更穩定的閒適以及物質回報。關於這一點，除了上述引文有所涉及外，筆者認爲孟子所謂"與人爲善"，是對此問題集中的根本性解答：

> 子路，人告之以有過則喜。禹聞善言則拜。大舜有大焉：善與人同，舍己從人，樂取於人以爲善。自耕稼陶漁以至爲帝，無非取於人者。取諸人以爲善，是與人爲善者也。故君子莫大乎與人爲善。（3.8）

此處孟子並非專爲社會分工而發，而是勸誘執政者善用人才，虛心納諫；然而卻道出社會分工更深層的動力，即追求更好，接納更善。無論耕稼（農夫），還是陶漁（手工業者），抑或國君，都不是孤立的，需要他人才能生活下去，也即"取於人"；這種分工上的"取於人以爲善""取諸人以爲善"，實際上在幫助承擔其他分工的人做得更好，也即"與人爲善"①。那麼，虛心聽取他人特別是專業人才的好建議來執政，就如同耕稼借力陶漁、國君，陶漁借力耕稼、國君，以及國君借力耕稼、陶漁——自己由此做得更好（"爲善"），同時也使幫助出主意、給出專業觀點的人做得更好。社會分工不過是"取諸人以爲善"的常態化乃至制度化，由此，行業内部的"取諸人以爲善"也並非恥辱，並非證明自己無能而丢了面子，而是一種美德。儘管國君與大臣粗看是同一行當，細看則臣爲專業人士，國君只是作爲僱主僱傭專業人士來完成政府暨君主的職能。

當然從孟子"親親而仁民，仁民而愛物"（13.46）看，儒家對目的共同體的認識一則不限於人類，而是安頓了萬事萬物，因而此語成爲宋明理學關於理一分殊之宇宙原理最經典的表達之一；二則是從個人、從家庭推到全天下的，而非相反。不過萬物本身是没有主體性的，只能由人類隨意和隨緣處置，孟子講的"愛物"主要是諸如"不違農時""數罟不入洿池""斧斤以時入山林"（1.3）這些人類爲了自身的目的性而對可再生資源之消費欲的克制，並未完全擺脱人類視角特別是對合目的性的特定要求，所以本文借用康德的（共處理知

---

① 本文的理解與傳統理解有較大差異，讀者鑒之。本章可與2.9的"姑舍女所學而從我"合觀。

世界之）人類目的共同體的概念來理解孟子，大致還是貼切的。

1.2.2. 從目的共同體下的社會分工看君對民義務之特殊性

從一般性分工的角度看，人人都是社會的一分子，有其特定的職責"義"務；而從特殊性分工的角度看，行政管理者的社會職能是公衆服務，因而其獨特的"義"更接近於社會之和合，更接近於一體之"仁"。後一角度方爲孟子遊説和立説的重心。當孟子勸初次見面的梁惠王以及遊説秦楚的宋牼以"仁義"爲號召時，意思是説，執政者要把社會全體成員的共同生存、共同發展作爲行政的主要目的；其他成員的職責義務主要是處置環境（海德格爾所謂在世界中存在），而執政者的職責義務主要是協調成員的關係（海氏所謂與他人共在）。

從§1.2.1所引《孟子》3.7、5.4乃至6.4諸章均可看出，孟子遊説的主要對象是執政者特別是國君，因而對下至士上至國君在國家中的義務，予以了不厭其煩的論述。例如，執政者有賑災的義務，需要將平時的實物稅收用於賑濟災民，否則就是"上慢而殘下"（2.12），就是"失伍"（4.4），就是玩忽職守。

災害屬於非常遭遇。執政者日常的工作，一在於督促、組織生產以及管理、教化（12.7），促進合作和協作，二在於建設和維護橋樑堤壩等公共設施（8.2），三在於執政者還要維持武力。武力除了（一）驅除野獸（6.9）以外，更爲（二）在境內鎮壓盜賊（10.4）、（三）抵禦外族入侵（5.4）、（四）則是征伐別國虐民失職之無道政府（1.5、2.11①）。其他，如保持政權穩定和順利交接（12.7）等等。爲了完成以上職能，則必須徵稅和徭役（14.27），我們留到§2.2展開。當然武力中的第三、四兩點，也即對外戰爭，一方面是執政者對國民的義務，同時也是國民對國家的義務。對外戰爭只要取勝或至少打平，一般來説對執政者是有利的，可以維護乃至擴大其勢力範圍；特別是第（四）類武力解救的是別國的人民，本國平民原則上是沒有義務插手的，除非鄰國的動亂擾動了邊境甚至本國政局。

執政者的職責林林總總，歸根結底是確保其轄區內所有民衆的生存和發展，因此其基本原則是"同民"②，如"與民同樂"（2.1、2.4）、苑囿"與民同

---

① 2.11孟子在一定程度上違背了14.2"敵國不相征"的規定，合理的解釋是他寄希望於齊魏行王政，從而一匡天下，結束戰國的無規則競爭。

② 康有爲《孟子微》曾立此目，北京：中華書局1987年版，第97頁；《春秋董氏學》則立"同民欲"之目，北京：中華書局1990年版，第190頁。筆者初步掌握的資料，"同民"之概括初見於明代的八股文。

之"（2.2），俱此意。準此，執政者無論有何私欲、偏性，如齊宣王之"好勇"（2.3）、"好貨"和"好色"（2.5），都不是大過；只要能推廣、擴"大"（2.3）到民眾，只要"與百姓同之"（2.5），即是善。孟子反向的論述更加沉痛，發人深省。他述古公亶父的話："狄人之所欲者，吾土地也。吾聞之也：君子不以其所以養人者害人。二三子何患乎無君？"（2.15）這充分證明執政者與民眾同屬於一個目的共同體，而即便是家天下的政權，本質上也並非國君私有。

只要執政者盡好以上應當之義務，那麼民眾就會對執政者盡其應當之義務，特別是在需要效死的對外戰爭之際（1.5"制梃以撻秦楚之堅甲利兵"、2.12"出爾反爾"）。邠人追隨古公亶父遷國，"從之者如歸市"（2.15），道理也是類似的。

總地來看，執政者與民眾共處一個共同體，利益攸關，因此相互愛護扶持是主要的；雙方雖各有其"義"務，但作為同一目的共同體的成員，最終達到的是全"體"之"仁"。君民關係儘管本質上是像平輩之兄弟一樣以"義"合，大體平等，分工協作，卻在一定程度上有似於父母與子女的一體之仁。孟子與墨者夷之論辯時，雙方均認可《尚書·康誥》"若保赤子"之喻（5.5）。孟子又自言，"信能行此五者，則鄰國之民仰之若父母矣。……然而不王者，未之有也。"（3.5）其中所謂"率其子弟攻其父母，自生民以來，未有能濟者也"，既深刻說明了民心向背對國運的關鍵意義，也揭示出君民關係近似父子關係的一面。這一面向突出表現在§2所揭君民在禮制中的差等上。

二、禮之差等——社會分工視角下的君民關係

2.1. 親其親而天下平的為我路徑與老幼及人的準兼愛路徑的矛盾主要通過君民分工來解決

本文§1.1強調了孟子在仁之合與義之分之間尋求中道，這在他所講"人人親其親，長其長，而天下平"（7.11）與"老吾老以及人之老，幼吾幼以及人之幼，天下可運於掌"（1.7）兩條道路的潛在矛盾當中，也可以看到。後一條道路屬於《大學》修齊治平的進路，層層遞進，沒有斷裂；然而前一條道路有分殊，有制斷。其合法性在於，正常情況下，別人的老人是不用你管的，即便你是天子國君；特別是別人的老婆孩子，涉及人格尊嚴也即其對自身能力的信心以及對其附屬物的獨佔慾，必須以"恭"敬或者說保持距離為主；所以只要人人把個人以及家庭事務做好，天下自然就平治。只有僅佔少數的鰥寡孤獨

或者僅佔非常時期的災民，才需要別人施以援手，需要親屬之外的社會關照；而這種關照，除了"鄉田同井，出入相友，守望相助，疾病相扶持"的民間行爲（5.3）以外，最主要的還是要由政府組織人力物力來實現，而無論政府還是民間的相關人員，同樣佔社會少數，而且一般比鰥寡孤獨和難民還要少——這就意味着，儘管需要人人修齊，但通常不可能也不需要人人來治國平天下；甚至對天子國君而言，這也具有真理性。

正因爲如此，禹稷、顏回才"易地皆然"，顏子才在"鄉鄰有鬭者"之際，可以心安理得地"閉戶"不管（8.29）。禹稷"當平世"，政治清明，政府有力量，運作得非常好，天下之人就如同"同室之人"，所以作爲最高行政人員，"思天下有溺者由己溺之"，"思天下有飢者由己飢之"；顏回"當亂世"，政府未能把民衆有效地組織化一，社會分崩離析，天下之人基本上相互都是外人，因此作爲一介平民，獨善其身（13.9），安貧樂道即可。"人人親其親，長其長，而天下平"可以認爲是亂世之路，政府缺位，近乎楊朱或道家的"小國寡民"；"老吾老以及人之老，幼吾幼以及人之幼，天下可運於掌"則無妨認爲是平世之路，政府及民間組織充分發揮其潛力，近乎墨家或者大乘佛教的理想社會。當然我們認爲，本章平世、亂世的區分不及爲官爲民的區別根本，管理者無論平世亂世都要管轄區內的一切公共事務，平民則無論平世亂世都要管理好自己的私人事務即可，因爲這是雙方約定的分工。儘管孟子認爲兩種道路、兩類職責義務都有適用的條件，但當他遊說諸侯時，自然是以發育完善的政府爲理想，敦促執政者充分履行其"義"務，從而使社會真正地成爲一個整體。老幼及人雖然人人有責，但在執政者身上，更是社會分工賦予的職責義務。

那麼執政者與平民相較，何以能夠承擔主導的公共義務？則在於執政者有足夠高的勢位。只有具備壓倒性的比較勢位，才可能如孟子所述孔子之言："上有好者，下必有甚焉者矣……草尚之風必偃。"（5.2）

2.2. 稅收支撐禮樂社會：管理者享有、支配較多社會財富的必要性

社會只要分工，就涉及社會成員如何交換勞動，特別是分享主要通過勞動所獲得的社會財富。這時就需要回答在當今社會較爲敏感的一個問題——社會的行政管理者，是否要支配高出社會平均值的物質特別是物質回報？包括孟子在內之儒家的答案是，理所當然要有這樣一個勢位。孟子反對農家推崇的"賢者與民並耕而食"，提出："或勞心，或勞力。勞心者治人，勞力者治於人；治於人者食人，治人者食於人，天下之通義也。"（5.4）管理者承擔着社群的重大決策和日常管理，特別是支配着公共支出，他支配的物質方面自然要多於一般人。這一方面是社會成員自覺自願的,另一方面也是管理者維持其權威、高貴的客觀需要。管理者的服飾、飲食、居處、扈從,就是需要較高的規格、排場,這無論是對民顯示其高貴權威而言,還是在外交維持社群總體之體面而言,都是極其必要的;更何況,在以少"敵"多的政府生存結構當中,他並沒有足夠的精力打理私生活,必須僱人打理。即便當今的民主社會,最高執政者在各方面的待遇,也一定是各級公務員包括軍隊警察中最高的;民主國家在外交禮儀上,包括禮儀場所,對貴客也一定會拿出法規所允許的最高規格,因爲國民納稅的目的之一就是委託政府來與他國共同體協調關係的。

而公共支出掌握在管理者手中,根本上加劇了這一態勢。道家或楊朱式的"各掃門前雪"是社會正常運轉的基礎,因此倘或無謂地殘損身體或拒絕從事生產,是不受政府保護甚至需要問責的;然而道路橋樑倉儲井渠等支出,只能或多或少地以公共的形式來承擔,這筆物質財富是由管理者收取和管理的,這成爲支撐管理者勢位之物質基礎的主體部分。管理者個人的生活待遇無論多高,也只佔稅收的少數也即次要地位,因爲個體之人先天只有一個普通的胃,一個普通大小的身軀。事實上,管理者的高待遇很大一部分是給予其扈從的,並不真正屬於其個人待遇;類似於扈從的人身服務,在平民家庭內部也不鮮見。

這種觀念並不限於儒家。基督教就上帝暨耶穌與臣民的關係也有牧羊人與羔羊之喻,有似於《尚書》以來的"若保赤子"。好的牧羊人對羔羊、成人對嬰兒不僅有無私的愛,這種愛可以獻出自己的生命;而且作爲管理、看護者,對後者享有壓倒性的經濟支配地位。

在義或者說社會分工的基礎上人與人的交往合作,即是"禮"。禮一方面充斥著象徵性(不妨以《儀禮》爲代表),另一方面更以實實在在的權利義務分配爲實質(以《周官》爲代表)。關於禮的實質作用,《荀子·禮論》有較集中的闡述:"禮起於何也?曰:人生而有欲,欲而不得,則不能無求。求而無度量分界,則不能不爭;爭則亂,亂則窮。先王惡其亂也,故制禮義以分之,以養人之欲,給人之求。……君子既得其養,又好其別。曷謂別?曰:貴賤有等,長幼有差,貧富輕重皆有稱者也。……故人一之於禮義則兩得之矣,一之於情性則兩喪之矣。故儒者將使人兩得之者也,墨者將使人兩喪之者也,是儒墨之分也。"荀子所謂"別",主要指物質待遇和社會地位;而這種待遇之等差,起源於人們分工之差等,起源於君民工具性義務關係之差異。孟子對禮的認識，與荀子並無大歧。①

儘管孟子在經濟上主要以仁政，以減輕人民負擔聞名於今（1.5、2.5，參 6.8、3.5、14.27），儘管孟子指斥推遲到第二年再減稅至十稅一爲"攘雞"（6.8），但這只是孟子經濟思想的一方面。另一方面，當白圭大幅度減稅，欲"欲二十而取一"時，孟子又斥爲"貉道"。他從一般性社會分工談起："萬室之國，一人陶，則可乎？"自然是"器不足用"。然後孟子進一步分析了貉與華夏在文明發展程度上的差異："夫貉，五穀不生，惟黍生之，無城郭宮室、宗廟祭祀之禮，無諸侯幣帛饔飧，無百官有司，故二十取一而足也；今居中國，去人倫，無君子，如之何其可也？陶以寡且不可以爲國，況無君子乎？欲輕之於堯舜之道者，大貉小貉也；欲重之於堯舜之道者，大桀小桀也。"這說明，必要的稅收以及力役之征，是維持發達程度較高之禮樂社會所必須的。政府只有手中有足夠的社會財富，包括執政者有足夠的待遇乃至排場，一個人口衆多的複雜社會才會正常運轉。

不妨從熱力學第二定律的角度看待稅收問題。一個熱力系統只有自系統外輸入能量，才能從根本上維持甚至降低熵值（混亂值），維持甚至擴大系統內部的熱力差。因此職業的且有全社會之人力以及財富作爲支持的管理者，是形成一個社會所必需的。進一步說，管理者儘管是全力投入的，卻在根本上依然屬於系統內部；管理者所支配的以稅收爲主的社會財富才是來自系統外的，才是支撐其權威的真正後盾。至於爲什麽是管理者有資格支配稅收，則是出於社會基本成員的廣泛認同，特別是習慣性讓渡。

2.3. 執政者權利之重與義務之重

上一節論稅收是從宏觀說的。② 孟子在個人之微觀上關於君以及士人之待遇何以較高，則有更多的論述。公孫丑問君子憑什麽"不耕而食"，孟子回答："君子居是國也，其君用之則安富尊榮，其子弟從之則教悌忠信。'不素餐兮'，孰大於是？"（13.32）彭更指責"士無事而食"，孟子則指出士"入則孝，出則悌，守先王之道以待後之學者"，其功甚巨，當得起好的物質待遇。（6.4）孟子"望見齊王之子"，歎曰："居移氣，養移體，大哉居乎！"（13.36）又說：

---

① 6.2"立天下之正位"朱注解爲禮，則與身"份"義務接近。先秦慣以"禮義"連言，良有以也。

② 此外尚有孟子批評墨家薄葬的記載（5.5），惜孟子的論證主要是心理主義的；而其論證"君子不以天下儉其親"，主要爲解釋自己爲什麽厚葬其母（4.7），同樣也主要是心理主義的，而非宏觀論證。

"王子宫室、車馬、衣服多與人同，而王子若彼者，其居使之然也，況居天下之廣居者乎？魯君之宋，呼於垤澤之門。守者曰：'此非吾君也，何其聲之似我君也？'此無他，居相似也。"（13.37）較好的物質生活，對執政者維持遠大之目光，具備更宏觀的視野，有很好的促進乃至奠基作用。至於孟子說"無恒產而有恒心者，惟士爲能"（1.7），並非客觀之論，因爲原則上，依照社會習俗，士的待遇自然要高於民衆，否則前引孟子與公孫丑、彭更的對話都是無稽之談了。①

關於君與民之分工，最廣爲徵引的還是孟子對農家陳相所言：

> 治天下獨可耕且爲與？有大人之事，有小人之事。且一人之身而百工之所爲備，如必自爲而後用之，是率天下而路也！故曰：或勞心，或勞力；勞心者治人，勞力者治於人；治於人者食人，治人者食於人，天下之通義也。（5.4）

此勞心、勞力，治人、治於人，食於人、食人，只是一個籠統的說法，其核心是執政者脫離生產與流通，專職來做對各種經濟要素之核心——人的管理，用這裏的話語，就是"治人"；而勞心治人之人，儘管享受全社會的供養，② 卻不是欺壓、虐待（"厲"）農夫、百工、商旅，而與農工商處於分工以共生的關係，就像農工商相互之間的關係一樣。至於爲什麼執政者的待遇最高，上一自然段已經做了解答，更可以參看討論稅收的上一小節（§2.2）。正因爲如此，孟子認爲民衆倘因享受不到長上那樣的物質生活而非議長上，是不對的（2.4）。

儘管執政者有高待遇，並支配着全境的稅收和力役，然而執政者對稅收等之支取，依然受到"義"的限制。所以孟子向陳臻解釋在齊國不受王之饋贈時說："若於齊，則未有處也。無處而饋之，是貨之也。焉有君子而可以貨取乎？"（4.3）

執政者一方面個人享受較高待遇，另一方面，其個人之"志"卻宏觀地指向國家這個特定目的共同體，乃至天下這個最大的目的共同體，這是執政者能妥善支配稅收、組織力役的根本保證。執政者因功而食，其志卻不在自身之食（6.4）；孟子所謂無恒產的恒心（1.7），毋寧可以理解爲自士至於君對超越其

---

① 孟子這個命題只能從士的關注點不在自身而在萬民萬物來理解，論詳下。

② 這裏的"治於人者食人，治人者食於人"把問題說偏了，因爲工匠不治人但也食於人，除非把"食"擴大化理解爲物質供應。

自身物質待遇的關照，對於社會乃至人類，乃至宇宙整體存在之長遠福祉的關照。正因爲如此，自士至於君才會表現出超脱個人物質待遇的堅韌，换言之，較之民衆表現出更強的主體性。

其實政府是實現社會公平，確保法律——也即通過政府強制執行之道德——獲得最大普遍性之最常規的工具。没有政府來司法，那麼私刑，以強凌弱，混淆是非，會大行其道。① 因此孟子在與桃應討論"瞽瞍殺人"的思想實驗時強調："夫舜惡得而禁之？夫有所受之也。"（13.35）亦可見執政者享有較高的勢位是合情合理的，而且不同的官守、職能也是歷史傳承下來的，因而並非是當下現任的最高執政者可以隨意改變的。

平民非議長上之高待遇不對，反之，"爲民上而不與民同樂者，亦非"（2.4）。從責權對等的角度看，執政者的義務同樣遠高於民衆，對國家共同體承擔着最大的社會責任。② 《禮記·曲禮下》："國君死社稷，大夫死衆，士死制。"因此孟子對滕文公開的藥方是"鑿斯池也，築斯城也，與民守之，效死而民弗去"（2.13），如果不能像古公亶父一樣遷避強鄰，看重"世守也，非身之所能爲"，那麼只能"效死勿去"（2.15）。當社群的既有體制被衝破時，殉國的是君和士大夫，乃至軍人；而民衆則無此義務，因爲"民爲貴，社稷次之，君爲輕"（14.14）。在一個目的共同體當中，還是主體部分最重要，這是天道自然之重，它要重於執政者這類人爲約定（人類自律）之重；一個政權崩潰了，其職能完全可以由另一個或幾個政權來彌補，但假如人死光，人類的一切都無從談起了。

2.4. 荀子禮三本説暨執政者和民衆各自地位之歸屬

《荀子·禮論》有禮三本之説，明清仍有很大影響。其言曰：

> 禮有三本：天地者，生之本也；先祖者，類之本也；君師者，治之本也。無天地，惡生；無先祖，惡出；無君師，惡治？三者偏亡，焉無安人。

"天地"無疑是萬物之本，因而需要禮天，很好理解。至於"先祖"和"君師"二"本"，儘管在體量上與天地不可同日而語，卻仍然擁有禮之尊榮，享有禮

---

① 血親復仇儘管具有原始的自然正當性，卻先天無法達到一般性的司法公正，特別是没有足夠精確的執法體制——一般只有死刑，最多有缺乏醫療保障的肉刑，徒刑則完全不在選項之列。

② 之所以強調是社會責任，是因爲天是人類無法控制的，即便是所謂"天子"。

之崇高。其原因在於先祖作爲類的本源，其生產繁衍成就了後世龐大的人口，這是人類社會成立的特定前提；而君和師則是人類在世成員的管理者和教導者，同樣是以較少的人而承擔着廣大的社會責任，而且其輻射面甚至要遠大於雙親暨先祖。①"師"的本意是衆人，特別是軍旅成員的全稱，②又經常特指軍事首領或者某一類職事的長官。古代的長官其實兼任着教化百姓的職能，私學是孔子以後才逐漸興起的，而且儒家以積極入世爲基本特徵，因此當"君師"並提時，我們無妨認爲是泛指行政管理者。

權力特別是物質基礎上的級差，這是君師維持其權威暨輻射力的保證。至於後世君（治統）與師（道統）的分合矛盾，則是相對次要的問題；而且在民主社會中，通過限制政治性官僚（主要指最高行政長官和議員）的任期，明確官僚酬勞在稅收中的佔比，業已得到較爲妥善的解決。③

既然"君師"高居禮之一本，當得起人們的禮敬，那麼孟子何以言"民貴君輕"（14.14）、"得其民，斯得天下"（7.9）呢？這是因爲**民在人類、國家暨社會論域內，是天地之大本的"真身"**。因此孟子討論堯舜禪讓時引《尚書·泰誓》："天視自我民視，天聽自我民聽。"（9.5）在講述進退大臣的程序時，又把國人的意見作爲實際考察前最重要的參考，把由此決定的誅殺稱爲"國人殺之"，認爲只有遵循充分照顧到民意的程序，始"可以爲民父母"（2.7）。

孟子之所以認爲王道優於霸道，正是因爲王道得民心，優於霸道之僅以功利上的獎懲來調動民衆。君、師之所以能支配稅收等社會資源，具備社會層面日常比較而言的支配性之高勢位，歸根結底在於民意，在於社會成員的廣泛認可、配合和支持。沒有社會成員的支持，稅收很快會用完，獎懲將失去手段，即便警察軍隊等暴力工具也並非民衆的絕對對手，因爲它從人數和支配資源上並不佔絕對優勢。從本文社會分工的角度來認識，王道社會真正達到了從身到心的一體化，而霸道社會則主要是外在身體的一體化，④相對短暫，不夠穩固。孟子認爲以力和以道義，都是符合天道的："天下有道，小德役大德，小賢役

---

① 人類一般並不祭拜人類共祖，而只祭拜本家族本民族的祖先，因此輻射面有限。
② 漢代對君的理解也類似。"君者，群也"，見《新書》《春秋繁露》和《韓詩外傳》；"君，羣也，羣下之所歸心也"，見《白虎通》；《風俗通》言"郡者，群也"，或許也有關，因爲"君"與"郡"當有語源上的關係。
③ 中國古代皇族的收入與基本稅收相分離，主要來自權場等。此問題蒙李雷波和項旋二位老師賜教，特識謝忱。
④ 不能說霸道的成立完全沒有心的認同，因爲人是可以選擇自殺的。所以王霸之間是連續統的關係，而非非此即彼。

大賢；天下無道，小役大，弱役强。斯二者，天也。順天者存，逆天者亡。"（7.7）"小固不可以敵大，寡固不可以敵衆，弱固不可以敵强……以一服八，何以異於鄒敵楚哉？"（1.7）之所以王道長遠看優於霸道，是因爲王道通過道義的力量，可以團結、聯合更多的力量，最終戰勝昔日的强敵，從而無敵於天下：① "得道者多助，失道者寡助；寡助之至，親戚畔之；多助之至，天下順之。"（4.1）因此，"君師"一方面高居禮之一本，另一方面卻只能以服務於民衆爲職事，因爲後者是天地在人類社會的真身。凡是失職，不履行執政義務的執政者，客觀上都幫助了敵國（也即另一共同體特別是政府，特別是政府負責人）更加强大："爲湯武敺民者，桀與紂也。"（7.9）

三、社會分工視角下的君臣關係以及孟子遊歷之"我無官守"

上一部分不區別"君"與"師"，籠統認作執政者；但行政管理人員如果細分起來，大致可以分爲君與臣，"臣"是士大夫，可以籠統認作"士"，稱爲"師"亦無大礙。本部分探討君主與士在實現行政管理的共同目標，承擔共同的職能義務當中，雙方的分工與合作究竟如何。

3.1. 僱傭責任及啓發性責任——社會分工視角下的君臣關係

君臣共同的職能是行政管理，因此孟子在前引諸論述當中經常是不予區分，甚至舉一方以涵蓋另一方的。而且相應地從反面看，堅持"人皆可以爲堯舜"（12.2引曹交語）的孟子，合乎邏輯地激烈批評臣子認爲君主不足以參與良性治理的態度，如："有是四端而自謂不能者，自賊者也；謂其君不能者，賊其君者也。"（3.6）"責難於君謂之恭，陳善閉邪謂之敬，吾君不能謂之賊。"（7.1）"齊人無以仁義與王言者，豈以仁義爲不美也？其心曰'是何足與言仁義也'云爾，則不敬莫大乎是。"（4.2）

如果區分君臣的話，那麽臣對君首先是僱傭責任。臣受君的僱傭，來完成某一部分的行政管理職能。如孟子諷勸孔距心引咎辭職時比喻說："今有受人之牛羊而爲之牧之者，則必爲之求牧與芻矣。求牧與芻而不得，則反諸其人乎，抑亦立而視其死與？"至於齊王又承認"此則寡人之罪也"（4.4），説明君

---

① 因此王道的展開更依賴康德德福一致中靈魂不朽的預設，關於此問題，筆者已經有文稿，暫名《以德抗位與以德副位》，曾於2018年10月21日宣讀於清華大學哲學系主辦的"孟子思想及其當代詮釋"學術研討會。

作爲最高負責人，需要爲所僱傭之手下的失職負責，因爲手下的職責正是君暨政府之職能的一部分。

但具體看，君任用之臣工倘與君相較，又可以細分爲眼界高於君的與低於君的兩類，前者無妨改稱"師"，因爲其視野暨代表性廣闊，而後者仍然稱爲"臣"。後者無條件地聽命於君，而對前者，君主則需要"學焉而後臣之"（4.2），而不可以"姑舍女所學而從我"（2.9）①。孟子離齊的路上曾述，"昔者魯繆公無人乎子思之側則不能安子思，泄柳、申詳無人乎繆公之側則不能安其身"（4.11）。子思即師，屬於6.2所謂"大丈夫"；泄柳、申詳即普通之臣，奉行的是6.2所謂"妾婦之道"。從工具性的角度看，普通之臣只是君主統治的現成的、預期之內的工具，而師則屬於開創性或整體糾偏性工具，能爲君主開闢過去不曾想到的路徑，或者把政府暨共同體拉回康莊大道，提醒向綜合暨長遠價值的回歸。

其實妾婦之道或者説現成的穩定的工具，社會同樣需要，且反佔需求之主體；只不過社會最終需要靈感和權變來處理現實以及未來可能遇到的難題，而這種權變通常是對根本價值的捍衛和回歸。

3.2. 孟子一生偏好客卿的原因蠡測

孟子以知識分子的獨立人格而著稱。當蚔蛙因孟子的攛掇，"諫於王而不用"即辭職，齊人因而譏評孟子同樣進言不見用，卻不肯辭職時，孟子向公都子解釋説："吾聞之也：有官守者，不得其職則去；有言責者，不得其言則去。我無官守，我無言責也，則吾進退豈不綽綽然有餘裕哉？"（4.5）而孟子在向萬章解釋孔子的"君命召，不俟駕而行"時也説："孔子當仕，有官職，而以其官召之也。"（10.7）可見孟子於齊居客卿，應該考慮到了其進退之自由餘地。在伯夷之清與柳下惠之和暨伊尹之任之間，孟子還是稍稍偏向於自由度高之清的，儘管他激烈批評過齊國陳仲子的道德潔癖（6.10、13.34）。可見跟孔子和荀子相比，孟子在出仕方面不是那麼篤實，不希望被某個特定的實職束縛住。他還是喜歡自由，喜歡綽綽然有餘裕一些，所以最終的政治建樹也不大。此其一。

其二，孟子在論述"曾子、子思同道"時解釋説，"曾子，師也，父兄也；子思，臣也，微也"（8.31），可見適宜做帝師的客卿，其地位更接近於平民而

---

① 從孟子以"教玉人雕琢"爲喻（2.9）可證，孟子於君臣關係經常是從社會分工的視角出發的。

非臣。師之位尊未必盡出於德尊以及父兄自然而具的齒尊,更根本的則是師以近乎民的身份而成爲民衆的代表,民衆則是天地之代表和政府唯一的服務對象;可以對比的是,假如承擔了實在的官職,孟子就會被具體的、特定而非全局性的職位、義務限定住,受到"位卑而言高,罪也"(10.5)、"不在其位,不謀其政""君子思不出其位"(《論語·憲問》)之類爲官爲吏之職業道德的約束,從而更加不適宜引導國君展開宏觀性的關照。這就是說,孟子一生偏好做客卿,是利用君之師的地位,引導君主面對自己的職責乃至更宏大的關懷;而客卿視野之所以宏大與莊嚴,之所以足以與君主乃至天子的視野、職守等同甚至更爲宏大,是因爲客卿("師")之職位與"君"之職位都不像實職之臣那樣工具化、特異化,而更接近於對全體人民乃至天地萬物的普遍關照,更貼近禮三本中的天地之本。近乎全體之"仁"的終極目的性而非特異工具性,這便是客卿乃至全體執政者之工具性職責、之"義"務的特殊性所在。這樣,**民衆與君師就分別作爲禮三本之第一本、第三本構成具有制衡關係的循環**——民衆供養君師(臣),爲其所差遣(實際上是協調行動和關係);君師(臣)一切活動的目的,是爲民衆謀福祉。由此不妨認爲**王霸之別,也是政府到底是一切從人民出發**,還是只靠自己的組織力量包括軍隊警察和稅收財富來壓服民衆;質言之,即霸道重第三本,王道重第一本。而師(臣)中視野高於君主的人(狹義的"師"),更是君主日常生活中民衆乃至人類生存條件的直接代言人,所謂王霸境界的高低,主要在於此。

四、尾聲:孟子三達尊說
——以德抗位與社會生態之自然秩序

孟子曾提出三達尊——"天下有達尊三:爵一,齒一,德一。朝廷莫如爵,鄉黨莫如齒,輔世長民莫如德",不可"有其一以慢其二"。(4.2)又如所述子思所論"位""德"之別,其中"位"即相當於三達尊中的爵尊:"以位,則子君也,我臣也,何敢與君友也;以德,則子事我者也,奚可以與我友?"(10.7)① 據此,現代學者把孟子高揚的知識精英乃至庶民的獨立與自尊概括爲以德抗位或以德抗勢。如此概括,確實符合孟子對帝師、客卿之位的選擇;然而古人卻未見如此概括者,因爲未經近二三百年資產階級暴力革命的古人一向

---

① 由 4.2 的表述對照 10.7 的表述,可知德未必一定就高於位,二者還是基本相當的。

認爲，士民特別是士與君之間首先是目標一致的合作、共謀的關係。①

特別是從最原初的狀態或者說理想狀態看，有位之君子就是有德之君子，至少應該如此；況且從生命代代更新的實際暨大概率看，德位或者說三達尊永遠有合一之傾向。凡位高權重（爵尊）的人，往往年歲高（齒尊），德行好（德尊）；反例的確存在，但概率較小。特別是極言之，從代際更替看，成人對於未成年人，既有齒尊，也具德尊和爵尊；此時爵不妨泛認爲即社會分工之角色，這種角色，沒有齒尊的未成年人特別是嬰幼兒，是不可能擁有的。成年人誠然可能是"德"行最低、"爵位"最具反社會性、不爲社會認可的盜跖，然而他仍然足以教育其子女具備語言能力和基本的獨立生活能力，甚至也可以使其子女通過遺傳獲得反思、評判盜賊之"位"的判斷力。由此看來，盜跖相對於其未成年子女，依然是先知先覺（9.7）的先有"德（得）"之人，從而對後者有知之覺之的義務。

這樣看的話，孟子從對父兄的孝悌推開達至仁義的典型思路，就更好理解了。父兄無論從絕對事理上抑或從大概率上看，就是伊尹式的"先知覺後知"的先知，"先覺覺後覺"的先覺（9.7）。執政者往往稱爲"長上"（1.5、2.12），良有以也。這是儒家有以孝爲核心之一派的客觀基石。無論孟子前期是否是重孝派，"位"與"德"、爵尊與齒尊暨德尊從長時段看的合一傾向，是客觀必然，這並沒有隨着近代新興的代議制民主的推廣受到根本性的衝擊。它是人類生生不息，代代繁衍的自然秩序。

當然，有德之君子與得位之君子在理論上的劃分，德與齒與爵（位）在理論上的劃分，反過來爲禮制中居於被動、弱勢暨基層地位的士民增加了理論上的分量。一方面，向父祖學習，充分繼承前人的技術和經驗教訓，是孝悌之道不可或缺的題中之義；另一方面，未來永遠屬於新一代，屬於曾經依附於父祖的年輕人，他們後天向先輩學習所得與其先天遺傳到的獨有之德，共同使同處一世的君父一代可以安然離開這個理知世界。或者說，在以德抗位以外，以特定發展階段的德贏取既懸的特定之位，同樣屬於社會生態之自然秩序的有機組成。

（作者單位：北京大學《儒藏》編纂與研究中心）

---

① 古人主要講"以德副/當/勝/居/符/稱/處/踐/合位"，講"以德致/守位"，講"位以德興，德以位敘""官以德懋，位以功隆""官以德序"，至多講"以德爲/名位"。因近年來古籍檢索甚便，不一一揭舉出處。最早的是王弼《周易注》。

·儒 學 新 論·

"印證吾心"與"本義自足"
——王艮對四書的理解

楊 浩

【内容提要】 王艮作爲陽明後學泰州學派的開創者，由於其特異的出身與爲學徑路，其思想在陽明後學中具有鮮明的特色。王艮對四書的文本非常熟悉，但並不注重從歷代的注釋來理解文本，而是強調文本自身的"本義自足"，同時將四書文本的閲讀作爲"印證"自心的手段。王艮對《大學》最爲重視，不僅表現出他頗爲獨特的"淮南格物"説上，同時也體現在對"止於至善""誠意"工夫的特别重視上。此外，王艮對《中庸》的"中"也很重視，對《論語》《孟子》的文本，也有一些自己的理解。

【關鍵詞】 王艮 四書 解釋 格物

王艮（1483—1541），字汝止，號心齋，曾從王陽明問學，是陽明後學中傳承久遠的"泰州學派"的創始人。王艮出身於竈户家庭，自幼家境貧寒，經過商，學過醫。因年輕時代隨父經商往來於山東孔廟，所以一直把成爲儒家的聖人作爲自己的志向。《明儒學案》稱王艮"常銜《孝經》《論語》《大學》袖中，逢人質難。久而信口談解，如或啓之"。"默默參究，以經證悟，以悟釋經"[1]。他對儒家的經典非常熟悉，隨口就能够進行解釋。此處所言的"信口談解"顯示出王艮讀解經典的方法，即不注重對文本原義的準確理解，而是注重他自己對文本的理解與自己體悟之間的相互參證。今著作中《語録》《答問補遺》等對四書、《周易》相關段落與術語的引用，應當都是這樣隨手拈來的。《年譜》記載，王艮"講説經書，多發明自得，不泥傳注。或執傳注辯難者，

---

[1] （清）黄宗羲《明儒學案》，《儒藏》精華編一五五、一五六，北京：北京大學出版社2016年版，第786頁。

即爲解説明白"①。值得注意的是，王艮讀解經典並不依據注解，所以在一定意義上又體現出其追求離傳解經的傾向。"印證"自心與求"本義"兩者之間看似是矛盾的，但實際上在王艮這裏則是統一的。因此王艮對經典的獨特理解，如果協調得好就是思想的創造，協調得不好就是任意對經典原義的曲解。兩者之間的度也是很難把握的，王艮顯然更注重自己的體驗與思想的創發。

王艮服膺陽明之學後，一直致力於儒家聖學的傳播，弟子甚多。但他不事著述，留下的文字很少。後人編有《心齋王先生全集》六卷，除卷三、卷四以外，其他内容均爲年譜等别人的相關著作。王艮留下來的文字，主要有語録、專論（如《復初説》《明哲保身論》《天理良知説》等）、書信、詩歌等幾類。最能够體現王艮對四書的理解的主要是語録，即《語録》一百四十多條以及《答問補遺》二十餘條。依據這些由弟子記録的文字雖無法梳理出王艮對四書解釋的全貌，但也可一窺王艮對四書的理解。

學界已經關注到王艮對四書中各文本的理解與詮釋，特别是王艮頗有特色的"淮南格物説"以及"安身説"都是在對《大學》解釋基礎上提出的。黄卓越的《王艮"淮南格物"論概念系統的再疏釋——並論其對〈大學〉文本的解讀》②《王艮"淮南格物"論的構設及對〈大學〉的重釋》③ 兩文，特别對王艮《大學》解讀進行了細緻的梳解，可供參考。④ 王艮對《中庸》的理解，也受到部分學者的關注。⑤ 王艮對《論語》的詮釋也被關注，但並没有做細緻的分疏。⑥

---

① （明）王艮《重鎸心齋王先生全集》卷之二，《儒藏》精華編二五八，北京：北京大學出版社 2017 年版，第 61 頁。此册收入六卷本《重鎸心齋王先生全集》，是目前王艮文集最好的整理本。

② 載《中國哲學史》2004 年第 2 期。

③ 載《差異》第 5 輯，開封：河南大學出版社 2008 年版。

④ 論及王艮或泰州學派往往要梳理王艮的格物説，有關文章與著作甚多，今不贅列。特别值得參考的論文還有吴震《王心齋"淮南格物"説新探》，載《陝西師範大學學報》（哲學社會科學版）2008 年第 1 期等。

⑤ 張樹俊《論王艮的順自然與致中和》（載《中共寧波市委黨校學報》2011 年第 3 期）分析了王艮對"中"的理解；曾翠萍《王艮論"中"》（載《船山學刊》2003 年第 4 期）分别了作爲方法論的"中"與作爲本體範疇的"中"。

⑥ 李春强《王艮〈語録〉與〈論語〉詮釋簡論》（載《蘭臺世界》2016 年第 23 期）提出王艮有"'志孔學孔'的強烈詮釋動機、'尊身立本'的經典詮釋視域和滲入了實用主義色彩的平民化的詮釋方式"。

一、印證吾心

王艮語録中多處記録了他對儒家經典的態度——"印證吾心"。王艮説：

> 35. 六經四書，所以印證者也。若功夫得力，然後看書，所謂"温故而知新"也。不然，放下書本便没工夫做。①

"印證"的説法，指明修行實踐是某種文字以外的東西，説明修行不是一種知識的獲得。之所以古代經典具有一定的典範意義，就在於經典體現着古代聖賢的修行境界。閲讀經典並非只是某種聖賢境界的文字説明的知識，而是從文字中讀出聖賢修行實踐的境界與方法，從而與自己的境界和方法相參證。一方面驗證自己的實踐是否與聖賢所言相一致，另一方面體察自己修行與聖賢境界的差距。所以自己的"工夫"是第一位的，自己平時在心上做工夫，有所"得力"，然後與經典中的內容相互印證。王艮還説：

> 64. "吾能握其機，何必窺陳編？"白沙之意有在，學者須善觀之。六經正好印證吾心。②

此段文字大義與上段相同，但此處更引陳獻章的意思，強調自己體驗的第一性地位。陽明學修行方法論之所以與朱子學一脈有一定的差異，就在於在修行實踐當中不同的側重。就儒家來説，方法論的不同與學者自身的氣質不無關係。或更重視經典，或更重視體驗，往往也體現在不同的"工夫"理論上。

這種態度可以説是陸王心學一脈的典型態度，是陸九淵"六經注我"的另一種表達。"六經注我"一般理解爲在對經典解釋的過程中更注重"面向當下和現實的主觀性定向"，而非"面向文本與歷史的客觀性定向"③。也即筆者所理解的對現實向度、表達向度、意藴向度、真理向度等的注重。④ 與"六經注我"的表達相比，"印證吾心"側重表明經典與自己的關係是印證自心的，同

---

① （明）王艮《重鐫心齋王先生全集》卷之三，《儒藏》精華編二五八，第113頁。本文引文前面的數字不加字母的表示《重鐫心齋王先生全集》卷三《語録》部分的順序號，前加 x 者表示《答問補遺》部分的順序號。
② （明）王艮《重鐫心齋王先生全集》卷之三，《儒藏》精華編二五八，第115—116頁。
③ 劉笑敢《詮釋與定向——中國哲學研究方法之探究》，北京：商務印書館2009年版。
④ 楊浩《孔門傳授心法——朱子〈四書章句集注〉的解釋與建構》，上海：東方出版中心2015年版。

"印證吾心"與"本義自足"

時也可以成爲一種修行方法。

王艮還有如下更直接的説法：

> 120. 經所以載道，傳所以釋經。經既明，傳不復用矣。道既明，經何足用哉？經傳之間，印證吾心而已矣。①

在王艮看來，如果證悟到聖賢指示的大道，經典就失去了利用的價值。從這個角度來説，經典的意義只是當今聖賢通過古代聖賢印證自己悟境的工具而已。

"我注六經""六經注我"兩種對待經典的方法，此處用"以何爲師"作個比喻："我注六經"可以説是"以經爲師"，而"六經注我"可以説是"以心爲師"。"我注六經"更多的是學生或弟子的一種方法與態度，"六經注我"則更多是老師或師父的一種方法與態度。兩者很難説孰優孰劣，但可以説體現了不同文化之間，或同一文化不同派別之間的一種粗略的模式。②

用這樣的理解經典的方式，王艮往往能把四書的不同文本聯繫起來讀解，例如：

> 125. 誠意、忠恕、强恕、致曲，皆是立本功夫。③

"誠意"出自《大學》，"忠恕"出自《論語·里仁》，"强恕"出自《孟子·盡心上》，"致曲"出自《中庸》第十三章。

下面，爲了方便起見，對四書予以分别敘述。

二、對《大學》的解釋

《大學》是王陽明特别有心得的一書，其中的"格物"不僅是宋明理學各家着重發揮自家思想的一個焦點，也是陽明心學闡述自己理解與體會的一個重點。王艮對《大學》特别有心得，人們將其對《大學》的特别理解稱爲"淮南格物説"。

1. 釋"格物"

王艮説：

---

① （明）王艮《重鐫心齋王先生全集》卷之三，《儒藏》精華編二五八，第122頁。
② 佛教中小乘與大乘，禪宗中漸修與頓悟，儒家中漢學與宋學，儒家中古文與今文，道教中外丹與内丹，宋明儒學中理學與心學等，簡單地來説，都是對兩種向度不同的側重。
③ （明）王艮《重鐫心齋王先生全集》卷之三，《儒藏》精華編二五八，第123頁。

> 1. 《大學》是經世完書，喫緊處只在"止於至善"。"格物"，却正是"止至善"。①

又説：

> x1. 惟《大學》乃孔門經理萬世的一部完書，吃緊處惟在"止至善"。及"格物致知"四字本旨，二千年來未有定論矣。某近理會得，却不用增一字解釋，本義自足，驗之《中庸》《論》《孟》《周易》，洞然脗合，孔子精神命脉具此矣。諸賢就中會得，便知孔子"大成學"。②

這裏，王艮贊嘆《大學》的價值，認爲是儒家聖人孔子及其門下爲萬世建立準則的完備的著作。王艮對"格物"的理解，與"止於至善"結合在一起。王艮也瞭解到人們對"格物致知"衆説紛紜，莫衷一是，所以王艮採取的研究思路是用經典文本與自己的體會參證，所以宣稱"不用增一字解釋，本義自足"。這樣的理解不僅不需要注釋，甚至都不需要增字對文本加以解讀。這種宣稱説明王艮從自己的體會出發已經將四書、《周易》根本精神融通起來了。王艮採用這樣的方法，並不認爲自己的理解可能也是對文本的一種誤解，反而認爲只有這樣才真正把握了其"本旨"。《孟子》曾贊嘆孔子爲集大成，王艮則將《大學》理解爲孔子的"大成學"。

王艮認爲自己對"格物"是"却不用增一字解釋，本義自足"，實際上是根據上下文的文脈與字詞的相似性來理解。③ 王艮説：

> 1. "自天子以至於庶人"以下數句，是釋"格物致知"之義。○"格物"之"物"，即"物有本末"之"物"。"其本亂而末治者否矣，其所厚者薄而其所薄者厚，未之有也"，此"格物"也。故即繼之曰："此謂知本，此謂知之至也。"④

> x3. "自天子以至於庶人"至"此謂知之至也"一節，乃是釋"格物致知"之義。身與天下國家一物也，惟一物，而有"本末"之謂。"格"，絜

---

① （明）王艮《重鐫心齋王先生全集》卷之三，《儒藏》精華編二五八，第110頁。
② 同上書，第130—131頁。
③ 王艮曾言："《中庸》'中'字，《大學》'止'字，本文自有明解，不消訓釋。"對於"止"，王艮稱："'於止，知其所止'，'止仁''止敬''止慈''止孝''止信'，是分明解出'止'字來。"見（明）王艮《重鐫心齋王先生全集》卷之三，《儒藏》精華編二五八，第110頁。
④ （明）王艮《重鐫心齋王先生全集》卷之三，《儒藏》精華編二五八，第110頁。

度也，絜度於本末之間，而知"本亂而末治者否矣"，此"格物"也。"物格"，"知本"也，"知本"，"知之至"也。故曰"自天子以至於庶人，壹是皆以修身爲本"也。"修身"，"立本"也。"立本"，"安身"也。①

我們簡略分析一下他的解讀邏輯。王艮此處所使用的是王陽明倡導的古本《大學》。古本《大學》爲：

> 自天子以至於庶人，壹是皆以修身爲本。其本亂，而末治者否矣。其所厚者薄，而其所薄者厚，未之有也。此謂知本，此謂知之至也。

朱熹爲了建立《大學》"以傳解經"的格式，即《大學》有經一章傳十章，經爲曾子述孔子之言，傳則爲曾子門人記錄的曾子的意思，認爲"此謂知本，此謂知之至也"之前"頗有錯簡"。而堅持古本《大學》的陽明學一系則認爲"此謂知本，此謂知之至也"講"本"，前面文字也講"本"，未必有錯簡。

"此謂知本，此謂知之至也"中的"知之至"，與"物格而後知至"相關聯。王艮延續王陽明這一思路，將這一段理解爲對"格物致知"的解釋。《大學》前文亦有"物有本末"，此處亦有"本"的說法，所以更證明這一段是講"格物"。

簡單來說，王艮是對《大學》本文的"格物""物有本末""修身爲本"結合起來思考："格物"的"物"是有"本末"的，其中的"本"是"修身"。而"格物"只是絜度本與末，要知道"本亂而末治者否矣"。

王艮認爲，"本"是"身"，格物就是要知道"身"是"本"，其他爲末。"淮南格物說"其實也就是王艮發揮的"安身說"。

王艮有一段生動的對"格物""安身"的解讀：

> x4. 諸生問"格"字之義。子曰："格"如"格式"之格，即後"絜矩"之謂。吾身是個"矩"，天下國家是個"方"，絜矩則知方之不正，由矩之不正也，是以只去正矩，卻不在方上求。矩正則方正矣。方正則成格矣。故曰"物格"。吾身對上下、前後、左右是"物"。絜矩是"格"也。"其本亂而末治者否矣"一句，便見絜度"格"字之義。格物，知本也。立本，安身也，安身以安家而"家齊"，安身以安國而"國治"，安身以安天下而"天下平"也。故曰"修己以安人"，"修己以安百姓"，"修其身而天下平"，不知安身便去幹天下國家事，是之謂"失本"也。就此失脚，

---

① （明）王艮《重鐫心齋王先生全集》卷之三，《儒藏》精華編二五八，第132頁。

將或烹身割股，餓死結纓，且執以爲是矣。不知身不能保，又何以保天下國家哉！①

王艮此處做了一個比喻。"吾身""天下國家"都是"物"，但"吾身"是"本"，是尺子，而"天下國家"則是被測量的區域。所以"格物"就是用"吾身"這把尺子去測量"天下國家"，要想"天下國家"能測量好，"吾身"需要是正的。"物格"就是通過正確的"吾身"把"天下國家"給測量好了。

2. 釋"止於至善"

王陽明對"明明德"頗有體會，而王艮則更注重"止於至善"，可以說是他理解《大學》的一個特點。他認爲：

> x8. 知"明明德"而不知"親民"，遺末也，非"萬物一體之德"也。知"明明德""親民"而不知"安身"，失本也。"其本亂而末治者否矣"，亦莫之能"親民"也。知"安身"而不知"明明德""親民"，亦非所謂"立本"也。②

王艮對於《大學》首言的"明明德""親民""止於至善"所謂"三綱領"，特別重視"止於至善"。認爲"'格物'，却正是'止至善'"③，所以"安身"就是"止於至善"。王艮與弟子之間有如下的問答：

> x3. 諸生問曰：夫子謂"止至善"爲"安身"，則亦何所據乎？子曰：以經而知"安身"之爲"止至善"也。《大學》說個"止至善"，便只在"止至善"上發揮："知止"，知"安身"也，"定、靜、安、慮、得"，"安身"而"止至善"也。"物有本末"，故"物格"而後"知本"也。"知本"，"知之至"也。"知至"，"知止"也。（引注：下略）④

簡單來說，王艮是對《大學》本文"止於至善""知止""知之至""知本"等結合起來思考。"至""止"有一定互訓的意味，使得"止於至善""知止""知之至""知本"具有同等的意義，從而將"安身"爲核心的"格物"說與"止於至善"等同起來。

王艮還將這個邏輯運用在《大學》"定靜安慮得"的解釋上：

---

① （明）王艮《重鐫心齋王先生全集》卷之三，《儒藏》精華編二五八，第132頁。
② 同上書，第133頁。
③ 同上書，第110頁。
④ 同上書，第131－132頁。

> x6. "知本","知止"也。如是而不求於"末","定"也;如是而"天地萬物不能撓己","靜"也;如是而"首出庶物","至尊至貴","安"也;如是而"知幾先見","精義入神","仕、止、久、速","變通趨時","慮"也;如是而"身安"如"綿蠻黃鳥,止於丘隅","色斯舉矣,翔而後集",無不"得"。所"止"矣,"止至善"也。①

有一段問答特別能够體現王艮此種邏輯:

> x2. 諸生問"止至善"之旨。子曰:"'明明德'以立體,'親民'以達用,體用一致,陽明先師辨之悉矣。此堯舜之道也。更有甚不明?但謂'至善'爲心之本體,却與'明德'無别,恐非本旨。'明德'即言心之本體矣,三揭'在'字,自喚省得分明。
>
> 孔子精藴立極,獨發'安身'之義,正在此。堯舜'執中'之傳,以至孔子,無非'明明德''親民'之學,獨未知'安身'一義,乃未有能'止至善'者。故孔子悟透此道理,却於'明明德''親民'中立起一個'極'來,故又説個'在止於至善'。
>
> '止至善'者,'安身'也。'安身'者,'立天下之大本'也。本治而末治,正己而物正也,'大人之學'也。是故身也者,天地萬物之本也,天地萬物,末也。知身之爲本,是以'明明德'而'親民'也。身未安,本不立也。'本亂而末治者否矣'。本先亂,治末愈亂也。故《易》曰:'身安而天下國家可保也。'如此而學,如此而爲,'大人'也。不知'安身',則'明明德''親民',却不曾立得天下國家的本,是故不能主宰天地,斡旋造化。立教如此,故"自生民以來,未有盛於孔子者也"。②

此段有可注意之處凡三:首先,王艮對"止於至善"理解是出自對王陽明相關内容的懷疑,在王艮看來,王陽明將"明德""至善"都看作是心的本體,王艮對此並不能認同。其次,王艮認爲,孔子在道統上的重要功績是發明出"安身"的思想,原因在於只有孔子做到了"止於至善","止於至善"是"明明德"與"親民"的極致。最後,王艮强調"止於至善"就是"安身"。邏輯仍然是:"身"作爲"物",是"本","天地萬物"也作爲"物",則是"末"。只有"本治"才能"末治",只有"正己"才能"物正"。

---

① (明)王艮《重鐫心齋王先生全集》卷之三,《儒藏》精華編二五八,第133頁。
② 同上書,第131頁。

3. "致知""誠意""正心"各有工夫

《大學》本文中有"所謂修身在正其心者""所謂齊其家在修其身者""所謂治國必齊其家者""所謂平天下在治其國者"等四段文字，是對"八條目"向外的後四個條目的解讀，也是朱熹認爲存在"以傳解經"格式的證據。王艮特別提出《大學》本文中向内的前四個條目没有類似格式的"所謂致知在格其物者"，"所謂誠意在致其知者""所謂正心在誠其意者"等解説文字：

> 2.《大學》言"平天下，在治其國；治國，在齊其家；齊家，在修其身；修身，在正其心"。而"正心"，不言"在誠其意"，"誠意"，不言"在致其知"。可見"致知""誠意""正心"，各有工夫，不可不察也。①

有一段問答，王艮專門對這個問題進行了詳細的回答：

> x9. 子謂諸生曰："《大學》謂'齊家在修其身，修身在正其心'，何不言'正心在誠其意'？惟曰所謂'誠其意'者？不曰'誠意在致其知'，而曰'致知在格物，物格而後知至，知至而後意誠，意誠而後心正'？此等處，諸賢曾一理會否也？"對曰："不知也，請問焉？"子曰："此亦是吃緊去處，先儒皆不曾細看。夫所謂平天下在治其國者，言國治了，而天下之儀形在是矣。所謂治國在齊其家者，家齊了而國之儀形在是矣。所謂齊家在修其身、修身在正其心者，皆然也。至於正心却不在誠意，誠意不在致知，誠意而後可以正心，知至而後可以誠意。
>
> 夫'戒慎恐懼'，誠意也。然心之本體，原著不得纖毫意思的，才著意思便有所'恐懼'，便是'助長'，如何謂之正心？是誠意工夫猶未妥貼，必須'掃蕩清寧'，'無意、無必'，'不忘、不助'，是他真體存存，才是正心。然則正心固不在誠意内，亦不在誠意外，若要誠意，却先須知得個'本在吾身'，然後不做差了。
>
> 又不是致知了，便是誠意。須'物格知至'，而後好去誠意，則誠意固不在致知内，亦不在致知外，故不曰所謂'誠意在致其知者'、所謂'正心在誠其意者'。是'誠意毋自欺'之説，只是實實落落在我身上做工夫。不可便謂'毋自欺'爲致知，與聖經背。
>
> 不先誠意就去正心，則正心又著空了；不先致知就去誠意則誠意又做差了。既能誠意，不去正心，則誠意又却'助'了。却不可以誠意爲正

---

① （明）王艮《重鐫心齋王先生全集》卷之三，《儒藏》精華編二五八，第 110 頁。

心，以致知爲誠意。故須'物格'而後'知至'，'知至'而後有誠意工夫，'意誠'而後有正心工夫，所謂'正心不在誠意，誠意不在致知者'如此也。"悟此《大學》微旨，諸生謝曰："此千載未明之學，幸蒙指示，今日知所以爲學矣。"①

王艮反復強調"正心不在誠意，誠意不在致知"，"正心""誠意""致知"三者不是依賴關係，而是"誠意而後可以正心，知至而後可以誠意"的前後關係。顯然這也是順《大學》本文的邏輯。王艮的目的則是發揮一套關於誠意、正心、致知的工夫。

王艮特別強調了"誠意"的工夫：

> x11.《大學》工夫，惟在"誠意"，故"誠意"章前後引《詩》道極詳備，"文王緝熙敬止"，"止仁、止敬、止孝、止慈、止信"，以至"沒世不忘"，"止至善"也。②

可能是《大學》本文只有對"誠意"有"所謂誠其意者"的一段解讀（在"此謂知本，此謂知之至也"之後），"格物""致知""正心"都沒有。《大學》本文"所謂誠其意者，勿自欺也。如惡惡臭，如好好色，此之謂自謙"，朱熹稱"謙讀爲慊"，有弟子針對此有疑問：

> x12. 程宗錫問："'此之謂自謙'，訓作'自慊'何如？"子曰："此正承'物格知至'説來。既知吾身是個本，只是'毋自欺'，真真實實在自己身上用功夫，'如惡惡臭，如好好色'，略無纖毫假借、自是自滿之心，是謂'自謙'。即《中庸》'敦厚以崇禮'也。'謙'者無不'慊'，'慊'者未必能'謙'也。然工夫又在'慎獨'而已。故'不怨天，不尤人，下學而上達。知我者其天乎'，如此而'慎獨'，則'心廣體胖'，'身安'也。"③

王艮認爲修行只是真實不自欺，真實在自己身上下功夫，沒有自以爲是、自我滿足之心，工夫就在於獨處時謹慎。

王艮對《大學》中"知""物"二字的解讀，近代碩學章太炎先生予以極高評價，認爲是對"格物致知"最爲合理的一種解讀："泰州王汝止起自竈丁，

---

① （明）王艮《重鐫心齋王先生全集》卷之三，《儒藏》精華編二五八，第134頁。
② 同上書，第135頁。
③ 同上。

讀書甚少，獨知知即知所先後之知，物即物有本末之物。斯義一出，遂成千古定論。"① 王艮對"知""物"的理解顯然僅依據《大學》本文，看似獨特，但有可能更接近於本義。又如陳來先生所言：王艮的"安身説"從理論價值上説，仍然是傳統儒家注重修身的老調，對《大學》以及"格物"説並没有什麽新的觀點，但是他在"修身爲本"之外，還提出"愛身""保身""尊身"等思想，"這些思想，不僅與朱子、陽明的格物説不同，與整個儒家傳統的發展也顯示出重要的差異。"②

三、對《中庸》的解釋

與王艮對《大學》的豐富理解相比，語録與書信中有關《中庸》《論語》《孟子》的解釋就顯得少很多。王艮對《中庸》有一總體的判斷：

x15.《中庸》先言慎獨、中和，説盡性學問，然後言大本，致中和，教人以出處進退之大義也。③

涉及對《中庸》的理解，王艮主要關注兩個方面。一個是對"中"的理解，一個是對"致中和"一段的理解。

1. 釋"中"

《中庸》中的核心概念如"中庸""中和""天命""未發""已發"等，王艮主要取"中"進行理解。王艮認爲：

x17. 道一而已矣。中也，良知也，性也，一也。④

這裏，實際上將"道""中""良知""性"的内涵貫通起來。至於"中"的意義，王艮主張直接採用《中庸》本文的解釋：

3.《中庸》"中"字，《大學》"止"字，本文自有明解，不消訓釋。"喜怒哀樂之未發謂之中"，"中也者，天下之大本也"，是分明解出"中"

---

① 章太炎《菿漢閒話》，《章太炎全集·太炎文録續編》，上海：上海人民出版社2014年版，第100頁。
② 陳來《宋明理學》，北京：三聯書店2011年版，第387頁。
③ （明）王艮《重鐫心齋王先生全集》卷之三，《儒藏》精華編二五八，第136頁。
④ 同上書，第137頁。

"印證吾心"與"本義自足"

字來。①（引注：下略）

但是，當別人問到"中"，王艮則隨處指認，認爲"中"就在百姓的日用之間：

> 20. 或問中。先生曰："此童僕之往來者，中也。"曰："然則百姓之日用即中乎？"曰："孔子云'百姓日用而不知'，使非中，安得謂之道？特無先覺者覺之，故不知耳。若'智者見之謂之智，仁者見之謂之仁'，有所見便是妄。妄則不得謂之中矣。"②

"中"還被用來描述爲"善念不動，惡念不動"的狀態：

> x19. 子謂子敬曰："近日工夫何如？"對曰："善念動則充之，惡念動則去之。"曰："善念不動，惡念不動，又如何？"不能對。子曰："此却是中，却是性，戒慎恐懼，此而已矣。是謂'顧諟天之明命'。立則見其參於前，在輿則見其倚與衡。常是此中，則善念動自知，惡念動自知，善念自充，惡念自去。如此慎獨，便可知立大本。知立大本，然後内不失己，外不失人，更無滲漏。使人人皆如此用功，便是致中和，便是位天地、育萬物事業。"③

處在此種"中"的狀態中，善念、惡念動的時候都能够清清楚楚地知道。這顯然是王艮將自己的體會附加在對"中"的理解中。

2. 釋"致中和"一句

在《中庸》中，王艮特別對"致中和，天地位焉，萬物育焉"情有獨鍾，並用來稱贊孔子：

> 31. "致中和，天地位焉，萬物育焉"，不論有位無位，孔子學不厭，而教不倦，便是位育之功。④

> 118. 只是學不厭，教不倦，便是致中和，位天地，育萬物，便做了堯舜事業。此至簡至易之道，視天下如家常事，隨時隨處無歇手地，故孔子爲獨盛也。⑤

《論語》中孔子"學而不厭，誨人不倦"，王艮將之理解爲具有能够成就位

---

① （明）王艮《重鐫心齋王先生全集》卷之三，《儒藏》精華編二五八，第110頁。
② 同上書，第112頁。
③ 同上書，第137頁。
④ 同上書，第113頁。
⑤ 同上書，第122頁。

於天地、化育萬物事業的事情。王艮從他自己的修行實踐領悟到，不存在什麼要做的轟轟烈烈的帝王事業，作爲一個普普通通的老師，只是要不斷地學習，不斷地教書就可以了。所以王艮也主張"出必爲帝者師，處必爲天下萬世師"的説法。這當然是一種氣魄與胸懷，並非實際上"好爲人師"①。

四、對《論語》的解釋

由於《論語》文體的特殊性，歷來對《論語》的解釋都是異彩紛呈，王艮對《論語》解釋的内容雖不多，但是也能够體現出他理解的特色。王艮對四書理解的主要特點是不由文義，從自己的體會出發，在對《論語》的個别文字上表現的也非常典型。

如，王艮説：

43."不亦説乎"，"説"是心之本體。②

《論語》首句"學而時習之，不亦説乎"，此處"説"本義只是一般的喜悦，王艮因爲認爲心的本體是快樂，所以將此處的"説"解釋爲心的本體。

又如，王艮説：

85."知之爲知之，不知爲不知"，是天德良知也。③

人天生具有某種知善知惡的能力，《論語》此句提及的"知"似乎隱約表達有類似的意思，由此王艮把《論語》此句與良知看似並不相干的内容會通在一起，顯然是從陽明學"良知"出發對《論語》進行統攝。

又如，王艮説：

138.仁者安處於仁，而不爲物所動；智者順利乎仁，而不爲物所陷。仁且智，君子所以隨約樂而善道矣。④

本條是對《論語》"子曰：'不仁者不可以久處約，不可以長處樂。仁者安仁，知者利仁。'"的理解。"不爲物所動""不爲物所陷"是王艮自己的體驗，顯然是王艮理解的仁者的心不爲萬物所牽引。

---

① （明）王艮《重鎸心齋王先生全集》卷之三，《儒藏》精華編二五八，第138頁。
② 同上書，第114頁。
③ 同上書，第117—118頁。
④ 同上書，第124頁。

"印證吾心"與"本義自足"

又如，王艮説：

> 104. "隱居以求其志"，求萬物一體之志也。①

此條是對《論語》"隱居以求其志，行義以達其道。吾聞其語矣，未見其人也。"的理解。文本原文並没有明確是什麽樣的志向，王艮將之理解爲追求"萬物一體"。王艮對"萬物一體"的理解也是很獨特的，與程顥、王陽明都不相同，"更多地吸收了古典儒家視民如傷、博施濟衆的人道主義"。②

有些理解雖然體現了王艮理解的特色，但是比較平實，發揮成分並不大。如，王艮説：

> x10. 如"我不欲人之加諸我"，是"安身"也，"立本"也，"明德""止至善"也。"吾亦欲無加諸人"，是所以"安人""安天下"也，不"遺末"也，"親民""止至善"也。③

本條是對《論語》5.11"子貢曰：'我不欲人之加諸我也，吾亦欲無加諸人。'子曰：'賜也，非爾所及也。'"的理解。由於正好是向内向外兩個方向，王艮將之與《大學》的理解結合起來。

又如，王艮説：

> 37. 曾點"童冠舞雩"之樂，正與孔子"無行不與二三子"之意同。故喟然與之。只以三子所言爲非，便是他狂處。④

還有一條問答也是大致的意思：

> 143. 先生問門人曰："孔子'與點'之意何如？"對曰："點得見龍之體，故與之也。"曰："何以爲狂也？"曰："以其行不掩言也。"曰："非也，點見吾道之大，而略於三子事爲之末，此所以爲狂也。"⑤

此二條大意相同。王艮對曾點氣象也是頗有心得。王艮重點理解孔子爲什麽贊同曾點以及曾點爲什麽是狂。在王艮心中，"得見龍之體"與"見吾道之大"是一回事，對於文本的理解非常的靈活，完全從自己體會流出。

又如，王艮説：

---

① （明）王艮《重鐫心齋王先生全集》卷之三，《儒藏》精華編二五八，第120頁。
② 陳來《宋明理學》，392頁。
③ （明）王艮《重鐫心齋王先生全集》卷之三，《儒藏》精華編二五八，第134—135頁。
④ 同上書，第113頁。
⑤ 同上書，第124頁。

66."夢周公",不忘天下之仁也。"不復夢見",則嘆其衰之甚,此自警之辭耳。①

本條是對《論語》"子曰:'甚矣吾衰也!久矣吾不復夢見周公。'"的理解。王艮從仁的角度來理解,孔子年輕的時候夢見周公,是没有遺忘天下。待孔子老之後,不再夢見周公,則是警示自己。因此,無論夢或不夢,孔子總是有道理的。

又如,王艮説:

108."志於道",立志於聖人之道也。"據於德",據仁義禮智信五者,心之德也。"依於仁",仁者善之長,義禮智信皆仁也。此學之主腦也。"游於藝",多識前言往行,以蓄其德也。②

本條是對《論語》"子曰:'志於道,據於德,依於仁,游於藝。'"的理解。王艮重點對"道""德""仁""藝"進行理解,雖不從字義出發,但是相對比較平實。

36. 孔子謂"二三子以我爲隱乎",此"隱"字對"見"字説。孔子在當時雖不仕,而"無行不與二三子",是修身講學以"見"於世,未嘗一日"隱"也。③

本條是對《論語》"子曰:'二三子以我爲隱乎?吾無隱乎爾。吾無行而不與二三子者,是丘也'"的理解。朱熹《四書章句集注》曰:"諸弟子以夫子之道高深不可幾及,故疑其有隱,而不知聖人作、止、語、默無非教也,故夫子以此言曉之。"④ 王艮從對"隱"字的理解出發,闡釋出不同於朱熹一系的理解。在王艮看來,"隱"不是"隱瞞""隱藏"的意思,而是與不爲世人所知的"見於世"相對的"歸隱"。這樣的理解其實也體現出他作爲一個民間儒學的傳播者的情懷,看似隱居,但是通過修身講學對天下國家有貢獻。

---

① (明)王艮《重鐫心齋王先生全集》卷之三,《儒藏》精華編二五八,第116頁。
② 同上書,第121頁。
③ 同上書,第113頁。
④ (宋)朱熹《四書章句集註·論語集註·述而第七》,《儒藏》精華編一一〇,北京:北京大學出版社2016年版,第139頁。

五、對《孟子》的解釋

1. "正己而物正"

在語録中，王艮對於《孟子》中"正己"的内容多次提及，可見王艮對"正己"特別有心得。王艮説：

> 1."行有不得者，皆反求諸己"，"反己"是"格物"底工夫。"其身正而天下歸之"，"正己而物正"也。①

王艮理解的"格物"是要絜度作爲"物"之"本"的"身"是否處在"治"的狀態，也就是是否"修身""安身"等。這個過程，就要不斷"反求諸己"，不去外求，只在自己身上做工夫。王艮看到《孟子》中有"身正"與"天下歸"，以及"正己"與"物正"這樣從内到外的展開順序，正好符合他自己理解的"格物"的模式。王艮還説：

> 5."大人者，正己而物正者也"，故立吾身以爲天下國家之本，則"位、育"，有不襲時位者。②

邏輯同上條，"吾身"是"天下國家"之本，能够達到《中庸》所言的位於天地，化育萬物的境界，同時也不依靠外在所認可的機會與地位。王艮還有這樣説：

> 33."射有似乎君子，失諸正鵠，反求諸其身"，"不怨勝己者，正己而已矣。"君子之"行有不得者，皆反求諸己"，亦惟正己而已矣。故曰："不怨天，不尤人。"③

王艮將《中庸》《孟子》當中類似的語句引出，反復説明"正己"的重要性。不難看出，王艮心中已經將其體會出的"安身"意義貫穿至他所理解的文本。"正己"就是以"吾身"爲"本"，生命中遇到有什麼挫折，都在自己身上找問題，不去怪罪外在環境與其他人。

2. 君子的品格

《孟子》書中描述了不少關於君子應該具有的品格，王艮也從中找到一定

---

① （明）王艮《重鐫心齋王先生全集》卷之三，《儒藏》精華編二五八，第110頁。
② 同上書，第111頁。
③ 同上書，第113頁。

的共鳴。王艮説：

> 101. 君子正其衣冠，尊其瞻視，儼然人望而畏之，又從而引導之。其處己也恭，其待物也恕，不失己，不失人。故曰："臨與不恭，君子不由也。"①

孟子所言實際上是印證出王艮所言君子應該具有的儀態。王艮又説：

> 114. 先生曰："重於情則累於道，君子之與受，視諸道而已。故曰'非其道，一介不以與人，一介不以取諸人'。'如其道，舜受堯之天下，不以爲泰'。"②

此處"情"應當指私情，所以王艮強調不要"重情"，給予與接受完全按照道義的標準從事，而孟子所言是這個道理的注脚。

王艮直接用"致良知"來解釋《孟子》有關語句：

> 79. "無爲其所不爲，無欲其所不欲"，只是"致良知"便了，故曰"如此而已矣"。③

在什麽樣的範圍内作爲與欲求呢？在王艮看來，只是不作爲不應該作爲的，不欲求不應該欲求的。那麽哪些是應該作爲與欲求的呢？王艮從自己的體驗出發，認爲"致良知"是最爲簡單與容易的，不必有其他的作爲與欲求。

由於王艮的《語録》與《答問補遺》内容相對較少，本文已經對其中較爲集中的引用四書的内容進行了分析。不難看出，王艮對四書的理解是從自己對心學的理解出發的，由於他並不注重四書歷代的注釋，所以他對四書的理解往往是根據四書上下的文脈，有一種樸素理解的傾向，但是他的理解思路又從自己的主體經驗出發，追求文本對自己經驗的印證。這兩者之間是矛盾的，有一種張力，但總體上體現的仍然是心學的解釋理路。

（作者單位：北京大學哲學系、北京大學《儒藏》編纂與研究中心）

---

① （明）王艮《重鎸心齋王先生全集》卷之三，《儒藏》精華編二五八，第 120 頁。
② 同上書，第 121—122 頁。
③ 同上書，第 117 頁。

《石經大學略議》和王時槐的"主意"思想

周丰堇

【内容提要】 王時槐深受《石經大學》的影響。他通過《石經大學略議》發揮了"意根""誠意"和"慎獨"的思想，系統論述了其本體論、主意論和工夫論。在本體論上，性是終極本體，而意與獨皆是性之生幾；在主意論上，意是溝通體用有無的樞機；在工夫論上，誠意和慎獨是攝用歸體的工夫。

【關鍵詞】 《石經大學略議》 性 意 獨 誠意 慎獨

一、《石經大學》和《石經大學略議》

晚明清初的學者多認爲王時槐（1522—1605）得陽明學正傳，他們對王時槐的評價多着重於"良知"思想，黃宗羲稱讚他"言良知者未有如此諦當"[①]。其實王時槐除了對於良知學有獨到見解外，還提出了"意"的思想創見。王時槐深受兩種《大學》版本的影響，一是《大學古本》，二是《石經大學》。如果說《大學古本》對王時槐的影響主要是"知"與"致知"思想，那麼他對《石經大學》的詮釋則體現了其獨特的"意"和"誠意"思想。所以，在王時槐的思想體系中存在着兩種並列的系統，其一是"良知"論系統，其二是"主意"論系統。在陽明的門人弟子聚焦於"良知"的同時，王時槐卻頗爲重視"意"，提出了不同於"心之所發"（意念）的"根本之意"。

[①] （明）黃宗羲《明儒學案》卷二十《江右王門學案五》，北京：中華書局 2008 年版，第 467 頁。

《石經大學》本係嘉靖四十三年（1564）前後豐坊的僞本，① 但在嘉靖至萬曆年間頗爲流行，耿定向、王時槐、管志道和鄒元標等深受其影響。錢啓新認爲是僞本："近有《石經大學》，虞山瞿元立考辨至爲精核，其爲僞造之書無疑。"② 而王時槐卻偏重於藉此書發揮義理，《答楊晉山》中論及他復見《石經大學》之情況。此信寫於萬曆二十九年辛丑（1601），是王時槐晚年成熟的思想。他説：

> 生近年復見《石經大學》，蓋表章始于鄭端簡公，而耿天臺先生見而悦之，稍有發明，見于集中。敝邑鄒聚所憲僉，則以白文刊布。鄒四山内翰、劉濾瀟禮部皆註釋之，粵中唐曙臺吏部亦註釋，且聞于朝矣。③

王時槐於此信談及《石經大學》的流行，耿天臺先生見而悦之，鄒聚所以白文刊布，鄒四山、劉濾瀟、唐曙臺皆注釋之。可見在陽明《大學古本》之後，《石經大學》是發明心學的一個重要經典依據。同年，王時槐於《答王儆所》中又讚《石經大學》文辭相對完整，義理連貫，不必更定補綴。他説：

> 《大學》一書，鄙意亦以《石經大學》爲正，其詞義渾成，原無錯簡，無缺文，不必更定而補綴也。④

王時槐對《石經大學》的評價很高，認爲《石經大學》是《大學》的正宗版本，比朱子《大學章句》和陽明的《大學古本》更爲可信。他親爲《石經大學》注解，名爲《石經大學略議》。萬曆三十三年乙巳（1605），王時槐於《答唐凝庵》中稱，他欲將其見解附於《石經大學》白文之末，寄之唐凝庵。他説：

> 《大學》首章發明詳悉，惟鄙意竊謂：《大學》當以石經爲正，近日亦謬以鄙見於《石經大學》白文之末，略綴數語，尚未成刻，俟少遲當寄

---

① 李紀祥《兩宋以來〈大學〉改本之研究》，臺北：臺灣學生書局1988年版，第164—265頁；林慶彰《豐坊與姚世彝》，臺北：東吳大學出版社1978年版，第180—186頁；劉勇《中晚明士人的講學活動與學派構建——以李材爲中心的研究》，北京：商務印書館2015年版，第68—69頁。

② 《明儒學案》卷五十九，第1444頁。

③ 《答楊晉山》，（明）王時槐撰，錢明等編《王時槐集》，上海：上海古籍出版社2015年版，第414頁。

④ 《答王儆所》七條，《王時槐集》，第416頁。

《石經大學略議》和王時槐的"主意"思想

上,以請裁割也。①

《石經大學》文末所附之見解應當是他所作的《石經大學略議》。此係王時槐生前一年,當爲王時槐思想最後成熟期。

在《石經大學略議》中,王時槐將朱子的《大學章句》、陽明的《大學古本》和《石經大學》作了比較,他認爲,《大學章句》有割裂和安排文字順序的痕跡,《大學古本》在文字旨趣上不十分透徹,似有錯簡,而《石經大學》則詞義融暢,說理透徹,文字流暢渾然。他說:

> 右《石經大學》出於賈逵,而表章於鄭端簡。嘉靖間,耿天臺、唐仁卿皆尊信之。近歲劉調甫、鄒汝光爲之疏釋,時槐得受讀,深有契於衷焉。竊以爲朱文公《大學章句》有補傳更定,似涉於割裂裝綴,而王文成公《大學古本》,一依註疏之舊,然味其文字旨趣,亦未甚瑩,似不無錯簡也。惟賈逵《石經大學》,則詞義融暢,理致昭晰,渾成一篇,絕無罅隙可疑,此必爲孔門原書,本無舛錯者,讀此則格致不必補傳,亦不必別爲訓釋,而此學朗然昭如指掌矣。惟《大學》之切要,在格致以徹性,誠意以復性,此聖門傳心之正宗,不當以異說淆之者。②

這裏除了介紹王時槐的思想與《石經大學》相契合之外,還談到一個重要問題,即《大學章句》的"補傳更定",這是指朱子"移其文、補其傳"的工作。朱子認爲小戴《禮記》的《大學》傳文缺少"致知在格物"和"誠其意在致知"的解釋,懷疑《大學》文本"闕文",故而作"格物致知補傳";又認爲,按照三綱八目的嚴格順序,"誠意"傳文位置混亂,懷疑《大學》文本在流轉中有錯簡,故而將"誠意"傳移至"正心"之前。③ 王時槐並不認可朱子的工作,認爲《大學章句》的"補傳"顯得裝綴,"更定"也有割裂文本之嫌。而王陽明的《大學古本》文字義理不夠透徹圓融,似乎存在"錯簡"問題。王時槐視《石經大學》爲正宗《大學》文本,因其"詞義融暢,理致昭晰,渾成一篇,絕無罅隙可疑",故而斷言"此必爲孔門原書",讀《石經大學》則"格致不必補傳,亦不必別爲訓釋"。

王時槐於萬曆二十九年(1601)給楊晉山和王徹所的書信中分別解釋了他

---

① 《答唐凝庵》,《王時槐集》,第447頁。
② 《王時槐集》,第575頁。
③ 陳來《有無之境——王陽明哲學的精神》,北京:人民出版社1991年版,第119—120頁。

的理由。《答楊晉山》書曰：

> 生讀《石經大學》，見其以"物有本末"一段，接"致知在格物"之下，而繼以"知止""知本"云云，似是發明格致本旨。觀此，則朱子之補傳誠爲贅疣，而陽明先生之説恐亦未爲作書者之本旨也。今抄録一册奉覽。愚意謂學不知止，則意必不能誠。何謂知止？蓋意心身家國天下總爲一物也，而有本末焉。何謂本？意之所從出者是也。意之所從出者，性也，是至善也。知止於至善之性，則意心身家國天下一以貫之矣，是謂物格而知至。何謂格？格者，通徹之謂也。謬意窺測如此，不知是否，敬以請正，乞裁示之。①

《石經大學》文本中，在"致知在格物"之下有"物有本末"一段，又繼以"知止"和"知本"之語。王時槐推斷，"致知在格物"之後所綴的論語就是發明格致本旨的傳文。所謂"知本"，是指明了終極本原、終極目的和最高境界；所謂"知止"，是指明了所安止的終極歸宿，是爲學工夫的前提。"本"就是性體，既具有宇宙論意義，即"意之所從出者"；也具有道德本體意義，即"至善也"。"止"既可以作名詞，即歸宿、歸止之處，指"至善之性"；也可以作動詞，即安止於至善之性。"知止於至善"是後天工夫的前提和源頭，即"學不知止，則意必不能誠"。以上是對"致知"的解釋。至於"格物"，王時槐解"格"爲"通徹"，"物"即"意心身家國天下總爲一物也"。這就顛覆了朱王二家的格物致知解釋。格物不是即物窮理或即意念而正，而是通徹天地萬物而窮其本原。致知不是獲得知識或推致良知，而是功夫所至的境界（達到知之後的透徹境界）。王時槐認爲，上述格物、知本、知止之語就是格致本傳，認爲朱子的格物致知補傳顯得多餘，而陽明之説也未明《大學》本旨。《答王儆所》一書又曰：

> 《石經大學》以"物有本末"一段，緊接"致知在格物"之下，此其爲發明格物致知本旨甚明。蓋自平天下逆推至於誠意，然苟不知性之至善而止之，則意必不能誠。蓋本性貫徹於意心身家國天下，渾然總爲一物也，而有本末焉。性之至善，其本也，知性之至善爲本，時時歸根復命而止之，是謂知本，是謂知之至，則意心身家國天下一以貫之無餘矣。格者，通徹之謂也。蓋知止於至善，則意無其意，心無其心，情順萬事而無

---

① 《答楊晉山》，《王時槐集》，第414—415頁。

情,得一而萬事畢矣。到此,則即末即本,何本末之可言;即用即體,何體用之可言。然在初學,則當以攝末歸本、攝用歸體爲下手處也。①

這不僅認爲《石經大學》本有"格物致知傳",而且進一步説明《石經大學》本有完整的結構層次。《石經大學》的結構是按照三綱八目展開,"格物致知"章是説體用關係,自"誠意"章之後是説攝用歸體的入手處。至善之性爲體,"意心身家國天下"總爲一物,是體之發用。致知即"知之至"的境界,知之至則"知性之至善爲本","知性之至善爲本"而時時止之即"知止"。因爲"性貫徹於意心身家國天下",所以止於至善之性,則"意身心家國天下"可即本體而一以貫之,這是即體達用。格物是通徹萬物而復歸本體,這是即用顯體。在王時槐看來,"知止於至善"是更高的直透工夫,有此直透本性的工夫,則"意無其意,心無其心,情順萬物而無情,得一而萬事畢矣。到此,則即本即末,何本末之可言;即用即體,何體用之可言"。直透本性則本來無體用本末之分别。

二、《石經大學略議》疏解和"主意"思想

雖然王時槐認爲《石經大學》本有"格物致知"傳,知止知本是即體即用的最高工夫和境界,格物是總論即用顯體的工夫,但是他於《石經大學略議》主要發揮的還是"誠意"章之後所展現的"攝用歸體",即"誠意"和"慎獨"問題。他認爲《石經大學》的關鍵要點,在於"格致以徹性,誠意以復性"爲儒學傳心之正宗,其對"意"的理解超出了前人的思想。此處暫不以《石經大學》爲對象,而是對王時槐的〈石經大學略議〉作出簡要疏解,來展示"意"在王時槐思想中的重要地位,以及"誠意、慎獨"工夫對研幾透性的基礎作用。

(一)《大學》的宗旨和性體的内涵

《大學》以復性爲宗,以至善爲性,以親民爲用,這是王時槐論《大學》的主要宗旨。王時槐雖有兩種本原論的思想,但是主張對終極本原——形而上的性體的復歸。《石經大學略議》説:

大學者,大人之學也。大人以天地萬物爲一體,故曰"大學"。至善

---

① 《答王儆所》七條,《王時槐集》,第416頁。

者,明德之體;親民者,明德之用。至善者,性也,性不容言,以其爲天地萬物所從出之原,極純無雜,而了無聲臭可得,强而名之曰"至善"。《大學》以復性爲宗,故止至善焉盡矣。①

此段解大學及三綱領的含義。大學即大人之學,天地萬物一體之學。三綱領中,以"明德"爲樞紐,貫通"至善"和"親民",至善爲明德之體,親民即明德之用。至善即王時槐所理解的性體,是爲宇宙本體。從宇宙論而言,性體是"天地萬物所從出之原"。王時槐的思想存在兩種本原論,一是作爲"先天之子,後天之母"的發竅,是一切知識與事物的直接本原,處於先天後天之間;二是先天性體,是天地萬物的終極本原。兩種本原其實是統一的,因爲先天性體之發竅並非外於性體,只不過發竅作爲本原是直接的和可以入手修證的,而性體卻是極純無雜的本原,只能靠領悟而得。兩種本原觀的思想,朱子解《通書》時已提出。朱子曰:"'大哉乾元,萬物資始',誠之源也。須知此'大哉乾元,萬物資始'以上,更有'寂然不動'者。"② 萬物資始之乾元是一切後天事物的源頭,但尚不是真正的本原,寂然不動的形而上之理才是真正的本原。王時槐的性體和發竅的關係,與朱子所論"寂然不動之理"和"萬物資始之乾元"的關係相近。據此,引出對終極本原（性體）的追求,大學的宗旨即是復性。王時槐又曰:

> 大學以復性爲宗,格物致知者,悟性之功也。天地萬物皆物也,而物有本末焉,性之至善,是天地萬物之本也。格者,通徹之謂也,即天地萬物而窮其原,真能悟此性之爲本,洞然通徹,無纖芥之疑,是謂物格而知至。③

此則提出復性是大學宗旨。復性有兩種工夫（悟修）,其中格致是悟性的工夫。至善之性彌宇宙,萬物皆不外於性體。格是"通徹"之意,格物是即天地萬物而窮其本原,以求"通天地萬物爲一體"的大人之學。既然是"通徹",那麼就不能僅通過後天各種修證工夫來達到,因爲所有的基於後天意識念、身語意和行止上的修證,都不免有習氣遮蔽而不能朗徹,而且在修的同時也在增添新的障蔽。王時槐認爲,執念固然障性,但"掃念歸空是亦念也……但執念爲實

---

① 《王時槐集》,第570頁。
② （宋）黎靖德編《朱子語類》卷九十四,北京:中華書局1981年版,第2397頁。
③ 《王時槐集》,第570頁。

有，則滯於物而性蔽矣"①。可見，真能達到通徹的境地，唯有即萬物而直悟本原之性，不可加一絲意思。致知不是即萬物以求知（識），也不是順天理的呈現而推此良知致於事物，更不是即不正之心念而以良知之照察來改正，而是悟本原之後達到的明徹無礙的境地（至於知）。能悟此性之爲本則洞然通徹，即是謂物格而知至。知是性體中涵的虛明朗徹之德，是性體的本然屬性，而不可視爲獨立於性體之外的良知。

既然《大學》宗旨是復性，那麽性體何謂？王時槐曰：

> 程子曰："人生而靜以上不容説。"又曰："性即理也，理無不善，堯舜至於塗人一也。"張子曰："性者萬物之一原，非有我之得私也。"孟子道性善，及其答門人之問，曾無一言以形容性善之狀，而但以情善爲言，此可見孟子真悟性者。楊龜山言"孟子之言性善不與惡對"，其知言哉。②

王時槐從三個方面闡釋性體的意蘊。其一，性即理，是絶對的形而上之理，不可言説與思議，即"人生而靜以上不容説"之理。其二，性是萬物之本原，非一人之私有。性理散殊於萬物中，凡聖、人物所得皆同，即"堯舜至於途人一也"。其三，性體是至善，作爲絶對的形而上之本原，不容有相對之情狀，故而常以"至善"或"圓善"强名之，即上文所謂"性不容言，以其爲天地萬物所從出之原，極純無雜而了無聲臭可得，强而名之曰至善"。至善無法以"至善者"稱謂，凡善者、惡者等可以言"者"的稱謂，都是指向具體的存在者，而不得謂終極性體；至善也不是存在之整體，凡總混群本者，是存在之總名，而不是不可言説的終極完滿。故而性體（至善）不可以語言描述。至善其體無限（不可限定），其發用即"總混群本"之過程（大用流行），其目的總是指向絶對完滿的自身（至善）。因性體（至善）不可言説，故而"孟子道性善，及其答門人之問，曾無一言以形容性善之狀，而但以情善爲言"，這是即發用言性體，即後天論先天。孟子所謂情之善，是性體之發用的道德内涵，而至善本無善惡，若性體有道德之善惡，則不得謂之至善，故而"楊龜山言孟子之言性善，不與惡對"。

（二）性意關係，意和誠意之内涵

在論述了《大學》的復性宗旨和提出性體即至善的内涵後，王時槐轉而提出意，討論性與意的關係，意和誠意的内涵。《石經大學略議》曰：

---

① 《三益軒會語》，《王時槐集》，第491—492頁。
② 《王時槐集》，第570頁。

> 性之至善，彌宇宙，貫古今，了無聲臭可得，然非頑空也。性本生生，意乃生生之微幾，動而未形，① 所謂獨也。獨者，無對之稱，蓋有無不足以名之，故曰"獨"也。意與念有辨，至於念則純駁分焉，獨幾常生而無可睹聞之相，於此慎之，則此意常微，即孔子無意之謂。誠者，天之道也，意而無意，則人而天矣，是謂"誠意"。②

此則由性體論及"意""獨"和"誠意"的内涵。所謂"性之至善彌宇宙，貫古今，了無聲臭可得，然非頑空也"，是以觀察者的尺度對性體作領悟之語。至善之性貫古今，彌宇宙，然而性體本來是"人生而靜以上不容説"，本來"了無聲臭可得"，何以能有彌貫之情狀？王時槐説，"夫徹古今，彌宇宙，皆後天也。先天無體，捨後天亦無所謂先天矣"③。所謂彌貫之説，皆是從後天時空之角度言先天，正如孟子但以情善以言性善一樣。先天性體本來不可言説，其"了無聲臭"的特徵，是假後天之視野以觀先天。後天有限存在者觀先天，必了不可得，故而賦予無聲臭的特徵。實際上"了無聲臭"和彌貫之情狀一樣，是後天存在者視野中的先天，而不得謂先天性體本來是"了無聲臭"的虛寂之體。故而論性體虛寂，只是人爲地爲性體賦予特徵，而且偏頑空。何以謂之頑空，因其不能説明現實存在，不能解釋性體如何能生發爲後天之萬物。故而性體應當有生的可能。

所謂"性本生生，意乃生生之微幾"，是説性體必有生生之理，才能發用爲後天萬物，而意則是生生的微妙狀態。王時槐所謂的意，是宇宙性體的生生之意，即《易》所謂的天地生生之德。王時槐在性知關係上持有不離不混的體用觀，知是性之發用，二者不可混同；知爲性之德，本性之中涵靈通曰知，④二者是統一的。性和意的關係也是不離不混的。自意是性體中涵之生幾而言，性意是統一的；自意是性之發用而言，二者不可混同。

意是生生之微幾，其特徵是"動而未形，所謂獨也"。動而未形，即在將動未動之際，生而未生之間。所以，意是體用中間性的狀態，而不可視爲念慮與事物那樣已形成的存在。由於未形成，故而不可謂之事物，而是與物無對之"獨"。據此觀之，王時槐所謂的意與意念不一樣。凡意念者，皆有對象，是與

---

① "意乃生生之微幾，動而未形"，上海古籍出版社《王時槐集》作"意乃生生之微，幾動而未形"，疑標點有誤，故改。
② 《王時槐集》，第571頁。
③ 《病筆》，《王時槐集》，第532頁。
④ 《仁智説》，《王時槐集》，第557頁。

物有對者；意念有生滅起伏過程，有純駁之分，有善惡相對而出，是已形成者；因其有對象、過程和價值分別，所以是短暫的意識活動存在者，而不是動而未形、有無之間的微幾。故王時槐強調"意與念有辨"。所謂"此意常微，即孔子無意之謂"，是説王時槐所謂的意，細微而未形，無對象與形式，所以不算意識活動，而是一種"無意"的狀態。如此，則誠意的工夫就不是前人所理解的在後天意念上用功使意念誠而心正，而是細研生生之微幾而返歸性體，這種工夫就是"意而無意，則人而天矣"。此"意而無意"的工夫是溝通天人的中介，是謂"誠意"。

（三）誠意與慎獨之工夫

在討論性意關係，意和誠意的內涵後，王時槐開始進一步論述誠意和慎獨的工夫。《石經大學略議》曰：

> 程子曰："識得此體，以誠敬存之。"格物致知者，識得此體也；誠意者，以誠敬存之也。格致存乎悟，誠意存乎脩，《大學》之要，盡於此矣。①

此則論復性的工夫。復性的工夫有二，格物致知和誠意，格致是悟性識體的工夫，誠意是修後天以完先天的工夫，是攝用歸體的入手處。性體了無聲臭，不可把捉而修，只可直悟性體。然而性體之發用，則可以着手以修證。程子曰："識得此體，以誠敬存之。"這是先求識仁，而後以誠敬存之。程顥所謂的"識"是洞察、明了之義，近似"覺悟"，而不是即物窮理、以思索求知識之義。王時槐的"格物致知存乎悟"和程顥所云"識得此體"之意相近。如前文所論，王時槐以"通徹"爲格，格物是即天地萬物而悟性體，致知則是悟性體後的明徹無礙之境。這二者是悟性的工夫。悟後以誠敬存之，則是悟後之修的"誠意"工夫。修的工夫固然是在後天，但是與在念起念滅上精研的工夫不一樣，而是即後天存養先天本性。從王時槐所論可以發現，悟、修二工夫不是分裂的兩條復性途徑，而是悟後有修，悟性而存養。又曰：

> （物有本末，事有終始，知所先後，則近道矣……此謂知本，此謂知之至也。）② 此一段正發明格物致知之義。先儒以爲格致傳闕，誤矣。天地萬物，其本在於至善之性，故格物而知本知止，則於性徹矣。性者意之所

---

① 《王時槐集》，第571頁。
② 按：括號內爲《石經大學》原文。

從出，不悟性之爲本而常止，則意不可得而誠也。①

此則不僅説明了《石經大學》本有格物致知傳，而且進一步闡述悟性的重要，以及知本知止是一切工夫的前提。性是至善，爲天地萬物之本。格致何謂？即格物而悟性，方能達到知的朗徹境地（致知）。此知的境界何謂？知不是獲得具體知識，而是知本，即"知性體至善爲本"。知本然後才能止於至善，即"知本則知止"。悟性是首要的工夫，誠意必先悟性。王時槐説："性者意之所從出，不悟性之爲本而常止，則意不可得而誠也。"這不僅説性是意的來源，且指出悟性而知止是誠意的前提。悟性之後才能知本知止，知本是明了本體這一目的，知止是常以至善自身爲目的。完滿的善是由其自身且爲了自身的活動，是自由與自律的統一。性本生生，是由其自身的活動；知本知止，是性體自律且以自身爲目的的活動（處於性體中的人也具有此特徵）。據此，後天誠意之功方能心無旁騖而不以他者爲追求目的，方能以誠敬存養性體。誠意也不是多做誠的心行，只是存養性體而已。又曰：

> 性無可致力，意之獨者，性之微萌，脩身之最要，惟在於此。如惡惡臭，如好好色，言意至於誠，則習氣盡銷。其不染也，如惡惡臭；天真極純，其根衷也，如好好色。此誠意之極功，必如是而後可以自慊。然誠之致力當如何？惟在慎獨而已。獨者，一性之呈露，而萬有之根柢，所謂坤復之間，此幾默默常運，了無朕跡，不可以有無言者也。於此慎之，是謂不遠復之學。不知慎獨者，高之或墮空見，下之或落枝節，於道也遠矣。故程子曰："其要只在慎獨。"②

此則闡述獨的含義，以及工夫"只在慎獨"的要領。爲何工夫要領在慎獨？因爲"性無可致力，意之獨者，性之微萌，修身之最要，惟在於此"。這是説，性體無處致力修證，修身之關鍵唯有在性之微萌的狀態上着手。性體之微萌，即動而未形的意或獨，是先天發爲後天的初機。握此微萌之初機，即可常就後天而觸及先天，而不是在後天經驗層面的境風識浪中翻滾。前文説"意乃生生之微幾，動而未形，所謂獨也。獨者，無對之稱，蓋有無不足以名之"。可見，作爲生幾，意和獨是一個意思，只不過以意指稱生幾是偏重生的角度，以獨指稱生幾是偏重"與物無對"的角度。何以生幾是"與物無對"？是因爲生幾是

---

① 《王時槐集》，第 571 頁。
② 同上書，第 571—572 頁。

動而未形的狀態，非日常經驗中成形的存在者，故而無物可與相對，強名之爲獨。既然意和獨是一個意思，那麼誠意和慎獨是不是一個工夫呢？前文説"誠者，天之道也"，此處又説"然誠之致力當如何？惟在慎獨而已"。這説明，誠者天之道，言誠意尚嫌高妙，其切實入手還需要慎獨的工夫。

王時槐先以"好惡"來説明誠意之極功："如惡惡臭，如好好色，言意至於誠，則習氣盡銷，其不染也，如惡惡臭；天真極純，其根衷也，如好好色。此誠意之極功。"好惡既可以是性體初萌時的生幾狀態，也可以是經驗層面顯著的好惡習氣。初萌時的好惡之幾，即《通書》所謂"幾，善惡"，朱子解曰："幾是動之微，是欲動未動之間，便有善惡。"① 初萌之好惡只是幾動之初便有了好惡的意向，而不是顯著的好惡習氣。然而此好惡之幾從本質上説，只是一個向善的傾向。已經形成的好惡習氣固然是殊途、混雜的，而好惡意向在本質上只是"好善必然惡惡，惡惡亦是爲好善"這種一致的傾向。"意至於誠，則習氣盡銷，其不染也"，即前文所謂"意而無意，則人而天矣，是謂誠意"，是指達到人天合一的境界，後天習氣銷盡的狀態，此時"惡惡臭"就不是經驗層面的對不喜事物的拒絕，而是本性的不染雜狀態。"天真極純，其根衷也，如好好色"，"其根衷"即由至善發出而回到至善的純粹過程，此時所謂"好好色"不是經驗層面的喜好某一事物與習氣，而是性體天真純粹狀態。有一種觀點認爲佛以淨染論本性，儒以善惡論本性，又以爲善惡近似而不同於淨染（因善惡在業力習氣輪回中）。據王時槐之論可知，儒家講本性可以至善結合虛無純淨而論，即王畿所謂"無善無惡，是爲至善"②。

但以上所論只是誠意之極功，至於其致力處，"惟在慎獨而已"。所以關鍵是認識獨。意和獨的含義既然一樣（生幾），爲何還要重點提出獨？這不僅是因爲《大學》和《中庸》涉及"慎獨"，必須從文本上過渡到慎獨，而且因爲獨和意畢竟有區別。意固然是性之生幾，但言涉於意則不免生發，意可以生發爲識、念，所以意從概念上講無"緊守自身"之義，而獨從概念上講是嚴格的"與物無對"，永遠是動而未形的狀態，如果變遷、成形則不能謂之獨，所以言獨比言意更能專注於幾微的狀態。王時槐説："獨者，一性之呈露，而萬有之根柢，所謂坤復之間，此幾默默常運，了無朕跡，不可以有無言者也。"獨是萬有之根柢，是現實世界雙重本原中的直接本原。獨爲生幾，以卦象而論，是

---

① 《朱子語類》卷九十四，第2394頁。
② （明）王畿撰，吳震編校《王畿集》卷三，《答中淮吳子問》，南京：鳳凰出版社2007年版，第69頁。

坤復之間的狀態，即從全陰到一陽初動之間，從無到一氣存在之間。坤是全陰，是虛無之象，固然不可論幾，而復卦已經一陽動而涉於形跡（有），亦不可爲幾。獨（幾）是動而未形，故在坤復之間。獨（幾）是性之默默常運狀態，默運則不淪爲絕對虛無，常運則無滯機而不淪爲成形者。所謂慎獨之學，即"於此慎之，是謂不遠復之學"。於此獨（幾）慎之，既不可簡單理解爲日常經驗中獨處一室而慎，如鄭玄所謂"慎其閒居之所爲"[①]；也不可理解爲戒慎心之所發的意念，如朱子所謂謹於"人所不知而己所獨知之地"[②]；而是於性之呈露、心體之將動而未形之際慎之，即是復卦所謂的"不遠之復以修身也"之意。不知慎獨之功，或偏於滯空，即"高之或墮空見"；或偏於支離，即"下之或落枝節"。故程子曰："其要只在慎獨。"

論獨之後，王時槐又進一步論何謂慎，《石經大學略議》曰：

> 獨固難識，而慎亦未易言。邵子言："子之半，一陽初動，而萬物未生。"吾心之真幾，息息常生而無生相，其獨之謂乎。獨爲生之端，於此不慎，則意馳而離其本，故貴於慎也。慎者研幾入微，精以一之之功也。
>
> 《易》曰"潛龍勿用"，孔子曰"退藏于密"，周子曰"主靜"，曰"寂然不動者誠"，曰"幾微故幽"，程門言"敬"，曰"主一無適"，曰"其心收斂，不容一物"，邵子曰"人之精神，貴藏而用之"，曰"沉珠於深淵"，白沙先生示靜中端倪而曰"緘藏極淵泉"，陽明先生曰"性情道德言動，皆以收斂爲主"，曰"爲學須從心髓入微處致力"，念庵先生喫緊於未發，而以"收攝保聚"爲言。觀《大易》、先聖、先儒惓惓垂示之旨，則知慎獨之功當如是矣。[③]

此二則論"慎"的工夫。王時槐指出"慎"的工夫要領在潛藏收斂，慎的地位是研幾入微之功。獨固然難識，慎也不容易言。獨不僅是性體（宇宙本體）之生幾，而且是心之真幾。獨（意）是生之端，息息常生而無生相，但一旦不慎，則"意馳而離本"。所以不可不慎。慎是研幾入微、由精致一之功。慎的關鍵是收斂。王時槐舉出"潛龍勿用""退藏於密""主靜""寂然不動""幾微故幽""敬""主一""收斂""藏用""沉珠""收攝保聚""吃緊於未發"等，都是爲了說明慎獨的要領是收斂退藏。這是因爲，性本生生，意與獨爲生幾，

[①] （宋）衛湜《禮記集説》卷一百二十四，清《通志堂經解》本。
[②] （宋）朱熹《四書集注》，《中庸章句》，北京：中華書局1983年版，第18頁。
[③] 《王時槐集》，第572頁。

《石經大學略議》和王時槐的"主意"思想

關鍵在於能把握此動而未形的狀態。若從順生的角度，必然至於流蕩而無歸，只有從退藏與收斂的角度，才能使生幾常生而常止，常止又常生，不至於因爲單純順生而導致生而成形或生而流蕩。王時槐曰："意本生生，惟造化之機不克則不能生，故學貴從收斂入，收斂即爲慎獨，此凝道之樞要也。"① 這明確指出收斂爲慎獨之要領。

王時槐接着從經典文獻角度論證慎獨是《學》《庸》之一致性，認爲《大學》雖然只提出至善、獨和慎，但性爲至善、獨爲微幾、慎爲收斂潛藏的工夫，是通過《中庸》而詳論。《石經大學略議》曰：

> 或曰："《大學》但言至善，未嘗指其爲性；但言獨，未嘗描寫其爲動而未形；但言慎，未嘗極示其爲潛藏收斂。今何所徵而知其然乎？"曰："吾徵於《中庸》而知其然矣。《中庸》首揭天命之性，而謂未發爲天下之大本，篇中言明善擇善，正指性之至善爲本之説也。其言獨曰不睹聞，隱微而即曰莫見莫顯，正所謂'動而未形，有無之間'，其描寫獨之面目，可謂親切矣。既言戒慎恐懼，而末章詳言尚絅闇然，由微自以入德，潛伏於人所不見，敬信於不動不言，篤恭於不顯，不大於聲色之末，而歸極於無聲臭之至，正潛藏收斂、研幾入微之旨也。《大學》舉其略，《中庸》示其詳也。賈逵謂《大學》爲經，《中庸》爲緯，皆出於子思之筆，其信然哉。"②

此則以《中庸》詮釋《大學》，來發明性善、慎獨的意蘊。有人質疑王時槐對《大學》的詮釋，認爲《大學》但言至善，並非指至善爲性體；《大學》只言獨，並未嘗描述其是動而未形的生幾；《大學》言慎，並未指出慎的工夫要領是潛藏收斂。王時槐認爲，他的詮釋是以《中庸》配《大學》而得之。爲何至善是性體？因爲《中庸》首揭天命之性，又以未發之性爲天下之大本，《大學》以至善爲歸止，可見大本之性即至善；《大學》言知本知止，《中庸》篇中也提到明善擇善，可見明善即知本，即以性之至善爲本。爲何獨是動而未形的生幾？因爲《中庸》談慎獨時以"不睹不聞"形容獨，即"獨"的了無徵兆特徵；又以"莫見乎隱，莫顯乎微"形容獨，即"獨"的動而未形、有無之間的特徵。爲何慎的要領是潛藏收斂？因爲《中庸》以"戒慎恐懼"言慎，末章詳言"尚絅闇然"，這是從細微的動而未形處潛藏收斂，在隱微處施以恭敬，從

---

① 《與賀汝定》，《王時槐集》，第 371 頁。
② 《王時槐集》，第 572—573 頁。

而返歸於無聲臭之性體。

萬曆二十九年辛丑（1601），王時槐在《答王儆所》一書中，同樣表達了他認同賈逵所謂"《大學》爲經，《中庸》爲緯"的思想，而以《中庸》的"慎獨"輔助闡釋《大學》的"慎獨"。他説：

> 《中庸》言不睹聞，可謂隱微矣。而實莫見莫顯，故不睹聞。隱微非無也，見顯非有也，有無不可名狀，故强名之曰獨。獨者無對之謂也，離獨而言寂，則爲偏空；離獨而言感，則爲著相，故學惟在慎獨。慎之一字，則戒慎恐懼四字也。獨者，用之原而體之呈露處也，惟此爲可致力，於此時時入微，是謂慎獨，是謂攝末歸本，攝用歸體，即《大學》知止之功，無二學也。①

《答王儆所》一書所云《學》《庸》關係，比起《石經大學略議》更爲明確，直接以"莫見莫顯，故不睹聞"解釋"獨"，以戒慎恐懼解釋"慎"。又申明慎獨是攝用歸體之功，和格致作爲悟性（即體即用）之功不一樣。

王時槐接着又從理氣的角度闡述慎獨工夫的要領在於收斂。《石經大學略議》曰：

> 《易》以此性之生生取象於龍，然必首於潛而勿用。蓋惟潛而後能見、惕、躍、飛，動合天則，所謂不專一則不能直遂，不翕聚則不能發散也。《書》曰"安汝止"，"欽厥止"；孔子以"思不出位"爲止，而謂"艮止爲萬物之成始成終"；孟子言"集義"，集亦止也，不止而徒飾於外則爲"義襲"矣。②

此則從理的角度，以易理闡釋收斂潛藏的道理。收斂爲主的原理是，潛而後能見，翕聚之後才能發散，止爲萬物始終的成因。

> 或曰："性本自止，非假人力而後止也。學惟一悟便了，何必慎獨。"曰："性，先天也，獨幾一萌，便屬後天。後天不能無習氣之隱伏，習氣不盡，終爲性之障，故必慎之。至於習氣銷盡，而後爲悟之實際，故真修乃所以成其悟，亦非二事也。即上聖且有罔念之戒，況中下根之人乎？彼自恃爲有悟，而慎獨之功疏，鮮不涉于曠蕩自矜，將爲無忌憚之中

---

① 《答王儆所》七條，《王時槐集》，第416頁。
② 《王時槐集》，第573頁。

庸矣。"①

此則不從理而從後天經驗習氣的角度闡述收斂潛藏的原因。有人質疑，性本生本止，這是天然有收斂的趨勢，所以悟性則一了百了，直從先天透後天，何必假以人力而施慎獨（收斂）之功？王時槐認爲，性體固然先天未發，然而獨幾（意、知）一旦萌發，便屬於後天。發竅尚且有習氣潛伏，則一切後天必然有習染之病。對於發竅之病和習氣之行藏，王時槐曾論曰："夫性本無病，惟混沌一開，此竅立焉，則業習之氣有潛注其中者矣。習氣之潛注，其來無端，莫知所由始也；其隱無跡，莫測其由伏也。"② 性體本來純粹至善，不可言病，混沌初開而有發竅，則業力習氣潛藏灌注其中，所以後天必然有習氣業力之熏染。若欲追問習氣從何而來，潛伏何處，以對其源頭和行止施加斬斷，這實在無從追尋，因爲習氣之來無端，不知從何而始；習氣之藏無跡，難測其潛伏之處。習氣之妄有如《楞嚴經》所云："有因非妄，妄即無因（無因故妄）。"因其無因，故而無法以道理闡明，只能謂之"無明"。

"習氣不盡，終爲性之障，故必慎之。至於習氣銷盡，而後爲悟之實際。"這是說，工夫的目的在於悟性，悟性的實功在於銷盡習氣。習氣不消磨殆盡，總會成爲障性之因，故而自發竅始便須施加慎獨之功。"故真修乃所以成其悟，亦非二事也。"這是說悟性與修習不二，有如禪宗所云悟後還修之義。《楞嚴經》云："理則頓悟，乘悟並銷；事非漸除，因次第盡。"悟與修，從分析的眼光看，悟是悟性（先天），修是修事（後天），其境域不同，其用功有次第。悟性只是見性，其功是以明覺照察無明。然而見性不等於透性，頓悟之際不等於習氣業力盡除而一了百了，心性雖見，卻不是悟性之實地，"習氣銷盡，而後爲悟之實際"。人處於後天經驗中，習氣業力纏身，需施加消磨之功而因次漸銷。從圓融的眼光看，悟是明心見性，正好乘明覺見病之機，在後天習氣上施以消磨之功，這種方式謂之"乘悟並銷"。王時槐曰："獨不聞業力不可思議乎？惟業力不可思議，故習氣未易頓消，予以爲必真悟性，乃能見病。譬之日出能見凌虛之塵，目明能察秋毫之末。"③ 這一方面表達了業力習氣不可思議，心性可頓悟，而業力習氣不可頓消，所以修習不可因悟而廢，必須用慎獨之功；一方面又表達了悟性乃能明見習氣之潛藏，而"乘悟並銷"的意思。"至

---

① 《王時槐集》，第 573 頁。
② 《書南皋卷後》，《王時槐集》，第 578 頁。
③ 同上。

於習氣銷盡,而後爲悟之實際",如果習氣消磨殆盡,方能謂之真透性,方才是悟性後的實際境界。

"即上聖且有罔念之戒,況中下根之人乎?必自恃爲有悟,而慎獨之功疏,鮮不涉於曠蕩自矜,將爲無忌憚之中庸矣。"這是針對常人的一種問題:"治病之説,特接引中下根可耳,若上上根人,一悟而徹,何事治病乎?"① 王時槐重申上聖尚且有罔念克念之戒,何況中下根人,非慎獨之功,則必淪爲無忌憚之中庸。又曰:

> 性無爲者也,意爲形氣之原,故習氣隱伏其中,習氣極微,當其未萌,亦無聲臭,惟根株未拔,一觸復萌矣。程伯子見濂溪先生後,自言已無獵心,先生曰:"何言之易也。但此心潛隱未發,一日萌動,復如初矣。"後十一年,見獵復有喜心,乃知果未也。於此可見習氣之難於自知且未易銷如此。孔子有"已矣乎,未見能見其過"之歎,正謂此也。今人冒認有悟,而遂謂無習氣可銷,誤矣。昔人謂:"學必優入聖域,習氣乃盡。亞聖以下,皆不能無習氣。"真至言也。②

此則進一步論習氣之隱微難除,以明示誠意慎獨的必要性。此處提出"性無爲者也,意爲形氣之原",即王時槐所云"性本無病,惟混沌一開,此竅立焉,則業習之氣有潛注其中者矣"③。性無爲(無習氣),而意作爲性之生幾,雖然"動而未形",卻是"幾善惡"。習氣自意初萌時便潛伏其中,雖無聲臭,但業力種子和習氣根株不拔除,則一觸即發。引程伯子見獵心喜即是證明習氣之隱微難除,往往在自以爲空明純淨時而業種習根尚在,所以不可以悟性爲藉口而抛棄誠意慎獨之功夫。學必入聖乃可言習氣盡,即前文云"意至於誠,則習氣盡銷","至於習氣銷盡,而後爲悟之實際。"所謂"今人冒認有悟,而遂謂無習氣可銷",正是批評當時冒認情識爲良知,認習氣爲不學不慮之性的學者。王時槐批評泰州後學説:"承諭羅近溪'不學不慮'之説,以此言性則是也。在上智固能默契之,第中下根人,不無習氣之蔽,若一切冒認習氣,以爲不學不慮之性,正是認賊作子,後學遂至於蕩恣而叛道者多矣……學不透體,即往往冒認習氣爲本性。"④ 這和《石經大學略議》所云一致,學不透體,不僅忽視

---

① 《書南皋卷後》,《王時槐集》,第 578 頁。
② 《王時槐集》,第 573—574 頁。
③ 《書南皋卷後》,《王時槐集》,第 577—578 頁。
④ 《答按院吳安節公》,《王時槐集》,第 436 頁。

慎獨之功，反而冒認習氣爲本性，正是後學之弊。

王時槐接着又論述慎獨之工夫的本質和尺度。《石經大學略議》曰：

> 性貴悟而已，無可措心處，纔一拈動，即屬染污矣。獨爲性之用，藏用則形氣不用事以復其初，所謂陰必從陽，坤必東北喪朋而後有慶，後天而奉天時也。
>
> 程子曰："必有事焉而勿正，心勿忘，勿助長，未嘗致纖毫之力。此其存之之道。" 白沙先生曰："戒慎與恐懼，斯言未云偏。後儒不省事，差失毫釐間。寄語了心人，素琴本無絃。" 學者會得此旨，乃可以言慎獨。①

此二則論慎獨的本質和尺度。性體本來屬悟，本來無可致力，悟性後的境界是通徹無染。但是才有修證之動心，便自增習氣而有染污，所以修證的本質不是增加工夫，而是藏用返本（收斂用而存養本性），使形氣不復用事，這是後天而奉天時的道理。然而慎獨和誠意豈是容易實行！才要慎獨和誠意，便有染污之障。執念固然障性，"掃念歸空"亦是念，亦能障性。② 所以，把握好修證的尺度，是除了收斂之外的另一大要點。程子言識得大體後，以誠敬存之，又說勿忘勿助爲存之之道，這指出了修身的尺度在於存養，存養的尺度在於勿忘勿助。所以，誠意慎獨的關鍵是以誠敬存養，是勿忘勿助而非刻意地戒慎恐懼。這種用心的工夫狀態是，心常醒覺（微提醒），心不醒覺則淪於昏沉或頑空；即醒覺則止（微泯），不止則涉於攀緣逐境。戒慎恐懼本來不偏，即陳白沙所云"素琴本無絃"，一涉於刻意用心，即是白沙所云"差失毫釐間"。

（四）意和誠意的地位

王時槐最後總結了《石經大學》的思想，明確了"意"和"誠意"工夫的核心地位。《石經大學略議》曰：

> 正心章言忿懥、恐懼、好樂、憂患；脩身章言親愛、賤惡、畏敬、哀矜；齊家治國章言孝、弟、慈、平；天下章言好惡、絜矩。總之皆意之用也。故一誠意，而正、脩、齊、治、均、平皆舉之矣。《大學》在格知天地萬物，本於吾性之至善，而於此性生生之微幾，所謂獨者，慎之以止於至善，而復吾性之本然，則脩、齊、治、平一以貫之，此悟脩兼到之功，孟子所謂始終條理，聖智大成之學也。③

---

① 《王時槐集》，第 574 頁。
② 《三益軒會語》，《王時槐集》，第 491 頁。
③ 《王時槐集》，第 574 頁。

此則言"意"和"誠意"在王時槐思想體系中的地位。《大學》"正心"章之後的諸多精神現象總歸於"意之用",如忿懥、恐懼、好樂、憂患("正心"章),親愛、賤惡、畏敬、哀矜("脩身"章),孝、弟、慈、平("齊家治國"章),好惡、絜矩("天下"章)等,這些分別屬七情或四端之情,在王時槐看來皆屬於意之用。按照朱子學的觀點,情爲性之發用,而王時槐以意爲性之呈露(生幾),情又爲意之用,那麼意就是性情(體用)的中間狀態。性情論是以中和寂感、已發未發等關係論體用關係的大格式,但對未發本性與已發諸情之間的諸多深微結構關係和作用機制尚需進一步揭示。意作爲"性之生幾"和"心之真幾",展現了體用、有無、寂感之間的關係。

其次,言"誠意"則概舉《大學》"正心"章之後的"正、修、齊、治、均、平"工夫。《石經大學略議》曰:

> 不悟性而徹其本原,則雖以學自命,將不免於逐末而滯於形器,甚者重增障蔽,而反謗心法爲無稽。不誠意以達于脩、齊、治、平,則雖少知窺性,將不免於掠虛而流於狂慧,甚者蔑視倫物,而遂毀大閑於無忌。孔子曰:"知崇禮卑,崇效天,卑法地。"道其至矣乎!①

這一則總論儒學的特點是明體達用。明體是悟性徹原,爲學不求徹其本原,則捨本逐末而偏滯於形器。達用是"誠意而達於脩齊治平",爲學不能達用,則不免流於虛誕。

三、《石經大學略議》所見主要問題

從經典文本的角度而論,王時槐認爲《石經大學》是《大學》的正宗文本,其理由是"其詞義混成,原無錯簡,無缺文,不必更定而補綴也"。從思想義理的角度而言,《石經大學略議》集中體現了王時槐以"意"爲核心的本體論、主意論和工夫論,從其中可以總結出三個方面的問題。

其一,從本體論上,性體(至善)爲本,知本即知止,止於至善。在本體的呈露上,由性體論及意,由意轉而論及獨,意與獨皆是生幾。但意生發爲意念尚可謂之意,而獨不能發爲意念,如果獨能變遷則不能謂之獨。故而獨是比意更爲吃緊的精微狀態。

---

① 《王時槐集》,第 574—575 頁。

《石經大學略議》和王時槐的"主意"思想

其二，主意論。以意與獨爲主，確立一種"不分體用的關係"。明代心學家多主"良知"思想，而王時槐通過《石經大學略議》系統闡述了"誠意"與"慎獨"的思想，其中關於意的闡發堪稱對心性論的創見。此創見着重於理清性體與後天情識意念之間的結構，闡發其不分寂感體用的特徵。王時槐曰："'知者意之體，非意之外有知也。物者意之用，非意之外有物也。'但舉意之一字，則寂感體用悉具矣。"① 據此可知"意"不是"心之所發"的意念，而是溝通體用有無的樞機。

其三，復性有兩種工夫：格致存乎悟，誠意存乎修。悟爲先天透性的工夫，是悟先天而涵攝後天。修爲研幾（慎獨誠意），是攝用歸體的工夫。悟的先天工夫通過發明知本知止之旨，以知止涵蓋格致誠正等工夫，提出知本——知止——意誠的悟性工夫路徑。他說：

> 惟學者真能透性，則性能生一切，而不可以意言，不可以念言。故欲意之誠，必知性之爲至善、爲大本，而止之而後可也。能知止，則意無其意，是謂意誠；心無其心，是謂心正；而身家國天下一以貫之無餘矣。故鄙意謂果如《石經大學》知止知本之旨，則不必更言窮物理、致良知，而物理良知悉包括於知止之中矣。②

這是從先天性體能涵攝一切存有的角度，論述透性工夫即在於悟先天性體。知性爲至善大本而後能知止，則意誠、心正、家國天下一貫而無餘。

第二種是從後天角度尋求可以致力的工夫。他認爲："性無可致力，意之獨者，性之微萌，脩身之最要，惟在於此。"③ 後天研幾以盡性的工夫就是從意和獨來着手。以獨的面目出現的意是性體的呈露，是萬有的根柢，是用功夫的唯一着手處。他說："獨者，用之原而體之呈露處也，惟此爲可致力，於此時時入微，是謂慎獨，是謂攝末歸本。"④ 慎獨即是誠意，是後天攝用歸體之功。而意與獨也是性之生幾，是溝通體用（寂感、動静、發未發）的角色，故而誠意與慎獨也是研幾工夫。

（作者單位：湘潭大學哲學系）

---

① 《與賀汝定》，《王時槐集》，第371頁。
② 《答楊晉山》，《王時槐集》，第420頁。
③ 《王時槐集》，第571頁。
④ 《答王儆所》七條，《王時槐集》，第416頁。

水足博泉的統治構想

——徂徠以後的"禮樂"論

[日]高山大毅/文　　劉　瑩/譯

【内容提要】　水足博泉雖非荻生徂徠入室弟子，卻被徂徠稱爲"水神童"，且一直保持着書信往來。徂徠門下人才輩出，但無論是以太宰春臺爲首的經義派還是以服部南郭爲首的詩文派，都對徂徠的"禮樂"論抱有懷疑，唯博泉與徂徠"肖之"而加以發展。徂徠認爲道是聖人之"制作"，而博泉將其進一步解釋爲道具的制作。用禮樂之"器"來對不可見的"人情"加以可視化，就可以實現通過觀察人心來達到秩序化的目的。博泉認爲這種以禮樂爲器的教化方式就存在於古代的學制中。以此反觀當時世人所沾沾自喜的没有動亂，實際上並非"太平"，只有以學校爲中樞而使禮樂之教化深入骨髓的狀態才是真正的太平。如此，徂徠對"禮樂"的重視，在博泉這裏發展成爲了一套系統而特異的統治構想。

【關鍵詞】　水足博泉　禮樂　器　古學校

享保十二年（1727）刊行的荻生徂徠的《學則》，附録中載有五封書信。① 雖然弟子伊藤南昌的跋中有"其書五編偶且所録"，但所有書信的内容都很好地表現出了徂徠學問上的立場。因此可以推測，它們是爲了普及徂徠的學説而被挑選出來的。第一封寄給水户的碩學安積淡泊，第二封寄給儒門名流出身的堀景山，第三封和第四封寄給徂徠的弟子三浦竹溪。② 最後一封，是對"西肥"的"水秀

---

① ［日］荻生徂徠《學則》，東京：東京大學綜合圖書館藏享保十二年（1727）刊。
② 關於第三封和第四封書信，早已有學者指出並非寄給三浦竹溪。參照：[日]宇野田尚哉《古文辭及其周邊——以〈徂徠先生學則〉附録書信的成立過程爲中心》，《甲南國文》2000年第47期。但是，宇野田在如上論文中，斷定該書信是寄給太宰春臺的，筆者以爲這種判斷缺乏根據。這是因爲，在第四封書信中有"予嘗斷《論語》原思、琴張作"，這種説法原本並非出自徂徠，而是春臺。（［日］荻生徂徠《蘐園十筆：八筆》，第140頁，西田太一郎編《荻生徂徠全集》第十七卷，東京：みすず書房1976年版，第510頁）如果春臺的發現是以這樣的形式寄給春臺自己的，這種説法不是很奇怪嗎？

才"提問的回信。在這封信中，徂徠對這位肥後①年輕人的見識稱贊有加。

"水秀才"的存在，想必給《學則》的讀者留下了深刻的印象。在南川金溪的《閑散餘錄》中，可以看到這樣的逸聞：徂徠爲了考驗才智而出的難解文章，被"徂徠文集中所謂的水秀才"即"水足平之允②"當場解讀出來。③《徂徠集》（《徂徠文集》）中，沒有用"水秀才"而用了"水神童"的稱呼，由此我們可以知道，"所謂西肥的水秀才"這一表達受到了《學則》附錄中書信的影響。當時的讀者，只要說到"西肥的水秀才"，應該會馬上想起徂徠書信之事。另外《閑散餘錄》的這個故事也在標明出典後，原樣地收錄在了大田南畝的《假名世說》中。④

隨着時代的推移，到了明治十七年（1884），田口卯吉在給當時新進的評論家德富蘇峰的信中寫道，"我曾在讀徂徠之文的時候知道了昔日肥後水秀才的存在，而水秀才早死，請閣下保重。"⑤ 説起肥後出身的俊才，"水秀才"這一聯想也浮現在了田口的腦海中（幸運的是，蘇峰的壽命是博泉的三倍以上，這是田口難以想象的吧）。

以上這位"水秀才"，正是本稿要探討的水足博泉。

水足博泉，名安方，字斯立，通稱平之進。⑥ 寶永四年（1707），出生於熊本。父親屛山（名安直），是肥後細川家（師事淺見絅齋）的儒者。博泉自小以"神童"而聞名，受到主君細川宣紀的關照。享保四年（1719），十三歲之

---

① 所謂"肥後"既是日本的舊國名，也是在7世紀到8世紀隨着律令制的確立而一同定下的地域名，與現在日本的熊本縣對應。本文出現的"西肥"與"肥後"爲同義詞，具體而言，"肥國"分爲兩個部分，即"肥前"和"肥後"，佐賀與長崎的一部分相當於"肥前"，與此相對"肥後"因爲在西側所以也稱爲"西肥"。江戶時代除開球磨郡、天草郡以外的肥後地域，都屬於博泉侍奉的細川家管轄。

② 譯者注：在高山先生的論文原文中，"允"字上標有表示寫本疑誤的特殊符號"ママ"。從博泉本人的名字來推測，此處當爲"水足平之進"。

③ ［日］南川金溪《閑散餘錄》卷下，明和七年（1770）左右成書。

④ ［日］大田南畝《假名世説》，文政八年（1825）刊，多治比郁夫、中野三敏校注《新日本古典文學大系》第九十七卷，東京：岩波書店2000年版，第361頁。

⑤ ［日］田口卯吉《給德富蘇峰的書信》，鼎軒田口卯吉全集刊行會編《鼎軒田口卯吉全集》第八卷，東京：吉川弘文館1929年版，第602頁。

⑥ 關於水足博泉的傳記類的事跡主要基於以下書籍：［日］武藤嚴男編《肥後先哲偉跡》，京都：隆文館1911年版；［日］野田寬、山本十郎《肥後文教與其城府及教育》，熊本市教育委員會1956年版；［日］白石良夫《水足屛山・博泉與肥後學藝史》，東京：三彌井書店2000年版；《江戶時代學藝史論考》，東京：三彌井書店2000年版。關於本稿沒有論述的博泉的文章論可以參照以下的研究。［日］西田耕三《水足博泉與文章・從文章入門到古文辭》，高田衛編《看不見的世界的文學志——江戶文學考究》，東京：ぺりかん社1994年版。（轉下頁）

時，在父親屏山的陪伴下，博泉會見了朝鮮通信使，並進行了筆談和詩歌酬和。據説伊藤東涯就是以此事爲契機知道他的。①博泉與通信使的交流在申維翰的《海遊録》中也有記載。②

博泉與徂徠只有書信的往來問答，他並非徂徠正式的入室弟子。但是，在他二十四歲完稿的《太平策》（與徂徠之書同名的不同文獻）中，可以見到以徂徠學爲基礎的"禮樂"論的展開。爲了更好地理解博泉"禮樂"論的特質，我想先概觀一下徂徠門下弟子們的"禮樂"論。

一、徂徠學派與博泉

首先應該探討的，是被譽爲繼承了徂徠的經書研究——所謂"經義派"——的太宰春臺。③

正如已有的很多研究指出的那樣，春臺和徂徠的"禮樂"論存在着相當大的差異。④

（接上頁）從思想史的角度來考察博泉的學問，小島康敬有非常重要的研究成果，但是，"通過強調超越'聖人'的制作行爲的'道'（道德）的普遍妥當的規範性，想要補充徂徠思想中修身論的欠缺"，對這一論斷，筆者難以首肯。此處小島所謂的"修身論"，指的是在太宰春臺的學問中可以見到的那種圍繞個人修養的議論。但是，如下文中所述，博泉的着眼點，不在個人的"修身"，而在於制馭人們的思考和行動的機構。（［日］小島康敬《儒學的社會化——政治改革及徂徠以後的儒學》，賴祺一編《日本的近世：第十三卷·儒學·國學·洋學》，東京：中央公論社1993年版）

① ［日］伊藤東涯《與水足博泉書》，武藤嚴男編《肥後先哲偉跡》，京都：隆文館1911年版，第309頁。（此文《紹述先生文集》未收録）

② ［朝］申維翰《原文和譯對照·海遊録》，［日］青柳綱太郎譯，日本：朝鮮研究會1915年版，第60—61頁。

③ 關於徂徠學派的分裂，江村北海早在《日本詩史》中説道："徂徠没後，物門之學，分而爲二。經義推春臺，詩文推南郭。"（［日］江村北海《日本詩史》卷四，明和八年（1771）刊，第十六ウ頁，清水茂、揖斐高、大谷雅夫校注《新日本古典文學大系》第六十五卷《日本詩史 五山堂詩話》，東京：岩波書店1991年版）。并參照如下論考：［日］相良亨《近世日本中儒教運動的系譜》，《哲學全書3》，東京：理想社1965年版；［日］衣笠安喜《折衷學派的歷史性格》，《近世儒學思想史的研究》，東京：法政大學出版局1976年版；［日］渡邊浩《"泰平"與"皇國"》，《東亞的王權與思想》，東京：東京大學出版會1997年版。

④ ［日］尾藤正英《太宰春臺其人與思想》，賴惟勤校注《日本思想大系》第三十七卷《徂徠學派》，東京：岩波書店1972年版；［日］小島康敬《儒教世界像的崩壞與太宰春臺》，《徂徠學與反徂徠》（增補版），東京：ぺりかん社1994年版；《太宰春臺對"禮"的固執與同時代認識》，《徂徠學與反徂徠》（增補版），東京：ぺりかん社1994年版。

水足博泉的統治構想

徂徠"禮樂"論的特徵，是不在"禮樂"的背後設定"序"以及"和"這種抽象的"本體"①，而設想"禮樂"是爲了天下的安寧而編成的"道具"和"術"②。由此，徂徠的"禮樂"論，在以"人之性"和"物之性"爲基礎的同時，主要關心的是爲了實現"安天下"，應該如何制馭人們的行動和思考。③制馭的方法是多樣的，舉例來說，徂徠認爲"聖人"的統治，是通過"禮樂"之美來誘使人們模仿特定的行爲，而這種行爲最終會作爲"習"（習俗）而固定下來。④

另一方面，春臺雖然繼承了把"禮樂"作爲統治術這一徂徠的論述，卻更重視個人通過"勉強"（努力）又學"禮"。春臺這樣說過，"先王之教，最初從勉強開始，勉強不已，以至習熟，後則離勉強而成自然。"⑤尾藤正英把這種差別，評價爲"與他動的徂徠相對，春臺是自律的"⑥。

本來春臺就缺乏通過制度和"習"來規定人們的思考和行動這種想法。如實地呈現這一情況的，是他圍繞徂徠的《贈於季子序》與服部南郭之間的對答。

在《贈於季子序》中，徂徠認爲伊藤仁齋也囿於京都學問之"習"而局限了自己的見識。

> 且洛王臣之外，唯工賈居之。人無恒禄，唯末是逐。織嗇之俗，周人惟肖。即儒生之寄其間，亦難爲生，則舌耕開肆，百千成群，日弗遑給。語性語天，率非宋籍不可也。其孰能握觚仰頭視屋梁，曠日彌久，以俟其從神化來者哉。故雖有聰俊若仁齋，猶率乎其所習者。洛之所以陋是已。⑦

---

① ［日］荻生徂徠《辨名》，元文二年（1737）刊，吉川幸次郎、丸山真男、西田太一郎、辻達也校注《日本思想大系》第三十六卷《荻生徂徠》，東京：岩波書店1973年版，第219頁。

② ［日］荻生徂徠《太平策》，享保六年（1721）左右成書，吉川幸次郎、丸山真男、西田太一郎、辻達也校注《日本思想大系》第三十六卷《荻生徂徠》，東京：岩波書店1973年版，第467、485頁。

③ ［日］荻生徂徠《辨名》，第244頁。

④ ［日］荻生徂徠《孟子識》，享保五年（1720）左右成書，今中寬司、奈良本辰也編《荻生徂徠全集》第二卷，東京：河出書房新社1978年版，參照：［日］高山大毅《高揚與不遇——徂徠學的核心》，《大航海》，2008年第67期，第664頁。

⑤ ［日］太宰春臺《聖學問答》，享保二十一年（1736）刊，賴惟勤校注《日本思想大系》第三十七卷《徂徠學派》，東京：岩波書店1972年版，第80頁。

⑥ ［日］尾藤正英《太宰春臺其人與思想》，第504頁。

⑦ ［日］荻生徂徠《贈於季子序》，元文五年（1740）刊，平石直昭編集、解說《近世儒家文集集成》第三卷《徂徠集》卷十一，東京：ぺりかん社1985年版，第四才頁。

住在京都的除了公家就是町人和工匠，只管追求商業上的利益，吝嗇之風俗與古代周人相似。受此風俗影響，京都的儒者以開塾賺錢爲務，形成了學問的市場。他們爲了迎合市場的需要一味地講宋學却不去深入思考。如仁齋這樣傑出的人物也難以擺脱京都之"習"。

春臺對徂徠此説抱有疑問，並把這一疑問抛給了南郭。

> 夫洛儒信難爲生。東儒果皆不寒耶？且士無田禄者，未能爲農工商賈，則粥其技以給衣服。固其宜也。古人有僕質力作者。當時識者不以爲賤。今爲書生而無升斗之禄，則亦舌耕筆耕，唯其所爲。何不可之有？先生何獨惡之乎？①

徂徠先生認爲京洛的儒者以"舌耕筆耕"來維持生計的做法是不對的。但是，江户的儒者也同樣如此。貧窮的儒者通過講讀和文筆（"舌耕筆耕"）來獲得糊口之資理所應當，爲什麼先生要加以責備呢？如此看來，春臺是從學者出處進退之論的維度，來理解徂徠所批判的京都之"俗"與"習"的。

對春臺的疑問，南郭回答如下，"然竊覽先生所論一唯習已難化，學亦不明，是憂。"② 南郭確切地指出了徂徠之論的着眼點並非"舌耕"的對錯，而在於規定了京都學者思考的"習"。

以上的書信往來，發生在徂徠去世的前兩年，即享保十一年（1726）。在討論的過程中，春臺對南郭説起自己被老師疏遠之事。正如日野龍夫所説，此次對話的背景是在徂徠學派中，春臺處於"孤立的氛圍"③。這並不是感情上的分歧或者性格上的齟齬，而與徂徠和春臺在學問方向性上的差異相關。山縣周南的弟子，也就是身爲徂徠徒孫的三浦瓶山，關於春臺論述如下：

> 近來有春臺太宰德夫者，從先生而學，其置論小異於先生者，往往有矣。然脱然屈首，終税駕於先生之門。卓者宜然。何小建門户，以揚揚自得乎？④

---

① ［日］太宰春臺《與子遷書：第三書》，同：《春臺先生紫芝園稿》後稿卷十二，小島康敬編集、解説《近世儒家文集集成》第六卷《春臺先生紫芝園稿》，東京：ぺりかん社1986年版，第六〇オ―ウ頁。
② ［日］服部南郭《南郭先生文集》二編卷九《答德夫》，元文二年（1737）刊，日野龍夫編集、解説《近世儒家文集集成》第七卷《南郭先生文集》，東京：ぺりかん社1985年版，第二ウ頁。
③ ［日］日野龍夫《服部南郭傳考》，東京：ぺりかん社1999年版，第211頁。
④ ［日］三浦瓶山《瓶山先生原學篇》，寬延四年（1751）刊，關儀一郎編《儒林雜纂》，東京：東洋圖書刊行會1938年版。

也就是説，兩者學術差異很大，即便是春臺從徂徠那裏獨立出來開創學派也沒什麼不可思議的。因安藤東野和山井崑崙早逝，春臺被視爲徂徠在經學方面具有代表性的後繼者，這一狀況，給徂徠學派的展開和傳播帶來了不小的偏差。

那麼，另一方面，所謂"詩文派"的首席大弟子服部南郭，又是怎樣把握"禮樂"的呢？

南郭回避了對統治的積極探討。關於其理由，渡邊浩説道，"可以説正是由於從徂徠學中磨煉出了現實感覺，因此反過來，以至於對並非腳踏實地的學者的紙上'政治參與'本身有了懷疑。"① 這應該是合理的見解。因此，在他的著作中，"禮樂"並沒有放諸經世論的文脈，而多在文學論中登場。比如南郭説，型之於文采的必要性，就好像是美好而又制約着人的行動的"禮樂"一樣，對於人類社會而言是不可或缺的。②

據説有一次他説道："先王之制禮作樂，以思治平也。然今已太平，則禮樂應無可及。"③ 如果日本目下已然實現了"太平"，那麼宏大而精緻的統治術——禮樂——不就無用武之地了嗎？他雖爲徂徠學者，卻抱有可以説是"自我破壞性"（渡邊浩）的懷疑之心。不僅如此，晚年的南郭，致力於《儀禮》的研究。據傳他曾説過，"所謂訓讀《儀禮》之事，誠屠龍之技，然吾有好古之癖，若得長生，三禮可濟也。"④ 所謂"屠龍之技"，是指即便是好不容易學會了也毫無用處的技術。

其他的弟子們——山縣周南、宇佐美灊水以及大名本多猗蘭（忠統）——也繼承師説，主張所謂道首先是"禮樂"。只是，從他們現存的著作來看，圍繞作爲統治術的"禮樂"結構的論述並沒有大的進展。

徂徠門下人才輩出。從嚴謹的太宰春臺到有點無賴氣息的平野金華，培育出各種人才的徂徠，其包容力受到後人稱讚。⑤ 但是，徂徠自己卻好像感到有些不滿意。

---

① ［日］渡邊浩《"泰平"與"皇國"》，《東亞的王權與思想》，東京：東京大學出版會1997年版，第160頁。
② ［日］服部南郭《唐後詩序》，ヨ野龍夫編集、解説《近世儒家文集集成》第七卷《南郭先生文集》，東京：ぺりかん社1985年版，第一オ——四オ頁。
③ ［日］湯淺常山《文會雜記》，寬延二年—寶曆三年成書（1749—1753），日本隨筆大成編輯部《日本隨筆大成：第一期》第十四卷，東京：吉川弘文館1975年版，第177頁。
④ 同上書，第266頁。
⑤ 關於作爲教育者的徂徠的包容力，比較早的例子可見於前引《文會雜記》，第261、300頁，以後則成爲了對徂徠評價的固定模式。

享保七年（1722），十六歲的水足博泉給徂徠寄去了質疑的書信。對此，徂徠的回信如下：

> 予不佞倡學東方，殆且二十年。妄不自揣，揭天下爲之先，則同志君子，相共翔集六藝之林，步步驟驟，固竭吾思，而克肖焉者何鮮矣。足下乃從數千里之外。窺諸一二簡牘之末，僅出一旦之力，輒便肖之。自非穎悟天授，則精誠所格，神其通之。①

徂徠門下俊秀雲集，與他互相砥礪問學，但是與徂徠相似之人卻少之又少。然而，博泉竟以極少書簡之大意，旋即相似。"米有米的用處，豆有豆的用處"②，對希望培養出多種能力的徂徠來說，與自己是否相似或許並不是衡量才能的唯一標準。但是從這封信中，我們可以窺見他對博泉寄予了非同尋常的期待。

數年之後，博泉又致書徂徠。博泉説道：

> 蓋臺下之才得諸天，臺下之學得諸古，臺下之文得諸心。巍巍爲士子冠冕者固莫俟鄙論。而其經國緯民之手隱然乎文章之間者，安方數讀而深知之，竊以爲不在人後也。③

博泉自負地認爲自己是徂徠學問的優秀理解者。對此，徂徠回應道：

> 今再接書，果爾規模宏遠，大非海内諸名家所能及矣。不佞六十之年，閲才多矣，而未有足下者。殆使不佞讀之不覺疲焉。是雖不佞言則有中乎，亦草木臭味耳。足下之推不佞亦爾，則豈必徒爲之謙讓不敢當，以學世中行之士邪？（中略）足下善自愛。念益積學廓大，以俾老耄之言有徵乎，則不佞所望也。④

徂徠在信中説，自己對博泉的評價即便是妥當的，那也是基於自己與博泉是"草木臭味"（即志同道合的同伴）的基礎，博泉對自己的推測大概也是出於相同的理由。如前次的書信一樣，徂徠説自己與博泉是同類，並且殷切地期望博泉能夠不斷積累學問，來印證自己學説的正確性。

---

① ［日］荻生徂徠《復水神童·第一書》，平石直昭編集、解説《近世儒家文集集成》第三卷《徂徠集》，東京：ぺりかん社1985年版，第256頁。
② ［日］荻生徂徠《徂徠先生答問書》卷中，享保十二年刊（1727），島田虔次編《荻生徂徠全集》第一卷，東京：みすず書房1973年版，第二十二ウ頁。
③ ［日］紅星子編《雜花錦語集》卷三十，熊本縣立圖書館藏，成書年代未詳。
④ ［日］荻生徂徠《復水神童·第二書》，平石直昭編集、解説《近世儒家文集集成》第三卷《徂徠集》，東京：ぺりかん社1985年版，第258頁。

不過，博泉並不只是徂徠的祖述者。他對標舉"古文辭"的"後儒"——指徂徠他們——加以品評，揭示出他們的思想是"先王之所無，聖門之所不言，雖故亦新而耳"。（卷三 制器，第312頁）①

徂徠的傲慢屢屢遭到非難。② 就是在這一點上，博泉與徂徠似乎也頗爲相似。徂徠歿後，在給服部南郭的書信中，博泉敘述道，"陝以東周公主之。陝以西召公主之。不佞所願，亦復如此。"③ 東國因爲交給了南郭，那麼西國則由自己來領導。"南郭大不喜水斯立"④，這樣的傳聞倒也是可以理解的。水足博泉因爲後述之事不幸早逝。《文會雜記》中對博泉有着頗爲苛刻的記述，"聽聞肥後水足平之丞甚受徠翁贊美，由此生出自足心，不思進取，方致其後生出凶變。"⑤

徂徠對這個"不知天高地厚的神童"⑥ 是否給予了過高的評價？本文試圖通過博泉在《太平策》中的議論，來探討他是否只不過是泡沫似的一個"神童"而已。

二、器

博泉與徂徠同樣重視聖人之"制作"。但是，也有着與徂徠不同的部分。比如說，博泉認爲，"道"本身與"聖人"之有無並沒有關係，是自"開闢"以來就無"增減"的存在。還有，博泉在堅決排斥宋學的心性論的基礎上，將

---

① 水足博泉的《太平策》用的是永青文庫所藏的被推測爲是博泉親筆的最善本，訓讀也採用了永青文庫本附上的訓點，同時陈上了武藤嚴男、宇野東風、古城貞吉編的《肥後文獻叢書》（第二卷，京都：隆文館1909年版，括號中所注即是所收本對應處的頁碼。
② "五倫之内只有夫婦之愛是天性。其外尊君敬父母之類，不在人性之中，是聖人作出之道。其作者爲聖人，故爲古今行之而不變之事"，對於如此倡導的"某儒者"——也就是徂徠——室鳩巢評價如下，"放蕩不遜，驕人傲物而高致，好吐大言發先賢，抗然高出唐宋諸儒之上。"（［日］室鳩巢《駿臺雜話》，寬延三年刊（1750），森銑三校注《岩波文庫》，東京：岩波書店1936年版，第26—28頁）
③ ［日］水足博泉《與服子遷書》，《博泉文集》，熊本縣立圖書館藏，享保年間成書。《文會雜記》中的"其後又——（給南郭——引用者注）致書信說，關東由足下引請，海西由鄙人引請"，這裏說的也是這封書信的事。（前引《文會雜記》，第252頁）
④ ［日］湯淺常山《文會雜記》，第249頁。
⑤ 同上書，第252頁。
⑥ ［日］日野龍夫《服部南郭傳考》，第232頁。

"道"視爲了"五品人倫",即人與人之間關係的普遍範型。① 在這一點上,他對"道"的理解與仁齋的議論相近。博泉的特徵在於,"道"不是通過言語而教,而是通過"器"(道具)而明示於人的。

> 道德仁義之無形,甚於鬼神與天。口不可言,目不可視。聖人制禮樂之教。禮樂皆器,以寓至道。(卷三 制器,第310頁)

於博泉,所謂"聖人"的"制作"是"制器",即道具的制作(以下同卷,同頁)。太古之人的生存受到禽獸的威脅,於是聖人制作了宮室、衣服、舟車、網罟(捕魚和鳥的網)、農桑之器、泉布(貨幣)、弓矢干戈甲胄等道具來保障人們的生存。而且,正如"禮樂雖大,其實皆器也","禮樂"也畢竟是"器"。因此博泉講"聖人之道器爲大,制器唯聖人能之"。正是"器"才是"聖人之道"的根幹。那麼,"道"通過道具("器")顯示出來,這又是怎麼一回事呢?

(一)"五倫"與"器"

博泉在《太平策》卷十二以《夫婦》爲題,花了一整卷來討論"夫婦"間的倫理。究其緣由,"三綱五典始於夫婦。有夫婦而後有父子,有父子而後有君子。人倫之本,風化之樞機,盡在夫婦矣",是因爲"父子""君臣"間的倫理是從"夫婦"間的倫理開始的。(卷十二 夫婦,第365頁)

博泉描述太古之人的狀態如下:

> 太古之時,人如麋鹿。男女雜處,未有定偶。伏羲始制婚禮。嫁娶之道立矣。於是男以女爲室,女以男爲家。匹配一定,不相混雜。夫婦有別是也。(同卷,同頁)

在伏羲制定婚禮以前,人們沒有固定的配偶。伏羲通過制定婚禮,來顯示"夫婦有別"。因爲婚禮的制作,人們不但可以知其母,還能知其父,於是"父子有親"這一倫理就成立了。如此,"氏族"便確定下來,人們就按照"姓氏種類"來侍奉天子。這樣"君臣有義"就明晰了。(同卷,第365—366頁)

如上所述,在博泉看來,"人倫"不是人造物,而是自然就存在的。以上的變遷,大致地追溯了從夫婦之間開始,直到道德規範於人前開示的過程。

那麼,由處於"三綱五典"之起點的伏羲來制定的婚禮是什麼樣的呢?(以下,同卷,第366頁)博泉認爲,"好色"是"人之同情",也就是人所共同

---

① "至於道者,開闢以來,未嘗增減。五品人倫,不待聖人而存矣。"(《太平策》卷三 制器,第311頁)

持有的"情",是不會厭倦的情感。首先,聖人固定了每個人的配偶,擾亂之人則會遭到刑罰。由此"人情始定,各安其所"。聖人覺得只是這樣並不完備,進而制定了"禮"。

> 然聖人慮相遇於道路之間,擇美者專定配偶。於是以儷皮爲禮。夫儷皮爲禮,父母必知之,兄弟必見之,鄉黨必聞之。卒然野合之憂,於是乎除矣。禮之爲教,所以文人情。多其華飾,即所以防情而使不得恣也。如婚禮論其實,則不過男女之交而已。聖人以禮文之。禮不可立就。人情於是乎制矣。(同卷,第366頁)

儷皮是送彩禮時用的一對鹿皮。如果婚禮中必須使用"儷皮"之"器",那麼由於在準備和授予的過程中必然引人注目,因此就不必再擔心"野合"了。

"儷皮"的作用,如果比擬爲現在的結婚戒指,應該就容易理解了。美麗的戒指是給不過是"男女之交"的婚姻加以"文"飾之物。戴上戒指的人就是已婚者,通過這樣明確地示於人前,戴着戒指的人就會以已婚者的身份來約束自己的行爲。這樣就可以說,戒指之"器"明確了夫婦間的倫理,對於其維持做出了一定的貢獻。

通過制定婚禮,"好色"之"情"被賦予了方向,轉化爲了與"人心"相結合的資源。

> 好色者,天下之同情也。正則爲三綱五常之本,使人心纏結不可解。莫貴焉。(卷六 忠,第332頁)

像這樣,博泉圍繞婚禮的論述是很獨特的。在《禮記》的《昏義》中我們可以看到,婚禮是"禮之本",王因爲通過婚禮確立起了"男女"之"別"與"夫婦"之"義","父子"之"親"、"君臣"之"正"才得以成立。但是,利用他者的視綫來形成秩序的結構,這種說法並不見於《禮記》。

如"儷皮"之例,"器"給"人情"以"文",這樣觀察"人情"就成爲可能。由此"器"的使用者之"情"就要服從人們視綫的制約。使"人情""文",就是"防情"。關於"道"與"文"的關係,博泉敍述如下:

> 夫道不可見。非人人之所得知。聖人因立教文之。文者可見。人人之所得知。乃文則中禮,不文則失禮。雖不學,一視而辨。豈不明乎?聖人之知,可謂至矣。(卷五 文,第323頁)

博泉説道，"文"在彰顯"人情"的同時也闡明了"道"。也就是説，"文"使得"人情"變得可視化，相互監視的規制也因此得以發揮作用，"道"也由此而實現。

關於"器"與相互監視的關係，博泉在"詩書禮樂"論中進行了更爲細緻地論述。

(二)"詩書禮樂"與"器"

關於"詩書禮樂"，博泉關注的是所用器之多寡（以下卷三 制器，第313頁）。

與"書"和"禮樂"用"人爲之器"相對，"詩"是"直以天籟和天物"。即用人們自然發出的聲音來表現"天然之物"。與"書"和"禮樂"相比，"詩""去天不遠"。也就是説，詩在從自然到人爲的序列中，屬於與自然接近的階段。因此"詩"被置於"詩書禮樂"的首位。

關於"書"，博泉講"載籍雖人爲乎，字猶近於象。目可視、口可讀、而手不可取者，唯字爲然"。記載在書籍上的字與圖像相近，因此即便是眼睛可以看、口中可以讀，手也不能取得。因此與自然相近的程度緊接在"詩"之後。

"禮"是以手用器。因爲本來是"寂寂無聲"，不需用耳，所以跟"樂"比起來與自然更接近。

至於"樂"，則以"琴瑟笙竽"奏樂，以手執"干戚羽旄"之道具舞動身體。因此，"蓋人爲之工，聖智之精，至於樂而極矣。"

> 去天遠者，文明益彰。聖人之教，樂最文。禮次之。書次之。詩次之。燕居於一室之内，可以賦詩。不待設器張燭。至於書，則有几案筆硯筐箱之類。無之則書不可讀。至於禮，則拜起進退，用器多品，無之則禮不可講。至於樂者，不止拜起，加以舞踏。不止陳設，加以發聲。無之則樂不可習。故聖人之教，樂爲盛矣。（同卷，同頁）

如此，博泉將"器"以及五官調用的多寡，與"文"的程度對應起來加以把握。"詩書禮樂"是在下一節會見到的"大學"中教授的。在"大學"中，正如經書《大學》中所記載，人們會學習"正心"和"誠意"。但問題是，教師要如何來判定學生之心的正與不正、意的誠與不誠呢？博泉解釋如下：

> 雖念慮之密心術之微，不可窺其際者，聖人授之以禮樂之器，其心盡見，無所遁形。聖人教之，以救其偏。歸乎中和，又以器也。（同卷，同頁）

水足博泉的統治構想

即便是人心中細微的活動，也可以通過"禮樂之器"來觀察。其中，聖人之教讓學習者恰當地使用"器"，從外在表現的方面來促動他的內心。具體説明如下：

> 執玉高，其心驕，使卑之；執玉卑，其心憂，使高之。不高不卑，其心正矣。張弦急，其氣怒，使緩之；張弦緩，其氣慢，使急之。不急不緩，其氣和矣。禮樂之教，驅人於中和之域，皆是類也。（同卷，同頁）

持玉之高低、張弦之急緩，都可以表現人心。對持玉的高低和張弦的方法加以調整，就可以使人達到"中和之域"。

以"器"施教，可以深入人心。"詩書禮樂"按照使用感覺的多寡來劃分等級，"樂"被給予了最高的地位。"樂"通過歌聲、舞蹈動作的緩急等各種途徑，使演奏"樂"之人的內心得以顯示。反之，通過所有被運用的器官，先王之教就可以浸透到內心最深處。也許正因爲如此，博泉才説"樂""入人也最深"（卷三 制器，第313頁）。

這樣一來，"器"可以實現使用者的內在的可視化，並加以矯正。而且在博泉看來，評價內心活動的正與不正，存在着客觀的基準。

> 人之耳目有聰明，有不聰明，焉能知中和與不中和乎哉？雖然，定之以天下之目，則視亦公。定之以天下之耳，則聽亦公。天下之目者何？尺度之謂。天下之耳者何？律呂之謂也。中和之準，備於兩者。合與不合，人人得而辨之。不豈明乎？（卷八 習，第346頁）

因爲"尺度"和"律呂"這種基準的存在，即便是"不學禮樂者"也能識別出是否達到了"中和"。（同卷，同頁）

如此説來，"禮樂之器"的使用者，就仿佛裝着測謊儀，而測謊的結果周圍的人都可以看到。當然，與測謊儀不同，人們不會反感"禮樂之器"，因爲"禮樂之器"是美好的。

> 禮樂之器，主觀美。觀不美，則不足以風化天下。子都之姣，能動人心，以其美也。禮樂亦然。（卷五 文，第323頁）

正如美麗的容貌可以打動人心，美好的"禮樂之器"也可以感化衆人。

在博泉看來，後世的儒者大多閉門讀書，這就偏離了古代的學問。究其緣由，如"至於讀書，則飛耳長目，止乎一人，而不可與人共者也"（以下同卷，第327頁）所言，是因爲讀書只是一個人的營爲。與"書"不同，"詩禮樂"都是"與人共"的。博泉講,"君子之學貴與人共也"。博泉重視集體的學問,並不是由於在人與人的交往中,自己的個性會得到彰顯;而是因爲暴露在他者的目光之中,對於使用"器"的教育方式來説是不可或缺的。

通過"器",可以觀察人的感情,使之條理化。因爲其基礎結構是相互間的監視,所以没有必要設置大規模的監視設施和固定的監視員。① 而且因爲當場就可以判明感情的不正當並且矯正之,所以也不需要積累以個人爲單位的詳細觀察記録。不能讓人們獨居,而要讓他們使用聖人設計出的一連串的道具來交流才好。人們被美好的道具吸引,進而願意用它來展露自己的内心。

當然,也許會有人只是表面上合於"禮",而實際上卻故意妨礙"器"反映本心。對此,博泉考慮通過"學校"制度來加以防範。

三、"古學校"

博泉認爲,古代的學制是由"小學"與"大學"兩個階段組成的。"天下之人,莫不入小學者也"(卷六 忠,第332頁),古代"士農工商"的全部男子都入"小學"學習。

"學校"不是爲了啓蒙人們而存在的,恰恰相反博泉在《南留别志》中説道:

> 愚黔首不可謂始於秦李斯焚書之政。先王之治最愚黔首,然無其跡。至秦而其跡顯,蓋不及先王之大知也。先王之世有學校之制之故。俊秀悉用爲君子,庸愚凡庸之輩歸於民。是故下無智,野無遺賢是也。病家愚而後信醫,士卒愚而後信大將,天下愚而後治道大行。後世學問明於下,先王之治遂不復。先王之敬卜筮、重祭禮,月令之政,道人之唱木鐸,皆愚黔首之至也。②

---

① 關於徂徠的"土著"論,渡邊浩論述道,"通過對流動性的嚴格地限定來固定人際關係,以此人際關係的羈絆來束縛人們。即便是不通過 Big Brother 的 Telescreen 來監視,也可以通過庶民的相互監視來保障秩序。"([日]渡邊浩《儒學史的異同的一種解釋——"朱子學"以後的中國與日本》,《東亞的王權與思想》,東京:東京大學出版會1997年版,第103頁)。可以説,博泉正是企圖以"器"爲媒介來促進相互之間的監視。

② [日]水足博泉《南留别志》,享保十六年(1731)左右成書,西田耕三、水足博泉著《南留别志》(翻刻與解題),《熊本大學教養學部紀要:人文·社會科學》,熊本大學教養部1993年版第28期,第132頁。

水足博泉的統治構想

先王的"學校"之世，最"愚""黔首"（即"民"）。所謂"愚"民，不只是因爲俊秀被録用，從而結果上看來民停留在了與君子相比更"愚"的狀態。其中還包含着積極的"愚"民。

博泉接着論述道，（卷六 忠信，第 331 頁）太古時代的人們與"嬰孩"一樣無"知"，"其心純一"。後世由於"文勝之弊"，人們互相欺詐而彼此憎恨。爲了讓人們掌握正確的學問，首先有必要讓人們回歸太古時的純樸。

> 盡廢文飾，惟存質樸。慕太古之俗，返嬰兒之真。然後爲己之學，可得而入也。不然乎，薰衣剃面，學爲宦者妾婦。豈學問之道乎哉？（同卷，同頁）

使人們回歸太古"質樸"的是"小學"之教。

> 八歲入小學，教之歌舞，習之書字。其教忠厚質樸，以培其根，養天然之真。不假雕刻，不事文飾。及十五入大學，詩書禮樂以陶鑄焉。明德至善，其教文華。（卷二 學校，第 303 頁）

關於"小學"裏的學習内容，博泉在別的地方有以下的論述：

> 小學之教，亦唯書字識聲與形，布算識乘與除。至於其精微，則大學之道，而小學不與焉。（卷五 文，325 頁）

讀寫文字與入門算術是在"小學"中教授的。（以下同卷，同頁）這是因爲，"歸農歸商。知書算而足矣"。也就是説，作爲農民和商人，只要學習這兩種就足夠了。關於"歌舞"，就像博泉説的那樣"不聰明俊秀者，不教歌舞"，只有一部分才能優秀之人方能教以歌舞。

關於這種"書算"的學習與"忠厚質樸"之間有着怎樣的關係，博泉並没有詳細地論述。博泉說通過"小學"的"灑掃應對"，可以使學生習得"威儀言語之節"（卷八 習，第 343—345 頁）。不是"書算"，而是掃除和應對的訓練也許更能使人"忠厚質樸"。不管怎麼樣，四民之男子入小學學習"書算"，並没有影響他保持赤子一般純粹。

對於從"小學"到"大學"的階梯，博泉説明如下：

> 古者甚重冠禮。故冠者爲成人，以入大學。未冠者爲童子，以入小學。童子之學必以小藝，聖人之學必以大藝。小大之序，君子由之。辟如登高，必自卑，辟如陟遠，必自近。譬猶練絲，染之藍則青，染之丹則赤。其質彌素，則其染彌文。青赤一成，真色無異。（卷二 學校，第 303 頁）

絹絲越白，染色之時就越顯鮮艷，好像本來就是那種顏色一樣。君子先要在"小學"中成爲嶄新的人，再入"大學"浸染"詩書禮樂"。只有外形合於"禮樂"的"矯飾"，需要在"小學"階段對其防患於未然。

進入"大學"的大抵是"士"之子，而大部分"農工商"之子在"小學"畢業之後，會繼承各自的家"業"。"忠者不二之謂。農商百工。孜孜其業。不攻異端。"（卷六 忠，第333頁）接受"小學"的教育而變得"忠"的他們，會一心勤勉於自己的工作。古之盛世，民皆純粹且認真。

即便是"農工商"之子，如果才能優秀，也可以像"士"之子一樣進入"大學"學習，成爲"君子"（統治者）。在古代切實地施行了人才選拔，因此"君子"必然具備才德，相反，"小人"則不具備。

但是，由於學校之教的廢除，出現了地位與能力的不一致：

> 學校之教廢，君子小人，各襲其家。不問德才功能如何。君子之子雖不肖，依然在上。小人之子雖賢，依然在下。是以人與官相離，德與位皆失其所。（卷四 君子，第316頁）

"君子"一詞出現了德位相分的兩種用法，博泉以爲正反映了後世的這種狀況。（同卷、同頁）

不過，以"農工商"出身進入"大學"的是少數。關於這一點，博泉說明如下：

> 大抵其位均，則容貌居止聲氣性情率相類。貴人自有貴人之風，賤者自有賤者之風，不得相學。士農工商與生俱成，不可相假借。習之於人，不亦深乎。故士之子歸民，非不肖則不可。農工商賈之子入大學，非賢則不可。（卷八 習，第343頁）

"士農工商"有各自的"習"，人們會由於各自的"業"而深深地染上這種"習"。因此大部分情況下，士之子會比"農工商"之子更勝一籌。全部男子都入"小學"學習與維持"士農工商"的框架之間，就這樣達成了妥協。

在"大學"中學習的是"詩書禮樂"。關於它們是如何具體學習的，在上一節已經討論過了。本節中試圖展現的是博泉所思考的"大學"教育課程。

在《太平策》卷九"四時五行"中，博泉談到先王的制度以四季的運行爲準則。先王很重視氣候給予人們活動的影響。（卷九 四時五行，第350頁）

"詩書禮樂"，以春對樂，夏對詩，秋對禮，冬對書，各自分別對應四季。

> 蓋春夏者陽，詩樂者聲。聲屬陽也。秋冬者陰，書禮者形。形屬陰

也。是以春之所以爲教者樂也，夏之所以爲教者詩也，秋之所以爲教者禮也，冬之所以爲教者書也。所謂四時之正業是也。（同卷，同頁）

博泉列舉出經書的記載作爲根據之後，接着論述説（同卷，同頁），因爲春天温暖所以樂器會發出很好的聲響，人的身體也會輕盈起來。因此春天適合學"樂"。夏天則如《易經·説卦傳》所言的"相見於離"一樣，物體的形態可以清楚地看見，舜彈奏"五弦之琴"歌"南風之詩"。因此夏天適合學"詩"。秋天"肅殺嚴凝之氣"襲來身體會繃緊，因此適合學"禮"。到了冬天，北風吹起來，身體蜷縮一團，不適合身體活動。因爲學校是大型的建築物，且周圍什麽都没有，所以會分外嚴寒。因此適合在屋內學"書"。

只是，這種"詩書禮樂"的對應關係是以向老師學習爲"正業"來講的，處於對應關係之外的餘下的三種就可以作爲"居業"來與"朋友"相互學習。①

以上一年間的教育課程，從進入"大學"的十五歲開始直到四十歲出仕的二十五年間不斷反復。"四教之數，各各二十五，以合百數。百成數也。故四十成德，優而仕，以成人才也。"（同卷，第351頁）也就是説，"詩書禮樂"的"正業"在二十五年間合計恰好一百。在古人認爲適合人們出仕做官的"强仕"的年齡，即四十歲之時，在"大學"學習的人們都具備了各種各樣的才能。

從"大學"畢業的君子，根據各自的才能會被分配合適的官職。"觀其藝業，才能可知"，像這樣通過用"器"的"藝業"就可以讓每一個君子的才能明白顯示出來，人才的分配就不會出錯。（卷一 天下，第299頁）

饒有興味的是，博泉並不認爲"詩書禮樂"的教育會導致人才的單一化。在《太平策》第二卷"古學校"的開頭，博泉把古代的"學校"比作了巨大的熔爐：

先王之道，莫大於教化。教化之器，莫大於學校。學校者譬如洪爐，所以熔鑄人才也。金得熔鑄以成其器，人得熔鑄以成其德。人無貴賤皆入烘爐，詩書禮樂以陶鑄焉。大者大成，小者小成。莫不各充其量，各達其材。（卷二 學校，第302頁）

正如巨大的熔爐將金屬鑄造成各種各樣的道具一樣，學校也會讓人具備適合各人能力之德。無論是應該矯正的特異性，還是應該保存的多樣性，"器"都能使其可視化。

---

① "正業常處其一，居學常處其三。正業者學之於師，居學者習之朋友。古之道也。"（[日]荻生徂徠《太平策》卷九《四時五行》，第351頁）

在博泉看來，能在當代實現如上所述的"太平"構想的，並不是江户的將軍，而是京都的"天子"。博泉絶不認爲江户的公儀是正統的中央政府。稱江户爲"東都"的做法遭到了他强烈地非難。

  春秋大一統之義，天無二日，土無二王。豈有東西都乎？故吴楚僭王，仲尼不與。都之一字，雖微文乎，大義所繫。雖文人妝飾，豈得取弓矢斧鉞之府，儕之北辰紫微之列？（卷十 素王，第356頁）

從以上論述來看，經由博泉之父屏山，淺見絅齋的尊王論對博泉產生影響的可能性很大。絅齋曾説，"近來不知是誰，在儒者的書信等中，有把東武寫作東都者，此正爲名分第一之誤。"①

京都的禁里不僅在"名分"論上是正統，除此之外，還有與他的思想相一致的部分，這就是對"器"的重視。

  皇朝尚器度越四外。帝王綿綿，神器是守。聖明當推及天下之器，正名分，立紀綱。敦風俗，施教化，不雜它術。雖天下大器乎，不傾不覆。雖學術大業，不偏不倚。周廟敧器，虞廷玉燭，於吾身親見之。若夫不然，龜玉之毁櫝中。誰任其罪？（卷三 制器，第314頁）

博泉談到，正如從三種"神器"② 中可以看出的那樣，與他國相比"皇朝"更重視"器"。如果能擴大對"器"的尊崇之念，推及"天下之器"，那麽天下會變得安寧，學術會變得中正，就可以在現實中見到"太平"之世。如果不施行這樣的政策，對過錯視而不管的責任到底應該由誰來承擔呢？博泉關注到從"神代"開始就持續不變的禁里的風習，與先王的"禮樂"之間有着不可思議的一致性，並且期待着由禁里主導通過"器"來實現的統治。

説起徂徠學的"禮樂"論與暗齋學派的禁里崇敬的融合，山縣柳莊（大式）是廣爲人知的。柳莊之師，是講釋垂加神道的加賀美櫻塢與太宰春臺的弟子五味釜川。在禁里，古代的儀禮——自律令時代引入的"唐風"之"禮樂"也包含在内——不斷傳承，與徂徠學的"禮樂"論緣分不淺（雖然徂徠自身爲了德川政權的延續而煞費苦心）。博泉嘗試着將從徂徠學中發展出的"禮樂"論與禁里崇敬相接合，從這一點來説可以説是柳莊的先驅。

---

  ① ［日］淺見絅齋講《札録》，西順藏、阿部隆一、丸山真男校注《日本思想大系》第三十一卷《山崎暗齋學派》，東京：岩波書店1980年版，第355頁。

  ② 所謂的三種神器，是指禁里（天皇）家代代相傳的三件寶器，即八咫鏡、草薙劍和八尺瓊勾玉。

四、結語

　　從徂徠學中發端的對"禮樂"的強烈關心，在年輕俊才的腦海裏，結出了特異的統治構想。

　　在博泉看來，古代的"聖人"們通過制作道具（器）來明示"道"。"禮樂"中使用的道具，使觀察人心的活動成爲可能，並且，通過暴露在他者的目光之下，規範化得以實現。被道具之美所吸引的人們，毫無抵抗，任憑自己置身於此規範化之中。多數宋學家持有的那種對人心具足的道德性的信賴與矜持，在博泉的思想中不見分毫。而且，他的思想也與太宰春臺那種對"勉强"（努力）的强調相去甚遠。

　　徂徠在《政談》中，提到過通過降低人與人之間關係的流動性，即依靠相互監視來維持秩序的構想。一般來說，作爲獻給公儀的機密文書，博泉並沒有機會親眼見到《政談》。然而，二人的議論竟然不可思議地接近。圍繞着如何制馭人們的思考與行動而展開的思索，也許引導着徂徠與博泉朝向相似的方向去思考。

　　關於誘導人們相互監視的方法，徂徠止步於人與人之間關係的緊密化這種比較樸素的議論。與之相對，博泉認爲促進相互監視的道具——"禮樂"之"器"——在古代就存在。

　　博泉認爲"學校"就是最大的"教化之器"。

　　從八歲開始的"小學"教育，是要除去文明之惡的影響，讓學生回歸原始的純粹。這樣一來他們内心的活動，就能毫無欺瞞地反映在"器"中。如此，從"小學"畢業後而進入各自職業的"農工商"之民，就能純樸而熱心地從事工作。

　　"士"以及一部分優秀的庶民子弟會進入"大學"，從十五歲開始到四十歲一直學習"詩書禮樂"。在"禮樂"中使用的道具，連内心最深處都能够加以可視化。經過二十五年的歲月，在感情最細微的活動都被調整之後，他們才能最終堪當統治的實務。通過"大學"的"藝業"，每個人的長處和短處都清楚地顯示出來，由此就可以實現各得其所的人才錄用。

　　博泉談到，今日的人們把沒有"兵革"視爲"太平"，這是錯誤的。在他看來，以"學校"爲核心的"教化"浸透到人們的"骨髓"的狀態，才是真正的"太平"。（卷三 制器，第314頁）在博泉描繪的"太平"世界中，暴君、行爲不正的官吏、怠惰的勞動者都是不存在的。不用說兵亂了，甚至連犯罪都沒有。究竟，這樣的世界是烏托邦還是反烏托邦，就交由讀者判斷吧。

最後，我想談談關於博泉的夭折。水足博泉完成《太平策》兩年之後，因爲不幸的事件而喪命。諷刺的是，起因乃是他最爲重視的"夫婦"之倫的悖亂。

博泉的母親與浪人笠井源右衛門私通。知道此事的父親屏山與博泉一同攻入源右衛門的宅第。預先從博泉的母親那裏得到消息的源右衛門備好了陷阱，等待父子來襲。没有意識到陷阱而被砍傷的屏山當天就去世了，博泉也深受重傷。博泉求助於附近的吉田氏和長谷川氏，兩人追擊了逃走的源右衛門並把他砍死。

此次事件之後，博泉被没收了俸禄退到了菊池郡。没能親手討伐殺父仇敵，被視爲是武士的失格，博泉因此被周遭的嘲笑聲淹没。① 對憑借"文"而受到主君寵遇的水足父子的反感，以此事爲契機爆發了出來。不幸的是，主君細川宣紀此時卻在江户重病卧床。

對此困境伸出援手的是伊藤仁齋之子東涯。他寄信説，博泉乃"人中麟鳳"，如果能上洛的話，願分"家產之半"來施以援助（儘管之前博泉給東涯的信中包含着挑撥的内容）。② 但是，博泉並没有上洛，在享保十七年（1732）離開了這個世界。年僅二十六歲。

廣瀨淡窗在《儒林評》中説道：

> 水斯立極英才。可惜短折。予聞村井琴山之話，水斯立、秋玉山、瀧鶴臺、西依成齋，皆同年。斯立若得與三子同歲，其造處不可測。惜哉！③

（作者單位：日本駒澤大學文學部；
譯者單位：北京大學哲學系）

附記：本稿是在博士學位論文《近世日本的"禮樂"與"修辭"——荻生徂徠以後的"接人"的制度構想》（東京大學出版會，2016年）的第二章《"器"的支配——水足博泉的"太平構想"》的基礎之上修改而成的論文。

---

① [日] 木岐正範《與水足博泉書》，武藤嚴男編《肥後先哲偉跡》，京都：隆文館1911年版，第309頁。[日] 藪慎庵《慎庵遺稿》卷三，熊本大學附屬圖書館藏寶曆十年（1760）刊，第三十七才頁。

② [日] 伊藤東涯《與水足博泉書》。

③ [日] 廣瀨淡窗《儒林評》，天保七年（1836）成書，關儀一郎編《日本儒林叢書》第三册，東京：鳳出版1927年版，第7頁。

古籍編校中應當注意的幾個問題
——《儒藏》精華編編校手劄

王長民

【内容提要】　古籍整理出版是出版業中專業化程度較高的領域。編輯人員需在目録版本校勘、文字音韻訓詁、古文常識等各方面均要具備一定的知識儲備。用最好的底本、最優秀的專家學者校點整理，方是理想書稿。電子稿不盡可靠。校點説明和校記是出問題較多的兩大版塊。本文以責編《儒藏》精華編的十餘部書稿爲例説明之。

【關鍵詞】　古籍編校　《儒藏》精華編　校點説明　校記

眾所周知，產品出現質量問題，有收回下架之處置。同樣，圖書作爲文化產品，若出現重大質量問題，按照我國《出版管理條例》《圖書質量管制規定》等規定，也要受到相關處罰。圖書質量包括内容、編校、設計、印刷四項；分爲合格、不合格兩個等級。四項均合格，其質量屬合格；若有一項不合格，則其質量爲不合格。狹義的圖書質量不達標，是指差錯率超過萬分之一。（期刊萬分之二，報紙萬分之三）2009 年中華書局出版了閻崇年先生校點的《康熙順天府志》。閻先生效仿戰國末年吕不韋故事，凡發現書中錯誤者，一處賞一千元。[①] 山西大學白平教授通讀全書後，找出近千處錯誤。雙方對簿公堂，引發輿論軒然大波。2011 年中華書局發出通告，將該書召回。此爲古籍整理界與出版界之一大事，也是警示。

古籍圖書的出版，一般不牽涉政治、格調、重大備案等問題。所謂的質量問題，主要在整理本中校點、編校等環節出現。實話説來，古籍整理出版是出版業中專業化程度較高的領域，做好實非易事。編輯人員需在目録版本校勘、文字音韻訓詁、古文常識等各方面均要具備一定的知識儲備，廣泛涉獵相關、

---

① 《閻崇年新書求錯 一字千元》，載《北京晨報》，2009 年 9 月 12 日，第 07 版；《京城學界正氣——贊閻崇年先生的勇敢之舉》，載《北京日報》，2010 年 3 月 1 日，第 15 版。

相近學科知識。必須承認的現實是，古籍編輯實力非五六十年代甚至八九十年代可比，且古籍編輯人才流失現象較普遍，古籍整理出版面臨着質量滑坡的境地。如今全國的專業古籍編輯人員不足一千。執當今中國古籍出版之牛耳的中華書局、上海古籍出版社等，所出圖書錯誤，在在多有。期刊、網絡上常見古籍整理本的指瑕類劄記或文章，如《古籍研究》《古籍整理研究學刊》《古籍整理出版情況簡報》《歷史文獻研究》《儒家典籍與思想研究》等。難怪有的專家感歎，當下的古籍整理，是編輯隊伍的後繼乏人。①

北京大學出版社負責《儒藏》精華編②的編校出版。編輯如何才能更好地提高《儒藏》的編校質量，助力書稿"更上一層樓"，將差錯率降至萬分之一以下，使其成爲合格甚至優秀圖書？筆者選取責編過的十餘種《儒藏》書稿，結合發現的問題，按類舉例，從編校出版的角度略陳數言。③ 如能對古籍整理出版有鏡鑒之功，幸莫甚焉。

底稿質量方面

一、底本要精，校點質量要高

古籍整理涉及多方面的學問，但在很多高校、科研機構，卻不被認作"學術成果"，不受重視。因此，學者更願意著書立說，而不是整理古籍，爲他人

---

① 諸葛漪《古籍出版不差錢差編輯》，載《解放日報》，2013 年 8 月 19 日，第 8 版；亦見諸葛漪《專家歎專業古籍編輯後繼乏人 高校缺乏相關培養機制》，載《深圳特區報》，2013 年 8 月 21 日，第 B5 版。

② 北京大學主持的《儒藏》編纂工程，是在教育部和全國哲學社會科學規劃辦公室立項的重大學術文化工程，包括《儒藏》編纂和"儒家思想與儒家經典研究"。《儒藏》編纂分《儒藏》精華編的編纂（包括《儒藏總目》）和《儒藏》大全的編纂兩步走。先行編纂的《儒藏》精華編，聯合海内外三十餘所高等院校和研究機構、四百多位專家學者參與。《儒藏》精華編分中國編與海外編："中國編"計 282 册，截至 2018 年底，已出版 203 册，預計 2020 年全部出齊；"海外編"選收韓國、日本、越南歷史上以漢文著述的重要儒學著作一百餘種，凡 57 册，截至 2018 年底，已出版 1 册。兩者合爲 339 册，約 2.5 億字。2016 年起，《儒藏》精華編列入"國家出版基金項目"。

③ 古籍編輯牽涉面較廣，小文不可能面面俱到，僅從實際工作中經常遇到的幾個編校問題，談一些粗淺看法。可參閲黃金武《淺議古籍整理出版中的差錯與防範》（《出版廣角》2017 年第 3 期）、范高强《論古籍編輯應具備的文化素養》（《出版科學》2016 年第 4 期）、農豔《關於古籍編校工作的幾點經驗》（《新聞研究導刊》2016 年第 5 期）、朱湘銘《論編輯學養對古籍編校工作的影響》（《出版科學》2014 年第 1 期）、李紅《古籍類圖書編輯經驗淺談》（《媒體時代》2013 年第 5 期）、郭殿忱《古籍整理編輯工作得失談》（《編輯之友》1988 年第 1 期）等文章。

做嫁衣。《儒藏》精華編的某些部類主編，將書稿交給學生或非專業人士校點，而對樣稿不認真把關負責。多人校點者，書成於衆人之手，常見前後處理不一致、水平參差不齊等情形。缺少統稿流程。或者說，統稿不細緻。甚至部分書稿的校點質量堪憂，校點人或是不負責，或是水平如此。① 質量不合格書稿，則退還校點者加工處理。② 但如果校點者水平有限，或換校點者重做；或責編與北京大學《儒藏》編纂與研究中心責任編委③商議，由雙方合作，代校點者完成。當然，此種情形畢竟屬於個案。

責任編委抽檢樣稿，並非全部審讀。如果初審、通審等處理流程不夠細緻認真，或存有"知識盲區"，而責任編委抽審時，於此部分未及寓目，則很容易將差錯放過。進入編校出版流程，如不改正，就成了編校差錯。古籍整理首先要選擇善本爲底本。編輯接到書稿後的首要任務，就是調查比勘該書稿的版本信息，在條件允許的範圍內，底本選擇是否最佳，校點說明的版本梳理是否妥當等。試舉數例。

《儒藏》精華編一九六之《思辨錄輯要》，以北京大學圖書館藏同治間江蘇書局本爲底本。筆者據《中國古籍總目》④ 著録，清光緒三年（1877）江蘇書局本附"先儒陸子從祀一卷"，底稿未收，審稿記錄中注明"是否爲複印時去掉，或有遺漏"，並請責任編委和校點者核查。責任編委回覆，底本是用北大圖書館藏本複印，而北大藏本佚去"附録"一卷，係殘本。後據他館所藏同版補足。如不查工具書，則無從知曉底本有缺頁，《儒藏》整理本則非足本，豈不有"遺珠之憾"！

《儒藏》精華編二〇三之《河東先生集》，"校點說明"言及"部分篇章原

---

① 參湯一介《編纂〈儒藏〉的經驗——在"〈五經〉研究與翻譯國際學術委員會第一次工作會議"上的發言》，載《湯一介與〈儒藏〉》，北京大學《儒藏》編纂與研究中心編，北京：北京大學出版社 2017 年版，第 34—35 頁。

② 湯一介先生說，交到北大《儒藏》編纂與研究中心的校點初稿約有 60% 以上需要退改，還有些在中途更換校點者的。參湯一介《2011 年 5 月 23 日在教育部〈儒藏〉工程工作會議上的報告》，載《湯一介與〈儒藏〉》，第 89 頁。按，出版社編校環節，如果某些書稿總體質量存在問題，亦有換底本、換校本、加校本之情形，如《周易王韓注》《韓詩外傳》《尚書考異》《大學衍義》等。

③ 責任編委制度是《儒藏》工程根據實際編纂工作需要確立的工作模式。責任編委主要負責從樣稿提交到出版成書的流程中各環節的統籌安排以及學術質量把關工作。文中提及的"責編""編輯"，係出版社專門負責圖書出版的人員，多處特指筆者。特此說明。

④ 《中國古籍總目》，中國古籍總目編纂委員會編，子部，第一册，北京：中華書局 2010 年版，第 129 頁。

缺"，並據底本"目録"在正文相關位置出校説明。鑒於上文提及的《思辨録輯要》之情形，責編在審稿記録裏寫道：底本①原缺部分，是否爲複製時遺漏？如是，不當有校記；如否，則當在"校點説明"中指出。如卷三十九"賀誅淄青逆賊李師道狀"，缺三頁。濟美堂本不是難得之書，多家圖書館都有藏，建議校點者覆核其他館藏。又如，今存宋版柳宗元文集未收《龍城録》，明刻濟美堂本收録。學界一般認爲，《龍城録》乃後人附入，非柳宗元作。② 中華書局整理本《柳宗元集》③ 未收。校點者不應以所謂"爲了保持版本的完整"而收入。此條建議得到校點者認可，出版時將《龍城録》删去，並在"校點説明"做了交代。④

二、電子稿不盡可靠

《〈儒藏〉精華編編纂條例及補充説明》言，"歡迎提供電子文檔，以減少重新録排的錯誤，但交稿時必須將帶有標點、注碼及校勘記的底本影本一起附上，以作爲審稿和校對工作的依據"⑤。審讀電子稿打印文本時，因"編輯職業病"之故，"於不疑處有疑"，需時時翻看底本影本。校點者、責任編委説電子稿與底本核對過，可以信任。其實未必。《儒藏》精華編一七爲《尚書集注音疏》，有清乾隆五十八年（1793）近市居本、《清經解》道光九年（1829）學海堂本和《清經解》咸豐庚申（1860）補刊本三種版本。近市居本刊刻校勘頗爲精確，然通篇爲篆文，識讀不便，故《儒藏》精華編整理本以庚申補刊本爲底本，以近市居本爲校本。⑥ 近市居本"目録"之前有江聲自撰《募刊尚書小引》（見圖一），《清經解》本（道光九年學海堂本和咸豐補刊本）未收録。校點者整理時將其補入。全文一千餘字。筆者審稿時對此文的某些地方頗有懷疑，核對近市居本，赫然發現，校點者提供的電子版竟有 16 處錯誤，涉及脱、衍、誤

---

① 濟美堂本，即明嘉靖間郭雲鵬覆刻宋廖氏世綵堂本。

② 可參閱羅寧《〈龍城録〉是僞典小説》（《文學與文化》2011 年第 1 期）、薛洪勣《〈龍城録〉考辨》（《社會科學戰綫》2005 年第 5 期）、陶敏《柳宗元〈龍城録〉真僞新考》（《文學遺産》2005 年第 4 期）、稗秋《〈龍城録〉不是柳宗元所作》（《社會科學戰綫》1997 年第 4 期）等文章。

③ 《柳宗元集》，中華書局《柳宗元集》校點組整理，北京：中華書局 1979 年版。

④ 《儒藏》精華編二〇三，北京大學《儒藏》編纂與研究中心編，張勇校點，北京：北京大學出版社 2018 年版，第 532 頁。

⑤ 《〈儒藏〉工程》（内部發行本），北京大學《儒藏》編纂中心編，北京：經濟科學出版社 2009 年，第 238—239 頁。

⑥ 《清經解》道光本"校對不甚嚴謹，文字多有訛誤、缺漏乃至語句竄亂，且隸定原書古字不加詳辨而通改"（引自《儒藏》精華編一七"校點説明"，北京大學《儒藏》編纂與研究中心編，曲文、徐陽校點，北京：北京大學出版社 2017 年版，第二頁），庚申補刊本是在道光本基礎上重校補刻，文字校勘已有改善。因此，未將道光本列爲校本。

等情況，差錯率高達萬分之百以上！部類主編審稿、北大《儒藏》編纂與研究中心的初審、通審諸環節，均輕信了校點者的電子稿錄入無誤，而未核對校本。

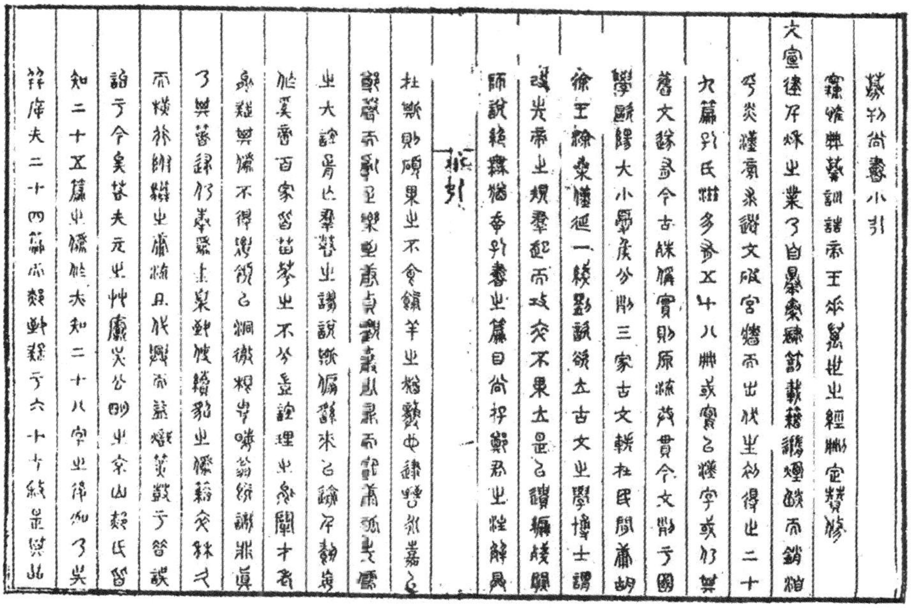

圖一　近市居本書影（《續修四庫全書》本）

對於出版流程來說，工作本如用複印本（即底本複印稿，下同）校點，出版社的編校效率可能會更高一些。① 即使對於認真負責的校點者來說，有了電子版，責編審稿中時有懷疑或不放心之處，雖然常被證明是責編"多疑"。加之電子稿版式不明確，需常翻看複印本核查並確定。當然，校點者錄排（或由他人代）費了很多精力，但因多了一道工序，人爲因素所致錯誤的概率比複印本多了一些，難以確保準確無誤。比如，《儒藏》精華編一八二之《昌言》，提交給出版社的工作本是電子打印稿，並附了錄排時所用底稿複印本。因書稿字數不足二萬，責編初審時，將電子稿與底稿校對一過，發現兩處錯字，係校點者誤排。誤排後，讀來竟也"文從字順"。此等硬傷，如非核對複印底本，很難發現。僅此而論，《昌言》書稿錯誤率已超過萬分之一。又如，《河東先生集》之"優游"，電子版書稿全部排成"優遊"，共15處，而所據底本濟美堂本作"優游"。"優游"出自《詩經·采菽》"優哉游哉"。游、遊二字

---

① 按，用電子稿錄排與用複印本錄排，對於排版員來說，兩者所費心力與時間，相差無幾。

雖通，但當從底本。電子稿中的一些簡化漢字和錯字，或是校點者錄排（或由他人代）時的大意疏忽所致。因此，古籍整理當儘量用複印本作爲工作底本，愼用電子版。除非無法得到複印本，只能抄錄。對此，終審意見是，"校點者交稿爲電子文本，儘管有減少錄排工作難度的好處，但電子稿作爲工作底本，則完全要依賴於校點者的認真程度和對文字的處理能力。到目前爲止，還沒有一部可以完全放心處理得沒有問題的電子稿。責編在編校過程中應予特別注意"。

總之，用最好的底本、最優秀的專家學者校點整理，方是理想書稿。"先天不足"的書稿，多次打磨，也難以盡善盡美。

校點說明與校記

責任編輯，"責任"二字當頭。責編要常翻工具書，常跑圖書館，及時解決相關問題。校對員（尤其是社外校對員）專業背景不同，水平參差不齊，加之古籍整理類書稿專業性較強，三校過後，有些較難的書稿，需加一個校次。甚或責編校對一過。筆者責編的《説文解字注》《尚書集注音疏》《籀廎述林及遺文》等，均自校一遍，方可放心。再者，三校完，編輯儘量通讀清樣，亦可發現一些問題。前文提及的《尚書集注音疏》，筆者據初刻本圖像版核對，改正較多。甚至底本有標題漏刻者，而校點者竟未能留意。江聲、孫詒讓等學者，愛用生僻字、古字，底稿需描清、描正者，多有遺漏。[①] 篆文的排版較難，容易認錯錄錯，有些篆文的辨析，相差無幾。照貓畫虎，難免魯魚帝虎。筆者查找了上百個篆文、古字（見圖二），截圖發給排版公司。這樣方可儘量避免校對人員/排版人員因識別不清而可能造成的錯誤。

除了誤描誤錄、點破句讀[②]外，校點說明和校記是出問題最多的兩大版塊：校點說明主要是版本調查不仔細，校記主要是校語不規範。出版社古籍編輯能助力《儒藏》精華編書稿"錦上添花""臻於至善"者，亦多在此。

[①] 按照《〈儒藏〉責任編委、責任編輯雙邊工作細則》（《典籍編校通訊》2014年第1期，總第2期，北京大學出版社典籍與文化事業部編，第17頁。內部發行本），此應爲校點者完成，但因字數不算太多，沒有退回北大《儒藏》編纂與研究中心。需要說明的是，校本爲篆文，底本有些不清楚或審稿中有疑問之處，查找頗費精力。

[②] 破句是審讀古籍類書稿常見的現象，本文不再舉例詳述，僅在下文論及"校記問題"的舉例，涉及一處句讀有誤。

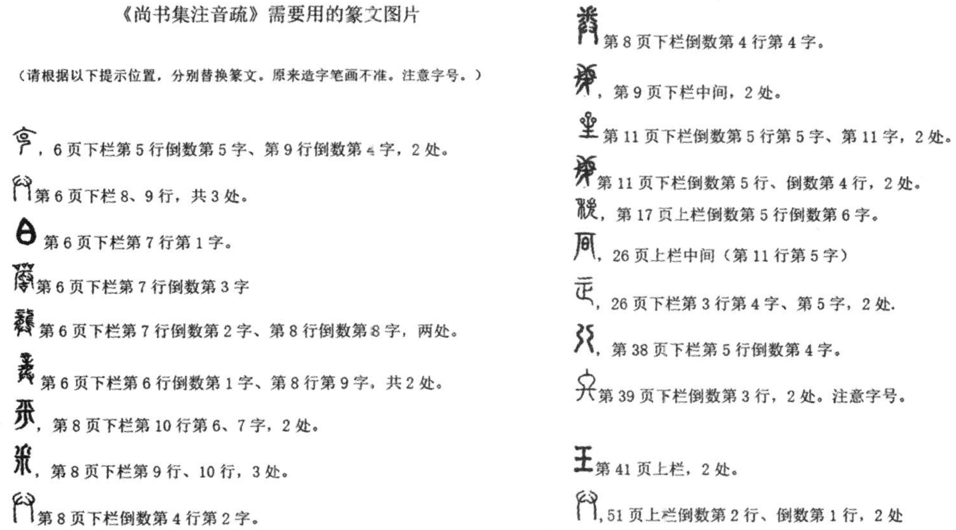

圖二　《尚書集注音疏》初審記録截圖①

一、校點説明

上文提及的《思辨録輯要》，其"校點説明"的版本梳理，似較簡略。可補充者如下：正誼堂本及《四庫全書》本書名均題爲"陸桴亭思辨録輯要"。《思辨録輯要》又有清宣統三年（1911）刻本（今藏南京）。安義本，《中國古籍總目》未著録，疑該版古籍已亡，或《中國古籍總目》失載。清劉蓉撰有《思辨録疑義》一卷〔清光緒三年（1877）湖南長沙思賢講舍刻本，今藏國圖、上海、南京等地〕。據《思辨録輯要》應寳時跋（底稿第 434 頁左第 1—2 行，清樣第 412 頁第 3—4 行。下文無特殊説明者，所言頁碼均爲原稿所編頁碼），康熙元年（1662）毛天麒初刻本之後，"續有宋商丘中丞刻本"②。1936 年商務印書館排印《思辨録輯要》，收入《叢書集成初編》，1985 年中華書局據以影印再版。《叢書集成初編》本施以簡單句讀，有"筆路藍縷"之功。1975 年，臺北財團法人廣學社印書館以"困知記等三種"爲名整理出版。（收入《廣學叢刊》）以上版本信息，均當在"校點説明"中提及。

《儒藏》精華編五二、五三、五四是《禮記集説》。③ "校點説明"提及"明

---

① 按，"發稿處理卷"初審記録用簡化漢字寫成。此爲部分截圖。
② "宋商丘中丞"即宋犖，清康熙時人，刻書多種。
③ （宋）衛湜撰，一百六十卷。收入《儒藏》精華編經部禮類禮記之屬，三册，預計 2020 年出版。

抄本"系統。據《中國古籍總目》，① 明抄本有三部，今藏南京、北大和天一閣（天一閣本僅存卷113—卷136），校點者均未提及。《中國古籍總目》未載校點者所言"國圖藏明抄本"，疑《中國古籍總目》失載。《中國古籍善本書目》載兩部"明本"，② 一爲"丁丙跋"。底本闕卷之配補，《中國古籍善本書目》《中國古籍總目》均言"配清抄本"，而校點者言"據明抄本配補"，未知孰是。"校點說明"敘述《禮記集說》版本言，"清《通志堂經解》刊本（簡稱'通志堂本'），刻於清康熙年間"。通志堂本實則有數次刊刻，康熙本外，又有同治本、[日本]文化本等。除此之外，宜提及《四庫全書薈要》本。複審老師批示，"校點人宜據文津閣本查對一些地方，並可寫入說明"。筆者在發稿卷處理複審意見時寫道："實際上，校點者連起碼的校本、參校本都有大量失校，何敢奢言據文津閣本去核對？且斯人已逝，接稿者更不大可能去做這項工作了。除了文津閣本（商務印書館2005年、2010年先後兩次影印），文瀾閣本已於2015年由杭州出版社出版。'四庫本，雖有七套'，然學者所用，一般指的是文淵閣本，因其影印較早而易得。摘藻堂《四庫全書薈要》本亦收有《禮記集說》，吉林出版集團2005年影印。"③

《中國古籍總目》④ 是筆者審讀"校點說明"版本信息的常用參考書。其他

---

① 《中國古籍總目》，經部，第一冊，北京：中華書局2012年版，第477頁"經10505585"條。

② 《中國古籍善本書目》，經部，中國古籍善本書目編輯委員會編，上海：上海古籍出版社1989年版，第193頁。

③ 1988年臺北世界書局影印出版了《四庫全書薈要》，全五百冊，第53—56冊是《禮記集說》。文瀾閣《四庫全書》因遭太平軍之亂，原本僅存四分之一左右，曾經三次補抄。文瀾閣本《禮記集說》既有乾隆年間原抄（殘存二十卷），又有光緒年間丁丙、丁申兄弟補抄。（見《文瀾閣四庫全書版況一覽表》，載《浙江圖書館古籍善本書目》"附錄三"，浙江圖書館編，杭州：浙江教育出版社2002年版，第914頁）2003年上海古籍出版社出版了《影印文溯閣四庫全書四種》，一函，四冊。經、史、子、集各一種影印出版。分別是經部宋代吳仁傑的《易圖說》、史部元代李好文的《長安志圖》、子部明代沈繼國的《墨法集要》、集部明代康萬民的《璿璣圖詩讀法》。據《蘭州晨報》2017年9月23日第A05版《我省所藏文溯閣〈四庫全書〉全書3.6萬冊將影印出版供讀者查閱》之報導，2017年甘肅省圖書館已開始了文溯閣《四庫全書》本影印工作。據悉，已列入甘肅人民出版社之出版計劃。期待早日面世，嘉惠學林。

④ 《中國古籍總目》，北京、上海：中華書局、上海古籍出版社2009—2013年版。按，該書由多所機構合作編寫，皇皇二十六冊。難免有著錄錯訛之處，使用時需甄別。

如《宋版古籍佚存書録》①《宋元版書目題跋輯刊》②《四庫全書總目提要》《中國叢書綜録》《藏園訂補邵亭知見傳本書目》《書目答問匯補》等，更是案頭必備之書。

二、校記

校記存在的問題，主要是校勘前後不統一、校記術語不規範、失校、不必出校、虚列校本、不明《儒藏》精華編出校原則等。因涉及類型較多，僅舉數例以言之。《禮記集説》卷一百九（第 2305 頁右第 6—7 行）"而《左傳》昭二十五年、《家語》《五帝》篇則以五祀爲爲重、該脩、熙、黎，句龍之官"，第 6 行末底本爲空白，校點者補"爲"字，然未出校。按，此處不當補。補字適爲衍文。通志堂本、四庫本僅一"爲"字。《禮書》《周禮訂義》《欽定禮記義疏》《五禮通考》等引此均不重"爲"字。"昭公二十五年"，通志堂本、四庫本同。然翻檢《左傳》，所言内容實在昭公二十九年。此處當出校。"五祀爲爲重、該脩、熙、黎，句龍之官"，"五祀"後僅列四名，標點顯誤。初以爲校點者誤將頓號點爲逗號，後來核此句所涉《左傳·昭公二十九年》：

> 獻子曰："社稷五祀，誰氏之五官也？"對曰："少皞氏有四叔，曰重、曰該、曰脩、曰熙，實能金、木及水。使重爲句芒，該爲蓐收，脩及熙爲玄冥，世不失職，遂濟窮桑，此其三祀也。顓頊氏有子曰犁，爲祝融；共工氏有子曰句龍，爲后土，此其二祀也。"

由此可知，"三祀"與"二祀"總爲"五祀"，句龍在五祀之内，該、脩不在同祀之内。標點應改爲"五祀爲重、該、脩熙、黎、句龍之官"。

又如，《經義考》卷二百八一八"唐國子學石經"條"《孝經》二千□百□十三字"，兩□，據《曝書雜記》《甘泉鄉人稿》《雍州金石記》等載，《孝經》字數是 2113 字，則兩□字當作"一"。③《經義考》"附録"之《上諭》首句"乾隆四十二年四月二十日承准大學士舒□、大學士于□□字寄浙江巡撫三

---

① 《宋版古籍佚存書録》，夏其峰編著，太原：三晉出版社 2012 年版。

② 《宋元版書目題跋叢刊》（全四册），賈貴榮、王冠輯，北京：北京圖書館出版社 2003 年版。按，此下幾種工具書常見而易得，不再一一注明版本信息。

③ 古籍中數字"一"常省，而此處不屬於此情形。"唐國子學石經"條有六部經書的統計字數有"一"，均未省去，如"《周禮》四萬九千五百一十六字，《儀禮》五萬七千一百一十一字"，見《儒藏》精華編一七六，北京大學《儒藏》編纂與研究中心編，李峻岫、張文等校點，北京：北京大學出版社 2018 年版，第 4728 頁。按，《金石文字記》亦作"《孝經》二千□百□十三字"，見顧炎武撰、徐德明等校點《顧炎武全集》，第五册，上海：上海古籍出版社 2011 年版，第 361 頁。

□",幾處□,據下文和《清實錄》可知闕文内容:據下文"着將御製詩録寄三寶","三□",爲"三寶";"大學士舒□、大學士于□□",據《清實錄》,①當爲"大學士舒赫德、② 大學士于敏中"。宜加校記説明。校點者從之,出版時予以補加校記。書稿中的多處闕字,當儘量據校本、他書中查出(《經義考》很多内容是各書之序,核查較易),以方便讀者,避免"不作爲"。

有的校記所涉内容竟是虛構。《春秋集傳大全》"校點説明"言,"以明永樂内府刻《春秋集傳大全》三十七卷爲底本,以影印清乾隆文淵閣《四庫全書》本爲校本。"③ 複印本第1393頁疏文"《春秋》修諱之'",校點者將"修"改爲"終",並出校:"'終',原作'修',據四庫本改"。(見圖三甲)責編於此處頗有懷疑,核文淵閣《四庫全書》本,並無校記所涉之句,(見圖三乙)將校記删去。兩相對照可知,第1391頁右第1行"則在鄭、衛之境"(卷三十

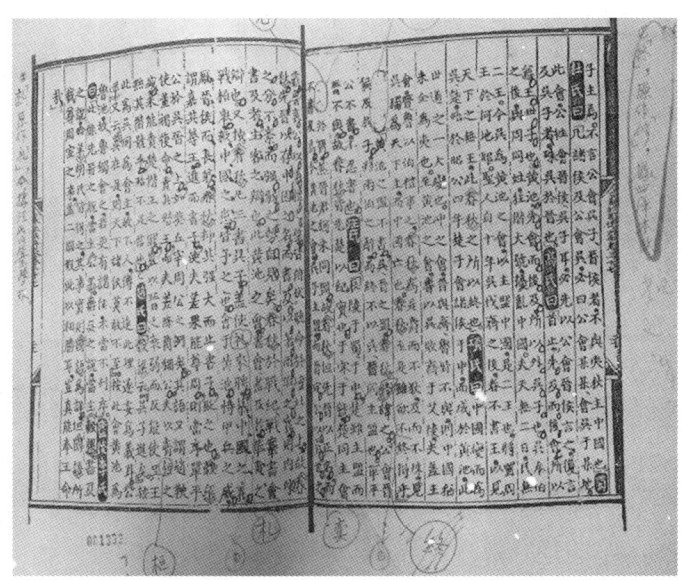

圖三　甲、《春秋集傳大全》校點本所據底稿(明永樂内府刻本)
　　　　校記虛列校本信息

---

① 《清實錄》,第21册,卷一〇三一,北京:中華書局1985年影印版。按,中華書局2008年再版重印。

② "大學士舒□","舒"字下一□,底本[北京大學圖書館藏乾隆十九年(1754)揚州馬氏刻本]如此。檢索"中國基本古籍庫",乾嘉時期,符合"大學士"與"舒"姓兩個條件的,唯舒赫德一人而已。

③ 《儒藏》精華編九三,北京大學《儒藏》編纂與研究中心編,吳長庚、蘇敏、管正平等校點,北京:北京大學出版社2014年版,第7頁。

古籍編校中應當注意的幾個問題

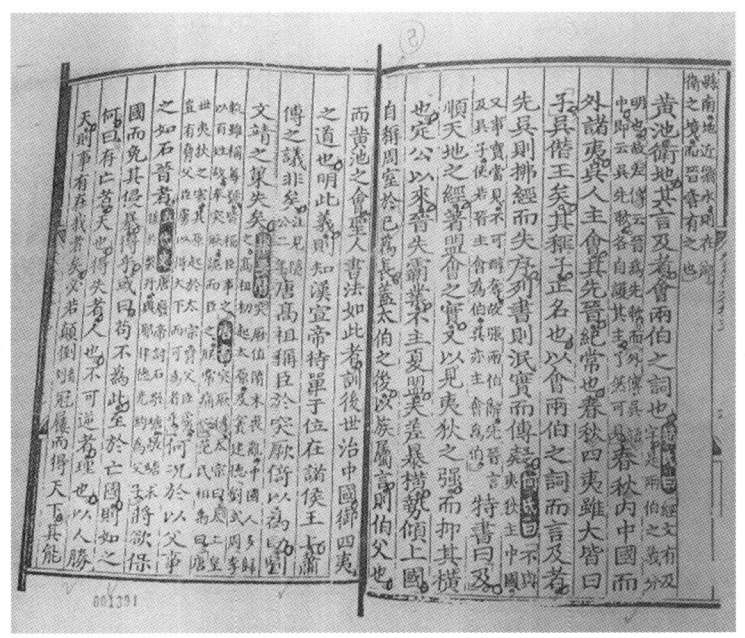

圖三　甲、《春秋集傳大全》校點本所據底稿（明永樂内府刻本）（續）
此上有三頁内容，文淵閣《四庫全書》本刪削

七"魯哀公十三年"之"公會晉侯及吳子於黄池"條）下，至第1394頁上，凡三頁内容，文淵閣本《春秋集傳大全》均無。① 據文字内容和位置，我們可以確定，闕文非爲影印文淵閣《四庫全書》時遺失。三頁内容，注三百餘字，疏一千八百餘字。闕文多有"夷狄"等字眼，顯係"違礙悖逆"，當是四庫館臣刪削所致。② 此爲審稿時偶然發現，如非親自核對校本，怎會知校記如此，怎會知校本如此！順便值得一提的是，校本中因刪削所致的闕文，整理者宜在相關位置出校説明。

---

　　① 《春秋大全》，影印文淵閣《四庫全書》本，經部，第166册，臺北：商務印書館1986年版，第963頁。
　　② 文津閣本《春秋大全》則保留此二千餘字。將其與明永樂内府刻本對校一過，異文不足十處，且未將"夷狄"等"違礙"詞句篡改刪削。（詳見《文津閣四庫全書》，經部，第160册，四庫全書出版工作委員會編，北京：商務印書館2010年版，第935頁）文瀾閣本《春秋大全》係光緒年間丁氏兄弟補抄。（見《文瀾閣四庫全書版況一覽表》，載《浙江圖書館古籍善本書目》"附録三"，第915頁）因其不具備"四庫全書"本意義上的版本對勘價值，兹不贅敍。限於條件，文溯閣本未能寓目。按，《四庫全書薈要》未收胡廣等輯《春秋集傳大全》。

未能言冠而破冠也。汪氏曰：黃池或以為在衛，或以為在曹，或以為在宋，在鄭，杜預所釋陳留封丘縣南地，近濟水，則在鄭衛之境也。

楚公子申帥師伐陳

高氏曰：楚畏吳之強，無如之何，故乘吳之出會而伐陳也。

於越入吳

左傳：六月丙子，越子伐吳，為二隧。疇無餘、謳陽自南方先及郊。吳太子友、王子地、王孫彌庸、壽於姚自泓上觀之。彌庸見姑蔑之旗，曰：吾父之旗也。不可以見讎而弗殺也。太子曰：戰而不克，將亡國，請待之。彌庸不可，屬徒五千，王子地助之。乙酉，戰，彌庸獲疇無餘，地獲謳陽。越子至，王子地守。丙戌，復戰，大敗吳師，獲太子友、王孫彌

黃池，衛地。其言及者，會兩伯之詞也。

內中國而外諸夷，吳人主會，其先晉，紀常也。春秋

四夷雖大皆曰子。吳僭王，吳其稱子，正名也。以會

兩伯之詞而言及，著先晉，則據經而書序列書，則

泯實而傳疑

特書曰及，順天地之經，著盟會之實，又以見夷狄之強而抑其橫也。

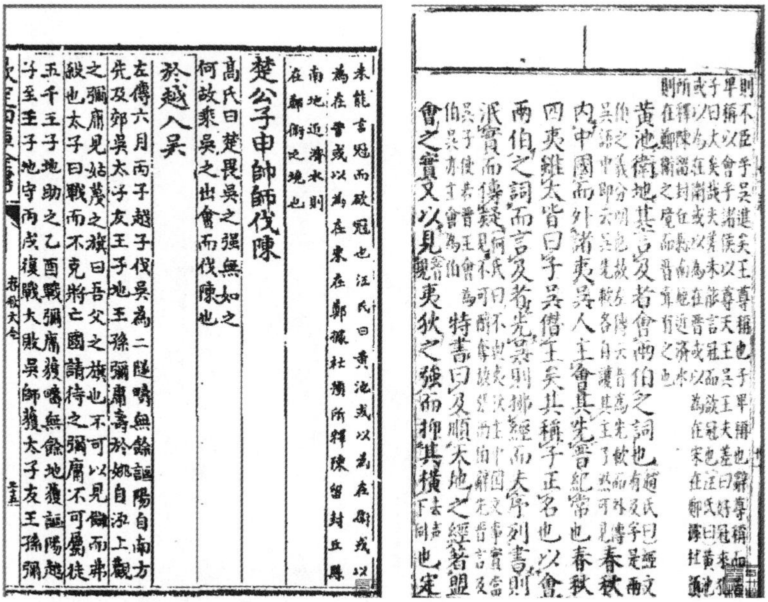

圖三　乙、《春秋大全》書影

圖左：文淵閣《四庫全書》本；　圖右：北京大學圖書館藏明刻本

（採自“中國基本古籍庫”所附版本書影）

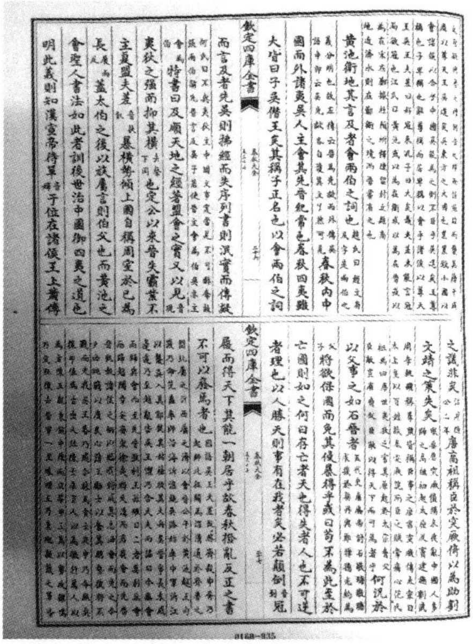

圖三　乙、《春秋大全》書影（續）

文津閣《四庫全書》本（書影攝自商務印書館影印本）

有時看似校記無問題，但猶有可完善、提升其價值處，則責編當盡力爲之，助力書稿"更上一層樓"。以《尚書注疏校勘記》爲例。① 整理者以文選樓本［《續修四庫全書》影印南京圖書館藏嘉慶十三年（1808）刻本］爲底本，校以南昌府學本（重栞宋本《十三經注疏》附校勘記），參以學海堂本［《清經解》道光九年（1829）刊咸豐十年（1860）補刊］。② 卷十八"罔不承德"條校記初稿："'罔不十'，'罔'字左原衍'也'字，今删。按，此條校勘記僅一行，右行不當有字，此蓋手民之誤。"並給責編附有說明，"請考慮，這種情形是否要出校，抑或逕改。"此等情形，不可徑改，必須出校，此是古籍整理之規範做法。細審諸版本文字及版式，（見圖四）責編意見："'六服'下，學海堂本作'〇按作六服十行本是也'。文選樓本'六服'下有九字空，正合轉行有'也'字。又，兩次刊刻，文義正好相反。"整理者改爲："罔不十，'罔'字左原有'也'字，今删。'非也'，咸豐補刊本作：'〇按，作"六服"，十行本是也。'其中'也'字轉行，正合在'罔'字之左。蓋此'也'字當屬剜改未盡。底本以十行本爲非，咸豐補刊本則以十行本爲是。道光初刻本删去'罔'字左側之'也'字。"③ 類此"剜改未盡"者，《尚書注疏校勘記》共有三處（卷十六1條，卷十八2條），爲省行文，其他二條不再臚列。簡言之，爲方便學者使用和研究，校記內容當包含衆版本信息，使讀者閱一書而有衆版本如在目前之感。

北大、川大、人大，三所高校同時在做《儒藏》項目。（當然，整理出版方式不同、收書範圍不同、側重點不同）北大版《儒藏》精華編收錄國內著作

---

① 《儒藏》精華編經部群經總義類收錄《十三經注疏校勘記》，截至2018年底，尚未進入編校出版流程；揚州大學正在整理《阮元全集》，亦收錄《十三經注疏校勘記》，見錢宗武、陳樹《論阮元〈十三經注疏校勘記〉兩個版本系統》（載《揚州大學學報》2007年第1期，第24—28頁；又載《古籍研究》2008卷·上，朱萬曙主編，合肥：安徽大學出版社2008年版，第133—138頁），截至2018年底，尚未出版。此爲筆者參與責編劉玉才先生主編"《十三經注疏校勘記》整理"的審稿所得。

② 關於《尚書注疏校勘記》的主要版本，可參看王耐剛撰〈整理說明〉，載《十三經注疏校勘記》第一册，北京：北京大學出版社2015年版，第288—298頁；亦可參看王耐剛撰《〈十三經注疏校勘記〉版本述略》，載《歷史文獻研究》總第37輯，中國歷史文獻研究會編，上海：華東師範大學出版社2016年版，第192—203頁。

③ 《十三經注疏校勘記》，第一册，第515頁。

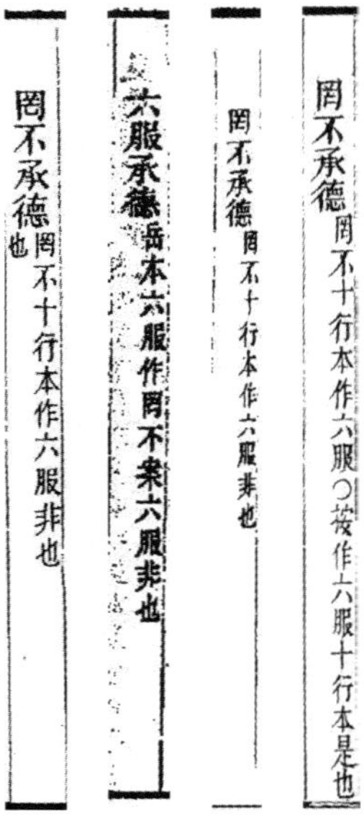

图四　《尚书注疏校勘记》卷十八"罔不（六服）承德"条各版本文字差异
从左到右依次爲文選樓本、南昌府學本、學海堂道光初刻本①、學海堂咸豐補刊本

464 種，其中有 258 種是已有整理本，這 258 種裹面又有 62 種是原校點人。②也就是説，收録前人尚未整理的 206 種稿件，是《儒藏》整理出版的開山之舉，本身就可圈可點。如何突出北大《儒藏》整理本品牌，如何"後出轉精"，超越已有的整理本？對於初次整理的書稿，又如何在版本、校勘和標點方面做到精益求精，成爲可供學界使用的權威版本？一切的關鍵，在於質量！質量問題千萬不能放鬆，此弦需時刻緊繃。此是北京大學出版社典籍部各位同仁的安身立命之本。編校審稿過程中認真負責，一絲不苟。唯有如此，北大版《儒藏》才能成爲北大和北大出版社的拳頭産品，成爲現代化條件下中國文化的新成果，藏之名山，傳之後世。上海古籍出版社高克勤社長説，做好了專業才能創

---

① 2015 年筆者審稿時，僅核查了文選樓嘉慶十三年（1808）刻本、南昌府學嘉慶二十年（1815）刻本和學海堂咸豐庚申（1860）補刊本，未曾留意學海堂道光初刻本，故"初審記録"未言及學海堂初刻本。所幸整理者在校記修改稿中提及。今借撰小文之際，據年上海書店出版社 2014 年影印本予以查閲。

② 趙新《經典·修典·儒藏》，載《儒家典籍與思想研究》（第七輯），北京大學《儒藏》編纂與研究中心編，北京：北京大學出版社 2015 年版，第 327 頁。按，"258 種是已有整理本"，數字仍在上升。近三年又有收入《儒藏》精華編而尚未出版者，其他出版社已先行整理出版，如中華書局 2017 年出版了《公羊義疏》（清陳立撰，劉尚慈點校），北京大學出版社 2018 年出版（《儒藏》精華編八六、八七、八八，駢宇騫、崔高維校點）。

品牌,做出了品牌以後,學者、讀者都認同了,出版社的效益就獲得了。[①] 誠然!如此方能實現名利雙收,契合北大出版社"學術的尊嚴,精神的魅力"的立社宗旨,也不負社會各界對《儒藏》精華編"精選目、精版本、精校點、精出版"的期許。

(作者單位:北京大學出版社典籍與文化事業部)

附記:小文曾先後得到北京大學《儒藏》編纂與研究中心李暢然、沙志利、甘祥滿三位研究員,北京大學出版社胡雙寶編審、王鐵軍兄,河北教育出版社劉相美編審,山東理工大學齊文化研究院王勇兄等師友的指教,文中舉例引用北京大學出版社《儒藏》精華編書稿複審老師、終審老師意見,謹致謝忱。文中謬誤,責在本人。

[①] 高克勤《古籍專業編輯培養不易》,載《文匯讀書週報》2013年9月27日,第3版。

儒家典籍與思想研究（第十一輯）
北京大學出版社，2019 年 3 月

《儒藏》精華編新出書目（43 册）

編者按：繼 2017 年 4 月《儒藏》精華編出版 160 册後（書目詳見《儒家典籍與思想研究》第九輯），截至 2018 年 12 月，《儒藏》精華編新出 43 册，兹列表如下。

部類	册號	書名	作者	校點者
經部易類	11	[1] 周易集解纂疏	（清）李道平	韓慧英
		[2] 周易姚氏學	（清）姚配中	周玉山
經部禮類周禮之屬	39—41	[1] 周禮正義	（清）孫詒讓	王文錦 陳玉霞 喬秀岩
經部禮類儀禮之屬	44	[1] 儀禮集釋	（南宋）李如圭	楊　華 李志剛
		[2] 儀禮圖	（南宋）楊復	馬延輝
經部春秋類左傳之屬	80	[1] 春秋左傳詁	（清）洪亮吉	李解民 吕東超
經部春秋類公羊傳之屬	86—88	[1] 公羊義疏	（清）陳立	駢宇騫 崔高維
經部孝經類	96	[1] 孝經注疏	（唐）李隆基	趙四方
		[2] 孝經注解	（唐）李隆基	趙四方 井良俊
		[3] 孝經大全	（明）吕維祺	陳居淵
		[4] 孝經鄭注疏	（清）皮錫瑞	張榮華
		[5] 白虎通德論	（東漢）班固	胡春麗
		[6] 七經小傳	（北宋）劉敞	楊韶蓉
		[7] 九經古義	（清）惠棟	鄧志峰

《儒藏》精華編新出書目（43 册）

續表

部類	册號	書名	作者	校點者
經部群經總義類	103	［1］經學通論	（清）皮錫瑞	金曉東
		［2］經學歷史	（清）皮錫瑞	袁雯君
		［3］新學僞經考	（清）康有爲	傅翀
經部四書類 四書總義之屬	116	［1］四書蒙引	（清）蔡清	李存山 高海波 陳　明
經部小學類 爾雅之屬	126	［1］廣雅疏證	（清）王念孫	郎震
史部別史類	137	［1］逸周書	（晉）孔晁	黄懷信
		［2］國語正義	（清）董增齡	金曉東
		［3］貞觀政要	（唐）吴兢	謝保成
史部詔令奏議類	148	［1］御選明臣奏議	（清）高宗弘曆敕輯	張兆裕
史部傳記類 總録之屬	154	［1］元儒考略	（明）馮從吾	王敬松
		［2］關學編（存目）	（明）馮從吾	——
		［3］理學宗傳	（清）孫奇逢	劉韶軍
史部傳記類 總録之屬	157－159	［1］宋元學案	（清）黄宗羲	岳　珍 劉真倫
史部職官類 史部目録類	173	［1］三事忠告	（元）張養浩	李修生
		［2］經義考	（清）朱彝尊	李峻岫 谷　建 葉純芳 張　文
	174－176	［1］經義考	（清）朱彝尊	李峻岫 谷　建 葉純芳 張　文

· 299 ·

续表

部類	册號	書名	作者	校點者
子部儒學類性理之屬	190	[1] 龜山先生語錄	（北宋）楊時	潘　佳 殷小勇
		[2] 崇正辨	（南宋）胡寅	付長珍
		[3] 胡子知言	（南宋）胡宏	楊柱才
		[4] 北溪先生字義附嚴陵講義	（南宋）陳淳	張加才
		[5] 木鐘集	（南宋）陳埴	史應勇
子部儒學類性理之屬	192—193	[1] 性理大全書	（明）胡廣等	程　林 彭　榮
集部	203	[1] 劉夢得文集	（唐）劉禹錫	李志強
		[2] 河東先生集	（唐）柳宗元	張　勇
集部	211	[1] 臨川先生文集	（北宋）王安石	李劍雄
集部	221	[1] 游定夫先生集	（北宋）游酢	景新強
		[2] 龜山先生全集	（宋）楊時	李明友
		[3] 和靖尹先生文集	（宋）尹焞	周生春 吳永明 孔祥來
		[4] 豫章羅先生文集	（宋）羅從彥	韓　星
集部	223	[1] 斐然集	（南宋）胡寅	陳曉蘭
		[2] 五峰集	（南宋）胡宏	王玉德 班龍門
		[3] 岳少保忠武王集	（南宋）岳飛	田　君
集部	240	[1] 勉齋先生黃文肅公文集	（南宋）黃榦	周國林
		[2] 北溪先生大全文集	（南宋）陳淳	張加才
集部	244	[1] 閑閑老人滏水文集	（金）趙秉文	魏崇武 劉　暢
		[2] 滹南王先生文集	（金）王若虛	魏崇武
		[3] 遺山先生文集	（金）元好問	張文澍
		[4] 許文正公遺書	（元）許衡	許紅霞

《儒藏》精華編新出書目（43 册）

續表

部類	册號	書名	作者	校點者
集部	246	[1] 吳文正集	（元）吳澄	李　軍
集部	248—249	[1] 宋文憲公全集	（明）宋濂	徐儒宗
集部	254—255	[1] 王文成公全書	（明）王守仁	吳　光 錢　明 董　平 姚延福
集部	257	[1] 涇野先生文集	（明）吕柟	陳俊民
集部	266	[1] 夏峰先生集	（清）孫奇逢	朱茂漢
		[2] 霜紅龕集	（清）傅　山	王　薇
集部	268	[1] 南雷文定 南雷文定五集	（清）黃宗羲	吳　光 平慧善
		[2] 桴亭先生文集	（清）陸世儀	趙友林
集部	271—272	[1] 西河文集	（清）毛奇齡	閻寶明 趙友林 馬麗麗
集部	279	[1] 古微堂集	（清）魏源	秦世龍 王　寅
		[2] 曾文正公文集	（清）曾國藩	王澧華
		[3] 籀廎述林	（清）孫詒讓	陳　絜
		[4] 左盦集	（民國）劉師培	陳　絜

儒家典籍與思想研究（第十一輯）
北京大學出版社，2019年3月

《儒家典籍與思想研究》第一輯至第十輯總目錄

經學研究

文題　　　　　　　　　　　　　　　　　　　　　　作者　輯號 頁碼

今本《易傳》成書新説 …………………………………… 劉新華（二，22）
兩漢十翼稱經考 …………………………………………… 朱天助（五，89）
帛《易》與漢代今文《易》 ……………………………… 劉大鈞（一，1）
"不安其用而樂其辭"
　　——論帛書《易傳》"德義"視野下的易學詮釋方法 …… 徐　强（一，177）
論王弼《周易注》對"位"、"應"觀念的重視和運用
　　——從"賢人在下位而無輔"的標點談起 ……………… 甘祥滿（四，1）
從大衍義看漢學與玄學的詮釋差異 ………………………… 甘祥滿（六，308）
胡瑗對程頤《易》學的啟發與影響 ………………………… 姜海軍（一，193）
《周易折中》"折中"義探研 ……………………………… 王豐先（二，40）

《尚書》學研究概況 ……………………………………… 呂文郁（一，12）
先秦《尚書》流傳情況研究述評 ………………………… 周　粟（二，666）
評閻若璩的二難推理
　　——《尚書古文疏證》研究之二 …………………… 楊善群（四，118）

關於近年來《詩經》研究的兩個問題
　　——兼論《詩經》人文精神的現代價值 ……………… 趙沛霖（一，44）
從"賦《詩》斷章"到"通經致用"
　　——中國古代《詩》學傳統的形成探原 ……………… 馮一鳴（一，234）
《詩經》六義新解：風賦・比興・雅頌 ………………… 馬　昕（三，1）
四家《詩》在漢代不同的學術地位和歷史命運 …………… 王承略（三，31）

· 302 ·

《毛詩》興義與序義比較研究 ················· 王承略（二，66）
論陳喬樅與王先謙三家詩學之體系 ············· 李　霖（二，95）
論馬端臨對朱熹《詩經》學說的反駁及其原因 ········· 傅　佳（四，59）
重評《子貢詩傳》、《申培詩說》的造僞與辨僞
　　——以明代中晚期的經學復古運動爲背景 ········ 馬　昕（四，106）

三禮研究的大勢與問題 ···················· 彭　林（一，69）
論《周禮》"雲門大卷"不是《雲門》與《大卷》二樂 ···· 陳　殿（二，114）
論程瑤田的喪服學 ······················ 馮　茜（四，141）

《春秋》學研究的現狀及相關諸問題 ············· 趙伯雄（一，79）
《春秋》三傳詮釋《春秋》所採立場之比較研究
　　——以三傳對宋襄公事蹟論述之不同爲例證 ······· 張端穗（三，64）
《春秋》三傳"注疏"中的屬辭比事考 ············ 趙友林（三，87）
杜預《左傳》、韋昭《國語》注比較 ············· 李　僅（二，145）
葉夢得的《春秋學》 ····················· 胡宇芳（二，164）
《春秋左傳讀》解釋經傳之方法與特點
　　——從文獻學角度出發 ················· 吳冰妮（五，223）
章太炎《春秋左傳讀》經學旨趣發微 ············· 沙志利（十，226）

正統與異端之間：《大學》的詮釋學
　　契機 ············ ［美］周啓榮（Kai-wing Chow）/文　程　旺/譯（九，157）
《論語》校釋叢劄 ······················ 孫欽善（二，182）
《論語》校釋叢劄（續） ··················· 孫欽善（五，1）
《語》乎，《論》乎？
　　——《論語》名義及簡稱問題 ·············· 劉　斌（二，208）
《論語》學成因探析 ····················· 唐明貴（二，406）
論鄭玄《論語注》的經注思維及其經學思想 ·········· 車行健（三，110）
孫綽《論語》注中的孔子形象 ········· 閻春新　胡惠明（四，19）
《論語義疏》的體式與結構及其詮釋學意義 ·········· 甘祥滿（一，266）
邢昺《論語注疏》的注釋特色 ················ 唐明貴（一，291）
論邢昺《論語注疏》解題對皇侃《論語義疏》解題的

繼承、調整與創新 …………………………………… 楊新勛（四，44）
"異端"說
　　——日本懷德堂學派之《論語》解釋 ………… ［日］湯淺邦弘（九，171）
經學解釋：訓詁與義理之間
　　——以《論語》"克己復禮"程朱説爲例 ………… 刁小龍（四，32）
"思無邪"宗趣辨微
　　——以近代以來《論語》注疏爲中心 ……… 陳洪杏　劉　娜（七，250）
仁者窮通
　　——以"井有仁焉"爲個案 ………………………… 宋　健（五，29）
經典：詮釋轉換與意義生長
　　——以《論語》"回也其庶乎屢空"之注疏爲例 ……… 甘祥滿（五，41）
"三省吾身"之"三"義辨 ……………………………… 郭浩瑜（八，161）
"中行"與"狂狷"
　　——《論語·子路》"不得中行"章釋讀 …………… 譚忠誠（八，174）
《論語》"直而無禮則絞"釋讀 ……………………………… 杜曉文（九，1）
百餘年來"民可使由之不可使知之"闡釋考 ……………… 趙友林（十，279）
趙岐的《孟子章句》及其孟學思想 ……………………… 李峻岫（一，308）
唐代三家《孟子》注考論 ………………………………… 李峻岫（二，241）
唐至北宋科舉制變革與《孟子》經學地位的確立 ………… 李峻岫（四，159）
試論蘇轍的"尊孟"與"非孟"
　　——以《孟子解》爲中心 ………………………… 谷　建（二，537）
宋代四書詮釋之歷程述論 ………………………………… 姜海軍（四，176）

《詩緯》新論 ……………………………………………… 任蜜林（六，285）
緯書的歷史觀 ……………………………………………… 任蜜林（二，422）
讖緯與災異論 ……………………………………………… 陳侃理（三，378）

試説孔穎達《五經正義》的九條"例" …………… 吕友仁　王文艷（八，1）
對"王安石修《經義》蓋本於敞"的考查
　　——兼論《三經義》"剿取"《七經小傳》之説 …… 楊韶蓉（八，37）
詮釋學的研究現狀及前景 ………………………………… 景海峰（一，87）
連續性與斷裂性

——試論清代考據學的理論前設 …………………… 張永奇（一，256）
"通經以明道"如何可能
　　——對戴震解經方法的詰難及其回應 ………………… 龍　鑫（三，405）
基於文獻學的經學史研究 ………………… ［日］橋本秀美（一，163）
東漢今古文學的變化、興衰與合流 ………………… 陳蘇鎮（一，149）
魏晉禮制與經學 …………………………… ［日］古橋紀宏（二，254）
王肅經學思想辨詰 ………………………………………… 李中華（二，458）
禮學與理學 ………………………………………………… 劉曉東（八，151）
讀儒三記 ……………………………………………………… 胡雙寶（六，1）
讀儒續記 …………………………………………………… 胡雙寶（八，113）

版本源流

宋刻單疏本傳本考 ………………………………………… 張麗娟（三，180）
《周易》注疏合刻本的卷次與體例 ……………………… 張麗娟（四，191）
《周易》注疏合刻本源流系統考
　　——基於乾卦經傳注疏異文的完全歸納法 …………… 顧永新（九，18）
來知德《周易集注》初刻本考 …………………………… 陳培榮（五，200）
關於《尚書》南宋王朋甫刻本的幾個問題 ……………… 劉曉麗（七，1）
陳澔《禮記集說》之版本析論 …………………………… 劉千惠（二，124）
《穀梁》單疏本與注疏合刻本考 ………………………… 張麗娟（一，344）
明李元陽本《春秋穀梁注疏》淺探 ……………………… 張麗娟（九，93）
四庫本《春秋五禮例宗》探微 …………………………… 杜以恆（九，118）
《古逸叢書》本《爾雅》版本考 ………………………… 蔣鵬翔（四，234）
版本再造的"得而復失"與"失而復得"
　　——以《中庸集解》、《中庸輯略》為例 …………… 嚴佐之（一，324）
試析八行本《孟子注疏解經》的版本價值 ……………… 李峻岫（五，133）
孫奇逢《四書近指》編纂與刊刻考略 …………………… 谷　建（一，366）
高似孫《緯略》版本源流考 ……………………………… 陳曉蘭（十，127）
胡寅《斐然集》的流傳及其現存版本考 ………………… 陳曉蘭（九，45）
胡方平生平及著作考訂 …………………………………… 谷　建（五，177）
真德秀文集元刊本考論 …………………………………… 谷　建（三，197）
真德秀文集明嘉靖刊本考辨 ……………………………… 谷　建（四，223）

許孚遠《敬和堂集》版本考略 …………………………… 谷　建（十，160）
《揅經室集》版本續考 ……………………………………… 沈瑩瑩（二，341）
蜀石經續刻、補刻考 ……………………………………… 顧永新（三，161）
關於嘉祐石經的幾個問題 ………………………………… 顧永新（五，103）

校勘辨正

《尚書正義》校點質疑 …………………………………… 周　粟（一，381）
《尚書注疏彙校》雜記 …………………………………… 杜澤遜（九，　5）
《古文尚書撰異》文字校勘識誤 ………………………… 周煦陽（四，286）
《詩三家義集疏》點校獻疑 ……………………………… 陳錦春（三，267）
《周禮正義·天官》點校商榷 …………………………… 汪少華（五，235）
新版《儀禮注疏》校點訛誤舉隅 ………………………… 張　文（二，296）
校點本《禮記正義》諸多失誤的自我批評 ……………… 呂友仁（六，113）
《春秋左傳詁》校讀札記 ………………………………… 呂東超（七，130）
《春秋左傳讀》校讀劄記 ………………………………… 吳冰妮（四，301）
《論語全解》標點指瑕 …………………………………… 趙清文（十，86）
中華本《孟子正義》點校指瑕（上） ………… 李暢然　王小婷（五，259）
中華本《孟子正義》點校指瑕（中） …………………… 李暢然（六，195）
中華本《孟子正義》點校指瑕（下）
　　——兼評儒藏本《孟子正義》的校勘 ……………… 李暢然（七，153）
"惠棟校宋本"辨 ………………………………… 呂友仁　呂　梁（九，104）
《四書章句集注》校讀記 ………………………………… 賴區平（八，122）
點校本《邵雍集》《邵雍全集》補正
　　——以南宋吳堅刻本爲中心 ………………………… 李　震（十，68）
《鹽鐵論校注》校讀記 …………………………………… 楊　軍（一，375）
《胡宏集》校點商榷例 …………………………………… 張衍田（六，254）
《胡宏集》重印本點校商榷 ……………………………… 于天寶（十，99）
《呂祖謙全集》校讀劄迻 ………………………………… 湯元宋（八，135）
《樓鑰集》校點疑誤舉例 ………………………………… 張麗娟（七，114）
《陳獻章集》點校補正 …………………………………… 黎業明（二，314）
《陳獻章集》點校補正（續編） ………………………… 黎業明（三，222）
《王陽明全集》（新編本）點校指瑕 …………………… 黎業明（六，217）

《歐陽德集》校點指瑕 …………………………………… 王傳龍（五，273）
《日知錄集釋》校點獻疑 …………………………………… 李峻岫（三，255）
中華書局版《抱經堂文集》《顧千里集》校點指瑕 ………… 沙志利（四，311）

專人專書

《周易》傳、義分合考 ……………………………………… 顧永新（四，204）
關於《周易集解》的幾個問題 ……………………………… 王豐先（八，219）
《程氏易傳》刊編中的兩個問題 …………………………… 谷繼明（五，119）
《古易音訓》價值蠡測 ……………………………………… 朱天助（六，54）
現存《古文尚書》、《古文春秋》、《古文論語注》舊輯本
　　檢討及其衍生問題之初探 …………………………… 朱天助（七，36）
十行本《尚書注疏·君奭》書後 …………………………… 杜澤遜（六，24）
謝枋得《詩傳注疏》輯本補正 ……………………………… 谷　建（七，11）
元代《詩經》著述雜考 ……………………………………… 傅　佳（五，191）
竹簡《緇衣》與《禮記·緇衣》對讀研究 ………………… 廖璨璨（七，213）
撫本《禮記》金履祥批點小識 ……………………………… 廖明飛（四，273）
《春秋公羊傳注疏校勘記》論略 …………………………… 趙　昱（七，66）
戴溪《春秋講義》析論 ……………………………………… 俞昕雯（八，53）
《春秋左傳讀》撰作及刊印時間考 ………………………… 沙志利（八，104）
朱熹《論語集注》在解題、分章上的改造與創新
　　——與邢昺《論語注疏》相比 ……………………… 殷漱玉（九，72）
關於《橫渠孟子說》佚文的考辨 …………………………… 李峻岫（六，28）
試論焦循《孟子正義》的典範意義 ………………………… 王耐剛（六，329）
《四書集注》早期的流傳形態與《孟子》升經
　　——兼及《集注》學論孟庸的次第不可信 ………… 李暢然（九，63）
《詮次四書翼考》考論 ……………………………………… 趙　昱（八，73）

"《歸藏》"用韻、筮人及成書年代考 ……………………… 王傳龍（六，11）
張九成作品考述 ……………………………………………… 楊新勛（六，35）
胡一桂《雙湖先生文集》小考 ……………………………… 谷　建（六，74）
周永年集外文輯錄編年考證 ………………………………… 劉國宣（十，114）
日本內閣文庫藏善本明刊《中鑒錄》及其價值和意義 …… 彭國翔（六，318）

《啓蒙附論》作者考 ……………………………………… 王豐先（五，209）
阮元《小滄浪筆談》的文獻價值……………………………… 姚文昌（七，83）
從《宋文海》到《宋文鑒》
　　——以國家圖書館藏殘宋本《新雕聖宋文海》爲中心 …… 李成晴（八，64）
從《清儒學案書札》看前人對《清儒學案》之評價………… 沙志利（六，88）
從《清儒學案書札》看前人對《清儒學案》之評價（續篇） … 沙志利（七，95）
《清人別集總目》與《清人詩文集總目提要》糾補（續12則）
　　——以廣東、雲南所藏書爲中心 ………………………… 蔣仁正（六，104）

儒學新論

論儒家的"知行合一" ………………………………………… 湯一介（一，139）
《周易》之内聖外王一體兩面思想 ………………………… 金春峰（二，384）
孔子"中""和"思想及有關文獻辨析 ……………………… 孫欽善（三，325）
孔子爲何"老而好《易》" …………………………………… 程　旺（七，234）
郭店楚簡"息"字與仁之諸體析論 …………………………… 王覓泉（五，57）
德者，樂之成
　　——早期儒家的"樂德"思想 …………………………… 譚忠誠（九，132）
孟子的觀人術與氣論 ………………………………………… 劉子立（三，333）
荀子的"類"觀念及其與戴震思想的關聯 ………… 李暢然　王小婷（八，182）
《論語義疏》人性論疏解 ……………………………………… 甘祥滿（二，490）
玄儒論"道"
　　——以《論語義疏》爲中心 ……………………………… 甘祥滿（七，264）
王通儒學體系發微 …………………………………………… 陳啓智（二，506）
《正蒙》分篇原則考 …………………………………………… 魯鵬一（三，130）
張載工夫論研究綜述 ………………………………………… 米文科（六，347）
張載的孟學思想論析 ………………………………………… 李峻岫（八，235）
《復性書》性情觀之佛學思想淵源考辯 …………………… 鄭興中（七，285）
二程格物論的形成與朱子的重構 …………………………… 彭　榮（七，297）
胡宏的經學詮釋及其思想探析 ……………………………… 姜海軍（八，249）
朱熹心統性情說再議 ………………………………………… 蒙培元（二，554）
論元儒吳澄的四書學 ………………………………………… 周春健（三，391）
明儒羅欽順理氣思想評述 …………………………………… 秦　峰（四，72）

江右王門聶豹、羅洪先的歸寂、主靜之學	張學智（二，583）
江右王門學者鄒東廓研究綜述	張衛紅（五，81）
江右王門學者羅念庵學行述評	張衛紅（六，366）
周海門哲學中"天"的內涵及其與"性"的關係	代　超（二，570）
論劉宗周哲學中的易道思想	秦　峰（五，69）
張爾岐的天人性命之學	汪學群（二，647）
船山視域中的陸王心學	張永奇（二，605）
"修己"與"治人"	
——王船山對《大學》義理的重構與闡發	陳　明（二，622）
李光地之《大學古本説》	王豐先（四，91）
"學以致道"與"習以成德"	
——以《論語徵》爲例試析荻生徂徠的道論	劉　瑩（九，182）
戴震的通經濟世思想及其影響	徐道彬（三，422）
性理之辨	
——《北溪字義》與《孟子字義疏證》比較研究	甘祥滿（十，215）
平議儒家的"權"	譚忠誠（三，349）
惡從哪裏來？	
——儒家人性論的問題與反思	甘祥滿（九，143）
《中庸》一處知行反常識對調與後世的知先行後論	李暢然（十，189）
儒學與宗教關係問題的多重内涵	王　涵（八，262）
湯一介創建中國解釋學的構想	楊　浩（八，271）
湯一介對儒學現代化的探索	楊　浩（九，200）

文史論叢

中國古代文獻的分類與著錄	張衍田（七，180）
春秋時代的孔子形象	王豐先（一，209）
秦漢博士制度研究綜述	方　麟（二，683）
西漢新儒家與"獨尊儒術"	周桂鈿（三，359）
《史記》中的周公演義	
——以周公故事爲中心的研究	何　晉（三，102）
"子長愛奇"説平議	沙志利（二，448）
從"制度創新"到"意先儀範":	

論西晉《新禮》的制訂與修訂 ················· 徐昌盛（八，200）
試論儒家詩教在唐代詩論中的顯隱表現 ··············· 楊韶蓉（四，370）
清代進士人數及相關問題 ············ 王金龍　許楊帆（四，382）
江永生平學行考述 ······················ 蘇正道（八，87）
清高宗弘曆"曆"字避諱芻議 ················ 吕友仁（四，323）
王昶的金石尋訪與收藏 ···················· 趙成傑（十，175）
李文藻學行雜考 ······················· 潘妍艷（三，208）
"海西好"，抑或"東人妹"？
　　——從《觥書原刻手寫底本》論拉克伯里"西來説"
　　之推演 ························· 童　嶺（五，149）
《孔門理財學》及其在世界的影響 ·············· 歐陽哲生（三，142）
"團體組織"
　　——梁漱溟對中國社會文化改造的理論與實踐 ······ 高海波（十，260）
經史讀劄 ·························· 張衍田（十，41）
概説"二十四史" ······················ 張衍田（四，335）
夷夏視域中的治統問題 ···················· 王豐先（三，435）
古代紀時考述 ························ 張衍田（九，221）

國際儒學

從文字的創造到《易經》系統的形成：中國原始文化
　　特有的占卜學 ············ [法]汪德邁（Léon Vandermeersch）（三，316）
關於韓國儒學的報告 ··················· [韓]崔根德（一，113）
1986—2006年期間越南的儒教研究現狀與問題 ········ [越]阮金山（一，118）
《五經》及其在世界文明史上的地位 ············ [荷]施舟人（一，134）
未來世界和中國文化傳統 ················· [瑞典]羅多弼（二，659）
"理一分殊"與全球地域化 ··················· 劉述先（五，289）
説科學與儒學 ························ 劉源俊（五，301）
傳統儒家倫理與公共道德 ··········· [美]Ben Hammer（孟巍隆）（五，313）

《儒藏》編纂與研究

發刊辭 ··························· 湯一介（一，1）
《儒藏》編纂學術談 ····················· 孫欽善（一，401）

《儒藏總目》之編纂 …………………………… 張玉範 沈乃文（一，417）
關於《儒藏》工程意義的新思考………………………… 胡仲平（二，708）
經典・修典・儒藏 ………………………………………… 趙　新（七，318）

古籍校點誤例辨正
　　——《儒藏》校點書稿審閱劄記……………………… 張衍田（一，433）
關於《儒藏》精華編《張載全集》編校的思考 ………… 陳俊民（一，484）
"他校"小議 ………………………………………………… 沙志利（一，521）
評《儒藏》本《論語義疏》 ………………………[日]影山輝國（二，230）
易文獻學津涉
　　——參與《儒藏》精華編書稿編審的初步體會………… 郭　彧（二，1）
《儒藏》編纂隨劄
　　——目錄版本校勘六則…………………………………… 李暢然（一，498）
《儒藏》編纂隨劄（其二）
　　——目錄版本、標點文字一則…………………………… 李暢然（二，363）
注疏合會的三種模式
　　——《儒藏》編纂隨劄（其三）………………………… 李暢然（四，249）
理解版本的方法與效用……………………………………… 葉純芳（四，260）
古籍校勘整理中影印本的使用問題例談…………………… 武　芳（八，144）

"《儒藏》精華編百册出版發佈會"在北京大學舉行 …………（七，309）
李學勤先生在"《儒藏》精華編百册出版發佈會"上的講話 …（七，311）
李存山先生在"《儒藏》精華編百册出版發佈會"上的發言 …（七，314）
韓格平先生在"《儒藏》精華編百册出版發佈會"上的發言 …（七，316）

儒藏講壇

消失與建構
　　——朱子學的文獻編纂與道統問題研究………………… 湯元宋（十，1）
古籍整理規範與印本考察…………………………………… 郭立暄（十，21）

書評、書訊

黃道周易學思想的哲學解讀

——評《以易測天：黃道周易學思想研究》……………胡士穎（六，379）
作爲日本支那學入門者路標的講義
　　——評倉石武四郎《日本中國學之發展》……………趙　培（六，394）
陰影下的真實
　　——評蔡涵墨《歷史的嚴妝：解讀道學陰影下的南宋
　　　史學》……………………………………………………湯元宋（九，214）
中西會通方法芻議
　　——評余治平《忠恕而仁：儒家盡己推己、將心比心的
　　　態度、觀念與實踐》……………………………………孫國柱（六，387）

《儒藏》精華編已出書書目（56册）……………………………（五，326）
《儒藏》精華編已出百册書目………………………………………（七，330）
《儒藏》精華編已出書目（160册）…………………………………（九，302）

王鳴盛《尚書後案》………………………………………李暢然（五，80）
陳奂《詩毛氏傳疏》………………………………………谷　建（五，28）
清人公羊學著作三種………………………………………李暢然（五，118）
《漢代内學——緯書思想通論》…………………………甘祥滿（五，234）
真德秀《四書集編》………………………………………谷　建（五，132）
《天禄琳琅研究》…………………………………………王長民（五，148）
宋人文集兩種………………………………………………李峻岫（五，102）

徵稿啓事

一、本集刊由北京大學《儒藏》編纂與研究中心主辦，北京大學出版社出版。暫擬每年出版一輯，每輯30萬字～40萬字，當年8月30日截稿。

二、本集刊爲學術刊物，旨在貫徹百家爭鳴原則，提供學術園地，面向海內外學界徵稿。

三、本集刊徵稿範圍主要爲儒家典籍與儒家思想研究方面的成果，包括專人、專書、專題和文獻整理研究以及有關的學術動態。

四、本集刊來稿均由《儒家典籍與思想研究》集刊編輯部進行初審；初審通過的稿件，再請相關領域的兩位專家匿名評審；編委會根據評審意見，討論決定是否採用。結果於收稿後三個月內可復稿件作者。未經採用的稿件除手稿外，一般恕不退還。

五、本集刊已加入《中國學術期刊網絡出版總庫》及CNKI系列數據庫。本刊錄用的稿件，將一律由編輯部統一納入上述數據庫，進入光盤和因特網提供信息服務。凡投寄本刊的稿件不作特別説明者，均視爲作者已經同意將本刊刊發後的論文編入該數據庫，本刊不再尋求作者授權。作者著作權使用費與本刊稿酬一次性給付。

六、本集刊編輯部對已採用的稿件，做必要的編輯加工，一般不逕做內容修改；如需修改，提出意見，與作者溝通。

七、來稿如涉及版權問題，由作者負責。

八、來稿請遵守本集刊所登《撰稿體例》的要求。

九、本集刊歡迎電子稿，來稿請同時詳細提供作者的通信地址、郵編、電話，以便聯繫。電子稿郵件主題或打印稿信封正面請寫明"集刊投稿"字樣。

十、本集刊出版後30日内，編輯部將向作者支付稿酬並寄贈樣書2冊、抽印本5份。

十一、《儒家典籍與思想研究》集刊編輯部通信信息如下：

郵寄地址：北京市海淀區北京大學《儒藏》編纂與研究中心曹建收（郵編100871）

電話：86-10-62767810　傳真：86-10-62767811

E-mail：ruzang@pku.edu.cn

《儒家典籍與思想研究》編委會

撰稿體例

1. 手寫稿件需字體規範，工整清晰，繁體橫排；打印稿使用 A4 紙打印，繁體橫排，同時提供電子版；直接電郵投稿者，用 word 文件，繁體橫排。兩萬字以內爲宜，特殊稿件字數不限。稿件應提供三至五個關鍵詞及三百字以內的中文提要。
2. 作者姓名置於論文題目下，居中書寫。作者單位寫在文章末頁下端。
3. 使用新式標點符號。
4. 正文每段首行起首空二格；文中獨立段落的引文，首行另起空四格，回行空二格排齊。獨立段落的引文其首尾不必加引號。
5. 凡帝王年號或干支紀年，須附圓括號注明公元紀年，其首不必出"公元"二字，其末不必出"年"，例如：漢武帝元狩二年（前 121）。
6. 所有圖表必須清晰，並標明編號，例如：圖一、圖二或表一、表二；同時須在正文第一次提及時隨即列出，或注明圖表編號，如：（見圖一）、（見圖二）或（見表一）、（見表二）。圖內（表內）文字也用繁體。
7. 注釋採用當頁腳注的形式，注釋號碼用阿拉伯數字加圈表示，如①、②……正文中的注釋號碼，凡注各句者，置於各句標點符號之前；凡注引文者，如引文爲完整段落則置於引文的句號、下引號之後，如引文爲節引則置於下引號之後，句號或逗號之前。
8. 文中數字原則上使用漢字數字表示，阿拉伯數字僅限於公元年代和現代形式出版物的頁碼。
9. 各章節或内容層次的序號，一般依一、（一）、1、（1）……等順序表示。
10. 著作引文出處除常見古籍可以在引文後用圓括號括注書名篇名以外，一律用腳注注明。行文格式如下：
    (1) 引用古籍，應標明著者朝代、著者姓名、書名、卷次、卷内頁碼、版本。例：
    （漢）毛亨、鄭玄注，（唐）孔穎達疏《毛詩注疏》卷三之二，第二頁，清嘉慶二十年南昌府學刻道光六年修補重印本。
    （清）王夫之《唐詩評選》卷二，第二十三頁，民國間《船山遺書》本。
    (2) 引用專著及新版古籍，應標明著者（清代及以前者加注朝代，朝代名用圓括號括注；國外者加注國別，國別用方括號括注）、書名（屬於叢書者再標明叢書書名，西文書名用斜體）、章節或卷次、出版地、出版者及版次年代、頁碼。例：

朱自清《詩言志辨·賦詩言志》,《朱自清全集》第六册,南京:江蘇教育出版社1990年版,第144頁。

任繼愈主編《中國佛教史》第三卷第一章第二節,北京:中國社會科學出版社1988年版,第22—25頁。

王叔岷《古籍虛字廣義》,北京:中華書局2007年版,第430頁。

(明)胡震亨《唐音癸籤》卷四,上海:上海古籍出版社1981年版,第29頁。

[德]加達默爾《真理與方法》,洪漢鼎譯,上海:上海譯文出版社1999年版,第231頁。

Joseph Needham, *Science and Civilisation in China*, Volume II, Cambridge at the University Press, 1956, pp.10-13.

11. 引用專業期刊論文,除著者、論文名(西文論文名加雙引號)外,還應標明期刊名、年代卷次(輯刊或集刊一類出版物標出版地、出版者及版次年代)、頁碼。引用專著篇名仿此。例:

聞一多《東皇太一考》,《文學遺產》1980年第1期,第3頁。

張岱年《中國古代哲學中關於德力、剛柔的論爭》,《國學研究》第一卷,北京:北京大學出版社1993年版,第3頁。

12. 引用報章論文,除著者、論文名外,還應標明報章名、發行日期和版面。例:

錢仲聯《清詩簡論》,《光明日報》1983年12月27日,第3版。

13. 爲避免繁複,再次徵引同一文獻時可略去出版者和年代,只注出作者、書名篇名、頁碼。